21世纪经济与管理精编教材

工商管理系列

管理学

Management

李培林　杜智勇　李益民 ◎ 主　编
王　凯　王永伟　伦　蕊　许卫华 ◎ 副主编

北京大学出版社
PEKING UNIVERSITY PRESS

图书在版编目(CIP)数据

管理学/李培林,杜智勇,李益民主编.—北京:北京大学出版社,2017.10
(21世纪经济与管理精编教材·工商管理系列)
ISBN 978-7-301-28810-8

Ⅰ.①管… Ⅱ.①李…②杜…③李… Ⅲ.①管理学—高等学校—教材 Ⅳ.①C93

中国版本图书馆 CIP 数据核字(2017)第 236276 号

书　　　名	管理学 GUANLIXUE
著作责任者	李培林　杜智勇　李益民　主编 王　凯　王永伟　伦　蕊　许卫华　副主编
责 任 编 辑	黄炜婷
标 准 书 号	ISBN 978-7-301-28810-8
出 版 发 行	北京大学出版社
地　　　址	北京市海淀区成府路 205 号　100871
网　　　址	http://www.pup.cn
电 子 信 箱	em@pup.cn　QQ:552063295
新 浪 微 博	@北京大学出版社　@北京大学出版社经管图书
电　　　话	邮购部 62752015　发行部 62750672　编辑部 62752926
印 刷 者	北京宏伟双华印刷有限公司
经 销 者	新华书店 787 毫米×1092 毫米　16 开本　24.75 印张　557 千字 2017 年 10 月第 1 版　2017 年 10 月第 1 次印刷
印　　　数	0001—4000 册
定　　　价	48.00 元

未经许可,不得以任何方式复制或抄袭本书之部分或全部内容。
版权所有,侵权必究
举报电话:010-62752024　电子信箱:fd@pup.pku.edu.cn
图书如有印装质量问题,请与出版部联系,电话:010-62756370

前　言

管理学是高等学校经济管理类专业的专业基础课，也是从事经济管理工作的各级管理人员必备的管理科学基础知识。

本书的编写人员是从事管理学教学的教师。在编写过程中，我们努力运用理论与实践相结合的方法，既注重吸收国外近现代管理学领域成熟的研究成果，又尽可能挖掘并汲取我国古代管理思想的精华，试图通过管理职能的分析来系统介绍管理的基本原理。本书适合高等院校经济管理类本科生、MBA及相关从业人员学习使用，还可作为企业管理人员在职学习、自学和培训的教材。

一、本书特点

1. 在逻辑顺序上，每章的开始设置了引例，每章的最后以案例为结尾。
2. 在章节结构上，每章均安排了"内容提要""学习目标""引例""重要概念""本章概要""思考题""实训题""案例分析"，便于教师教学和学员学习。

二、本书结构

为便于教学，全书由五篇共十六章组成。图1是本书的内容结构。

本书由李培林、杜智勇、李益民担任主编，王凯、王永伟、伦蕊、许卫华担任副主编，李培林、杜智勇、李益民负责统稿工作。具体编写分工为：河南财经政法大学李培林教授编写第一章，杜智勇教授负责编写第二章，王霞博士负责编写第三章和第四章，王永伟博士负责编写第六章和第十四章，杨自伟博士负责编写第八章和第十章，普霞负责编写第十二章，王凯副教授负责编写第十三章，许卫华副教授负责编写第十五章，伦蕊副教授负责编写第十六章；南阳师范学院李益民副教授负责编写第七章、第九章和第十一章；河南师范大学新联学院陈博负责编写第五章；全书由李培林教授构思设计和统编定稿。

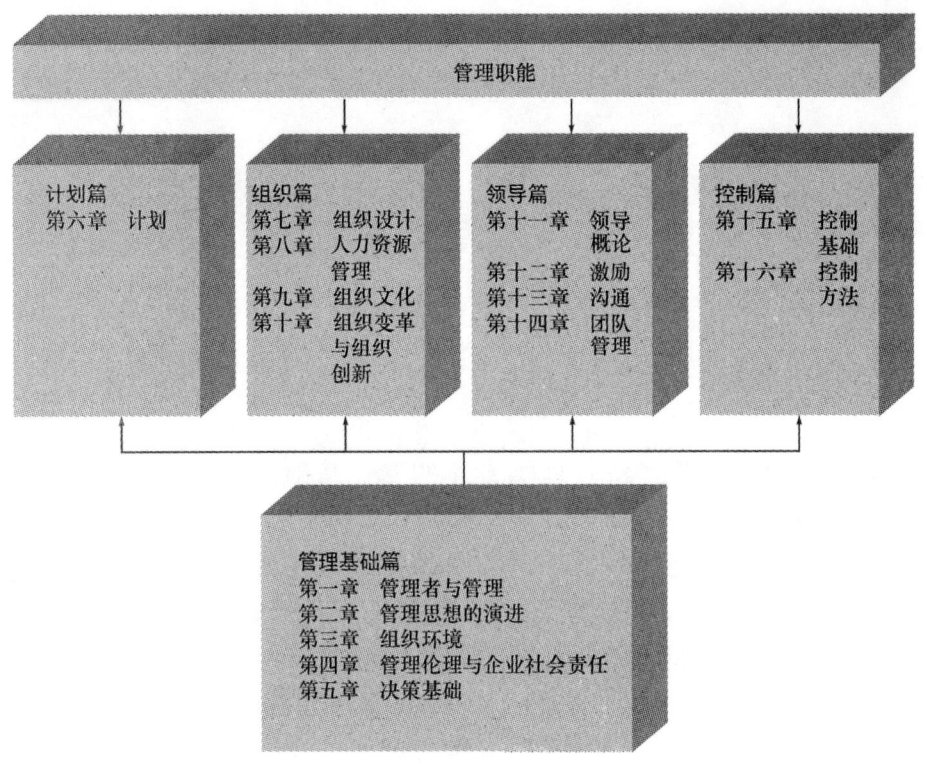

图 1 《管理学》内容结构

三、致谢

在编写本书的过程中,我们参阅了大量的国内外教材、专著、学术论文、报刊、网络资料等,在此向有关作者和传播机构表示由衷的感谢。由于参考文献数量较多和教材编写体例的限制,不能作为文中注释一一列举,只能粗略地在书后列举一些主要参考文献,敬请各位专家、学者谅解。由于时间紧,书中难免存在一些错误,恳请读者批评指正。

同时向给我们提出各种建议的同事和朋友表示感谢,对河南财经政法大学工商管理学院和郑州市行为科学学会对本书的支持表示感谢。

在写作和出版本书的过程中,得到了北京大学出版社的全力支持,尤其是得到赵学秀、黄炜婷编辑的竭诚相助,在此表示深深的感谢。

编　者
2017 年 4 月

目 录

第一篇 管理基础篇

第一章 管理者与管理 …………………………………………………………… 3
　第一节 谁是管理者 ……………………………………………………………… 4
　第二节 什么是管理 ……………………………………………………………… 7
　第三节 管理者做什么 …………………………………………………………… 12
　第四节 管理思维 ………………………………………………………………… 15

第二章 管理思想的演进 ………………………………………………………… 28
　第一节 中国早期管理思想 ……………………………………………………… 29
　第二节 西方早期管理思想 ……………………………………………………… 38
　第三节 古典管理理论 …………………………………………………………… 42
　第四节 行为科学理论 …………………………………………………………… 50
　第五节 现代管理理论丛林 ……………………………………………………… 53
　第六节 当代管理理论的新思潮 ………………………………………………… 57

第三章 组织环境 ………………………………………………………………… 63
　第一节 组织环境概述 …………………………………………………………… 64
　第二节 外部环境 ………………………………………………………………… 69
　第三节 内部环境 ………………………………………………………………… 71
　第四节 全球化及其对组织的影响 ……………………………………………… 74

第四章 管理伦理与企业社会责任 ……………………………………………… 82
　第一节 管理伦理概述 …………………………………………………………… 83
　第二节 企业管理伦理问题分析 ………………………………………………… 89
　第三节 企业社会责任 …………………………………………………………… 93
　第四节 企业利益相关者及其管理 ……………………………………………… 98

第五章 决策基础 ... 105
第一节 决策概述 ... 106
第二节 决策过程与影响因素 ... 111
第三节 群体决策 ... 114
第四节 决策方法 ... 117

第二篇 计 划 篇

第六章 计划 ... 129
第一节 目标与计划 ... 129
第二节 计划的类型与权变因素 ... 135
第三节 计划的编制 ... 138
第四节 目标管理 ... 142
第五节 战略规划与实施 ... 147

第三篇 组 织 篇

第七章 组织设计 ... 157
第一节 组织设计概述 ... 158
第二节 组织的部门化 ... 164
第三节 组织的层级化 ... 169
第四节 组织结构类型 ... 174

第八章 人力资源管理 ... 186
第一节 人力资源计划 ... 187
第二节 人力资源吸引 ... 190
第三节 人力资源开发 ... 192
第四节 人力资源保持 ... 195
第五节 人力资源管理的未来挑战 ... 198

第九章 组织文化 ... 205
第一节 组织文化概述 ... 206
第二节 组织文化结构 ... 209
第三节 组织文化功能 ... 212
第四节 组织文化建设 ... 214
第五节 组织文化变革 ... 218

第十章 组织变革与组织创新 ... 226
第一节 组织变革 ... 227
第二节 组织创新 ... 234

第四篇 领 导 篇

第十一章　领导概论 …… 241
　　第一节　领导职能概述 …… 242
　　第二节　领导与管理 …… 244
　　第三节　领导者与权力 …… 247
　　第四节　领导理论 …… 250
　　第五节　领导理论的发展 …… 258

第十二章　激励 …… 266
　　第一节　激励原理 …… 267
　　第二节　激励理论 …… 273
　　第三节　管理实践中的激励问题 …… 280

第十三章　沟通 …… 289
　　第一节　沟通概述 …… 290
　　第二节　人际沟通 …… 295
　　第三节　组织沟通 …… 297
　　第四节　有效沟通 …… 302

第十四章　团队管理 …… 310
　　第一节　团队概述 …… 311
　　第二节　团队的建设与管理 …… 316
　　第三节　团队绩效测评与激励 …… 321
　　第四节　团队冲突管理 …… 327

第五篇 控 制 篇

第十五章　控制基础 …… 337
　　第一节　控制的概念与意义 …… 338
　　第二节　控制系统与控制过程 …… 343
　　第三节　控制方式 …… 349
　　第四节　组织绩效控制 …… 353

第十六章　控制方法 …… 360
　　第一节　预算控制 …… 361
　　第二节　生产控制 …… 369
　　第三节　财务控制 …… 376

参考文献 …… 385

第一篇
管理基础篇

第一章　管理者与管理
第二章　管理思想的演进
第三章　组织环境
第四章　管理伦理与企业社会责任
第五章　决策基础

第一章 管理者与管理

【内容提要】

本章介绍管理者的概念、组织的概念与特征、管理者与执行者的区别、管理者的分类、管理的概念及特征、管理原则、管理的科学性与艺术性、管理的职能、管理者的角色、管理者的技能等基本问题，同时介绍管理思维的内涵、特点及其分类。

【学习目标】

1. 理解谁是管理者？他们在哪里工作？
2. 管理者与执行者有哪些区别？
3. 什么是管理？理解并掌握管理的特征、管理原则、管理者的分类、管理的职能、管理者的角色、管理者的技能。
4. 了解管理思维的内涵、特点及其分类。

引例

管理活动 ABC

管理活动是人类最重要的社会活动之一，广泛存在于人类社会活动的各个领域。凡是有一定目的的集体就存在管理活动，就会产生管理实践，大至国家、军队，小至家庭、企业、医院、学校等，无一例外。正如马克思所说，"一个单独的小提琴手是自己指挥自己，而一个乐队就需要一个指挥，以便协调大家的行动"。

从管理活动的形式来看，任何管理活动都是借助于一定的组织进行的。

从管理活动的主体来看，包括各个层级的管理者、领导者。

从管理活动的客体来看，包括人、财、物、技术、时间、空间和信息等各种不同要素，人是这些要素中最活跃的一种。

从管理活动的基本方法来看，包括行政方法、法律方法、经济方法和教育方法等。

对于管理活动的实质，不同的学者有不同的认识。在管理科学发展的历史中，不同的管理学家对管理概念的表述各不相同。例如，管理决策学派强调，"管理就是决策"（西蒙）。而在管理实践中，大多数人的共识是"管理就是服务"。从事管理理论研究的学者认为，管理是一门科学，但又涉及哲学、社会学、伦理学和人类学等众多人文学科领域；而从事管理实践的从业者则更多地认为，管理是一门艺术。这些说法在一定程度上说明了管理活动的部分特征，同时也反映了管理活动的复杂性。

管理的首要任务在于实现组织各种资源或生产要素的有机结合，没有各种资源要素的有机结合，任何有用的产品都不可能生产出来。关于管理的职能，不同管理学家的分歧较大。但大多数人认为，管理的决策、计划、组织、协调及控制职能是任何管理活动不可缺少的基本职能。另外，有的管理学家还认为，领导、指挥、激励也是管理活动非常重要的职能。从管理的目标来看，虽然不同领域的管理活动的具体目标可能不完全相同，但是在实现组织系统的有序运行、力争获得尽可能多的有用产出方面是一致的。当然，任何一个组织的有序程度，取决于该组织内部全体成员为实现组织目标而默契协作的程度。而这种默契的程度又取决于组织全体成员对组织目标了解和认同的程度。如果没有信息的沟通，其成员就很难了解组织的目标，也就很难为实现组织的目标而协作，因而组织也就很难实现有序运行。所以，信息是组织制定生产经营决策和控制生产过程的依据。

将管理活动的任务、职能和目标结合起来思考，我们就会发现，管理活动的实质就是组织管理者通过信息的沟通，利用管理的各项职能，整合与优化配置各种资源，高效地实现组织目标的活动和过程。

思考：谈谈你对管理活动的认知。

第一节　谁是管理者

一、管理者的概念

管理是伴随着组织的出现而产生的，是人类社会协作和共同劳动的产物。在原始社会，人类为了抵抗、适应、征服和改造自然，意识到集体的力量。通过集体活动，人们可以实现分别孤立地活动而无法取得的成果，管理就应运而生了。管理是协调个人努力必不可少的因素。也就是说，只要人们需要通过集体的努力去实现个人无法达到的目标，管理就成为必要。社会的各种活动都是通过一定的组织来实现的，管理的载体是组织，管理是保证组织实现其目标的重要手段，是组织生存与发展的需要。随着生产力的发展和社会的进步，劳动和社会分工逐步细化，其协作程度不断加深，社会政治经济结构随之日益复杂，使得生产和社会组织对管理的要求不断提高，管理逐渐与其他社会活动分离，成为专门的社会活动。

管理者（managers）是指在一个组织中直接监督和指导他人工作的一群人。管理者通过其职位和知识，对组织负有贡献的责任。可以说，管理者的最终责任是取得高绩效，即以有效益和高效率的方式使用资源以实现组织的目标。

从管理者的定义可知，管理者是在组织中工作的。那么，我们先了解什么是组织。

二、组织的概念与特征

1. 组织的概念

每个人都存在于一定的社会组织中,并在其中从事各种活动。两个或两个以上的人组成的集合体,如果他们在一定时期内相对固定地集中在一起从事某种活动,就会形成某种社会组织。在现代社会生活中,组织不但是社会的细胞、社会的基本单元,而且是社会的基础。

组织(organization)是指为实现某些特定的目标,将人们系统地安排在一起。例如,大学、医院、企业、军队等,这些都是组织。根据目标的不同,可以将组织分为不同的类型,如政治组织、军事组织、经济组织、教育组织、宗教组织等。可以说,这些组织都是对完成特定使命的人们的系统性安排。

经济活动是人类社会活动的主要内容。可以说,人类其他活动都是直接或间接地为经济活动服务的。经济活动的组织也由此成为管理学研究的主要对象。在现代社会中,经济活动主要是以企业为单位进行的。

组织的构成要素一般包括组织成员、组织目标、组织活动、组织资源和组织环境。组织的基本元素是人的行为。按照我国传统的说法,组织即人,主要是指人的合作行为或贡献。

美国著名管理学家切斯特·巴纳德(Chester Irving Barnard)认为,合作是整个社会得以正常运转的基本而又重要的前提条件。社会的各种组织,不管它是政治的、军事的、宗教的,还是企业的、学术的,都是一个合作系统;而且,合作系统是一个动态的过程,它的运营环境及组成要素都在不断地发生变化,因此合作系统也处于不断的发展变化之中。合作系统的稳定性和持续性,取决于合作系统的有效性和高效率。

2. 组织的共同特征

组织的共同特征可以概括为三点:一是共同的目标;二是能够彼此沟通和有合作意愿(愿意做贡献)的人;三是构建一个系统化的结构以规范和限制其成员的行为。

三、管理者与执行者的区别

虽然管理者在组织中工作,但并非每一个在组织中工作的人都是管理者,我们可以把组织内的所有员工分为两类:管理者和执行者(非管理类员工)。

管理者是指在一个组织中直接监督和指导他人工作的一群人。但是,这并不意味着这些管理者可以不去承担具体的工作任务。某些管理者确实有一些工作任务是与监督他人工作没有直接关系的。例如,某研究所的所长,既要负责监督和指导下属人员的工作,同时也有自己的研究任务和责任目标。作为一名管理者,一定要有下级。有些成员在组织中的地位很高,但他们没有指挥和协调他人的责任,没有自己的下级,这些人就不能称作管理者,如组织中的技术专家、法律顾问等。

执行者是指那些直接从事某项具体工作或任务、没有责任去监督他人工作的员工,也可称作非管理类员工或作业人员。例如,政府部门的办事员、学校的教师、医院的医生、超市里的收银员、企业车间班组中的工人等。这些人处于组织的底层,不具有监督他人工作的职责。

随着现代管理活动和管理过程的改变,人们对管理者的认识发生了许多改变。彼得·德鲁克认为,在一个现代组织里,如果一位知识员工能够凭借其职位和知识,对该组织负有贡献的责任,能实质地影响组织的经营能力及达成的成果,那么他就是一位管理者。

四、管理者的分类

在组织的各个层级都可以找到对应的管理者。我们可以从组织的纵横两个方面识别各种类型的管理者。纵向是指管理者所处的组织的层级,横向则是指管理者所从事的工作内容。

1. 纵向分类

从组织的纵向(层级)进行分类,管理者可分为三类(见图 1-1):高层管理者、中层管理者和基层管理者。

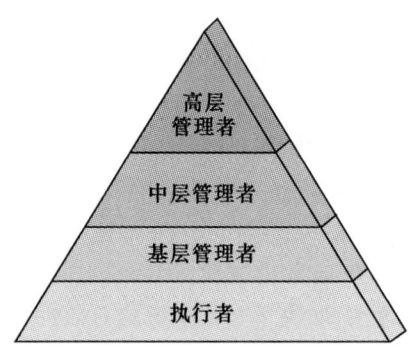

图 1-1 组织的层级

高层管理者(top managers)是指那些位居组织最高层或接近最高层的人员。他们主要负责制定和实施组织的战略规划、相关政策和行为准则,掌握组织的大政方针,评价整个组织的绩效,执行完成组织目标,是对整个组织负责的管理者,而这些都将影响组织的全体成员。因此,组织的高层管理者一般应具备较高的专业素质、文化素质及较强的战略意识。高层管理者的称谓主要有董事会主席、首席执行官(CEO)、总裁或总经理、副总裁或副总经理,以及大学的校长、副校长,医院的院长、副院长等。

中层管理者(middle managers)位于组织高层管理者与基层管理者之间。他们主要把高层管理者制定的目标落实到具体事务中,让监督基层管理者执行,在组织中起承上启下的作用。中层管理者的称谓主要有部门或机构主管、项目经理、业务主管、单位主管、部门经理、地区经理、系主任等。

基层管理者(first-line managers)是指直接负责执行日常活动的那些人员(非管理类员工)。他们是管理层中的底层管理者,直接面向在第一线工作的组织成员,与他人协作共同完成某项工作,同时执行上级管理者布置的工作。他们的主要职责是给下属作业人员分派具体的工作任务,直接指挥和监督现场作业活动。基层管理者的称谓主要有督导、教练、团队主管、车间里的班组长、研发团队项目负责人、医院里的护士长。例如，在你所在的学院里，系主任就是基层管理者，他们主要负责监督系教职员工的教学与科研活动等。

有时基层管理者与执行者之间的界限并不是那么泾渭分明。例如，医院的院长也许同时还是著名的外科医生，可能常常要亲自实施一些难度较大的外科手术。但需要说明的是，管理人员尤其是中高层管理人员的主要任务是协调和促进他人做好工作。正是在促成他人努力工作并对他人的工作结果负责这一意义上，管理人员与作业人员的工作具有明显的区别。

2. 横向分类

从组织的横向进行分类，管理者可分为综合管理人员和专业管理人员。综合管理人员是指负责管理整个组织或组织中某个事业部的全部活动的管理者。例如，小型企业的总经理和跨国公司各事业部的经理统管包括生产、销售、人事、财务等在内的全部活动，都是综合管理者。专业管理人员是指负责组织中某一类活动或业务的管理人员，如生产、营销、人事、财务及研发部门主管等。

随着组织规模的变化和环境的日益复杂，管理工作的专业分工也在不断变化。在履行管理职能时，不同专业领域的管理者的工作内容和侧重点也会有所区别。

第二节 什么是管理

一、管理的概念和特征

自19世纪末20世纪初管理学诞生以来，中外学者对什么是"管理"（management）有着各自不同的理解（见表1-1）。管理学者从不同侧面、不同角度揭示了管理内涵的某一方面或某几个方面的属性，虽然他们研究问题的出发点和方法不同，但都具有独特的价值，丰富了管理的内涵。我们可以从中提炼和归纳出管理（内涵）的基本要素：一是管理主体，即管理者，谁来管理；二是管理客体，即管理对象，管理什么，包括人、财、物、时间、空间、技术和信息等；三是管理手段和职能，即运用什么手段和方法，发挥什么功能和作用等，是如何管理的问题，包括运用各种基本管理方法对管理对象进行预测、决策、计划、组织、指挥、协调、激励和控制等；四是管理目标，即朝着什么方向走，最终达到什么目标。这四个基本要素缺一不可，尤其是管理目标，没有明确的管理目标，就不可能有序地管理组织，也就无从谈起管理的效率和效果。

表1-1 管理学者对管理概念的定义

代表人物	定义	侧重点
弗雷德里克·泰勒（Frederick W. Taylor）	管理是确切地知道要做什么，并使人们用最好、最经济的办法去做。	强调管理要做什么、如何做及做法，追求经济效益，寻求最经济的方法与途径。

(续表)

代表人物	定义	侧重点
亨利·法约尔(Henri Fayol)	管理是以计划、组织、指挥、协调和控制等职能为要素组成的活动过程。	强调管理的过程或职能。
哈罗德·孔茨(Harold Koontz)	管理就是设计并保持一种良好环境,使人在群体里高效率地完成既定目标的过程。	既强调了活动过程,也强调了组织环境。
弗里蒙特·E.卡斯特	管理就是计划、组织、控制等活动的过程。	强调管理的过程或职能。
R. M. 霍德盖茨	管理就是监督其他人来完成工作。	强调人的因素在管理中的重要性。
亨利·希斯克	管理是通过计划工作、组织工作、领导工作和控制工作的诸多过程来协调所有的资源,以便达到既定的目标。	既强调了管理的过程或职能,也强调了组织目标。
斯蒂芬·P. 罗宾斯和玛丽·库尔塔	管理就是与其他人一起,并且经由其他人切实、有效地完成活动的过程。	强调管理的过程性、协调性。
西蒙(Herbert A. Simon)	管理就是决策。	强调决策在管理中的作用,决策贯穿于管理的全过程。
兰杰·古拉蒂	管理是指在工作中以高效或有效的方式与一群人共同或通过这群人实现要达到的目标的行为。	强调管理的目标及其实现的有效性。
周三多	管理是组织出于达到个人无法实现的目的,通过各项职能活动,合理分配、协调相关资源的过程。	强调管理的职能及过程。
张玉利	管理是在特定的组织内外部环境的约束下,为了有效地利用组织资源实现组织目标,而进行的计划、组织、激励、控制等一系列工作的总称。	强调管理的环境、组织目标及管理过程。

从管理的基本要素出发,我们将管理定义为:管理者在特定的组织内外部环境的约束下,采用科学和经济的方法,通过计划、组织、领导和控制等职能,优化配置和协调使用组织的各种资源,带领人们既有效率又有效果地实现既定的组织目标的活动和过程。这个定义说明管理具有以下五个方面的特征:

(1) 管理的任务是为了既有效率又有效果地实现既定的组织目标。管理本身并不是目的,管理是为组织目标的有效实现而服务的。管理活动既追求效率(efficiency),又追求效果(effectiveness)。效率是指"正确地做事",用一定的投入获得最大的产出。效果是指"做正确的事",通过完成工作任务,帮助组织达到既定目标。其实,"效率"关注的是做事的"手段",而"效果"关注的则是"结果",也就是要达到组织的目标。管理要做到效果与效率的统一,就是要做到"正确地做正确的事情"(见图1-2)。

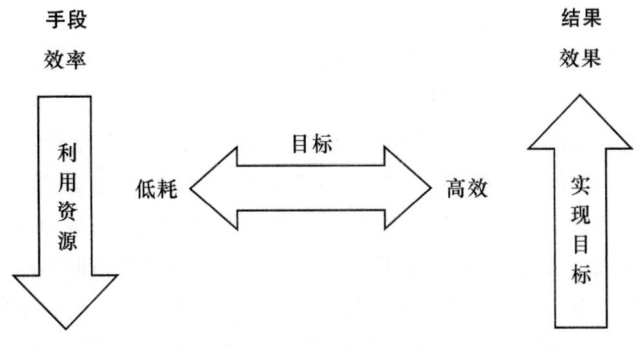

图 1-2 效率与效果

(2) 管理工作是在特定的组织内外部环境的约束下进行的。任何一个组织都有一定的生存环境,包括组织的外部环境和内部环境。管理始终处于动态、复杂的环境之中。能否适应环境的变化,是决定管理成败的重要因素。

(3) 管理的主体是具有专门知识和技能的管理者,管理的载体是组织。组织包括企事业单位、国家机关、政治党派、社会团体及宗教组织等。

(4) 管理的客体(管理活动的对象)是组织活动及其参与要素。组织需要特定的活动以实现其目标,而任何活动的进行都是以利用一定的资源为条件的。因此,组织目标是管理者采用科学和经济的方法,优化配置和协调利用组织的各种资源来实现的。

(5) 管理是一个包括多阶段、多项工作的综合过程,由计划、组织、领导和控制这样一系列相互关联、连续进行的活动构成。这些活动称为管理的四大职能。

图 1-3 解释了管理者利用资源实现组织目标的管理过程。

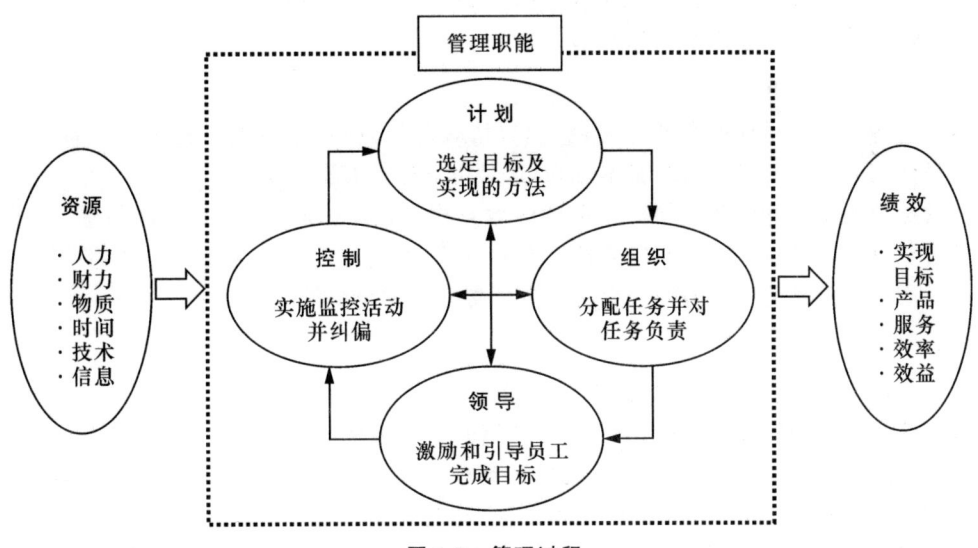

图 1-3 管理过程

二、管理的内容

组织管理的内容可以从纵横两个不同的角度进行分析。

1. 横向分析

横向分析是从管理涉及的内容角度进行研究的。组织的性质不同,活动的内容也有不同。但一般来说,根据具体管理对象的不同,管理工作涉及以下三个方面的内容:

(1) 业务管理。不同组织从事不同的业务活动,特殊的业务活动是具体组织的标志。例如,生产制造企业的生产管理,其主要业务管理模块包括计划管理、采购管理、制造管理、品质管理、效率管理、设备管理、库存管理、士气管理等,这与管理咨询服务企业的业务管理内容具有较大的差异。业务管理是任何社会经济组织管理的主要内容。

(2) 人力资源管理。在组织的各项资源中,人力资源是唯一起创造作用的因素,也是组织资源增值的决定性因素。可以说,人力资源发挥着统领组织各项资源的作用,处于核心地位。因此,人力资源管理在组织活动的管理中具有十分重要的意义。人力资源管理的内容主要包括人力资源规划、招聘与甄选、培训与开发、薪酬福利管理、绩效管理、劳资关系管理等。人力资源管理的目的是吸引并留住优秀人才,合理使用人力资源,为企业的发展提供动力支持。

(3) 财务管理。组织的任何活动都会在财务上得到反映。财务管理的基本内容包括筹资管理、投资管理、营运资金管理、利润及其分配管理等。

2. 纵向分析

纵向分析是从过程的角度考察管理的内容的。一般情况下,组织活动管理过程包括计划、组织、领导和控制等。

三、管理的原则

管理的原则是管理者在管理实践中必须遵循的基本规则。这些原则主要包括效益原则、人本原则、适度原则和系统原则。

1. 效益原则

效益是指组织目标的实现与实现组织目标所付出代价之间的一种比例关系。追求效益是任何人类活动应遵循的基本规则,这是由资源的有限性决定的。

效益原则是指管理者必须树立正确的效益观念,以此作为管理工作的前提,要求管理者自觉地克服一切忽视效益的管理思想和方式,把追求效益作为管理活动的准则。追求组织活动的效益是指努力以较少的资源耗费去实现组织的既定目标。

2. 人本原则

组织是由人组成的集合体,组织活动是人予以实施的。人是组织的中心,组织活动的管理既是对人的管理,也是依靠人进行的管理。管理的根本目的是为人服务。

管理的人本原则,要求管理者在管理活动中充分重视人的作用,尊重人的价值,并通过促进人的需要的满足来调动人的积极性、主动性和创造性。

在管理活动中,遵循人本原则,就是要求管理者树立以人为本的观念,把人看作管理活动的目的,把管理工作从以事为中心转移到以人为中心上。

3. 适度原则

适度原则要求管理者进行适情管理和适时管理。适情管理要求管理者应根据组织内外部的环境和能力特点进行选择;适时管理则要求管理者根据环境和能力的变化调整这种选择。

4. 系统原则

组织及其管理活动是一个多元的复杂系统。在这个系统中,不同层级的管理者有着不同的职责和任务。其中,高层管理者的任务是根据组织整体的功能和目标,选择业务活动的方向和内容,安排业务活动的计划,监督低层级管理者的活动并控制其活动结果,解决运行中出现的某些不协调问题;而较低层级管理者的任务则是执行较高管理层级管理者的指令,实施具体活动,并及时报告执行情况。各管理层级必须职责清晰,任务明确,并在实践中各司其职、各行其权、各负其责,才能正确发挥各自的作用,实现管理的目标。

管理的系统原则是指在管理活动中必须树立系统的观念,根据系统观念认识管理系统和指导管理活动,以整体系统为出发点去处理管理工作中的各项事务。

系统原则对管理活动的基本要求是从整体出发,制定管理系统的目标和战略措施,根据科学的分析,明确各子系统的目标,进而在合理分工的基础上进行总体的组织综合,从而保证管理目标的顺利实现。

四、管理的科学性与艺术性

管理是科学性与艺术性的统一。

1. 管理是一门科学

科学是关于自然、社会和思维的知识体系,是人们实践经验的总结和概括。管理学是在人们总结管理工作客观规律的基础上形成的,其基本理论、原则和方法已形成一套完整的知识体系,可以用以指导人们从事管理实践。管理的科学性是指管理反映了管理活动自身的特点和客观规律性,主要体现为:它从现实管理中的客观实际出发,研究人类社会各种组织的管理活动及其规律性,并以反映客观规律的管理理论和方法为指导,建立一套分析问题、解决问题的科学方法论。管理者如果了解管理活动的基本规律并掌握了系统的管理知识与方法,就可能对管理中存在的问题提出正确的、切实可行的方案;反之,管理者如果不了解管理活动的规律性,不了解管理的科学方法,违背了管理的规律,就不能很好地解决管理中的问题,从而给组织带来损失。

2. 管理又是一门艺术

由于管理的主体与客体皆离不开"人",管理的所有活动就不得不受人的情感、意志、个性、能力等诸多无法用科学方法检测和度量的非理性因素的制约。管理的艺术性是指管理者在管理实践活动中对管理原理和管理理论运用的灵活性,以及对管理方式和方法选择的技巧性与创造性。一方面,由于管理工作总是在一定的环境中进行的,而管理环境始终处于动态复杂的变化中,因此管理模式不可能有一成不变,任何管理理论都不能为组织的管理者提供解决一切问题的标准答案;另一方面,由于管理离不开人,而人具有主观能动性和情感性,人的需要具有多样性,个人情感的变化受多种因素的影响,因此经营管理活动由此而千差万别,这种"艺术性"特点贯穿于企业的决策和管理的每一个具体过程。为了调动人的积极性和创造性,管理者必须具体情况具体分析,运用所掌握的管理理论方法和自身的聪明才智,采用权变的管理方式、方法,才能取得良好的管理效果。从这一角度分析,管理是一门艺术,由管理者发挥和创造的一种特有的诸如决策、指挥、协调、沟通、激励和控制等方面的艺术。由于经营管理是一门艺术,它常常"只可意会,不可言传",其艺术的真谛也由此而难以从教科书中获得,必须在管理实践中修炼和感悟。

3. 管理的科学性和艺术性是统一、相互补充的

管理的科学性与艺术性并不是相互排斥的,而是在很大程度上统一和相互补充的。管理的艺术必须建立在管理科学的基础上,不注重管理的科学性而只强调管理工作的艺术性,这种艺术性就会更多地表现为随意性;管理的艺术性是对管理科学理论的合理发挥和创造性运用,不重视管理工作的艺术性,管理科学就是僵化的教条。显然,管理的科学性和艺术性是相互作用、相互影响的。只有既掌握管理理论和方法,又具有高超的管理艺术,才能成为有效的管理者。

4. 管理的科学性和艺术性具有相互促进的关系

随着时间的推移、管理研究的不断深化、管理理论的不断繁荣,管理工作的科学性和艺术性都将不断增强。

第三节　管理者做什么

一、管理的职能

根据管理职能的观点,管理者在指挥和监督他人工作时要执行一系列的活动或者职能。这些职能是什么呢?最早系统地提出管理职能的是 20 世纪初期的法国工业经济学家亨利·法约尔(Henri Fayol)。1916 年,法约尔在他的代表作《工业管理和一般管理》中,提出管理活动的五种职能,即计划(plan)、组织(organize)、指挥(command)、协调(coordinate)和控制(control)。此后,许多管理学者提出了不同的看法。如今,更多的管理学者较为认同管理四职能之说,本书也采用此种划分方式,即管理的职能可概括为计划、组织、领导和控制。

1. 计划

计划是指"制定目标并确定为达成这些目标所必须实施的行动"(Lewis et al., 1998)。[①] 计划职能是管理的首要职能,任何管理活动都是从计划开始的。计划是组织、领导、控制的基础,也是从现在通向未来的桥梁。组织中所有层级的管理者都必须从事计划活动。

2. 组织

为了实现计划活动所确定的目标,实施计划活动所制订的行动方案,管理者必须对

---

① Lewis, P. S., S. H. Goodman and P. M. Fandt. Management: Challenges in the 21st Century [M]. Cengage Learning, 1998.

组织结构进行安排和设计以实现组织目标。组织工作的任务包括决定执行哪些任务、谁来执行、任务如何分配、谁向谁汇报、由谁制定决策,等等。

组织既指一个社会单位,又指"确定所要完成的任务、由谁完成任务以及如何管理和协调这些任务的过程"(Lewis et al.,1998)。

3. 领导

仅仅有了目标和方案、确定了任务和分工,尚不足以使目标得以有效地实现。人是组织活动中唯一具有能动性的因素,为了最大限度地发挥人的能动性作用,管理者必须运用各种适当的方法对组织成员施加影响。

领导是指"激励和引导组织成员以使他们为实现组织目标作出贡献"(Lewis et al.,1998)。

领导职能包括激励、领导方式和方法、有效沟通、解决组织成员之间的冲突及规划可实现的组织前景等内容。

4. 控制

有了好的计划还不行,在实施计划的过程中,由于组织外部环境的动态复杂性,还会出现计划时没有预料到的问题,使得计划在实施过程中可能会偏离预定轨道,这就需要管理者发现偏差、纠正偏差、调整进程。

控制职能的实质是按照既定的目标、计划和标准,对组织活动各方面的实际情况进行检查和考核,发现差距,分析原因,采取纠偏措施,使工作按计划进行的活动和过程。

如前所述,管理过程是一系列的决策和管理活动,它涉及计划、组织、领导和控制四种管理职能。这四种管理职能有着各自的职责范围,但是各职能之间不是截然分开的独立活动,而是相互渗透并融为一体的。从管理职能在时间方面的逻辑关系来看,它们通常按一定的先后顺序发生,即管理过程开始于计划,通过组织、领导和控制,结束于计划的检查,随后又开始一个新的计划,表现为 P-O-C-C-P 的管理过程。然而,这种前后的工作逻辑在实践中并不是绝对的,各管理职能往往相互融合、同时进行。管理过程是一个各职能活动周而复始的循环过程,而且往往在大循环中套着小循环,构成管理职能的相互关系(见图 1-4)。

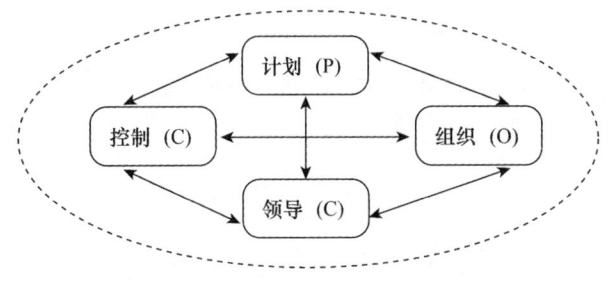

图 1-4 管理职能的相互关系

二、管理者的角色

角色是围绕地位而产生的权利义务和行为规范、行为模式,是人们对处于一定地位上的人的行为期待。管理者角色是指管理者应该具备的行动或行为所组成的各种特定类型。

对于管理者的工作,除了可以从管理职能的角度进行分析,还有一些学者从管理者角色的角度进行了深入的研究。这方面最具影响力的是亨利·明茨伯格(Henry Mintzberg)提出的管理角色理论,从另外的视角为人们提供了理解管理者事务的方法。

20世纪60年代初期,通过对5名总经理的工作进行长期的和仔细的研究后,明茨伯格认为,管理者扮演10种不同的但又高度相关的角色。这10种角色可以进一步归纳为三个主要的类别,即人际角色、信息角色和决策角色。人际角色是指与其他人(下级及组织之外的人)有关以及礼仪性和象征性的职责,三种人际关系的角色分别是挂名首脑、领导者和联络者;信息角色包括搜集、接收及传递信息,三种信息转换角色分别是监听者、传播者和发言人;决策角色包括制定决策和做出选择,四种决策角色分别是企业家、混乱驾驭者、资源分配者和谈判者。明茨伯格的管理者角色的基础是组织的正式权威和地位。管理者角色理论如表1-2所示。

表1-2 明茨伯格界定的管理者角色

角色类型	特定角色	描述	角色活动例子
人际角色	挂名首脑	对外形象;象征性首脑;行使礼仪性职责	接见和会面重要的来访者;签署法律文件;出席合作单位开业典礼
	领导者	引导和激励下属;为组织提出发展目标;雇用、训练、报酬、评价、提升和开除下属	建立领导魅力;为下属作出榜样;向下属下达命令和指标;创造组织文化及文化氛围
	联络者	负责对外的联络和部门内部的联系,建立人际关系	参加组织外部的公共事务活动、会议和社会活动;召集部门负责人会议,沟通部门间联系
信息角色	监听者	寻求组织外部和组织内部的有关信息	与媒体接触,了解社会对组织的看法;与下属谈话,了解组织内部的有关情况
	传播者	向组织内部成员传播知识、组织成员不易得到的社会信息;向下属传达领导意愿	定期召开学习会,召集例会
	发言人	向社会传播组织信息	召开新闻发布会;召开股东会,向投资者汇报年度工作
决策角色	企业家	密切关注企业外部环境的变化,寻求组织发展的机会	制订和调整组织发展战略计划;决定一项新产品开发计划
	混乱驾驭者	当组织面临混乱时,负责及时纠正;当组织面临危机时,负责危机管理和危机公关	制定危机战略;向社会媒体发布信息,以正视听
	资源分配者	向组织内各部门和成员分配资源	向分公司注入资产;向绩效考核优良的科研人员和销售人员发放奖金
	谈判者	在重要的谈判中与供应商、经销商、员工、政府和银行代表组织进行协商	参加与金融机制的信贷谈判;参加高层管理人员的聘任谈判

三、管理者的技能

每位管理者都在组织中从事某一方面的管理工作,履行一定的工作职责,因此管理者需要特定的技能以履行职责和实施活动。那么,管理者需要哪些类型的技能呢? 根据Katz(1974)[①]的研究,管理者应具备三种基本的技能,即技术技能(technical skills)、人际技能(human skills)和概念技能(conceptual skills)。

1. 技术技能

技术技能是指"运用管理者所监督的专业领域中的过程、惯例、技术和工具的能力"(Plunkett and Attner,1997),是与工作岗位相关的专业知识和能力。

2. 人际技能

人际技能是指"成功地与他人打交道并与他人沟通的能力"(Plunkett and Attner,1997)。[②] 具有良好的人际技能,建立良好的人际关系,对于一名有效的管理者是非常重要的。

3. 概念技能

概念技能是指"把观点构想出来并加以处理以及将关系抽象化的精神能力"(Plunkett and Attner,1997)。这种能力可以帮助管理者理清各相关事件,并有助于做出正确的决策。

不同的管理层级对管理技能要求的重点是不相同的,但是各管理层级对人际技能的要求是相同的(见图1-5)。

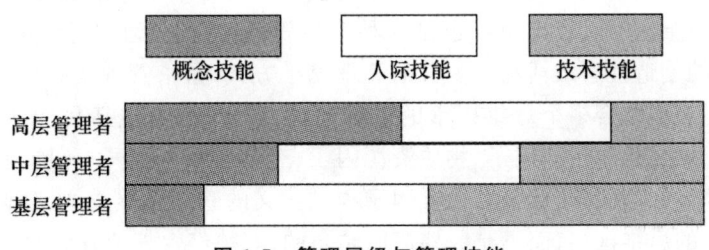

图1-5 管理层级与管理技能

第四节 管理思维

管理思维的任务是解决管理者对思维活动、思维方式和方法的认知、选择与应用。管理实践证明,管理思维方式和方法决定管理行动,而管理行动决定管理的成败。

[①] Katz,R. L. Skillsofan Effective Administrator [J]. Harvard Business Review. 1974,(9—10):90—102.

[②] Plunkett W. R. and F. R. Attner. Management:Meeting and Exceeding Customer Expections(Six Edition) [M]. South-Westen College Publishing. 1997.

一、管理思维的内涵与特点

1. 管理思维的内涵

人是受观念支配的动物,具有什么观念,就会表现出什么样的态度和行为。管理思维形成管理观念,影响管理态度和行为。人类思维是人脑在生产实践活动作用下发展到高级阶段的机能,是人类历史长期发展的产物。人类思维从不同的角度、不同的侧面观察并反映客观世界,也对客观世界进行分析和综合。

管理思维及其思维方式是一个民族或者一个区域在长期的历史发展过程中形成的一种思维定式,体现于民族文化的所有领域,包括物质文化、制度文化、行为文化、精神文化和交际文化等。思维方式是民族文化最深层次的一部分。

学者从不同的视角对管理思维和管理思维方式的概念进行了研究。王续琨和刘世玉(2002)认为,"管理思维就是指向管理行为或与管理行为相伴而生的思考活动,亦即管理者在履行各项管理职能过程中的思考活动"。[①] 钱春海(2000)认为,从哲学的角度看,管理思维方式就是某一特定历史阶段所形成的、相对稳定的、规范管理活动的方向、过程和结果的范式。[②] 一定时代的管理思维方式,往往体现在这一时代的管理观念、管理理论、管理体制、管理技术中,因而也就与这一时代的政治、经济、法律、科技、文化等密切相关。

王毅(2010)分别从广义与狭义两个层面对管理思维方式的概念进行了界定。[③] 广义的管理思维方式,是指贯穿于整个组织经营管理过程的各种有关信息的搜集、选择、分析、联想、比较、分类、概括、评价,并根据一定的应用目的进行单一的或综合的、部分的或系统的决策的思维活动。管理思维也是一种产生管理观念、管理理论、包含物态因素在内的管理系统的创造性思维活动。狭义的管理思维方式,是指管理实践所形成的模式化思维,是一种组合或整合多个思维因素的思维活动。思维因素包括目标性思维因子、操作主体思维因子、文化与价值因子、物质资源因子、工具与技术因子、环境制约因子、领导行为因子、心理与社会因子、成果与检验因子等。狭义的管理思维方式,强调的是一种相对完整的、统一的思维框架,而不是一些简明精巧的、有关经营管理方面的方法与结构。

综合上述观点,管理思维是指与管理行为相伴而生的思考活动,即管理者在履行管理过程中的思考活动。管理思维方式是指管理者的管理思维活动所遵循的相对稳定的程序、法则或路径,是管理者反映管理对象所运用的所有逻辑形式、结构与方法的总和,表征着管理者思维活动的规律性。一方面,由于管理思维方式具有相对稳定性的特征,使得管理者有可能在一定的思维定势下从事管理活动;另一方面,由于管理对象和管理环境的复杂性与动态性,已经形成的某种管理思维方式可能会对组织发展起着消极的作用,为了使组织与不断变化的组织存在方式相适应,管理者应当随着环境的变化而及时变革管理思维方式。

[①] 王续琨,刘世玉.管理思维与管理思维学[J].大连理工大学学报(社会科学版).2002(12).
[②] 钱春海.现代管理思维方式的特点[J].社会科学,2000,(9).
[③] 王毅.管理思维的理论及应用[M].昆明:云南科技出版社,2010.

上述关于管理思维方式内涵的成果,强调了管理思维方式不同于哲学思维方式、科学思维方式等的特殊性,初步明确了管理思维方式的内涵、外延,奠定了管理思维方式研究的知识基础。

2. 管理思维的特点

管理思维是在一定的社会政治、经济和文化等环境中形成的。从微观层面分析,处于不同管理层级和不同环境、从事不同行业的管理者,其在思维素质、能力、方法、性别、年龄和教育程度等方面具有不同的特点,因而思维也存在差异。但是,在管理的过程中,管理者的管理思维普遍体现三个最基本、最主要的特性,即思维的经验性、思维的惯性和思维的单向性。

(1) 管理思维的经验性。经验是管理者在生存、发展过程中所见、所闻和所感累积而成的主观概念体系。管理者认知事物的过程是一种不断基于旧经验理解新经验、根据已有经验做出新推断的思维过程(在无任何经验之前则依据本能)。这种过程决定了管理者的思维、认知离不开经验,管理者的思维内容必然以自身已有的经验为基础依据,而不可能产生与其经验无关的新内容。思维的全面性、深刻性受到已有经验多少、深浅的影响和制约。

思维的经验性一方面使人类能够加快、加深对新事物的认知与把握;另一方面使人类受到经验的局限和误导,容易产生先入为主的成见和以偏概全的偏见。

(2) 管理思维的惯性。管理者对事物的认知容易产生一种将其主要特性泛化的倾向,将事物在主要方面所具有的特性推广到事物的其他方面,认为该事物在其他方面也应该具有与主要特性相一致、相符合、相统一的特点;将事物的外在表象特征延伸至事物的内在本质或者把内在本质推广至外在表象,认为本质与表象具有相同的特性;将事物在特定时期所具有的暂时性特点扩展至在整个时期都具备的永久性特点。

思维的惯性主要受个人经验与文化涵养的影响,经验越少、涵养越低,惯性的影响就越大。思维的惯性是人类在认知过程中存在的一种缺乏辩证思维能力的表现,是人类产生英雄崇拜和宗教迷信的主观内在认知根源。

(3) 管理思维的单向性。管理者在思考、解决问题时总是自觉或不自觉地倾向于从自身所处的利害关系出发,受自身欲望、情感和意志的影响,以自身的人生观、价值观与伦理观衡量事物,以自我利益为中心处理问题。思维内容总是紧紧地围绕管理者所关注的事物,倾向于将所发生的现象与其目前所关注的问题联系在一起。对问题的关注程度与该问题对主体利害关系的关联性和重要性成正比。

管理思维的单向性是造成人们之间误解与冲突的思想根源。同一事物、同一问题如果以不同角度、不同立场、不同标准进行观察与衡量,其结果必然各不相同;而每一种结果对应于每个人各自所处的角度、立场及所引用的标准而言,可能又是相对正确的。

上述管理思维特性从主观上不自觉地影响、制约了管理者对事物的认知与判断,这种影响因管理者个人的天赋、经历、修养等方面的差别而不同。

二、管理思维的分类

1. 实证思维

"实证"一词在词源学上包含肯定、明确、确实等不同含义,在具体的科学研究活动中,实证代表了一种超越或排除了价值判断的纯客观性行为或过程。实证是实证主义的中心概念,也是实证方法得以建立的基础。它包括五个方面的内容:一是现实的而不是幻想的;二是有用的而不是无用的;三是可靠的而不是可疑的;四是确切的而不是含糊的;五是肯定的而不是否定的。实证思维是指思维主体主要从管理的经验事实出发,并且注重使用实验检验方法揭示现象之间现实的、有用的、可靠的、确切的、肯定的联系,具体描述各类现象,再经过归纳上升到规律和一般性结论,从而把握管理的本质和规律的思维方法体系,其思维方法主要包括类比思维、证实思维和证伪思维。

类比思维是用类比推理方法建立起来的实证思维方法。在人们认识管理规律的过程中,作为思维方法的类比起到了非常重要的作用。管理者经常从其他组织的成功案例或者管理者自身某些事件的经历中汲取营养,以类比方法应用到自己的管理实践中。

证实思维主要是在管理实践中运用实证经验方法搜集基本的经验事实以研究管理的本质和规律的一种实证思维方法,包括抽样调查方法、观察法、实验法和案例法等一系列思维方式。

证伪思维与证实思维的方向恰恰相反,它是人们在进行管理思维时,运用反面的案例或经验事实否定某种管理观念和理论的实证思维方法。我们只要找到一家企业运用这种管理方法不成功,则其对所有企业都适用的结论就是错误的。证伪方法给我们提供了一个非常有用的工具,帮助人们更有效地发展管理学理论。

2. 科学思维

科学思维是指管理思维主体以辩证唯物主义和历史唯物主义为根本指导思想进行科学探索、科学实践与科学研究,以理性的、抽象的、逻辑的思维方式把握管理的本质和规律。它要求采用全面的、发展的、变化的观点看待问题与认识问题,使用辩证的、系统的方法观察问题与分析问题,注重探寻规律、发现规律,形成规律性认识并指导实践,促进实践的发展。求实求真性、能动创造性、辩证系统性和历史时代性是科学思维方式最鲜明的特点,其思维方法主要包括科学理性思维、逻辑分析思维和数学分析思维。

科学理性思维是强调管理对象合乎理性和管理规律具有科学性的科学思维方法,具有强调以科学的精神和方法研究管理与强调对人的理性化研究两大特征。

逻辑分析思维是使用逻辑的方法分析与把握管理的本质和规律的一种科学思维方法。管理学中的逻辑分析门类众多,主要包括作业分析、管理过程和职能分析、决策分析、组织行为分析及经验分析。现代管理思维正是沿着逻辑主义的分析轨迹而前进的,人们在管理实践中搜集、归纳、整理、提出假说,验证假设,借助数学模型和逻辑分析,从各个角度、各个层次、全方位地透视管理实践和现象。

数学分析思维是从把握一定质的量以及质和量相互转化的关系的角度,分析与把握管理的本质和规律的一种科学思维方法。数学分析思维方法是许多学科重要的思维工具,也是管理思维的重要工具。由于数学语言具有较少的歧义性和逻辑的完整性,人们可以借助数学手段,深化管理理论的定量研究,澄清各种管理变量之间的关系,将管理研究推向更精确的层面。

3. 系统思维

系统思维就是以系统观为出发点,从系统与元素、系统与环境、元素与元素、结构与功能的诸多关联中,把握客观对象的系统性本质及其演化规律,从而实现多方位、多层次且最有效、最优化处理问题的一种科学思维方式,其思维方法主要包括系统整体性思维、系统结构性思维和系统动态控制思维。

系统整体性思维是指人们在认知客观对象时,应将其看作由各个元素在一定内外部条件下组成的有组织整体,从系统整体而非系统各部分元素上进行思维的方法。系统论实际上就是揭示整体性的一般规律的科学。

系统结构性思维是指从系统内部各部分元素的相互关系上进行思维的方法。系统结构思维不一定要求我们掌握每一个问题的细节和全部的资料,只要把握了事物在不同层次上的结构、内在的特征和主要连接点之间的关系,我们就能比较明确地确认事物。系统结构性思维强调分析问题的结构以及结构性地解决问题。

系统动态控制思维是指通过信息反馈来实现动态控制管理系统的思维模式。而动态控制的目的就是使系统始终保持理想的"运行状态",并在动态中寻求优化,进行有效的控制。在管理系统中,管理者应根据确定的目标,通过信息反馈来实现优化的调控,使系统在动态中沿着既定的方向保持运行,从而实现预期的管理目标。

4. 创造性思维

创造性思维是一种具有开创意义的思维活动,即开拓人类认知新领域、开创人类认识新成果的思维活动,往往表现为发明新技术、形成新观念、提出新方案和决策、创建新理论等。创造性思维具有以下五个特征:第一,独创性或新颖性。创造性思维在思路的选择上,或者在思考的技巧上,或者在思维的结论上,具有"前无古人"的独到之处,具有一定范围内的首创性和开拓性。第二,灵活性。创造性思维并无现成的思维方法和程序可循,所以其方式、方法、程序、途径等都没有固定的框架。第三,艺术性。创造性思维是一种开放的、多变的思维活动,其发生伴随着"想象""直觉""灵感"之类的非逻辑、非规范思维活动,而"灵感""直觉"等往往因人而异、因时而异、因问题和对象而异,所以创造性思维活动具有极大的特殊性、随机性、技巧性和艺术性,他人不可以完全模仿及模拟。第四,对象的潜在性。创造性思维从现实的活动和客体出发,但其指向不是现存的客体,而是一个潜在的、尚未被认识和实践的对象。第五,风险性。由于创造性思维是一种探索未知的活动,因此受到多种因素的限制和影响,这决定了创造性思维具有一定的不确定性和风险性。

创造性思维是指管理思维主体以非逻辑的、创新的思维方式把握管理的本质和规律的思维方式,其思维方法包括直觉思维、灵感思维、顿悟思维、形象思维、横向思维和逆向思维等。

(1) 直觉思维。直觉思维是指思维主体从最直观的经验开始,不经任何推理,直接导出问题的结论。

(2) 灵感思维。灵感思维实质上是直觉在无意识中的突然涌现。灵感是一种在外界信息的刺激下而瞬间爆发出来的、带有突破性的创造性思维认知活动,其发生像其他创造性思维认知活动一样,必须基于实践且始于问题。由于灵感既是直觉、无意识的,又是直觉的突然涌现,因此灵感思维似乎更具有神秘性、更难以捉摸。但实际上,灵感还是可以把握的。任何灵感都是人们长期辛勤劳动的结晶,只有在长久持续的实践活动中,灵感才会显现。俄国著名画家列宾说,灵感是对艰苦劳动的奖赏;俄国著名作曲家柴可夫斯基更形象地指出,灵感是这样一位客人,他不爱拜访懒惰者。灵感所昭示的往往是科学家长期思虑、苦思多年的问题,灵感的产生是勤奋的结果。

(3) 顿悟思维。顿悟思维是指人们在心灵上可以突发性地把握事物整体,得到一种大彻大悟感受的思维。顿悟是创造性思维的突变。格式塔心理学派指出,人类解决问题的过程就是顿悟。当人们对问题百思不得其解时,突然看透问题情境中的各种关系并产生了顿悟。顿悟的出现与思维能量的长期积蓄和管理知识的历史积淀有关。当某种信息或灵感冲击并触动到思维的关键点,一股巨大的能量就会冲破各种思维障碍和心理定式,使得管理者突然明白问题的实质,找到解决问题的思路。

(4) 形象思维。形象思维是指思维主体凭借头脑中储存的表象进行的思维。形象性是形象思维最基本的特点。形象思维所反映的对象是事物的形象,思维形式是意象、直感、想象等形象性的观念,其表达的工具和手段是能为感官所感知的图形、图象、图式和形象性的符号。形象性使形象思维具有生动性、直观性和整体性的优点。

(5) 横向思维。横向思维是指突破问题的结构范围,从其他领域的事物、事实中得到启示而产生新设想的思维方式。由于改变了解决问题的一般思路,试图从不同的方面、方向入手,极大地拓宽了思维广度,有可能从其他领域得到解决问题的启示,因此横向思维在创造性活动中常常起到巨大的作用。横向思维的主要方法是相似性推理和相关性推理。横向思维的哲学基础是事物之间存在普遍联系的客观事实和原理。由于世界的统一性和普遍联系,使得我们可以将影响管理的许多要素整合起来加以研究,运用横向思维的方法将许多看似无关的问题联系起来,从而找到问题的内在规律。

(6) 逆向思维。逆向思维是与正向思维方法相反的创造性思维方法,是人们在思考问题时,改变思考对象的空间和时间排列顺序,从反方向寻找解决问题的办法的一种思维方式。运用逆向思维法,我们必须掌握事物内部各要素之间的因果关系;否则,逆向思维法就难以成立。

三、东西方管理思维的差异

思维方式的差异在本质上是文化差异的表现。长久生活在不同区域的人们,因不同的历史背景、政治制度、风俗习惯、宗教信仰、语言文字、生活方式、生产方式、行为方式、交往方式,以及不同的哲学观、伦理观、价值观、审美观、时空观、心理特征、表达方式等,从而具有不同的文化特征,也就形成不同的管理思维方式。

曾仕强和刘君政(2005)①把流行于世的管理思维归纳为 AB 式、甲乙式和大和式(见图 1-6)。

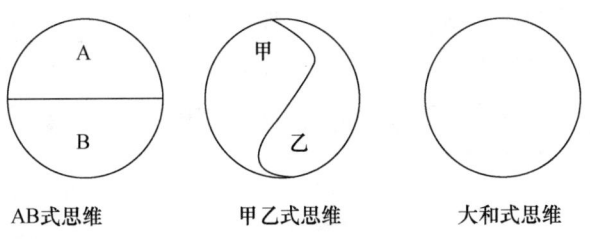

图 1-6　三种管理思维方式

曾仕强认为,管理思维决定管理成效。中国、美国、日本三种不同的管理思维在管理界得到交错运用,但由于大家对这三种不同的思维方式各自的特性、优点与缺点欠缺深入的了解,往往造成思维的混乱与组织内部的纷争,以致大大地影响了管理的成效。

AB 式管理思维,特性在于是非分明,讲求有力制衡,以美国式管理为代表。这种思维方式有一定途径可遵循,而且权利义务相当分明,尊重专业知识技能,很容易学习;然而,一旦形成思维习惯,思维就会不知不觉地僵化,应变力减退,情况稍有变故就难以适应。

甲乙式管理思维,特性在于是非难明,注重个人义务,力求恪尽责任,管理者不希望在机构内出现明显的制衡,以中国式管理为代表。这种思维方式学起来没有一定的途径或规律可循,不容易掌握,但却越学越管用,并且能促使管理者头脑灵活,增强应变力,能在动态中维持均衡。如果能够很好地掌握这种思维方式,那么不论内外环境如何变幻,管理者总能立于不败之地。

大和式管理思维,特性在于下级绝对服从上级的命令,能够一致团结对外,以日本的管理为代表。这种管理方式以关怀取代制衡,注重团体利益和荣誉,不容许个人有突出的表现。这种管理方式容易学习却难真正做到,如果没有一定的社会文化基础,运用这种管理方式往往会流于形式,决策失误时所付出的代价也会很大。

曾仕强指出,实际上,在当今中国人的头脑中,这三种思维方式已经并存了。而建立在西方哲学基础上的 AB 式管理思维已无法解决当前的问题,大和式思维方式在中国显然也缺乏一定的社会文化基础。因此,他认为:"唯有真正明白中国人擅长的甲乙式思考

---

① 曾仕强,刘君政.管理思维[M].北京:东方出版社.2005.

法,才能兼容并蓄,有效地整合三种不同的思考方式,使它们并行不悖。"

这三种思维方式各有利弊,无所谓好坏优劣,关键在于不同情境、不同阶段和不同人员中的应用。

❑ 重要概念

创造性思维	管理的原则	管理者的角色	效果
高层管理者	管理的职能	基层管理者	效率
管理	管理思维	科学思维	中层管理者
管理的科学性	管理者	实证思维	组织
管理的艺术性	管理者的技能	系统思维	

❑ 本章概要

管理者是指在一个组织中直接监督和指导他人工作的一群人。管理者通过其职位和知识,对组织负有贡献的责任。

组织是指为实现某些特定的目标,将人们系统地安排在一起。

组织的共同特征:一是共同的目标;二是能够彼此沟通和有合作意愿的人;三是构建一个系统化的结构以规范和限制其成员的行为。

执行者是指那些直接从事某项具体工作或任务、没有责任去监督他人工作的员工,也可称作非管理类员工或作业人员。

高层管理者是指那些位居组织最高层或接近最高层的人员。

中层管理者位于组织高层管理者与基层管理者之间。

基层管理者是指直接负责执行日常活动的那些人员。

管理是指管理者在特定的组织内外部环境的约束下,采用科学和经济的方法,通过计划、组织、领导和控制等职能,优化配置和协调使用组织的各种资源(人、财、物、时间、技术、信息等),带领人们既有效率又有效果地实现既定的组织目标的活动和过程。

管理的原则是管理者在管理实践中必须遵循的基本规则。这些原则主要包括效益原则、人本原则、适度原则和系统原则。

管理是科学性与艺术性的统一。

管理的职能可概括为计划、组织、领导和控制。

管理者角色是指管理者应该具备的行动或行为所组成的各种特定类型。

管理者应具备三种基本的技能,即技术技能、人际技能和概念技能。

管理思维是指与管理行为相伴而生的思考活动,即管理者在履行管理过程中的思考活动。管理思维方式是指管理者的管理思维活动所遵循的相对稳定的程序、法则或路径,是管理者反映管理对象所运用的所有逻辑形式、结构与方法的总和,表征着管理者思维活动的规律性。

📋 思考题

1. 谁是管理者？管理者在哪里工作？
2. 简述组织的概念和特征。
3. 谈谈管理者与执行者的区别。
4. 从组织的纵向进行分类,管理者分为哪三类？其工作职责有何区别？
5. 什么是管理？如何理解管理的具体含义？
6. 简述管理的原则。
7. 为什么说管理既是一门科学又是一门艺术？
8. 论述管理的职能。各职能之间的相互关系如何？
9. 根据明茨伯格的研究,管理者应扮演哪些角色？
10. 对于一名刚刚上任的基层管理者,为了有效地履行工作职责,他必须培养哪些技能？这些技能与有效地完成专业技术工作所需的技能有何区别？
11. 什么是创造性思维？

📋 实训题

1. 管理视角如何随时间而改变？你如何描绘当今的管理实践？在未来10—15年,你认为管理实践将会发生哪些改变？
2. 了解你所在城市的一家企业中一位有资历的管理者在晋升并承担更大职责的过程中经历了怎样的个体变化。依照本章的图1-5,画出个人职业生涯的不同时期中,技术技能、人际技能和概念技能的相对重要性。
3. 选择你熟悉的一家公司进行调研,并完成以下任务：

(1) 描述该公司。成立多长时间？从事哪种行业？生产何种产品或提供何种服务？主要竞争对手是谁？在国内外是否很活跃？公司有多少员工？多少销售额及利润？

(2) 与竞争对手相比,该公司最近一年的绩效如何？是否超过或落后于竞争对手？原因何在？

(3) 谁是该公司的CEO？其在该职位上任职多久？其职业履行情况如何？

(4) 尝试找出该公司CEO完成基本管理工作（计划、组织、领导与控制）的例子。

案例分析 Ⅰ

华为公司的任正非：商业思想家[①]

美国《时代》周刊2006年评选出2005年度影响世界的100位名人，而华为科技公司总裁任正非是"商界巨子"中唯一入选的中国人，同时入选的还有美国苹果计算机公司董事长兼首席执行官乔布斯、传媒大亨默多克、俄罗斯石油巨头阿布拉莫维奇。

《时代》周刊如此评论道，时年61岁的任正非显示出惊人的企业家才能，他在1988年创办的华为公司，如今已被电信巨头视为"最危险"的竞争对手。华为公司2007年实际销售额为125.6亿美元，首次超过北电网络的109.5亿美元，晋级全球"五强"，位于思科(347亿美元)、爱立信(313亿美元)、阿尔卡特朗讯(279亿美元)、诺基亚西门子(210亿美元)之后。

一名跟随任正非多年的老员工介绍，任正非很喜欢阅读《毛泽东选集》，一有工夫就琢磨着怎样将毛泽东的兵法转化为华为公司的战略。而此前，任正非在部队期间就是"学毛标兵"。

仔细研究华为公司的发展，不难发现其市场战略、客户政策、竞争战略及内部管理与运作，无不深深地打上传统权谋智慧和"毛氏"斗争哲学的烙印；公司的内部讲话和宣传资料，字里行间跳动着战争术语，极富煽动性，以至于有人说进入华为公司的人都被洗脑了。

最典型的一个例子，华为公司初期"农村包围城市"战略的应用。1992年，华为公司自主研发出交换机及设备，当时阿尔卡特朗讯、北电网络等巨头把持着国内市场，任正非以"农村包围城市"的战略迅速攻城略地，通信设备价格也直线下降。1996年，华为公司开始在全球如法炮制，蚕食欧美电信市场。据称，华为公司在内部召开例行的民主生活

---

① http://ceo.icxo.com/htmlnews/2006/12/19/980692_0.htm

会,其不变的主题是批评与自我批评。

《华为基本法》第一条规定:"为了使华为成为世界一流的设备供应商,我们将永不进入信息服务业。通过无依赖的市场压力传递,使内部机制永远处于激活状态。"

华为公司固守通信设备供应这个战略产业,除了维持公司运营高压强的需要,还为结成更多战略同盟打下了基础。商业竞争有时很奇怪,为了排挤潜在的竞争者,花多大的血本都不在乎。在通信运营这个垄断性行业,你可以在一个区域获得一小部分的收益,可是运营商会在更多区域关闭你切入的通道。任正非深知人性的弱点,守护着华为公司长远的战略利益。

20世纪90年代,任正非与中国人民大学教授一起规划《华为基本法》,提出要把华为做成一个国际化的公司,开始跌跌撞撞地探路。事实证明了任正非的战略家眼光。1996年,华为公司第一次在海外练兵,只用3个月时间就完成了和记电信项目。

在前几年电信业最火爆的时候,任正非写下"华为的冬天",这篇战略性的文章在业内投下了一枚"炸弹",也是信息技术界和管理界真正把任正非置于显著位置的关键一环,很多公司甚至将其打印出来全体学习。

在这一战略思想的指导下,任正非开始大调整,以"运动战"方式度过寒冬。在欧美电信公司的家门口,华为公司拿下了法国、德国、东欧的大批电信合同;在中亚,华为公司为血战朗讯,扫荡了一个又一个"斯坦国"市场;现在,华为公司的销售大军已深入南美丛林和非洲大漠,一个接一个地攻占市场。英国《金融时报》惊呼,中国的华为公司正在改写全球电信的生存规则。

2002年,华为公司成功出演大战思科的经典之作,这是华为公司国际化路途中不能不提的一场战役。任正非指挥的这场"围剿战"持续了一年,在思科状告华为公司侵犯其知识产权时,任正非一边在美国聘请当地最好的律师对阵,一边开始结盟思科在美国的死对头3COM公司,就在官司最关键的时刻,华为公司宣布的这一消息使思科腹背受敌。虽然华为VS思科案最后和解了,但任正非在这场跨国官司中的策略是中国其他任何公司都无法在海外部署的。

著名财经作家,《华为真相》作者程东升如此评价任正非和华为公司:大凡真正的大企业家,首先应该是个思想家,对企业的宏观战略有着清晰的认识,以自己独特的思想认识、影响和指导企业的发展。华为之所以成为中国民营企业的标杆,不是因为他用10年时间将资本扩张了1 000倍,也不是因为它在技术上从模仿、跟进到领先,而是因为华为独特的企业文化,这种文化的背后则是总裁任正非穿透企业纷繁复杂表象的深邃的思想力。从产品营销到技术营销再到文化营销,华为做得有条不紊。任正非对企业目标的界定、对企业管理的创新、对智力价值的承认,都开创了中国民营企业之先河。

中国从来就不缺企业家,但从来都缺真正的商业思想家——在当代中国,任正非应该算一个。

讨论题

1. 任正非为什么被认为是一个真正的商业思想家?

2. 任正非拥有哪些管理技能？他的哪些管理技能较强，哪些管理技能较弱或较为缺乏？

3. 在本案例中，最能充分体现任正非运用管理职能的是哪几项？

案例分析 II

柯达公司的思维方式[①]

传统上，柯达公司的利润主要来自胶卷生产；而如今，其他产品正在动摇胶卷的主导地位。过去，影像业的进入壁垒很高，胶卷生产工厂的造价高昂；但是现在，有些公司相信它们可以在虚拟空间、互联网上成立可行的影像公司。过去，该行业内只有屈指可数的几个竞争者；现在，在信息技术硬件和软件领域领先的许多公司，包括 IBM、微软、惠普及其他公司，都在进军影像产业。

柯达公司很快意识到，再也无法继续采用惯常的方式经营企业了。但是，公司做好了良好的准备，对于变革一直持欢迎的态度。为了确保在瞬息万变中获得成功，柯达公司采取了以下四种做法：

第一，建设企业经营和客户服务的新基础设施；

第二，发展新的经营环境所需的科技力量；

第三，加强品牌建设和客户忠诚度的培养；

第四，基于长期目标而投资。

柯达公司深信，一个重大的技术变革即将来临。这一次，影像行业将从胶卷转向数码。正如胶卷取代玻璃干板是柯达公司自己开发的技术结果，从胶卷到数码的第二次重大变革同样为柯达公司所亲手缔造。早在 20 世纪 70 年代，柯达公司的工程师就开始研究捕获影像的无胶片技术了。尽管到 90 年代晚期，有些行业观察家曾经预言，摄影胶片到 2000 年将被彻底淘汰，但柯达公司很好地把握了行业的发展，向发展中国家和地区进行转移。在中国，胶卷的成长方兴未艾。柯达公司通过在中国和其他地区的有效转换，不但控制了行业的发展趋势，使胶卷成为一个光明、长久的产业，而且也使自己在新产业的竞争中牢固地把握了局势。

为了适应环境技术的变革，柯达公司建立了数码影像的基础设施，重新构建了组织结构。而这意味着找到掌握这些新技术和新技能的人才。这些人才往往不是来自传统的影像行业。例如，柯达的新总裁罗佩斯就拥有信息技术和通信业的背景，而影像业和这些行业的未来将不可分割地联系在一起，因为它们都有一个共同的目标——帮助人们了解和交流信息。而组织结构的另一个方面在快速技术变革时代也是非常重要的，那就是公司员工的心态。对于柯达这样历史悠久、根基深厚的公司来说，这一点尤其重要。过去带来成功的技能和行为方式，现在有可能对公司不再适用甚至产生危害。为此，柯达公司确立了员工必须具备的三种思维方式。

[①] 节选自 Danial A. Carp 的《以变应变再创影像风》。

第一种思维方式是灵活应变,即在瞬息之间调整战略战术的能力。因为市场和竞争态势瞬息万变,柯达公司不能允许自己对今天的经营计划抱着一种高枕无忧的态度。

第二种思维方式是强烈的好奇心。这不仅意味着随时了解企业发展的最新动态,还要突破自己企业的藩篱,把眼光放远,准备从其他企业和行业的成功与失败中汲取经验。

第三种思维方式是力争成为赢家。今天的经营环境充斥着激烈的竞争,在争夺新技术的领导地位的战斗中,从来都有很多公司损失惨重,将来还会有更多。唯一安全的位置是行业中的第一,因此如果要生存,就要争取成为赢家。

讨论题

1. 柯达公司的思维方式正确吗?
2. 柯达公司能实现在数码影像"行业中的第一位"的目标吗?

第二章 管理思想的演进

【内容提要】

人类在长期的管理实践中产生了丰富的管理思想。本章主要介绍中外主要的管理思想。首先,介绍中国早期的管理思想;其次,介绍西方早期的管理思想;再次,介绍古典管理理论和行为科学理论;最后,系统而简要地介绍现代管理理论的丛林和当代管理理论的新思潮等内容。

【学习目标】

1. 了解古今中外主要的管理思想。
2. 掌握管理学理论的发展和演变历程。
3. 理解管理理论发展的主要阶段,重点掌握古典管理理论和行为科学理论。
4. 了解在西方管理理论发展各阶段中各学派的主要观点。
5. 大致了解当代管理理论的新思潮。

引例

无为而治[①]

中国台湾石化产业的经营者,大家最熟悉的应属台塑的王永庆。但是,若论及石化产业产品 ABS 领域,全球第一的巨人则非奇美莫属。

奇美的规模虽然没有台塑庞大,但其生产力为同行业的四倍,产品不仅曾以品质高、价格低而掀起石化产业的革命,美国和日本的同行更是畏之如虎,只要是奇美打算投资的地方,美日厂商无不退避三舍、取消计划。像聚苯乙烯,日本只有与美国陶氏化学联手合作,才敢挑战奇美。

奇美的董事长许文龙则是一位极富传奇性的人物。他管理企业的风格和观念,既不

---

① 曾宪达等.新编管理学基础实训教程[M].杭州:浙江大学出版社.2009.张永诚.管理思想——无为而无不为.百度文库,2014 年 9 月 21 日。

采用儒家的道德感召,也不采用法家的严刑峻罚,而采用道家的无为而治,即所谓的"不管理学"。

许文龙的"不管理学"在企业界是极为罕见的特例。他虽然挂着董事长的头衔,却是高悬的虚位,简直就像英国女王一样。企业内大大小小的事务全部授权,他从不做任何书面的指令,即便和主管开会,也只是聊天、说家常而已。

他也许连董事长的印章放在哪里都不知道,更甚者,他连自己的办公室都没有。

因为没有办公室,他只好开车到处去钓鱼。有一次遇到大雨,无法垂钓,想回办公室看一看。员工看到他,竟很惊讶地问:"董事长,没事你来做什么?"他想一想,对啊! 没事来干什么? 即便是董事长也不能打扰员工工作,于是便离开了!

许文龙以这种无为而治的思想管理奇美,不但使奇美成为国际化程度超过台塑的石化王国,而且更令人啧啧称奇的是,他认为企业赚钱太多是种罪恶。因此,他不仅把赚来的钱回馈给合作的厂商、贸易商,每年还捐出数亿元给"奇美文化基金会"购买艺术品,借以提升台湾地区艺术文化的水准。

我国古代伟大的思想家老子说:"我无为而民自化,我好静而民自正,我无事而民自富,我无欲而民自朴。"[①]这种思想主张,许文龙用在企业管理上,则是"无为而无不为,不争而天下莫能与之争"。[②] 中国古代管理思想是我国传统文化的精华之一,它为中国现代企业的发展提供了理论帮助,为现代管理理论的发展提供了取之不尽、用之不竭的思想源泉。

第一节 中国早期管理思想

中国是世界上历史最悠久的四大文明古国之一,中国有灿烂的历史文化。早在五千年前,中国已经有了人类社会最古老的社会组织——部落和王国,有组织必有管理,有管理必产生管理思想,《论语》《孙子兵法》《资治通鉴》《红楼梦》等历史名著就是对中国古代优秀管理思想的记载和写照。可以说,中国早期管理思想是世界上年代跨度最长、内容最丰富、脉络最清晰、影响最深远的无价瑰宝之库和历史文化遗产,值得我们努力挖掘。

一、中国早期管理思想产生的历史背景和社会特征

1. 中国早期管理思想产生的历史背景

中国古代的管理思想极为丰富,春秋战国时期可以说是中国古代文明的鼎盛时期,各种管理思想也出现了百家争鸣的局面,同时也是中国古代社会大动荡、大变革、风云变幻的时期,社会经济、政治、思想文化都在激烈而又复杂的阶级斗争中发生很大的变化。

---

① 老子《道德经》。
② 许文龙,全球最大 ABS 树脂制造商——中国台湾奇美集团创始人。许文龙崇尚老庄思想、无为而治的个性,提出"无为而无不为,不争而天下莫能与之争"的企业管理思想。摘自《人人用得上的管理智慧》。

在剧烈的社会变革中,各诸侯国的阶级关系不断出现新变化,不同的阶级与阶层的代表人物对社会变革发表了不同的主张,于是"诸子百家"[①]便应运而生。其中,主要代表人物有孔子、孟子、墨子、荀子、老子、庄子、列子、韩非子、商鞅、申不害、许行、告子、杨子、公孙龙子、惠子、孙武、孙膑、张仪、苏秦、田骈、慎子、尹文、邹衍、吕不韦等。

关于对诸子百家的派别归类,司马迁列举了六家:阴阳、儒、墨、名、法、道。[②] 根据当代学者吕思勉先生在《先秦学术概论》中的划分,当时的"诸子百家"可划分为阴阳、儒、墨、名、法、道、纵横、杂、农、小说、兵、医十二家。其中,对中国历代统治者从事国家管理影响较大的主流思想学派是儒家、法家和道家等,而影响最大的当属儒家。儒家提供了王道礼治;法家提供了霸道法治的管理原则和方法;道家则论证了管理的本体论——无为而治的根本道理;其他各家各派也都从各个侧面提出了丰富的管理思想和方法。

2. 中国早期管理思想的社会特征[③]

中国早期管理思想的产生反映了古代华夏文明的特点。古代华夏文明属于典型的农耕文明,具有以家族血缘关系为纽带、分散的小农经济为基础、封建集权的政治统治为保障的农业社会特征。但是,华夏农耕文明又不同于其他国家和地区的农耕文明,在历史的发展长河中具有自己的特殊性,归纳起来包括以下几点:

(1) 国家的产生和维系以家庭血缘关系为基础。中国古代国家的形成虽然如马克思主义经典所说的那样是阶级斗争不可调和的产物,但在具体产生方式上则不同于其他民族的国家。中国古代国家的产生和维系是以家族血缘关系为纽带的,国就是家的放大,实行家国一体的统治模式,血缘宗法关系渗透和辐射到社会生活的各个领域。这一特点对中国古代的管理思想和管理实践产生了重大影响,重关系、讲人情,组织的发展主要靠家族成员支撑,构成了中国管理思想和管理实践的主要倾向。

(2) 等级严密的单一结构国家管理控制体系。国家结构自秦代以后主要是以单一制的"金字塔"结构为主,形成了等级严密的控制体系。这种组织结构模式影响了社会其他组织的结构,使得整个社会组织细胞形成了单一化的结构。单一化的组织结构有利于集权制的管理模式,控制力强、效率高,但由于缺乏有效的制约机制,在各级管理者不能尽职尽责时,容易导致决策失误,甚至导致整个组织体系的解体。

(3) 长期的重农抑商政策。中国古代社会在发展的过程中,受历代统治者重农抑商政策的影响,国家经济发展速度普遍缓慢,虽然城市化的历程比较早,城市发展规模也较大,但却没有形成经济中心。历代封建统治者一般是以都城作为政治、文化的中心,经由城市控制广大的农村,借助中心城市的舞台、利用政治和行政的手段向广大的农村发布与传递各种管理信息。这种管理模式可以说一直延续到中国现代社会,只是改革开放以后,城市的功能发生了较大的变化,城市的经济和科技地位向周边城乡的辐射带动作用

---

① 诸子百家是先秦至汉初各学派的总称。诸子指各派的代表人物,百家指学派。据《汉书·艺文志》,数得上名家的共有189家,4 324篇著作;但是,绝大多数无法说出其代表人物、主要著作和观点。范世忠.诸子百家说[J].华夏文化.1998,2(22).

② 西汉司马迁在《史记》中引述司马谈(司马迁之父)对学术流派的见解,司马谈把先秦以来的学派归纳为六家——阴阳家、儒家、墨家、法家、名家和道家。

③ 吴照云,李晶.中国古代管理思想的形成轨迹和发展路径[J].经济管理.2012,7:184—192.

越来越大,这种格局的改善,必然会有力地带动整个国家经济的发展速度和整体竞争力。

(4) 集中化与集权化的管理体制。中国古代国家管理模式实行的是集权化管理,这种集权化管理在国家是以皇权为中心的,在家庭是以家长、族长为中心的,从而长官意志、家长制等成为中国古代社会通行的管理方式,这一特点又因上述三个特点而更被强化。因此,集中化与集权化的管理模式在中国的影响是根深蒂固的。

二、中国早期管理思想的主流学派

1. 儒家思想学派

儒家的创始人是孔子。孔子姓孔,名丘,字仲尼,春秋后期鲁国人,其理论核心是"仁",而体现"仁"的制度或行为的准则是"礼"。儒家学派的代表人物除了孔子还有孟子和荀子,儒家学派的代表作品为《论语》《孟子》和《荀子》。儒家首先提出人性本善的基本假设,进而提出仁政、德治、礼制的管理方法,最后提出实现齐家治国平天下的管理目标。

(1) 仁政。孔子提出"仁""仁者,爱人""民之仁也,甚于水火"。① 孟子依此提出"仁政"。儒家仁政思想的具体内容主要包括五项:一是信民,即取信于民;二是富民,只有让民富裕起来才能巩固统治;三是爱民,孔子认为"政在节俭",主张"施取其厚""敛从其薄""薄施于民而能济众者为圣人";四是教民,主张对民要"导之以德,齐之以礼""不教而诛谓之虐,不戒视成谓之暴";五是制恒产,孟子主张要给民制恒产,为的是让"民有恒心"。恒产,指稳定的生产资料;恒心,指正常的道德意识。有恒产才能有恒心;否则,民就会违法乱纪,无所不为。

(2) 德治。儒家主张施仁政,其中的重要内容是反对苛政与任意刑杀,认为"苛政猛于虎"。② 儒家倡导以道德感化方式统治人民,因此主张德治。认为政、刑只能起镇压作用,使人不敢犯罪;德、礼则可以笼络人心,使人知耻归心。孟子主张:"以德服人者,中心悦而诚服也。"③同时,儒家还反对采用物质利益引诱的政策统治国家,认为物质利益的引诱会导致人欲横流、道德沦丧、人心不估,造成社会的堕落和衰败,主张"以义统利"。"富""利"都必须合"义"、合"道"、合"礼"。"先义后利",合乎义的利,多取不为贪;不合乎义的利,虽小不能取,必须"见利思义"。儒家还主张以德选人,认为"上贤禄天子,次贤禄一国,下贤禄田邑"。④

(3) 礼制。"礼"最初指祭祀的器物和仪式,周代把"礼"从仪式中区别开,发展成"君君、臣臣、父父、子子"的奴隶主贵族等级制度和以奴隶主贵族的血缘关系为纽带的宗法制度。儒家认为:"人无礼则不生,事无礼则不成,国无礼则不宁。"⑤"礼"的内容是道德化的制度,具体包括君仁、臣忠、父慈、子孝、夫义、妻顺、兄爱、弟悌。"礼"的本质是"和",认

---

① 张明.孔子思想中的仁政德治[J].理论学习.2001,8(43).
② 王恩来.苛政猛于虎——孔子的仁政主张[J].理论界.2008,08:118—119.
③ 孔子《论语》。黄楠森.今天的德治与儒家的德治有什么关系[J].中共石家庄市委党校学报.2001,04:15.
④ 王忠江.儒家强调中庸二字[N].中国社会科学报.2013,1;7. 何淑英.论儒家用人之道与现代人力资源管理[J].科教文汇(上旬刊).2009,8:204.
⑤ 原瑞娟.荀子修身观及其现实意义[D].山东师范大学.2009. 王亚琴,刘洋.现代语境下《大学》修身思想与荀子修身观的比较诠释[J].经济与社会发展.2010,10:78.

为"礼之用,和为贵"。礼治的方法是正名。孔子认为:"凡为治必先定分,君臣父子夫妇。君臣父子夫妇六者当位,则下不逾节而上不苟为矣,少不悍辟而长不简慢矣。"①

儒家管理思想体系的逻辑结构:仁政是其价值观,德治是其管理原则,礼治是其管理方法。儒家管理思想影响了中国社会几千年,甚至波及邻近亚洲国家,至今还发挥着重要影响。司马迁对儒家的评价是:"夫儒者以六为法。六经传以千万数,累世不能通其学,当年不能究其礼,故曰'博而寡要,劳而少功'。若夫列君臣父子之礼,序夫妇长幼之别,虽百家弗能易也。"②

纵观儒家管理思想的全部内容,其精神实质始终贯穿一个主题——和谐社会思想。这种思想主要体现在以下四个方面:人自身的身心和谐、人与自然之间的和谐、人与人之间关系的和谐、人与社会之间关系的和谐。正因如此,儒家管理思想才会对中华民族的形成、发展和凝聚起到了积极的促进作用,对当前我国构建社会主义和谐社会具有十分重要的现实意义。

2. 法家思想学派

法家是先秦诸子文化中颇具影响的一个文化流派,其思想源头可上溯至春秋时代的管仲、子产。战国时李悝、吴起、商鞅、慎到、申不害等人予以大力发展,遂成为一个学派。战国末期的韩非对他们的学说加以总结、综合,集法家之大成,代表着当时新兴地主阶级的利益,因其主张以法治国,"不别亲疏,不殊贵贱,一断于法"③,故称为法家。法家管理的思想基础是"人性本恶"论,在此假设基础上提出了法制、刑治的管理方法,最后提出达到崇君权和富国强兵的管理目标。法家的管理思想可归纳为以下六方面:

(1) 推崇君权专制。管子认为:"神圣者王,仁智者君,武勇者长,此天之道,人之情也。"④法家崇君权,竭力维护最高统治者的权威,为推行其法制、刑治的管理思想寻求实施主体和保障条件。法家不可能有现代民主思想,将法制与民主相联系。在他们所处的时代,只可能将法制与专制相联系,试图以专制君权为支撑,推行其管理理念和制度。

(2) 依法治国。商鞅认为:"不别亲疏,不殊贵贱,一断于法。"管子认为:"法令者,君臣之所共立也。""君臣上下贵贱皆从法。"势位、威严、力量,这三者是法家权势思想的核心内容,其中"势"是前提,"威"是条件,"力"是手段。法制是指以法律制度作为治国的依据。韩非认为,治理国家必须"以法治国""循法而治""惟法为治"。⑤

(3) 严刑重罚。推行法制的手段是严刑重罚,以刑推法,以刑护法。韩非说:"刑赏,君之大柄也。"法家主张的法制,突出刑罚的重要功能,辅之以赏。⑥

(4) 重视权术。在法家的管理思想中,势为基础,法为标准,术为方法。术,主要是任免、考核、监督、赏罚各级官吏的方法和手段。法家认为"上下一日百战",上级与下属之间是一种对立关系,上级必须懂得用"术""君无术则蔽于上"。"术"不同于"法",它是隐

---

① 韩伟.《吕氏春秋》中"无为而治"的实现[J].才智.2009.12:58.原引自《吕氏春秋》。
② 司马迁《史记·七十列传·太史公自序》。
③ 郝铁川.韩非子论法与君权[J].法学研究.1987,4:85—86.
④ 刘校民.论《管子》的法制权威思想[J].管子学刊.1997,1:4.
⑤ 袁林.管子、商鞅两大学派经济政策比较研究[J].管理学刊.1992,1:7—13.
⑥ 刘慧.论韩非治国方略中的刑赏思想[J].河南师范大学学报(哲学社会科学版).2012,2:141—145.

秘的,而且越隐秘越有效。"术"的作用是辨别忠奸,考查能力,检查功过。①

(5) 倡导功利。法家主张功利,反对儒家一味追求道德价值的做法。管子说:"功利不尽举,则国贫疏远。"其尚功利的主要内容包括三项:其一,功利是赏罚的标准。韩非说:"赏有功,罚有罪,计功而行赏。"其二,强调公利。功利之中,法家又强调"公利",以是为公还是为私作为区分善恶的标准,主张"去私心行公义"。其三,主张树立功利主义价值观。法家反对民等待君的恩惠,主张民应通过自己的力量追求功利以实现自己的富贵理想。韩非认为:"民以力得富,以事致贵,以过受罪,以功致赏,而不念慈惠之赐,此帝王之政也。"反对君主一味施惠于民,主张"严家无悍虏,而慈母有败子。吾以此知威势之可以禁暴,而德厚之不足以止乱也"。②

(6) 崇尚强力。如何实现功利目标?法家主张用"强力"。法家"强力"思想的主要内容包括四项:一是养足以力。力是人们生存的条件,"强力生财"。二是国兴于力。国家富强不靠德教言谈,而靠实力(经济和军事)。商鞅认为:"国之所以重,主之所以尊者,力也……。国好力者以难攻,以难攻者必兴;好辩者以易攻,以易攻者必危。"三是功立于力。追求功利,依赖于力。商鞅说:"人力尽而功名立。"韩非主张,君主"尽力"为政,臣"尽力"事主,农夫"以力"得富,战士"以力"立功,全国上下"贤不肖俱尽其力"。四是德生于力。法家认为道德是以实力、强力为基础,道德是力量的产物和从属。商鞅认为:"力生强、强生威、威生德、德生于力。圣君独有之,故能述仁义于天下。"儒家讲德,法家讲强力,都有偏颇。汉代王充认为:"治国之道,所养有二:一曰养德,一曰养力……此所谓文武张设,德力俱足也。"③

法家的管理思想十分丰富,决非上述全部内容。法家重法治、崇强力的管理方略对中国历史的发展有着重要的意义。秦朝采用法家的管理思想统一海内,功劳卓著。汉代独尊儒术,也不是完全不用法家的方略,只是使法家的方略由显变隐,使国家暴力披上道德的外衣,以义统利,以力辅德,补德治教化之不足。尽管法家的管理思想是为专制皇权服务的,但其揭示出的法制管理的一些基本原则和方法,在当今仍然有着很宝贵的借鉴意义。

3. 道家思想学派

老子是道家学派的创始人、古代伟大的思想家。老子的《道德经》,是道家的经典之作,开创了我国古代哲学思想的先河。老子的哲学思想不但对我国古代思想文化的发展,做出了重要贡献,而且对我国二千多年来思想文化的发展产生了深远的影响。《道德经》蕴藏着丰富的管理思想,既有"治国"又有"用兵",既有宏观调控又有微观权术,被称为"君王南面之术"的重要著作,其中不乏独到的经济管理思想。

《道德经》哲学的最高范畴是"道"。道本义指道路,后来引申为法则、规律的意思。《道德经》把"道"作为宇宙的本原,认为万事万物都是由"道"派生出来的。关于"道"的性质,《道德经》认为,"道法自然""道常无为而无不为"。于是,"无为"就成为道家管理思想的最

---

① 宁静.韩非"法术势"思想体系的伦理探析[D].南京大学.2015.
② 付鑫,张积良.拙见《管子》功利主义思想[J].剑南文学(下半月).2011,6:284.
③ 萧伯符,汤建华.法家思想体系论略[J].法学评论.2003,4:140—147.

高原则和"人性自然"的思想基础,也成为道家"无为而治"的思想源泉。道家的管理思想可归纳为以下几项①:

(1) 自然无为。道家认为,世界万物的本源是道,道的根本特征是自然无为。老子认为:"人法地,地法天,天法道,道法自然。""自然"是天地的运行状态,指毫无勉强、不受外在制约的、自由自在的必然状态。"无为"是行为主体的状态,指不强做妄为、不贪求私欲、顺其自然的状态。老子认为"道常无为而无不为"。庄子认为"无为而无不为"。因为行无为之道,万物就会按其本性自然生长、自由发展,人也会实现自己的一切愿望。

(2) 以弱胜强。从"无为"原则出发,老子提出了一整套以弱胜强的道家管理策略,"反者道之动,弱者道之用"。也就是说,向对立面转化是"道"在运动中的表现,善于运用这种"道"的人,不会因自己处于弱势而悲观失望,而能够从敌强我弱的现状出发,妙用"道"而达到以弱胜强和转弱为强。

(3) 后敌而动。在以弱胜强原则的基础上,老子提出了"后敌而动"的思想,属于后发制人的思想。在人与人、国与国的关系中,老子一贯主张"居后""处下",认为这是处理人与人、国与国之间关系所普遍适用的原则。

(4) 欲取先欲。怎样做到以弱胜强呢?道家认为应欲取先欲。老子说:"将欲合之,必固张之;将欲弱之,必固强之;将欲废之,必固兴之;将欲夺之,必固与之。是谓微明,柔弱胜刚。"道家善用事物转化之术来达到自己的目的。

(5) 小国寡民。道家探讨治国之道、治国之术,目的是实现理想王国,老子称作"小国寡民",并提出小国寡民的五个特点:自然、素朴、平等、自由、安宁。他说:"小国寡民:使有什伯之器而不用,使民重死而不远徙;虽有好舆,无所乘之;虽有甲兵,无所陈之;使人复结绳而用之,甘其食,美其服,安其居,乐其俗。邻国相望,鸡犬之声相闻,民至老死不相往来。"②

在中国传统文化宝库中,老子的思想以其博大精深的内涵,对中国文化的影响至深,并且影响了一大批诸如托尔斯泰这样的外国思想家。美国著名的贝尔实验室曾有一位华人科学家陈煜耀博士担任主任,他就利用老子的清静无为思想去管理实验室工作,不干涉科学家的实验工作,反而获得了许多重大成果。③

4. 墨家思想学派

墨家是战国时期重要学派之一,创始人和代表人物均为墨子,其作品为《墨子》。墨子的主张和儒家是针锋相对的,他反对世卿世禄制度,主张尚贤,任用官吏要重视才能,打破旧的等级观念,使"官无常贵,而民无终贱"。他要求有一个社会秩序安定的政治局面,反对互相侵犯,要使"饥者得食,寒者得衣,劳者得息"。墨子提出"兼爱"的理论,使"强不执弱,众不劫寡,富不侮贫,贵不傲贱",对卑贱的人也要给予平等的地位。但在阶级社会里,这种抹杀阶级界限的抽象的人类之爱,只能是幻想。

---

① 邢士波,王晓军等.老子管理思想浅议[J].企业改革与管理.2015,20:26.
② 老子《道德经》。郭伦.《老子·小国寡民》章解读[J].新闻爱好者.2009,1:42—43.
③ 许凌云.墨子尚贤、兼爱论[J].齐鲁学刊.1988,3:21—28.

墨子"兼爱""非攻""尚贤""尚同"的学说①,虽然其主流是进步的,反映新兴地主阶级的政治要求,但存在软弱改良的一面。例如,他把政治革新的希望寄托在"圣君"身上。墨子还提出"明鬼"学说,相信鬼神,鼓吹鬼神的作用,反映出其思想局限性。

5. 兵家思想学派

中国古代战争频繁,规模巨大。在长期的战争实践中,兵家主张运用武力、通过战争达到统一国家的目的。兵家的主要代表人物:春秋末有孙武、司马穰苴;战国有孙膑、吴起、尉缭、魏无忌、白起等;汉初有张良、韩信等。今存兵家著作有《黄帝阴符经》《六韬》《三略》《孙子兵法》《司马法》《孙膑兵法》《吴子》《尉缭子》《将苑》《百战奇略》《唐太宗李卫公问对》等,其中以孙武的《孙子兵法》最为出名。

《孙子兵法》对中国军事学发展的影响非常深远,在世界军事史上也具有重要的地位。该书被翻译成英、俄、德、日等几十种语言文字,全世界有数千种关于《孙子兵法》的刊印本,不少国家的军校将其列为教材。《孙子兵法》所阐述的谋略思想和哲学思想被广泛地应用于军事、政治、经济等各领域,其思想内容博大精深,逻辑缜密严谨。作者为春秋时期伟大军事家孙武,大约成书于2500年前的春秋末期,是世界上最早的军事理论著作之一,比欧洲克劳塞维茨(Clausewitz)所著的《战争论》(*On War*)还早2300年。《孙子兵法》中管理思想的基本要点归纳如下②:

(1) 五事七计。《孙子兵法》提出的"经五事""校七计",是关系"国之大事,死生之地,存亡之道"的首要问题,具有重要的战略管理思想。

所谓"经五事"是指道、天、地、将、法。其中,"道"是指方向、目标方面的问题,"天"是指掌握时机方面的问题,"地"是指环境条件方面的问题,"将"是指领导干部方面的问题,"法"是指规章制度方面的问题。孙子认为,对于上面所说的"五事""知之者胜,不知者不胜"。

所谓"校七计":其一,主孰有道?其二,将孰有能?其三,天地孰得?其四,法令孰行?其五,兵众孰强?其六,士卒孰练?其七,赏罚孰明?用现代的话来说,就是要分析比较七个方面的问题:一是要看上级主管决定的方向目标正确与否;二是要看主要管理者的能力强弱;三是要看环境条件好坏;四是要看规章制度贯彻、执行得严不严;五是要看人力、物力、财力等各种力量强不强;六是要看员工队伍的教育培训搞得好不好;七是要看执行赏罚严明不严明。孙子认为,通过对这"七计"的分析比较,"吾以此知胜负矣"。

"五事七计"带给我们以下启示:在市场竞争中,当我们判断一个组织能否获胜时,首先要从这五个方面去把握,然后考量对立双方七个方面的实力,经过这样深入的比较分析,才能判断双方的胜负。

(2) 知胜之道。战胜对手,仅仅拥有强大的实力还不行,还要懂得知胜之道。孙子认为:"故知胜有五:知可以战与不可以战者胜,识众寡之用者胜,上下同欲者胜,以虞待不虞者胜,将能而君不御者胜。此五者,知胜之道也。"这里讲了指挥者只要懂得出击的时

---

① 黄留珠.《孙子兵法》中的管理思想[J].中国企业家.1995,4:39.
② 程容,朱向东.阴阳五行渊源及其学术内涵辨识[J].中医药学刊.2004,3:512—514.臧明.五德终始说的形成与演变——从邹衍到董仲舒、刘向[D].西北大学.2012.

机、能够根据实力的强弱进行正确决策、上下团结一致、以逸待劳、充分发挥指挥者的主动性,就能够获取胜利。兵家尤其强调了解对手实情的重要性,认为:"知彼知己者,百战不殆;不知彼而知己,一胜一负;不知彼,不知己,每战必殆。"

(3) 任势择人。为了更有保证地战胜对手,孙子进一步论证了驾驭形势和善于用人的道理。孙子认为:"故善动敌者,形之,敌必从之;予之,敌必取之;以利动之,以卒待之。故善战者,求之于势,不责于人。故能择人而任势,任势者,其战人也,如转木石。"孙子在这里描述了运用灵活策略战胜对手的方法,并强调了造势和用势的重要性,但也指出选择用人的必要性。

(4) 趋利避害。为了实现自己的最大利益,孙子认为指挥者必须学会趋利避害。"是故智者之虑,必杂于利害。杂于利,而务可信也;杂于害,而患可解也。"在制定战略和策略时,只要能够在利中看到害、害中看到利,事业就可以发展,忧患就可以解除。按照现代战略管理的思想来说,就是管理者在制定战略和策略时必须认清外部环境的机遇与威胁以及自身的优势与弱势,做到趋利避害,实现优势和机遇的最佳组合。

(5) 九地之策。要想战胜对手,指挥者必须善于根据不同的环境条件,使用不同的策略。孙子研究了打仗的九种地理环境条件,并据此提出了九种不同的应对策略和打法。孙子认为:"用兵之法,有散地,有轻地,有争地,有交地,有衢地,有重地,有圮地,有围地,有死地……散地则无战,轻地则无止,争地则无攻,交地则无绝,衢地则合交,重地则掠,圮地则行,围地则谋,死地则战。"孙子在这里提出了一条重要的管理原则:法无定法,必须灵活运用。这也是为什么人们认为管理是一门综合性艺术的道理。

后来的许多军事思想家对《孙子兵法》的管理思想给予了很高的评价。三国时著名军事家曹操对《孙子兵法》推崇备至,他说:"吾观兵书战策多矣,孙武所著深矣。"[1]"太祖(曹操)自统御海内,芟夷群丑,其行军用师,大较依孙吴之法,而因事设奇;谲敌制胜,变化如神。"[2]唐太宗李世民及其名将李靖问对兵法时,也十分赞赏《孙子兵法》,他说:"朕观诸兵书,无出孙武。"[3]毛泽东对《孙子兵法》揭示的"知彼知己,百战不殆"这一战争规律和军事思想给予了很高的评价,他说:"孙子的规律,'知彼知己,百战不殆',仍是科学的真理。"[4]

6. 阴阳家思想学派

阴阳家是战国时期重要学派之一,因提倡阴阳五行学说,并以此解释社会人事而得名。阴阳学派源于上古执掌天文历数的统治阶层,代表人物为战国时齐人邹衍。阴阳学说认为阴阳是事物本身具有的正反两种对立和转化的力量,可用以说明事物发展变化的规律。五行学说认为万物皆由木、火、土、金、水五种原素组成,其间有相生和相胜(克)两大定律,可用以说明宇宙万物的起源和变化。邹衍综合两者,根据五行相生相胜说,把五行的属性释为"五德",创"五德终始说",并以此作为历代王朝兴废的规律,为新兴的大一

---

[1] 《曹操集·孙子序》。
[2] 《三国志·魏志·魏武帝记》。
[3] 《李卫公问对》。
[4] 毛泽东.论持久战.《毛泽东选集》第四卷合订本.

统王朝的建立提供了理论根据。①

7. 纵横家思想学派

纵横家代表人物是苏秦、张仪,创始人是鬼谷子(约公元前 400 年—公元前 320 年),姓王名诩,又名王禅,道号玄微子,春秋战国时期人。鬼谷子精通百家学问,常入山采药修道,因隐居清溪鬼谷,故自称鬼谷先生,其主要言论传于《战国策》。鬼谷子是中国历史上一位极具神秘色彩的人物,被誉为千古奇人。史书说他是长短纵横的谋略家;传奇中说他是神通广大的智者;宗教故事中说他是未卜先知的神仙;民间传说中说他是预测吉凶的命相家。在文化史上,他是与孔子、孟子、庄子、孙子、荀子、墨子、韩非子等先哲齐名的学术大家。

纵横家是中国战国时代以纵横捭阖之策游说诸侯,从事政治、外交活动的谋士。战国时,南与北合为纵,西与东连为横。苏秦力主燕、赵、韩、魏、齐、楚合纵以拒秦,张仪则力破合纵,连横六国分别事秦,纵横家由此得名。他们的活动对于战国时期政治、军事格局的变化具有重要的影响。②

8. 杂家思想学派

杂家是战国末期的综合学派,代表人物是吕不韦。因"兼儒墨、合名法""于百家之道无不贯综"③而得名。秦相吕不韦聚集门客编著的《吕氏春秋》,是一部典型的杂家著作集。④

9. 农家思想学派

农家是战国时期重要学派之一,因注重农业生产而得名。此派出自上古管理农业生产的官吏,他们认为农业是衣食之本,应放在一切事务的首位。《孟子·滕文公上》记有许行其人,"为神农之言",提出贤者应"与民并耕而食,饔飧而治",表现了农家的社会政治理想。此派对农业生产技术和经验也注意记录和总结。《吕氏春秋》中的《上农》《任地》《辩土》《审时》等篇,被认为是研究先秦农家的重要资料。

10. 名家思想学派

名家是战国时期重要学派之一,因从事论辩名(名称、概念)实(事实、实在)为主要学术活动而被后人称为名家,当时被称为"辩者""察士"或"刑(形)名家",其代表人物有邓析、惠施、公孙龙和桓团,主要作品是《公孙龙子》。⑤

综上所述,在我国两千多年的封建社会中,由于广大劳动人民、思想家和一些卓越管理者的共同努力,形成了颇具中国特色的管理思想,在世界管理思想史中占有重要的地位。

---

① 杨天才.《鬼谷子》与战国纵横家之关系[J].洛阳师范学院学报.2007,1:47—49.
② 苏安国.《吕氏春秋》"杂家"性质再认识——以《吕氏春秋》与儒家关系研究为例[D].山东大学.2008.
③ 《汉书·艺文志》。
④ 《吕氏春秋》中的《上农》《任地》《辩土》《审时》等篇,被认为是研究先秦农家的重要资料。
⑤ 赵平.《公孙龙子·名实论》的指称观(C).1996 年中国会议.中国逻辑学会专题资料汇编.

第二节　西方早期管理思想

西方早期的管理思想以英国的产业革命为分界线进行划分。产业革命，又称工业革命或技术革命，是指资本主义工业化的早期历程，它使资本主义生产从工场手工业到机器大工业的过渡。这是一场机器生产取代手工劳动、以大规模工厂化生产取代个体工场手工生产的生产与科技革命，后来又扩展至其他行业。1764年珍妮纺织机的出现，标志着产业革命的爆发。18世纪英国人瓦特改良蒸汽机以后，一系列的技术革命引起了从手工劳动向动力机器生产的重大转变，随后传播到英格兰到欧洲大陆，19世纪后传播到北美地区和世界各国。产业革命的出现必然带来管理方式的变革，管理方式的变革则必然引起管理思想的创新，本节分别论述产业革命前后不同的管理思想。

一、产业革命前的管理实践与管理思想

在18世纪60年代产业革命发生以前，基本上没有形成系统的管理思想和理论，而管理的实践活动却取得了惊人的成果。一些著名的管理思想大都散见于埃及、希腊、罗马和意大利等国的史籍及许多宗教文献中，佐证了这些文明古国对人类管理思想的发展和完善所做出的重要贡献。

1. 古代埃及的管理思想

古埃及有着严密的"金字塔"式的管理机构，并在法老之下设置了各级官吏，最高为宰相，辅助法老处理全国政务，总管王室农庄、司法、国家档案，监督公共工程的兴建。宰相之下设有大臣，分别管理财政、水利建设及各地方事务。上至宰相，下至书吏、监工，各有专职，形成了以法老为最高统治者的"金字塔"式的管理机构。为了强化法老专制政权的统治，公元前5000年左右，埃及法老为自己修建了被后世誉为世界"七大奇迹"之一的金字塔。据考察，"大金字塔"共耗用上万斤重的石块230多万块，动用了10多万人，费时二十余年才得以建成，其工程之浩大、技术之复杂，至今仍被视为难以想象的奇迹，以致被蒙上了许多神秘的色彩，其中包含了大量的组织管理工作。例如，组织人力进行计划与设计，在没有良好运输工具的条件下组织搬运，人力的合理分工等，这些工作不但需要技术方面的知识，更需要许多管理经验。

2. 古巴比伦的管理思想

公元前2000年左右，古巴比伦国王统一两河流域以后，建立了古巴比伦王国。为了巩固其统治，汉谟拉比编制了《法典》，作为国家行为的准绳。《法典》全文共有282条，内容涉及财产、借贷、租赁、转让、抵押、遗产、奴隶等各个方面，对各种职业、各个层面上人员的责、权、利关系给予了明确的规定。例如，个人财产怎样受到保护，百姓应该遵守哪些规范，货物贸易应该如何进行，臣民之间的隶属关系，最低工资标准，家庭纠纷与犯罪的处理等，涉及了许多管理思想。

3. 古希腊的管理思想

古希腊是欧洲文明的摇篮。恩格斯说，只有奴隶制才使农业和工业之间的更大规模

的分工成为可能,从而为古代文化的繁荣,即为希腊文化创造了条件。没有奴隶制,就没有罗马帝国。没有希腊文化和罗马帝国所奠定的基础,也就没有现代的欧洲。

早期希腊文化的主要成就集中体现在《荷马史诗》的形成。希腊历史从公元前11世纪到公元前9—8世纪因《荷马史诗》而被习惯称为"荷马时代"。荷马时代的部落管理实行军事民主制,其时国家还没有产生,氏族部落采取的是"一长两会制"。一长即军事首领,两会即长老会和民众会。军事首领是公举出来的部落领袖,称为"巴西列斯",平时管理宗教神务与裁决争讼,战时则是全体成年男子的统帅。长老会由部落各氏族的长老组成,拥有广泛的权力,其成员和军事首领同出身于氏族贵族,利益一致。每当要做出重大决定时,军事首领首先召开长老会进行讨论。民众会由成年男子(全体参战战士)组成,对重大问题(如作战、媾合、移徙、推举领袖等)进行表决,原则上拥有全部落的最高权力。由于贫富日益悬殊,军事首领和氏族长老的权力越来越大,由普通成员组成的民众会也就越来越失去原先的作用,重大问题多由贵族事先决定,民众会表决沦为形式。

4. 古罗马的管理思想

古罗马帝国是从一个小城邦发展起来的,到公元二世纪已经成为一个统治着欧洲和北非广阔地域的世界性帝国,前后延续达几个世纪之久。这一事实,可以充分证明当时人们所拥有的卓越的管理才能。公元284年,在罗马帝国几乎失控、即将分崩离析的情形下,戴克里先大帝着手帝国的改组。他将帝国版图划分成若干个区,分而治之;然后,又将整个管理机构划分为更多的等级层次,实行分权管理,同时增加个人的职责。另外,帝国还奉行如遵守纪律的观念和按职能进行分工的基本原则等,这一系列举措,使帝国得以延续。

5. 中世纪意大利的管理思想

中世纪的意大利,虽然仍处于资本主义萌芽状态,但对管理思想的发展有着较大的贡献。当时的威尼斯兵工厂,就是一个充分体现了现代管理思想雏形的大型企业。工厂内部的管理工作实行了较为明确的分工,由管事指挥领班和技术顾问,全权管理生产中的一切事务;它早在15世纪初就采用了几乎与现代美国企业家福特发明的装配流水线一样的生产和管理方法。例如,它实行配件的标准化,以加快生产进度并降低成本;科学安排仓库位置,使之与装配产品的配件顺序相一致,并严格控制库存;它还利用会计和成本控制节省人力、物力,建立完善的人事制度,对职工成果予以评估,并以之作为确定薪金和升迁的依据。据当时报载,在1534年法国国王亨利三世访问这个工厂时,它已经达到了在1小时之内使一艘大船下水的生产效率。

上述说明了人类管理实践的历史由来已久,凡有共同的社会劳动分工就有管理。但在18世纪末以前,由于社会化大生产尚未形成,商品经济不发达,管理思想的发展是十分缓慢的。

二、产业革命后的管理思想

18世纪60年代至19世纪30—40年代的第一次产业革命,为英国创造了巨大的社会生产力。在此期间,英国工人的劳动生产率提高了20倍;棉纺厂工人的劳动生产率是手纺工人的266倍;英国的煤产量、棉花加工量相当于世界的50%;英国的工业产值占世界总量的51%,进出口贸易占25%,铁路超过1万公里,伦敦成为世界金融中心。英国获得了世界工厂的称号,成为世界最强的国家。

英国的产业革命把管理实践和管理思想推到了一个历史的新阶段。这场革命把手工业生产转变为机器生产,促使以手工业为基础的资本主义工场向采用机器的资本主义工厂制度过渡。工厂制度一经形成,管理者就遇到了一系列前所未有的棘手问题,如分工协作、指导劳动、协调、预测、均衡生产等。这种变化要求进行管理变革,计划、组织、领导、控制等职能应运而生。为了适应这种需要,许多经济学家的著作越来越多地涉及管理问题,许多管理者也潜心于总结管理经验、探讨管理问题,于是出现了一系列早期的管理思想。受到当时社会条件及科学技术和生产力水平的限制,这些思想和观点仍然是比较零散的,尚未形成系统的知识体系,但为后来管理理论的产生与发展奠定了重要基础。因此,人们将这个时期的管理思想称为管理理论的萌芽。这里主要介绍亚当·斯密、查尔斯·巴贝奇、罗伯特·欧文的管理思想。

1. 亚当·斯密的管理思想

英国古典政治经济学家亚当·斯密(Adam Smith,1723—1790年)出生于英国苏格兰的哥卡第城,他是英国工场手工业向工厂制度过渡时期的经济学家,古典政治经济学家的杰出代表和理论体系的建立者。他研究经济问题的出发点是人的本性,即资产阶级利己主义。他的经济思想的中心内容是经济自由——"自由放任",力图排除一切封建障碍,反对重商主义,要求自由地发展资本主义。他的研究对管理思想的发展做出了重大贡献,特别是1776年斯密在其著名论著《国民财富的性质和原因的研究》中提出的"劳动分工理论"和"经济人观点",对后来的管理理论产生了深刻的影响。亚当·斯密在管理思想上的主要贡献如下:

第一,他看到了劳动的价值和劳动技能的重要性。斯密认为,劳动是国民财富的源泉,各国人民每年消耗的一切生活日用必需品的源泉是该国人民每年的劳动。这种生活日用必需品的供应情况的好坏,取决于两个因素:一个是这个国家人民的劳动熟练程度、劳动技巧和判断力的高低;另一个是从事有用劳动人数和不从事有用劳动人数的比例。若要增加国民财富,则必须增加生产性劳动,减少非生产性劳动,特别是必须提高劳动者的劳动熟练程度和劳动技能。此观点成为后来组织管理理论的一个重要论点。

第二,他提出了劳动分工理论。斯密认为,一国财富的增加,关键在于提高劳动生产率,而劳动生产率的提高又依赖于劳动分工,强调劳动分工可提高经济效益。这是因为:(1)劳动者的技巧因业专而日进;(2)由一种工作转到另一种工作,通常会损失不少时间,有了分工就可能减少这些损失;(3)许多简化劳动和缩减劳动的机械发明,使一个人能够做许多工作。因此,有了分工,同数量劳动者就能完成比过去多得多的工作量,从而提高了经济效益。

第三,他强调管理中控制职能的作用。斯密认为,如果要真正地对一个人进行控制,他就必须为自己的成绩对某人负责,而且他对这个人无法施加任何重大影响。

第四,他强调货币应考虑时间价值。斯密提出了一种应用于购买和装置机器的方法,他解释道:"购置高价机器,必然期望这台机器在磨毁以前所成就的特殊作业可以收回所投入的资本,并至少获得普遍的利润。"这就是今天货币时间价值的思想。

第五,他提出了"经济人"观点。斯密认为,人是理性的"经济人",为了经济利益而活动,所有的经济现象都是具有利己主义的人们的活动所产生的。人们在经济活动中追求的完全是个人利益,但是每个人的私人利益又受到其他人的利益的限制。这是因为人不同于动物,其生存必须依靠他人的协作与帮助,而这种帮助又不可能是无偿的,他人也是自私自利的,不可能无偿地为别人做事。只有当他意识到给他人做事有利于自己的时候,他才肯去帮助他人。这种利益上的相互依存和相互制约关系,迫使每个人在追求个人利益时必须顾及其他人的利益,因而产生了相互的共同利益,进而产生了社会利益。社会正是以个人利益为基础的,这一观点对资本主义管理理论及其实践产生了重要影响。

2. 查尔斯·巴贝奇的管理思想

英国剑桥大学教授、数学家、机械学家查尔斯·巴贝奇(Charle Babbage,1792—1871年)是一位富有现代气息的管理先驱。他在亚当·斯密劳动分工理论的基础上,进一步对专业化问题进行了深入研究。巴贝奇用了几年的时间到英、法等国的工厂了解和研究管理问题。他的主要著作有《各种人寿保险机构的比较观点》(1826)、《关于科学在英国的衰落及其某些原因的思考》(1830)、《论机器和制造业的经济》(1832)、《有关征税原则的思考,关于财产税及其免除》(1848)等。查尔斯·巴贝奇在管理思想上的主要贡献如下:

第一,巴贝奇提出了在科学分析的基础上有可能制定出企业管理的一般原则。他在《论机器和制造业的经济》中指出:"我在过去10年中曾被吸引去访问英国和欧洲大陆的许多工场与工厂,以便熟悉其机械工艺。在这一过程中,我不由自主地把我在其他研究中自然形成的各种一般化原则应用到这些工场和工厂中。"

第二,巴贝奇设计出世界上第一台计算机。他于1822年设计出世界上第一台计算机——小型差数机,这台计算机虽然没有制成,但其基本原理于1892年后被应用于巴勒式会计计算机。他还利用计算机计算工人的工作数量、原材料和利用程度等,并把这叫作"管理的机械原则"。

第三,巴贝奇开发了一种观察制造业的方法。这种方法与泰勒提出的作业研究、动作时间研究非常相似。观察者,以这种方法进行观察时使用一种印好的标准提问表,表中包括的项目有生产所用的材料、正常的耗费、费用、工具、价格、最终市场、工人数、工资、需要的技术、工作周期的长短等,由此提出一种提高经济效益的"观察制造业的方法"。

第四,巴贝奇进一步发展了亚当·斯密关于劳动分工提高经济效益的思想,分析了分工能够提高劳动生产率的原因。

第五,在劳资关系方面,巴贝奇强调劳资协作,强调工人应认识到工厂制度对他们有利的方面,这一观点也与泰勒的论点很相似。他提出一种固定工资加利润分享的制度,认为这种制度有以下好处:(1)每个工人与工厂的发展和利润的多少有着直接的利害关系;(2)每个工人都会关心浪费和管理不善的问题;(3)能促使每个部门改进工作;(4)鼓励工人提高技术和品德,表现不好者将减少与分享的利润;(5)由于工人与雇主的利益一致,能消除隔阂,共求繁荣。

3. 罗伯特·欧文的管理思想

罗伯特·欧文(Robert Owen,1771—1858年),英国工业家、政治改革家和空想社会主义的代表人物之一。他早年在苏格兰的纽拉纳克经营一家大纺织厂,并以在该厂进行了前所未有的试验而闻名于世。欧文指出,试验前此厂是当时"社会的缩影",集中了"工厂制度下的一切罪恶",如劳动时间长、强度高、工资低、生活条件恶劣等。他认为人是环境的产物,两者相互作用,并强调只有"社会主义"才能克服"资本主义的一切罪恶"。他最早注意到企业内部人力资源的重要性,认为工人是"有生机器",不同于设备等"无生机器"。既然保养机器能够提高劳动生产率,那么关心工人就能获得更大的利益,因而提出"至少要像对待无生命的机器那样重视对于有生命的工人的福利"。

欧文根据其管理思想进行了一系列的尝试性政革。例如,改进工人的劳动条件;将工人每天的劳动时间限制在 10 个半小时;提高童工的年龄,禁止雇用 10 岁以下童工;提供免费饭餐,改善工人住宿条件等。通过改革实践,他认为重视人的因素和尊重人的地位,可以使工厂获得更多的利润;用于改善工人待遇和劳动条件上的投资,会得到加倍的补偿。由于欧文率先在人事管理方面进行了许多试验和探索,因此被称为"现代人事管理之父"。现代管理中的行为科学学派也将他视为先驱者之一。

早期管理思想的出现对传统管理实践发挥了指导作用,将其推上一个新的发展阶段。尽管如此,但由于这些管理思想尚未形成一套科学的管理理论和管理方式,从而不足以产生巨大的推动力来引导传统管理摆脱小生产方式的影响,致使当时的管理仍然主要依靠个人经验进行。

第三节　古典管理理论

古典管理理论诞生于 20 世纪初期的美国,是与美国当时的经济、社会、文化的发展状况密切相关的。按照美国经济学家罗斯托的经济成长五阶段论,人类社会的发展经历了传统阶段、起飞前阶段、起飞阶段、成熟阶段和高消费阶段。古典管理理论形成的时期正是美国经济处于起飞阶段。在这一时期,社会出现持续的增长,主要成长部门有可能通过革新创造或者利用新的资源,从而形成很高的增长率,并带动社会经济中的其他方面扩充能量。正是出于起飞阶段的经济发展需要,古典管理理论破土而出。古典管理理论是管理理论最初形成阶段,侧重于从管理职能、组织方式等方面研究企业的效率问题。这一时期最具有代表性的理论主要是泰勒的科学管理理论、法约尔的一般管理理论、韦伯的管理组织理论。

一、泰勒的科学管理理论

弗雷德里克·泰勒(Frederick W. Taylor,1856—1915年)是美国古典管理学家,科学管理的创始人。泰勒出生于美国费城一个富有的律师家庭,中学毕业后考上哈佛大学法律系,但不幸因眼疾被迫辍学。1875 年,他进入一家小机械厂当徒工,1878 年转入费城米德维尔钢铁厂(Midvale Steel Works)当机械工人,并在该厂一直干到 1897 年。在此期间,由于工作努力、表现突出,他先后被提升为车间管理员、小组长、技师、绘图主任和总工程师,并在业余学习的基础上获得了机械工程学士学位。在米德维尔钢铁厂的实践中,他感到当时的企业管理当局不懂得用科学的方法进行管理,不懂得工作程序、劳动节奏和疲劳因素对劳动生产率的影响;而工人则缺乏训练,没有正确的操作方法和适用的工具,这些都大大影响了劳动生产率的提高。为了改进管理,他在米德维尔钢铁厂进行了各种试验。1898—1901 年,他受雇于伯利恒钢铁公司(Bethlehem Steel Company)继续从事管理方面的研究。后来,他取得了一种高速工具钢的专利。1901 年之后,他更花费大部分时间从事咨询、写作和演讲等工作,宣传他的管理理论——"科学管理",即通常所称的"泰勒制",为科学管理理论的传播做出了贡献。

泰勒的科学管理理论思想主要体现在他 1911 年出版的《科学管理原理》及他在 1911 年 10 月举行的国会听证会上的证词。《科学管理原理》一书的出版也标志着管理作为一门科学已经形成,因此后人也称其为"科学管理之父"。

泰勒的科学管理的根本目的是谋求提高效率,而较高的工作效率是雇主和雇员达到共同富裕的基础,使高工资和较低劳动成本统一起来,从而实现扩大再生产。达到较高工作效率的重要手段是用科学化的、标准化的管理方法代替旧的经验管理。为此,泰勒提出了一些基本的管理制度,归纳起来有以下八个方面:

1. 工作定额原理

泰勒认为,科学管理的中心问题就是提高劳动生产率。为此,有必要制定出有科学依据的工人的"合理的工作量",同时进行工时和动作研究。方法是选择合适且技术熟练的工人,把他们的每一项动作、每一道工序所耗用的时间记录下来,加上必要的休息时间和其他延误时间,得出完成该项工作所需的总时间,据此定出一名工人"合理的日工作量",这是提高劳动效率的一个有效途径,即所谓的工作定额原理。

2. 第一流工人原理

所谓第一流的工人,泰勒认为,每一种类型的工人都能找到某些工作使他成为第一流的,除了那些完全能做好而不愿意做的人。管理当局的责任在于为雇员找到最合适的工作,培养他成为第一流的工人,激励他尽最大努力地工作。在制定工作定额时,泰勒是以"第一流的工人在不损害其健康的情况下维持较长时限的速度"为标准的。这种速度不是以突击活动或持续紧张为基础,而是以工人能长期维持与工作相配合的状态。

3. 标准化原理

所谓标准化原理,泰勒认为管理当局的首要职责就是要用科学方法分析工人的操作方法、工具、劳动和休息时间的搭配及机器的安装和作业环境的布置等,消除各种不合理的因素,把各种最好的因素结合起来,形成一种最好的方法。这是减少无效劳动、提高劳动生产率的重要途径。

4. 差别计件工资制

为了最大限度地激发工人的生产积极性,提高生产效率,有效地实施各种工作定额制度,泰勒特别设计了一套"金钱刺激"方案——差别计件工资制。这是一种根据工人完成定额生产任务的不同情况确定工资标准的工资制度:对完成工作定额的工人支付高水平标准工资,对没有完成工作定额或作业有缺陷的工人支付低水平标准工资。这实际是"奖励性工资与惩罚性工资"并存。

5. 心理革命

泰勒认为,通过实施科学管理方法使劳资双方进行一场"心理革命"才是科学管理的实质。在1911年10月美国国会举行的听证会上,泰勒作证:"从实质上,科学管理是任何公司或产业中劳资双方的一种切实的精神革命。劳资双方之间要进行的革命是双方不再把注意力放在盈余的分配上,不再把盈余分配看作最重要的事情;他们应将注意力转向盈余的数量上,使盈余增加到如何分配盈余的争论成为不必要。"

6. 计划职能与执行职能分离

泰勒认为,在过去的管理中,直接与劳动有关的事情全部委托给了工人,管理者是站在劳动过程之外为调动劳动者的积极性而努力。科学的管理应该是使所有脑力劳动脱离作业现场,全部集中到计划部门,只将具有执行性质的工作留给工长和组长。于是,企业中就出现了专司管理工作的管理者和只负责执行职能的非管理者。此观点的重大意义在于,它的提出标志着管理作为一门科学的正式形成。

7. 职能工长制

泰勒将管理工作予以细分,使所有的管理者只承担一种管理职能。他设计出八个职能工长,代替原来的一个工长,其中四个在计划部门、四个在车间。每个职能工长负责某一方面的工作,在其职能范围内,可以直接向工人发出命令。泰勒认为这种"职能工长制"有三个优点:(1) 管理者的职责明确,因而可以提高效率;(2) 培训管理者所花费的时间较少;(3) 由于作业计划已由计划部门拟定,工具与操作方法也已标准化,车间现场的职能工长只需进行指挥监督,因此非熟练的技术工人也可以从事较复杂的工作,从而降低整个企业的生产费用。后来的事实证明,一个工人同时接受几个职能工长的多头领导,容易引起混乱。尽管"职能工长制"没有得到推广,但泰勒的这种职能管理思想为以后职能部门的建立和管理的专业化提供了参考。

8. 例外管理原则

泰勒主张在管理控制上实行例外原则。泰勒认为,规模较大的企业组织和管理必须采用例外原则,即企业的高级管理人员把例行的一般日常事务授权给下级管理人员去处理,自己只保留对例外事项的决定权和监督权。这种以例外原则为依据的管理控制原理,以后发展成为管理上的分权化原则和事业部制管理体制。

列宁曾对泰勒制做出全面深刻的评价:"资本主义在这方面的最新发明——泰勒制,与资本主义其他一切进步的东西一样,存在两个方面:一方面是资产阶级剥削的最巧妙的残酷手段;另一方面是一系列的最丰富的科学成就,即按科学方法分析人在劳动中的机械动作,省去多余的、笨拙的动作,制定最精确的工作方法,实行最完善的计算和监督制度等。苏维埃共和国在这方面无论如何都要采用科学和技术上一切宝贵的成就。社会主义实现得如何,取决于我们苏维埃政权和苏维埃管理机构同资本主义最新的、进步的东西结合得好坏。我们应该在苏维埃研究与传授泰勒制,有系统地试行这种制度并且使它适应下来。"①

泰勒科学管理是适应历史发展的需要而产生的,同时也受到历史条件和倡导者个人经历的限制。当时,要增加企业的利润,关键是提高工人的劳动效率。泰勒本人长时间从事现场的生产和管理工作,故他的一系列主张,主要是解决工人的操作问题、生产现场的监督和控制问题,其管理的范围比较小,管理的内容比较集中,企业的供应、财务、销售、人事等方面的活动,基本没有涉及。

在泰勒的影响下,许多学者和实践者从事了科学管理方法的研究,进一步发展了科学管理理论,其中比较杰出的代表人物是吉尔布雷斯夫妇和亨利·甘特。

(1) 吉尔布雷斯夫妇的时间与动作研究。美国工程师弗兰克·吉尔布雷斯(Frank B. Gilbreth)与心理学博士莉莲·吉尔布雷斯(Lillian M. Gilbreth)毕生致力于提高效率,减少劳动中的动作浪费以提高效率,被人们称为"动作专家",在动作研究和工作简化方面做出了特殊贡献。他们采用两种手段进行时间与动作研究:将工人的操作动作分解为17种基本动作;用拍影片的方法记录和分析工人的操作动作寻找合理的最佳动作,以提高工作效率。通过这些手段,他们纠正了工人操作时某些不必要的多余动作,形成了快速准确的工作方式。

(2) 亨利·甘特的研究。美国管理学家、机械工程师亨利·甘特(Henry L. Gantt)与泰勒密切配合,使科学管理理论得到了进一步的发展。甘特的主要理论贡献:一是发明了"甘特图"(Gantt Chart),为企业的生产计划和控制提供了有效的工具,并为当今的PERT(计划评审技术)奠定了基础;二是提出了"计件奖励工资制",除按日支付有保证的工资外,超额部分给予奖励,完不成定额则可以得到原定日工资,补充了泰勒的差别计件工资制的不足;三是强调"工业民主"和更重视人的领导方式,这对后来的人际关系理论的形成具有很大的影响。

二、法约尔的一般管理理论

与泰勒同一时代,在法国也有一位管理学者为管理学的发展做出了重大贡献,他就是被后人尊称为"经营管理之父"的亨利·法约尔。1860年,他从圣艾帝安国立矿业学院毕业后进入Comentry-Fourchambault采矿冶金公司,成为一名采矿工程师,并在此度过了整个职业生涯。从采矿工程师到矿井经理直至公司总经理,由一名工程技术人员逐渐成长为专业管理者,法约尔在实践中逐渐形成了自己的管理思想和管理理论,对管理学的形成和发展做出了巨大贡献。

法约尔最初对泰勒的研究工作抱着不赞同的态度,但他很快就认识到,泰勒的工作实质上与他自己的研究领域是互补的——泰勒从工场往上研究,而法约尔从董事会往下研究。具体来讲,泰勒所注意的主要是工人一级和生产技术方面,强调技术能力在管理中的重要性;而法约尔则自上而下地考察管理,强调管理能力及合理的管理原则和管理技术对所有组织的应用,是从"办公桌前的总经理"出发,以企业整体作为研究对象。

---

① 列宁.苏维埃政权的当前任务.列宁选集(第3卷)[M].北京:人民出版社,1960.

法约尔的主要理论贡献如下:

1. 区别了经营和管理

法约尔认为经营和管理是两个不同的概念,管理包括在经营之中。通过对企业全部活动的分析,他将管理活动从经营职能中提炼出来,成为经营的第六项职能,并进一步得出了普遍意义上的管理定义:管理是普遍的一种单独活动,有自己的一套知识体系,由各种职能构成,是管理者通过完成各种职能来实现目标的一个过程(见图2-1)。

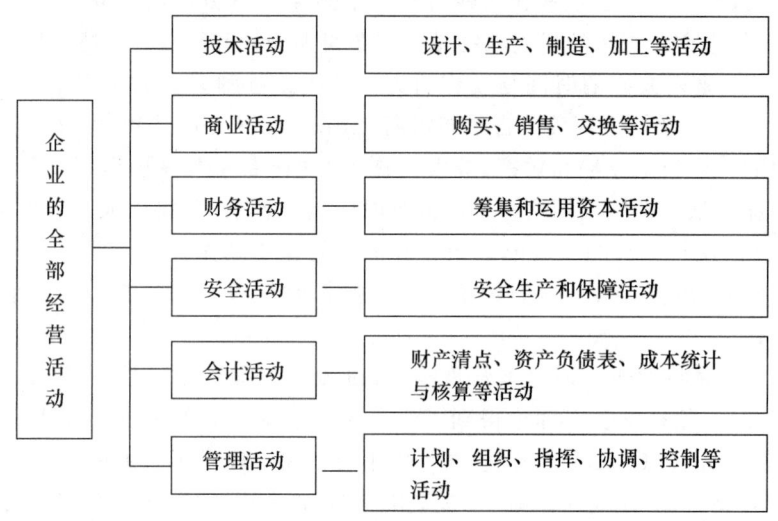

图 2-1　亨利·法约尔提出的六大类经营活动

2. 分析了处于不同管理层次的管理者各种能力的相对要求

随着企业由小到大、职位由低到高,管理能力在管理者必要能力中的相对重要性不断增大,而其他诸如技术、商业、财务、安全、会计等能力的重要性则会相对下降。

3. 倡导管理教育

法约尔认为管理能力可以通过教育来获得。"缺少管理教育"是由于"没有管理理论",每一位管理者都按照自己的方法、原则和个人经验行事,但是谁也不曾设法使那些被人们接受的规则和经验变成普遍的管理理论。

4. 提出五大管理职能

法约尔将管理活动划分为计划、组织、指挥、协调和控制等五大管理职能,并进行了相应的分析和讨论。计划,就是对有关事件的预测,并且以预测的结果为根据拟订一项工作方案。他指出了计划职能是五种职能中最重要和最困难的。组织,为企业中各项劳动、材料、人员等资源提供一种结构。指挥,就是使其人员发挥作用。对于管理者来说,指挥的目的是根据企业的利益,使单位里的所有人做出最大的贡献。协调,就是把企业的所有活动和工作结合起来,使之统一与和谐。做到统一和谐,归根到底就是让事情和行动都有合适的比例,这一比例应适合于每个机构有保证、经济地完成各自的任务。控制,就是注意使所有的事情按照已确定的计划和指挥来完成,其目的是指出工作中的缺点和错误,以便加以纠正并避免重犯。对企业中各方面的工作都应该进行控制,控制职能的发挥可以确保企业经营过程中其他各项活动的顺利进行,并保证企业目的得以实现。

5. 提出14项一般管理原则

法约尔的理论贡献还包括著名的14项一般管理原则,其中的某些原则在当今仍不乏生命力。与此同时,法约尔还特别指出了"原则"和"经验与尺度"的同等重要关系,认为:"没有原则,人们就处于黑暗和混乱之中,原则是灯塔,它能使人辨明方向。如果没有经验与尺度,即使有最好的原则,人们仍将处于困惑不安之中。"

(1) 劳动分工。劳动分工属于自然规律,通过分工可以用同样的努力生产出更多、更好的事物。劳动分工不止适用于技术工作,而且毫无例外地适用于所有涉及或多或少的一批人或要求几种类型能力的工作。由于分工的结果是职能专业化和权力分散化,因此法约尔指出:"劳动分工应有一定的限度。"

(2) 权力与责任。权力就是指挥和要求他人服从。领导者的权力可以分为正式权力和个人权力。作为出色的领导者,个人权力是正式权力的必要补充。而责任是权力的孪生物,是权力的当然结果和必要补充。权力与责任必须是对等的,凡是有权力的地方就有责任。

(3) 纪律。纪律实质上是"企业与不同人员之间的协定相一致的服从、勤勉、积极、举止及尊敬的表示"。没有纪律,任何一家企业都不能兴旺繁荣。要维护纪律,就要做到:领导起榜样作用;尽可能有明确而又公平的协定;合理执行奖惩。

(4) 统一指挥。无论对哪一项工作来说,一名下属人员只应接受领导人的命令,这是一项普遍的、永远必要的准则。在许多组织中,双重指挥是引起冲突的根源,可以说"在任何情况下,都不会有适应双重指挥的社会组织"。

(5) 统一领导。对于力求达到同一目标的全部活动,只能有一个领导人和一项计划。法约尔认为,这是统一行动、协调力量和一致努力的必要条件。但是,我们必须把统一指挥与统一领导严格地区分开:统一指挥强调的是一名下属只能接受一个上级的命令;而统一领导强调的是一名下属只能有一个直接上级。统一指挥不能没有统一领导而存在,但坚持了统一领导原则并不一定能坚持统一指挥原则,而违反了统一领导原则必然违反了统一指挥原则。

(6) 个人利益服从整体利益。在企业里,任何个人都不应把个人利益置于企业利益之上。其成功的办法有:领导者的坚定性和好榜样;尽可能签订公平的协约;认真地监督。

(7) 人员报酬。人员报酬就是其服务的价格,这一价格应该合理,并尽量使企业及其所属人员(雇主和工人)都满意。而报酬方式应该做到:保证报酬公平;奖励有益的努力和激发热情;不应导致超过合理限度的过多报酬。

(8) 集中化。"集中就像劳动分工一样是一种必然规律的现象",就是要求权力集中在组织的领导部门,降低下级人员的作用。集中与分散是一个尺度问题,关键是找到适合于该企业的尺度,其目的是充分发挥所有人员的才能。

(9) 等级链。等级制度就是从最高权力机构直到低层管理人员的领导系列。这是组织中的一条权力线,可以用来执行统一的命令和保证信息传递的秩序。但是,这条路线并不总是组织传递信息最迅速的途径。所以,为了既不破坏统一指挥的原则,又缩短信息传递的时间,法约尔提出了著名的"法约尔桥",如图 2-2 所示。

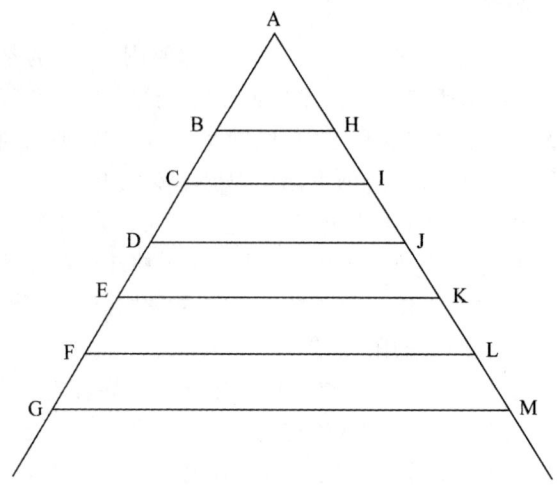

图 2-2 "法约尔桥"示意

在图 2-2 中,A 代表某组织的最高领导,按照组织系统,当 E 与 K 之间发生须经双方协议才能解决的问题时,E 必须将问题向 D 报告,D 再报告给 C,如此层层由下而上、由上而下到达 K;然后 K 将研究意见向 J 报告,层层上报到 A,再经过 B、C……回到 E。这种程序既费时又误事,所以法约尔提出,E 和 K 可以通过"跳板"直接商议解决问题,再分头向上司汇报,这就保证了在维护统一指挥前提下的迅速、可靠的横向联系,可以节省时间与人力,提高效率。

(10) 秩序。建立秩序是为了避免损失物资和时间,所以不但应该使物品都归位、排列整齐,而且摆放的位置应尽可能地便利所有的工作程序。而对于社会组织,每个人都有一个位置,每个人都处于指定给他的合适位置上,即"合适的人在合适的位置上"。

(11) 公平。公平就是以友好、公正的态度严格执行规章制度,这与公道是不同的。公道是实现已订立的协定,而公平是由善意与公道产生的。

(12) 人员的稳定。一个人要适应他的新职位,并做到很好地工作是需要时间的。繁荣企业的领导人是稳定的,而那些效益不佳企业的领导人经常是变换的,这种不稳定同时是企业不景气的原因与结果。但要注意的是,人员的变动有时是不可避免的。

(13) 首创精神。"想出一个计划并保证其成功是一个聪明人最大的快乐之一,也是人类活动最有力的刺激物之一。这种发明与执行的可能性就是人们所说的首创精神,而建设与执行的自主性也属于首创精神。"在组织中,应尽可能鼓励和发展全体人员的首创精神。

(14) 团结精神。在企业中,全体人员的团结与和谐是企业的巨大力量,所以应该尽力做到团结。

法约尔的一般管理理论是西方古典管理思想的重要代表,后来成为管理过程学派的理论基础(该学派将法约尔尊奉为开山祖师),也是以后各种管理理论和管理实践的重要依据,对管理理论的发展和企业管理的历程均有着深刻的影响。因此,继泰勒的科学管理之后,一般管理被誉为管理史上的第二座丰碑。

三、马克斯·韦伯的管理组织理论

管理组织理论的代表人物是马克斯·韦伯(Max Weber,1864—1920年),他出生于德国一个有着广泛政治和社会联系的富裕家庭,是德国著名的社会学家和经济学家,担任过教授、政府顾问、编辑,对社会学、宗教学、经济学与政治学都有着相当的造诣,是与泰勒、法约尔同时代的又一位古典管理理论的代表人物,他的主要著作有《新教伦理与资本主义精神》《一般经济史》《社会和经济组织的理论》等,反映出他对组织理论的重大贡献。其理论产生的历史背景,正是德国企业从小规模世袭管理到大规模专业管理转变的关键时期,这对韦伯创造性地提出理想的行政管理组织理论产生了深远的影响。韦伯认为等级、权威和行政制是一切社会组织的基础。该理论所说的"理想的",并不是最合乎需要的,而是指组织的"纯粹形态",以区别于现实中的组织形式——往往是各种形式的混合,如图2-3所示。该理论对工业化以来各种不同类型的组织产生了广泛而深远的影响,成为现代大型组织广为采用的组织管理方式,韦伯也由此而被誉为"组织理论之父"。

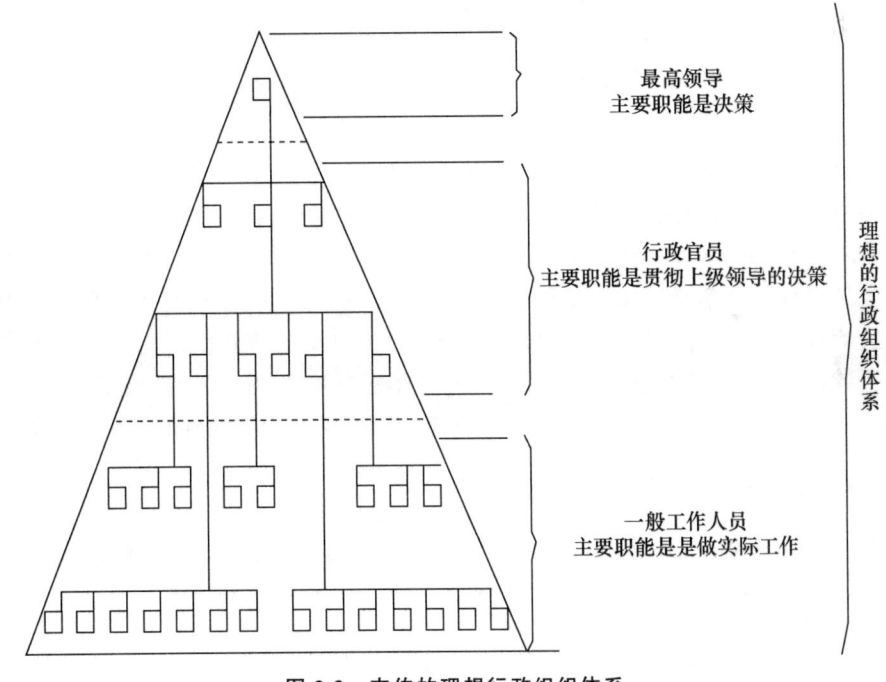

图2-3 韦伯的理想行政组织体系

韦伯的理想的行政组织体系具有以下特点:

(1)明确的分工。把组织内的工作分解,按职业专业化对成员进行分工,明文规定每个成员的权利和责任。

(2)按等级原则对各种公职或职位进行法定安排,形成一个自上而下的指挥链或等级体系。每个下级都处在一个上级的控制和监督下,每个管理者不仅要对自己的决定和行动负责,还要对下级的决定和行动负责。

(3) 根据经过正式考试或教育培训而获得的技术资格选拔员工,并完全根据职务的要求进行任用。

(4) 除个别需要通过选举产生的公职(例如,选举产生的公共关系负责人,或者在某种情况下选举产生的整个单位负责人等)外,所有担任公职的人都是任命的。

(5) 行政管理人员是"专职的"管理人员,领取固定的"薪金",有明文规定的升迁制度。

(6) 行政管理人员不是他所管辖的企业的所有者,只是其中的工作人员。

(7) 行政管理人员必须严格遵守组织规定的规则、纪律和办事程序。

(8) 组织中成员之间的关系以理性准则为指导,不受个人情感的影响。组织与外界的关系也是这样。

韦伯从事实出发,将人类行为规律性地服从一套规则作为社会学分析的基础,认为这种高度结构化的、正式的、非人格化的理想行政组织体系是强制控制的合理手段,是达到目标、提高效率的最有效形式。这种组织形式在精确性、稳定性、纪律性和可靠性等方面都优于其他形式,适用于各种行政管理工作及当时日益增多的各种大型组织,如教会、国家机构、军队、政党、经济组织和社会团体。

第四节 行为科学理论

行为科学是研究人的行为或人类集合体的行为,在心理学、人类学、社会学、经济学、政治学和语言学等的边缘领域协作的一门科学。其研究对象涉及思考过程、交往、消费者行为、经营行为、社会和文化变革、国际关系政策制定等广泛课题。按照美国管理百科全书的定义:"行为科学是运用自然科学的实验和观察方法,研究自然和社会环境中人的行为以及低级动物行为的科学。"按照这一定义,行为科学的应用范围几乎涉及人类活动的一切领域,形成了众多的分支学科,如组织管理行为学、医疗行为学、犯罪行为学、政治行为学、行政行为学等。本节主要从历史的角度出发,探讨这门学科的产生与发展过程。

一、行为科学理论产生的历史背景

20世纪二三十年代是科学管理的鼎盛时期,也是其内部危机、矛盾逐步暴露,开始走向衰落的时期,衰落的标志就是早期行为科学理论——人群关系理论的产生,而"霍桑实验"则是这场革命的突破口。

霍桑是20世纪20年代美国西方电气公司所属的一家工厂的名称。霍桑实验始于1924年下半年,在其本来的意义上是属于科学管理的实验,旨在测定照明对产量的影响。但在实验结束时,它为以后人际关系理论的研究照亮了道路。当时,泰勒等人的科学管理思想已经得到大多数管理学家、企业经理的认同,受其影响,人们普遍相信:在物质工作条件与工人的劳动效率之间存在一种明显的因果关系。

1924年,美国国家科学院的全国科学研究委员会决定在西方电气公司的霍桑工厂进行研究。实验共分四个阶段:照明实验、继电器装配实验、大规模访谈、接线工作室研究,研究时间长达八年之久。期间的 1926 年,梅奥(Elton Mayo,1880—1949 年)作为一名工业研究副教授,参加了哈佛大学的教学工作。在那里,他应邀加入了哈佛研究小组,与罗特利斯伯格(Fritz J. Roethlisberger,1898—1974 年)、怀特墨德等人一起参与了霍桑实验并逐步成为核心人物。霍桑实验结束后,梅奥撰写并出版了《工业文明的人类问题》《工业文明的社会问题》等著作,阐述了他的"人群关系理论"的主要思想,从而为提高生产效率开辟了新途径,梅奥的人群关系论的主要内容如下:

1. 工人是"社会人",而不是"经济人"

梅奥认为,人们的行为并不单纯出自追求金钱的动机,还有社会方面、心理方面的需要,即追求人与人之间的友情、安全感、归属感和受人尊敬等,且后者更为重要。因此,不能单纯从技术和物质条件着眼,而必须从社会心理方面考虑合理的组织与管理。

2. 企业中存在非正式组织

企业中除了存在古典管理理论所研究的、为了实现企业目标而明确规定各成员相互关系和职责范围的正式组织,还存在非正式组织。这种非正式组织的作用在于维护其成员的共同利益,使之免受内部个别成员的疏忽或外部人员的干涉所造成的损失。为此,非正式组织中拥有自己的核心人物和领袖,拥有大家共同遵循的观念、价值标准、行为准则和道德规范等。

梅奥指出,非正式组织与正式组织有着重大差别。在正式组织中,以效率逻辑为行为规范;而在非正式组织中,则以感情逻辑为行为规范。如果管理人员只是根据效率逻辑进行管理,而忽略工人的感情逻辑,必然会引起冲突,影响企业生产率的提高和目标的实现。因此,管理当局必须重视非正式组织的作用,注意在正式组织的效率逻辑与非正式组织的感情逻辑之间保持平衡,以便管理人员与工人能够充分协作。

3. 新的领导能力在于提高工人的满意度

在决定劳动生产率的诸多因素中,置于首位的是工人的满意度,而生产条件、工资报酬只是第二位的。工人的满意度越高,其士气就越高,从而生产效率就越高。高的满意度来自工人个人需求的有效满足,不仅包括物质需求,还包括精神需求。

霍桑实验是古典管理理论的大胆突破,第一次把管理研究的重点从工作和物的因素转到人的因素上,不仅在理论上对古典管理理论进行了修正和补充,开辟了管理研究的新理论,还为现代行为科学的发展奠定了基础,对管理实践产生了深远的影响。

行为科学理论是在人群关系理论(人际关系理论)的基础上发展起来的。早期的行为科学就是人群关系理论。1949 年,行为科学的概念在美国芝加哥科学大会上第一次被提出,在 1953 年美国福特基金会召开的跨学科学术会议上,正式将人群关系理论定名为行为科学。

二、行为科学理论的研究对象与研究内容

1. 行为科学的研究对象

行为科学发展至今已形成了广义与狭义两种含义。广义的行为科学是指与研究人的行为规律有关的诸学科,如心理学、社会学、人类学、经济学、劳动经济学、生理学、哲

学、医学等,这些学科从不同的角度研究人的行为,从而构成了该学科广义的研究对象,即一般人类的行为及其规律。狭义的行为科学是现代管理科学的重要组成部分,也称组织行为学,这是一门既运用类似自然科学的实验法和观察法,也运用社会科学的社会调查法,研究人在工作组织环境中的行为规律,从而构成了该学科狭义的研究对象。

2. 行为科学的研究内容

自行为科学产生以后,学者的研究主要集中在以下四个领域:

(1) 有关人的需要、动机和激励问题的研究。社会心理学家和行为科学家认为:人的行为都是由动机引起的,而动机是人本身内在的需要而产生的,能满足人的需要的活动本身就是一种激励,这是行为科学中最核心的研究部分。行为科学认为,人们只有得到某种满足才能激发其积极性。行为科学的代表性理论主要有马斯洛的需求层次论、麦克莱兰的成就需要论、赫兹柏格的双因素理论和弗鲁姆的期望理论等。

(2) 企业管理中人性问题的研究。从某种意义上来说,任何一种管理理论特别是激励理论都是建立在对人本性的基本认识的基础上的,有什么样的"人性"假设就会有什么样的管理与激励理论。行为科学对"人性"问题的研究主要有麦格雷戈的X—Y理论、阿吉里斯的不成熟—成熟理论等。

(3) 企业中非正式组织及人与人关系问题的研究。对非正式组织及人与人之间关系的研究,涉及组织的目标、规范、压力、内聚力和信息交流等。代表性的理论有卢因的团体力学理论、布雷得福的敏感性训练等。

(4) 企业中领导方式问题的研究。在行为科学对领导方式的研究中,比较有代表性的有俄亥俄州立大学的四分图理论、布莱克和穆顿的管理方格理论等。

狭义的行为科学(组织行为学)的研究对象具体包括以下内容:

(1) 个体行为研究。个体行为是行为科学研究企业中人们行为的基本单元。在个体行为这个层次中,行为科学主要是运用心理学的理论和方法研究两大类问题:一类是影响个体行为的各种心理因素;另一类是关于个性的人性假说。

(2) 领导行为研究。这主要针对组织中的领导者在领导活动中的行为特点和规律进行研究,以增强领导工作的适应性、科学性和有效性,最大限度地调动人的积极性和创造性,提高领导工作效率。其研究内容主要包括:领导者的品质;领导者的动机和需求;领导者的个体行为,包括激励行为、组织行为、沟通行为、决策行为等;领导者的领导方式与方法;领导环境和领导效率;实现高效率领导的有效途径等。其重点是研究领导行为动机、需要和结果三者的内在联系。

(3) 群体行为研究。群体行为在组织行为学中是一个重要的问题,主要探讨群体是何种非正式组织、群体的特征、群体的内聚力等。

(4) 组织行为研究。行为科学家认为,一个人一生的大部分时间是在组织环境中度过的,人们在组织中的行为即为组织行为,它建立在个体行为和群体行为的基础上。通过研究人的本性、需要、行为动机,以及在生产组织中人与人之间的关系,总结出人类在生产中的行为规律。

篇幅所限,以上所述行为科学的主要研究领域将在后续相关章节中详述。

三、行为科学的地位及中国化

自 1949 年在美国芝加哥会议上首次确立行为科学之后,引起了世界各国企业界、政府、高校等各类社会组织对该学科的高度关注。据世界著名管理学家德鲁克估计,第二次世界大战以后,在所有管理方面的出版物中,介绍行为科学的书籍刊物超过 50%。美国哥伦比亚大学教授贝雷尔森认为,行为科学是 20 世纪的重要的文化科学发明之一。美国道奈兰公司董事长约翰·道奈兰提出,我们在行为科学的咨询和训练上投入了大量投资,因为我们觉得投资于行为科学比投资于机器划算,行为科学的投资回报比机器更保险。日本早稻田大学行为科学研究所所长名取顺一认为,现在是原子时代、自动化时代,也可以说是行为科学时代。

行为科学于 20 世纪 70 年代末传入中国,很快风靡企业界并受到理论工作者的密切关注。1985 年 1 月,中国行为科学学会在北京成立,标志着我国行为科学的研究和应用进入了一个新的阶段。我国学者钱学森主张创建有中国特色的行为科学,把行为科学列为现代科学技术部门的九大科学技术之一,并对行为科学体系进行创造性的探讨,强调必须以马克思哲学进行总体指导,第一次提出行为科学的基础科学还有伦理学和法学,为行为科学的完善拓宽了思路。中国特色行为科学的首要任务是从多角度、多侧面、多方位对人的行为规律进行研究,并提出改善人的行为的种种措施。行为科学中国化,一是要做好我国古典行为科学的扬弃,特别注意儒家学说如何铸造中国人心理的深层结构;二是做好现代行为科学的扬弃,社会主义企业不仅要重视人性,更要创造"合乎人性的环境",不但要把工人当人看,而且要使他们实实在在地成为企业可信赖的合作伙伴,在国有企业中更要把工人当主人看待;三是做好思想工作中的扬弃,提倡人格平等、情感平等及权利和义务平等。

第五节　现代管理理论丛林

一、"现代管理理论丛林"的提出

现代管理理论是继古典管理理论、行为科学理论之后,西方管理理论和思想发展的第三个阶段。它是在前两个阶段的基础上,充分吸收了现代科学技术、适应现代市场经济环境而不断创新所形成的学派(特指第二次世界大战以后出现的一系列学派)及所创立的理论。与前两个阶段相比,这一阶段的最大特点是学派林立,新的管理理论、思想、方法不断涌现,出现了"百家争鸣"的局面,这种现象被美国著名的管理学家孔茨称为"管理理论的丛林"。

美国管理学者哈罗德·孔茨(Harold koontz)认为,进入现代管理理论时代,各种管理理论和管理学派形成了相互盘根错节的一片丛林。他曾经于 1961 年及 1980 年两度发表了题为"论管理理论丛林"和"再论管理理论丛林"的文章,论述了现代管理中出现的丛林现象。按照孔茨的观点,早期的管理著作是由一些富有实际经验的管理人员撰写的,而到了 60 年代,由于各类学者、企业管理人员对管理理论的兴趣大大增强,导致管理方面的学术论著如雨后春笋般地出现,造成了众说纷纭、莫衷一是的乱局。

孔茨认为60年代初期的理论可以归纳为六个学派:管理过程学派、经验学派、人类行为学派、社会系统学派、决策理论学派、数学学派。1980年,孔茨再度对丛林现象进行考察,发现管理理论丛林不但没有消失,反而显得更加茂密而难以通过了。当时的管理学派已由原来的6个发展到11个,分别是经验(案例)学派、人际关系学派、群体行为学派、社会协作系统学派、社会技术系统学派、决策理论学派、系统学派、数学(或管理科学)学派、权变理论学派、经理角色学派、经营管理学派等。

此外,孔茨还分析了管理理论中出现丛林现象的原因,并将其归纳为五个方面:一是存在语义上的混乱;二是对管理和管理学的定义及所包含的范围没有取得一致意见;三是把前人对管理经验的概括和总结看作"先验的假设"而予以摒弃;四是曲解并抛弃前人提出的一些管理原则;五是管理学者不能或不愿意互相了解。

因现代管理的学术流派繁多,理论庞杂,故本书只选择其中具有代表性的加以简介。

二、管理过程学派

管理过程学派又称管理职能学派,是美国加利福尼亚大学教授哈罗德·孔茨和西里尔·奥唐奈提出的。该学派认为,无论组织的性质和组织所处的环境有多么不同,管理人员所从事的管理职能却是相同的。孔茨和奥唐奈将管理职能分为计划、组织、人事、领导和控制,而把协调当作管理的本质。孔茨利用这些管理职能对管理理论进行分析、研究和阐述,最终建立起管理过程学派。孔茨继承了法约尔的理论,并将其更加系统化、条理化,使管理过程学派成为管理各学派中最具影响力的。

三、社会系统学派

切斯特·巴纳德(Chester Barnard,1886—1961年)生于美国一个贫穷的家庭,1906—1909年在哈佛大学攻读经济学,由于未取得一项实验学科的学分,1909年未拿到学位的巴纳德离开哈佛大学,进入美国电话电报公司,开始了他的职业生涯。巴纳德不仅是一位优秀的企业管理者,还是一位出色的钢琴演奏家和社会活动家。他曾经担任巴赫音乐学会的主席,帮助美国原子能委员会制定政策,在20世纪30年代大萧条时期担任新泽西州减灾委员会总监,1942年创立了联合服务组织公司并出任总裁,并于1948—1952年担任美国洛克菲勒基金会董事长。在漫长的工作实践中,巴纳德不仅积累了丰富的经营管理经验,还广泛地学习了社会科学的各个分支。1938年,巴纳德出版了著名的《经理人员的职能》,被誉为美国现代管理科学的经典之作;1948年,巴纳德又出版了另一重要的管理学著作《组织与管理》;除了以上两本经典著作,巴纳德还发表了许多论文和报告,"经理人员能力的培养""人事关系中的某些原则和基本考察""工业关系中高层经理人员的责任""集体协作""领导和法律"等,为建立和发展现代管理学做出了重要贡献,也使巴纳德成为社会系统学派的创始人。由于巴纳德在组织理论方面的杰出贡献,他被授予了七个荣誉博士学位。

以巴纳德为代表的社会系统学派的主要理论贡献可归纳为以下四个方面:

(1)组织是一个由个人组成的协作系统,个人只有在一定的相互作用的社会关系下,与他人协作才能发挥作用。

（2）组织作为一个协作系统包含三个基本要素：能够互相进行信息交流的人；这些人愿意做出贡献；实现一个共同目标。因此，组织的要素是信息交流、贡献的意愿和共同的目标。

（3）组织是两个或两个以上的人组成的协作系统，管理者应在这个系统中处于相互联系的中心，并致力于获得有效协作所需的协调。因此，经理人员要招募和选择那些能为组织目标的实现而做出最好贡献并能协调地一起工作的人员。为了使组织的成员为组织目标的实现做出贡献和进行有效的协调，巴纳德认为应该采用"维持"的方法，包括"诱因"方案的维持和"威慑"方案的维持。"诱因"方案的维持是指采用各种报酬奖励的方式，鼓励组织成员为组织目标的实现做出贡献；"威慑"方案的维持是指采用监督、控制、检验、教育和训练的方法，促使组织成员为组织目标的实现做出贡献。

（4）经理人员的作用就是在一个正式组织中充当系统运转的中心，并协调组织成员的活动，指导组织的运转，实现组织的目标。根据组织的要素，巴纳德认为经理人员的主要职能有三个方面：提供信息交流的体系、促成必要的个人努力、提出和确定目标。

四、系统管理学派

系统管理学派盛行于 20 世纪 60 年代。当时，"系统科学""系统理论""系统工程""系统分析""系统方法"等术语充斥于管理文献之中。追根溯源，系统管理理论的发展与一般系统理论有着密切的关系。近代比较完整地提出"系统"概念的是亨德森，后来发展为贝塔朗菲的一般系统论。1948 年，诺伯特·威纳创立了控制论。美国经济学家肯尼思·博尔丁又尝试把控制论与信息论结合起来，并于 1956 年发表了题为"一般系统论：一种科学的框架"的文章。1968 年，路德维格·贝塔朗菲出版的《一般系统论：基础、发展和应用》一书，更加全面地阐述了动态开放系统的理论，被公认为一般系统论的经典著作。

系统管理理论认为，系统是由相互联系、相互作用的若干要素结合而成、具有特定功能的有机整体，它不断地与外界交换物质和能量，从而维持一种稳定的状态。企业是一个人创造的相对开放的系统（见图 2-4），可以有选择地输入和有选择地吸收，不仅要适应环境，还要影响环境。更重要的是，企业应有意识地改造环境。

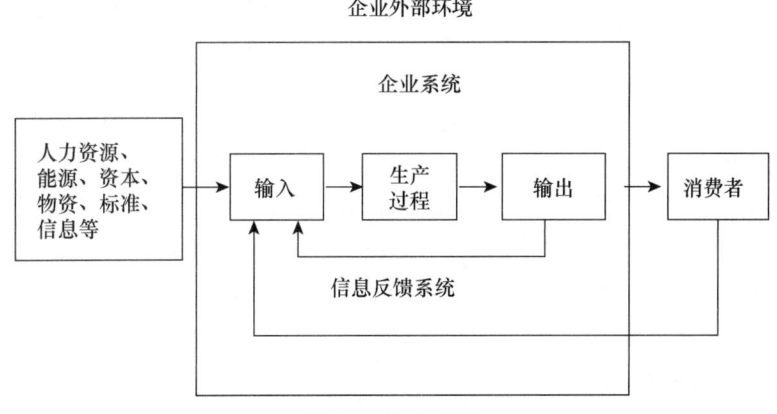

图 2-4　企业系统

五、管理科学学派

管理科学学派又称数学理论学派,也称运筹学派,其代表人物有丘奇曼、埃尔伍德·斯潘赛·伯法等。管理科学学派的理论与泰勒的科学管理理论实际上属于同一思想体系,但又不是简单地延续。该学派认为管理就是把科学的原理、方法和工具应用于各种管理活动,建立用于管理决策的数学和统计模型并进行求解,以降低管理的不确定性,使投入的资源发挥最大的效用,产生最大的经济效果。管理科学理论强调将最新科学技术成果应用到管理工作的各个方面,使管理工作的科学性达到一定的高度,大大提高了企业管理的效率。

管理科学学派认为,解决管理决策问题必须经过六个步骤:(1)提出问题;(2)建立数学模型;(3)得出解决方案;(4)对方案进行验证;(5)建立对解决方案的控制;(6)将解决方案付诸实施。管理科学应用的科学方法主要有线性规划、对策论、排队论、博弈论、统筹法、模拟法、系统分析、统计判断等。

六、权变理论学派

权变理论认为,在企业管理中要根据企业所处的内外部条件随机应变,没有什么一成不变、普遍适用的"最好的"管理理论和方法。该学派从系统观点考察问题,其理论核心就是通过组织的各子系统内部和各子系统之间的相互联系,以及组织和它所处环境之间的联系,确定各种变数的关系类型和结构类型。他强调在管理中应根据组织所处的内外部条件随机应变,针对不同的具体条件,寻求不同的最合适的管理模式、方案或方法,其代表人物有卢桑斯、菲德勒、豪斯等。

美国学者卢桑斯(F. Luthans)在 1976 年出版的《管理导论:一种权变学说》一书中系统地概括了权变管理理论。

(1)权变理论就是要把环境对管理的作用具体化,并使管理理论与管理实践紧密地联系起来。

(2)环境是自变量,而管理的观念和技术是因变量。

(3)权变管理理论的核心内容是环境变量与管理变量之间的函数关系,即权变关系。

七、决策理论学派

决策理论学派是在第二次世界大战之后发展起来的一门新兴的管理学派。决策理论学派的主要代表人物是曾获 1978 年度诺贝尔经济学奖的赫伯特·西蒙(Harbert A. Simen,1916—2001 年)。西蒙虽然是决策学派的代表人物,但他的许多思想汲取自巴纳德的理论,他发展了巴纳德的社会系统学派并提出了决策理论,建立了决策理论学派,形成了一门有关决策过程、准则、类型及方法的较完整的理论体系,主要著作有《管理行为》《组织》《管理决策新科学》等。

八、经验学派

经验学派又称经理主义学派,以向大企业经理提供企业管理的成功经验和科学方法为目标。欧内斯特·戴尔(Ernest Dale)、彼得·德鲁克等是经验学派的代表人物。戴尔的代表作有《伟大的组织者》《管理:理论和实践》;德鲁克的代表作有《管理的实践》《管理:任务、责任和实践》《有效的管理者》等。经验学派认为,古典管理理论和行为科学理论都不能充分地适应企业发展的实际需要。有关企业管理的科学应该从企业管理的实际出发,以大企业的管理经验为主要研究对象,以便在一定的情境下,把这些经验传授给企业管理者。他们主张通过案例研究经验,不必企图去确定一些原则,只要通过案例研究分析一些经理人员的成功经验及其解决特殊问题的方法,便可以在相仿的情境下进行有效的管理。

第六节 当代管理理论的新思潮

进入20世纪80年代以后,随着社会、经济、文化的迅速发展,特别是信息技术的发展与知识经济的出现,世界形势发生了极为深刻的变化。面对信息化、全球化、经济一体化等新趋势,企业之间的竞争加剧、联系增强,人们的生产方式、生活方式、交往方式等也在不断更新,管理发生了深刻的变化与全新的格局,从而为管理理论的创新提供了强大的动力。国内外广大管理理论工作者不负众望,在借鉴已有现代管理理论和当代管理实践的基础上,经过艰苦卓越的探索,提出了许多创新性的理论研究成果,本节在此仅仅抛砖引玉式地简要介绍其中一部分。

一、虚拟经营理论[①]

在市场需要、技术要求、管理观念都发生了很大变革的背景下,1991年美国学者肯尼斯·普瑞斯等提出了"虚拟企业"的概念。同年,美国著名学者罗杰·内格尔提出了"虚拟经营"的观点。随后,世界范围内掀起了一场虚拟化经营的浪潮。虚拟经营是在战略管理的角度下,有效运用虚拟生产、共生、策略联盟、虚拟销售网络、虚拟行政部门五种基本形式,进行资源组合、功能组合、行业组合而产生的功能改变,满足动态需要的柔性经营方式。它的本质精神是突破企业原有的界限,扩大企业的功能面,使用外部资源非产权组合的方式。企业利用虚拟经营战略,保留其价值链内含的优势或主要的部分(核心价值),而其他的作用则依靠虚拟技术与信息技术经过非产权的形式得到,这叫作企业的虚拟化。

二、动态能力理论[②]

动态能力理论源于20世纪90年代,因市场环境变化的特点而产生。市场环境日益动态化、技术创新速度加速、经济国际化和市场全球化、顾客需求多样化等,使得竞争的内容越来越广,竞争优势的可保持性越来越低,唯有不断创新,才能持续成功。该理论的代表人物是R. D'Aveni,他于1994年出版了《超越竞争》,全面阐述了动态能力理论的框架。

---

① 虚拟化经营.互动百科,2014.10.27. http://www.baike.com/
② 企业动态能力理论.MBA智库百科,2016.10.31. http://www.baike.com/

20世纪80年代初期,占主导地位的战略管理理论是波特的产业组织理论,随着核心能力理论的快速发展,核心能力的一些局限性也浮现出来。但在一个动态变化的环境中,企业原有的核心能力有可能成为阻碍企业发展的一个包袱。能力理论遇到前所未有的自身发展障碍,不能解释企业如何在动态市场上获取竞争优势以及某些企业为什么保有持续的竞争优势。在此背景下,Teece等人提出了改变能力的能力(动态能力的概念),并把动态能力定义为公司整合、构建、重新配置内部和外部能力以应对快速变化的环境,但动态能力理论目前仍然处于探索阶段。我们认为动态能力是指企业保持或改变其作为战略能力基础能力的能力,利用资源的吸收与整合,以及通过学习、知识管理等方式提升自身的创新能力而获得新知识和能力,并逐步整合和改进现有的能力与提高效率,使企业在动态、复杂、不确定的环境下获得持续的竞争优势。

三、企业再造理论[①]

20世纪80年代初至90年代,西方发达国家经济在短暂的复苏后又重新跌入衰退状态,许多规模庞大公司的组织结构臃肿、工作效率低下,难以适应市场环境的变化,出现了"大企业病"的现象。为了改变这种状况,麻省理工学院教授迈克尔·哈默与CSC Index顾问公司执行长官詹姆斯·钱皮在广泛深入地调研企业的基础上,于1993年联名出版了著作《企业再造》,提出了著名的企业再造理论。

企业再造理论的主要内容包括:首先,该理论提出了对流程的不同理解。哈默和钱皮将流程再造定义为,"针对企业业务流程的基本问题进行反思,并对它进行彻底的重新设计,以便在衡量绩效的重要指标(如成本、质量、服务和效率等)上,取得显著的进展",并强调要打破原有分工理论的束缚,重新树立"以流程为导向"的思想。其次,该理论强调了企业再造活动绝不是一次改良运动,而是重大的突变式改革。最后,该理论明确提出了企业再造的三条基本指导思想,即以顾客为中心、以员工为中心、以效率和效益为中心。

四、学习型组织理论

20世纪90年代以来,知识经济的到来,使信息与知识成为重要的战略资源,相应诞生了学习型组织理论。学习型组织(learning organization),是美国麻省理工学院教授彼得·圣吉(Peter M. Senge)在《第五项修炼——学习型组织的艺术与实务》(*The Fifth Discipline: The Art and Practice of the Learning Organization*)一书中提出来的管理观念,认为"未来真正出色的企业,将是能够设法使各阶层人员全心投入,并有能力不断学习的组织"。学习型组织是指通过培养弥漫于整个组织的学习气氛,充分发挥员工的创造性思维能力而建立起来的一种有机的、高度柔性的、扁平的、符合人性的、能够持续发展的组织。学习型组织的五项要素为:(1) 培养组织成员的自我超越意识;(2) 改善心智模式;(3) 建立共同愿景;(4) 搞好团队学习;(5) 运用系统思考。

---

① 〔美〕迈克尔·哈默,詹姆斯·钱皮.企业再造[M].上海:上海译文出版社,1998.

五、虚拟企业理论

面对迅速变化的市场环境,企业不能再钟爱犹如巨龙般的架构,而应讲求轻薄、弹性,犹如堆积木般,要做什么造型就选什么木块来组合。在未来的企业竞争中,除了比谁拥有关键性资源,还要比谁的企业组织组合得快、解散时成本低,适时而生的虚拟企业则为企业的发展走出了一条新路。虚拟企业是指在虚拟经济状态下,充分利用网络技术、信息技术和关键资源,以互利为目的建立的、具有组织灵活性和应用广泛性的特征的跨时空经营的经济组织。随着科学技术的不断进步,知识经济给人类造成的冲击不亚于工业革命,同样也解放了生产力,经济形态发生了质的飞跃,解决了远程经济活动形成的生产力因素的困扰和障碍。

虚拟企业这种新型的企业组织模式是对传统企业组织模式的创新,突破了企业内部资源优化的禁锢,将企业可利用资源延伸到全社会、全世界。通过它,企业能够以最快的速度、最低的成本、最小的风险跟踪市场动向,满足敏捷化的要求。这种创新型组织的可贵之处在于,它使企业得以摆脱自身资源的限制,并强调整个社会现有资源的优化组合。因此,在我国现阶段企业普遍存在资金短缺、追加投入不足的条件下,虚拟企业更显极高的应用价值。

六、风险管理理论

风险管理作为企业的一种管理活动,起源于20世纪50年代的美国。随着经济、社会和技术的迅猛发展,人类开始面临越来越多、越来越严重的风险。科学技术的进步在给人类带来巨大利益的同时,也给社会带来了前所未有的风险。当时美国一些大公司发生了重大损失,公司高层决策者开始认识到风险管理的重要性。1953年8月12日,通用汽车公司在密歇根州的一个汽车变速箱厂因火灾损失了5 000万美元,成为美国历史上损失最为严重的15起重大火灾之一。这场大火与50年代其他一些偶发事件一起,推动了美国风险管理活动的兴起。风险管理(risk management)是指通过对风险的认识、衡量和分析,选择最有效的方式,主动地、有目的地、有计划地处理风险,以最小成本争取获得最大安全保证的管理方法。企业在市场开发、技术创新、项目投资、资本运营等活动的过程中,到处面临各种不确定性的考验和威胁,相应的各类经营风险随时可能发生。良好的风险管理有助于降低决策错误的概率、避免损失的可能性、相对提高企业本身的附加价值。

七、知识管理理论

20世纪60年代初,美国管理学家彼得·德鲁克博士首先提出了知识工作者和知识管理的概念,指出我们正在进入知识社会,最基本的经济资源不再是资本、自然资源和劳动力,而应该是知识,知识工作者在知识社会中将发挥主要作用。80年代以后,彼得·德鲁克继续发表了大量相关论文,对知识管理做出了开拓性的工作,提出"未来的典型企业以知识为基础,由各种各样的专家组成,这些专家根据来自同事、客户和上级的大量信息,自主决策和自我管理"。后来,许多学者进行了大量的跟踪研究,形成了知识管理理论的四大学派:行为学派、技术学派、经济学派和战略学派。

八、后现代主义管理理论[①]

后现代主义管理理论是基于后现代管理哲学思想而建立起来的全新的理论体系。古典管理理论、行为管理理论、现代管理理论,构成了系统的现代管理理论体系。这些管理理论建立在现代管理哲学的基础之上,在指导企业的实践方面发挥了巨大功效。20世纪80年代,企业内外部形势剧变,这些理论遇到了瓶颈,基于后现代主义管理哲学基础的企业管理理论应运而生,掀起企业管理理论的革命。

后现代主义管理理论的代表人物及其代表作有:托马斯·J.彼得斯、小罗伯特·H.沃特曼的《寻求优势:美国最成功公司的经验》;威廉·大内的《Z理论——美国企业界怎样迎接日本的挑战》;查德·帕斯卡尔、安东尼·阿索斯的《日本企业管理艺术》;泰伦斯·迪尔、艾伦·肯尼迪的《企业文化——企业生存的习俗和礼仪》;托马斯·库恩(Thomas S. Kuhn)提出了范式转换理论(model transforms theory);米尔顿·罗克奇(Milton Rockeach)提出的价值观管理理论。

后现代主义管理理论的主要观点包括:(1)批判传统管理中的纯理性主义,倡导研究管理实务;(2)重视对企业成功经验的总结,在总结中提出以"软管理"为中心的管理模式;(3)高层管理者不再是因袭管理历史、墨守陈规般的传承人,不是权力的执行者,而是塑造组织新的符合人性的意识形态以及建立在解放人性的宗旨下、追求组织新价值观和新范式的连续或者不连续的逻辑演进,而非追求管理技术和方法等细枝末节的创新;(4)高度重视企业文化。

❑ 重要概念

风险管理	霍桑实验	权变管理	一般管理理论
管理理论丛林	科学管理理论	行为科学理论	知识管理
管理组织理论	企业再造	学习型组织	

❑ 本章概要

管理思想是在一定的历史条件和社会文化背景之下产生的,随着社会经济的发展和人类管理实践活动的丰富化而得到发展与完善。了解管理思想的形成与发展,有助于掌握管理学理论的精髓。

具有几千年文明历史的中国,劳动人民在长期的社会管理实践活动中积累了丰富的管理经验和管理思想,诸子百家先后从不同的角度提出了各自的管理思想,对管理学理论的研究极具价值。

工业革命以前,早期的管理实践与思想以经验为主,并未形成系统科学的管理理论。

---

① 梁亚粉,白松松.后现代主义企业管理理论探究[J].经管空间,2012,2:74—75.

工业革命开始后出现了以机器为主的现代意义上的工厂及公司,对管理职能的要求越来越突出,管理方面的问题也越来越多,由此促进了管理思想的产生和发展。

真正科学的管理理论出现在20世纪初期,以泰勒的科学管理理论的产生为标志。此后,管理学理论体系不断得到发展、充实与完善,依次经历了古典管理理论阶段、行为科学理论阶段和现代管理理论阶段等。直到现在,管理学理论体系仍然不断地得到充实和提高。值得强调的是,管理学科学体系及其研究内容必定和世界上其他任何事物一样,永远不会有停止发展的那一天,永远都在不断地被充实和提高。这才是管理学理论永远保持强大生命力的源泉,对人类社会实践活动的指导意义才会越来越大。

❑ 思考题

1. 中国古代管理思想的精华是什么?
2. 如何借鉴西方管理思想管理现代企业?
3. 如何理解"古为今用,洋为中用"的思想?
4. 如何用发展的观点理解管理实践、管理思想和管理理论的关系?
5. 中国古代儒家管理思想对我国当前所提倡的和谐管理有何价值?
6. 泰勒的科学管理产生已百年了。俗话说"时过境迁",企业和企业管理与那时相比已发生了巨大的变化。那么,你认为泰勒制还有用处吗,为什么?
7. 研究行为科学的现实价值在哪里?
8. 你认为西方现代管理理论各主要派别理论中对改善我国企业管理最有效的是哪一种,请联系实际谈谈自己的想法。

❑ 实训题

1. 实训项目
查阅有关管理思想与实践方法的文献资料。
2. 实训目的
查阅文献资料,掌握某种管理思想的主要观点及其发展趋向,初步培养学生分析管理思想与实践方法的能力。
3. 实训内容
(1) 学习查阅文献资料的方法与步骤;
(2) 要求学生了解有关管理思想的主要观点;
(3) 分析有关管理思想的贡献与局限性。
4. 实训组织
(1) 将全班同学分成若干小组,由教师带队,前往图书馆学习查阅文献资料;
(2) 查阅某种管理思想的主要观点,它的主要贡献及局限性;
(3) 每个小组查阅一种管理思想,并掌握查阅资料的方法与步骤;
(4) 每位同学撰写一份查阅资料小结,每组派一位代表在全班交流。

5. 实训考核

要求每位同学撰写一份小结,并由教师批阅给出成绩。

案例分析

古罗马的军威①

古罗马的士兵在第一次服役时,要在庄严的仪式中宣誓,保证不背离规范,服从上级指挥,为皇帝和帝国的安全而牺牲自己的生命。宗教信仰和荣誉感的双重影响使罗马军队遵守规范,所有罗马士兵都把金光闪闪的金鹰徽视作他们最愿意为此献身的目标,在危险的时刻抛弃神圣的金鹰徽被认为是最可鄙的行为。

同时,罗马士兵也深知他们行为的后果:一方面,他们可以在指定的服役期满之后享有固定的军饷、可以获得不定期的赏赐以及一定的报酬,这些都在很大程度上减轻了军队生活的困苦程度;另一方面,由于怯懦或不服从命令而企图逃避严厉的处罚,那也是办不到的。

军团百人队队长有权用拳打士兵以作惩罚,司令官则有权判处士兵死刑。古罗马军队一句的最固定不变的格言是:好的士兵害怕长官的程度应该远远超过害怕敌人的程度。这种做法使古罗马军团作战勇猛顽强、纪律严明,显然,单凭野蛮人一时的冲动是做不到这一点的。

在西方,这种管理方法被总结为一句格言:"胡萝卜加大棒。"拿破仑说得更形象:"我有时像狮子,有时像绵羊。我的全部成功秘密在于:我知道什么时候我应当是前者,什么时候我应当是后者。"

在东方,则有"滴水之恩,涌泉相报""视卒如爱子,可与之惧死"等说法。又说:"将使士卒赴汤蹈火而不违者,是威使然也。"②"爱设于先,威严在后,不可反是也。"③《孙子兵法》总结说:"故令之以文,齐之以武,是为必取。"总之是一句话"软硬兼施,恩威并济"。

讨论题

1. 古罗马军队的管理方式属于哪一种管理理论派别?
2. 在现代企业管理中,本案例所述的管理手段是否还有意义?该不该使用这些手段?为什么?
3. 如果你当领导,你是否使用这些手法?有没有其他更高明的办法?

---

① MBA 管理案例之古罗马军威到现代管理.河北博才网(www.hbrc.com),2014 年 2 月 11 日.
② 《百战奇谋威战》。
③ 《李卫公问对中》。

第三章 组织环境

【内容提要】

本章介绍了组织与环境的关系、组织与环境关系的主要理论及环境研究的作用,分析了组织外部一般环境、行业环境,内部物质环境、文化环境和综合环境,简要介绍了全球化及其对组织的影响。

【学习目标】

1. 熟悉组织与环境的关系,了解组织与环境关系的主要理论。
2. 理解环境研究的作用。
3. 理解并掌握组织外部一般环境、行业环境,以及内部物质环境、文化环境和综合环境的主要内容。
4. 了解全球化及其对组织的影响。

引例

路西法效应

"路西法效应:好人是如何变成恶魔的"是全球最具传奇的真人实境实验,了解人性必读的经典著作。1971年,美国社会心理学家菲利普·津巴多主持了"斯坦福监狱实验",引发了全球心理学界重新审视以往对人性的天真看法。在实验中,实验者专门测试经挑选征募来的受试者——身心健康、情绪稳定的大学生,这些人被随机分为狱卒和犯人两组,接着被置身于模拟的监狱环境。实验一开始,受试者便强烈感受到角色规范的影响,努力去扮演既定的角色。到了第六天,情况演变得过度逼真,原本单纯的大学生已经变成残暴不仁的狱卒和心理崩溃的犯人,一套制服一个身份,就轻易地让一个人性情大变,原定两周的实验不得不宣告终止。

第一节 组织环境概述

一、组织与环境的关系

所谓环境,是指组织存在与发展的周围条件和状况,既包括静态的结构,也包括结构要素之间的动态运行。

人们对组织与环境关系的认识经历了一个较长的过程。最早,人们将组织看成一个高度结构化的、机械的、封闭的系统,很少甚至不考虑外界环境的变化与影响。后来,随着市场环境和顾客需求的变化,人们对组织与环境关系的认识不断改变。

任何组织活动都处于一定的环境之中,环境不仅是管理系统建立的客观基础,还是它生存和发展的必要条件,环境的特点及其变化必然制约组织活动方向和内容的选择。因此,环境是与管理系统联系在一起的,并时刻制约着管理活动。

组织及其所处的环境不断地进行物质、能量和信息的交换,各种交换不断地改变组织,从而影响管理行为的改变。一个组织能否在环境中生存并持续发展下去,关键在于该组织能否很好地匹配所处的环境。

二、组织环境的内涵

组织环境又称管理环境,是指所有潜在影响组织运行和组织绩效的因素或力量的总和。组织是一个开放的系统,它与环境存在相互交换、相互渗透、相互影响的关系,组织环境的特点制约和影响组织活动的内容及施行,组织环境的变化要求管理的内容、手段、方式、方法等随之调整。

我们按照组织界限,可以把组织环境分为组织内部环境和组织外部环境。组织内部环境是指管理具体的工作环境。内部环境随着组织的诞生而产生,对组织的管理活动产生影响,决定了管理活动可选择的方式和方法,而且在很大程度上影响组织管理的成功与失败。

组织外部环境是指组织之外客观存在的各种对组织产生影响的因素总和,它不以组织的意志为转移。外部环境可以分为国际环境、政治法律环境、经济环境、技术环境与社会文化环境等。随着全球经济一体化的发展,国际环境对国内企业的影响越来越大,但直接影响企业的仍是国内环境,且国际环境也往往是通过影响国内环境来影响企业。现代社会组织外部环境的基本特征是变化速度加快,综合性作用日益显著。

三、组织与环境关系的主要理论

1. 古典管理理论

古典管理理论极少关注环境,只重视组织内部的设计并将其封闭起来。无论是科学管理理论、管理过程学派,还是行政组织理论,都主要是以组织内部的生产活动、管理职能、组织结构为研究对象,并没有关注组织与环境之间的关系。人们形成这种看法,一方面是受认识能力的限制,另一方面也是当时的市场环境所造成的。西方工业革命后,社会化机器生产刚刚出现,人们对商品的需求量大,形成了典型的卖方市场,产品生产出来就可以卖出去,组织根本不必考虑环境的制约作用。

2. 开放系统理论

纵观管理理论的演进过程,在很长一段时间内,组织与环境的关系并没有进入管理学的视野,只是在开放系统理论兴起以后,组织与环境的关系才开始受到重视。

开放系统理论认为,组织是由人、财、物、信息等多种相互依赖的要素或者采购、生产、销售、物流、售后服务等不同部门组成的一个系统;同时,组织又是环境的一个子系统,它要从周围的环境中输入各种资源,然后通过内部的管理职能实现要素的转换,向外输出产品、服务、信息等各种形式的产出,以实现组织效果和效率的双重目标。

开放系统理论的出现,开辟了组织理论和管理理论的新思路,打破了官僚式和封闭式的思维模式。系统论显然为我们认识管理与环境的关系提供了很好的分析工具。此后出现的权变理论、战略管理理论等都不过是在系统观的指引下,进一步深入地研究管理与环境是如何互动影响的。

3. 权变理论

权变理论认为,组织除了要对环境开放,还必须考虑如何适应环境的问题,管理方式必须随着环境的变化而变化。强调组织和环境的匹配,权变理论认为不存在最佳的组织方式,任何组织方式都不等效,最好的组织方式有赖于环境的特质,一旦组织的内在特征与其环境要求达到最佳匹配,组织就能最好地适应环境。例如,伯恩斯和斯托克尔从环境不确定性的角度说明了机械性组织形式与有机性组织形式的差异,以及各自的适用环境。

劳伦斯和洛尔施的研究则表明,不确定的环境要求组织具有较高的分化程度和整合水平;相反,环境的不确定水平较低时,对组织的分化程度和整合水平的要求也较低。只有组织的分化程度和整合水平与环境的不确定性水平相匹配时,组织的运行才处于良好的状态。

卢桑斯很好地总结了权变理论,提出一个包含环境变量、管理技术及两者权变关系的框架。同时,面对古典管理理论和行为管理理论的"丛林",权变理论被赋予了清理丛林和指引道路的重任。德拉津和范德文探讨了权变理论中"匹配"这一核心概念的发展过程,区分了选择、互动和系统方法三种匹配方式。随着理论的发展,规模、技术、地理位置、参与者的个人偏好、资源依赖、国家和文化差异、组织的生命周期等外部环境和组织内部要素渐次作为权变因素进入了权变理论家的视野。此外,作为较早探索组织与环境关系的理论,其"没有最佳,一切视环境而变"的核心思想也渗透到组织理论的不同领域。

概括起来,权变理论的主要思想包括:(1)组织是开放系统,需要精心管理以满足和平衡内部需要并适应环境;(2)没有最佳的组织形式,组织的适当形式取决于任务或所处环境的类型;(3)在同一组织中,完成不同的任务需要不同的管理方法;(4)不同的环境需要不同的组织类型。

总之,在组织与环境中,权变理论认为环境是占据主导地位的,组织则居于次要、被动的地位,组织的行为是被决定的、受制约的和适应性的,组织必须适应环境的需要,组织的成功与否取决于适应的效果如何。

4. 种群生态学

种群生态学相比权变理论则更进一步。权变理论认为组织要适应环境,而种群生态学则要回答这样一个问题:如果现在有几个同类的组织都适应环境,那么哪一个组织能生存发展得最好呢?

种群生态学主要是将达尔文的自然选择学说移植到组织分析中,认为组织像自然界中的生物一样,其生存依赖于它们获得充足资源的能力。由于面临其他组织的竞争及资源的稀缺,只有"最适应"环境的组织才能够生存(这就是上述问题的答案)。在某个特定的时间里,组织的性质、数量和分布依赖于可得到的资源,以及各种组织种群内部和相互之间的竞争。因此,环境通过优胜劣汰选择最强者,成为决定组织成败的关键因素。

种群生态理论着眼于整个组织群体或产业,关注环境对企业的残酷选择,强调细分化生存空间的重要作用,认为主观战略决策对企业存亡具有很小或者根本没有作用。环境通过资源的稀缺性和优胜劣汰原则完成对组织群体的选择过程,任何试图通过组织再造来提高生存概率的努力都是徒劳的,甚至起到反作用而降低组织整体的生存概率。对于单个企业而言,在环境强大的压力下只有极其有限的生存概率,企业只能在一个狭窄的范围内以高度差异化被动地适应环境;否则将被淘汰出局。

作为一个极端的认识,种群生态理论认为组织战略管理好坏对企业发展没有任何差别。退一步讲,组织最优的战略就是专注特定的生存空间,并最优化其效率以祈求一个好的结果。总之,组织只能适应环境而无法影响和改变环境。

尽管种群生态学方法应用广泛,但有些学者认为这种观点轻视了组织决策的作用。如果环境最终选择企业,那么管理者与决策者所做的工作从长期的角度来看将是无意义的;但事实上,组织对环境具有能动的影响作用。此外,种群生态学方法强调资源的稀缺性,而忽视了资源可以丰富、自我更新,而在这种情形下,合作与竞争可以并存。组织可以通过发明原来没有的资源来创造价值。例如,信息技术产业、生物工程、电子媒体等产业。组织生态学正是在这样的基础上产生的。

5. 组织生态学

种群生态学和权变理论都将组织与环境对立起来,假定组织和环境是分离的。在现代系统理论的观点下,这种假设是有疑问的。

组织像生物体一样,不是孤立存在的,也不是自给自足的,它们存在于一个复杂的生态系统中。组织生态学认为,整个生态系统的演变包括了组织与环境关系集合的演变。正如自然界中生物组成环境一样,组织的环境也是由大量组织构成的。因此,组织与环境是互动的。不仅环境会选择组织,组织也会主动构造自己的未来,尤其当组织联合起来时,环境就变得可协商,而不是孤立的、影响组织的外在力量。

组织生态学最著名的观点就是"进化是相互适应者生存,而不是最适者生存"。组织生态学强调的是合作,一个相互联系的群体之间通过相互适应使整个群体实现生存,这是一个动态的过程。而在最适者生存的进化理论中,竞争被视为组织生活的基本形式,强调个体组织的生存。

关注现实生活中的各种经济现象,可以发现合作与竞争常常同时存在。譬如,同行业组织经常组成协会以便于合作并分享利益;正式或非正式的价格卡特尔组织;企业间联合进行研究开发以降低风险;银行、信托公司、保险公司和其他一些利益相关组织联合推出一种提供新型服务的组织等。

6. 合作竞争理论

组织生态学强调组织与环境的合作,而合作竞争理论则强调合作与竞争的同时性。企业之间既不是单纯的竞争,也不是单纯的合作,而是合作与竞争共存。与企业相关的伙伴可分成顾客、供应商、互补者和竞争者四类。企业与它们形成了二维的价值网。

生产型企业具有这种聚集的特点。在我国温州富有特色的块状经济中,出现了很多电器镇、服装镇、徽章镇……很多同类企业聚集在一起,共同把这个市场捧大,体现了合作关系。而与此同时,它们之间在市场份额、原材料和零部件供应等方面也相互争夺,体现了竞争的关系。

一般来说,企业与不同伙伴之间的合作竞争关系表现在:当这些不同的企业走到一起的时候,都是为了一个共同创造利益的目标——"做蛋糕"。在"共同做蛋糕"时,伙伴之间是合作的关系;而在完成了任务、分享利益——"分蛋糕"时,伙伴之间就体现为竞争关系。这一点,不但体现在项目完成后,而且体现在项目进行过程中每一个存在分配的情形。这说明,伙伴之间的合作与竞争总是同时发生的,这有点类似国与国之间战争与和平状态的往复。不同的是,国与国之间战争与和平状态是相互更替的,而企业伙伴之间的合作与竞争则是同时发生的。

之所以造一个新术语——合作竞争——描述企业之间的关系,是因为传统的单纯合作或单纯竞争已不能清楚地解释企业之间的相互关系和行为。如果你把其他企业伙伴只看成合作者,那么就会只注重其相互合作的一面,而忽略了其相互竞争的一面,这样反而不利于它们之间的合作。反过来,如果你只看到竞争关系而忽略相互合作的一面,这也是不正确的。

7. 商业生态系统理论

合作竞争理论从静态的角度考察了企业与其所处的环境——顾客、供应商、互补者和竞争者之间合作与竞争并存的关系,但是没有从更广的范围(譬如,不同类型行业的企业组成的群落)研究企业之间的关系以及这种关系随着时间的变化。

商业生态系统理论的主要新观点:一是用商业生态系统描述组织所处的环境;二是任何一个企业都应与其所处环境(商业生态系统)共同进化,而不只是竞争或合作,或者单个企业的进化。显然,共同进化是该理论的核心,这一观点超越了对企业之间只是合作竞争这一关系的认识。

该理论认为:

(1)在当今产业界限日益融合的情境下,企业不应把自己看作单个的企业,而应把自己当作企业生态系统的一个成员,这个经济系统的成员包括供应商、生产者、竞争者和其他利益相关者。

(2) 在企业生态系统中,企业战略的制定与传统战略有很大的不同。战略制定的基本单位不再是企业或产业,而是合作演化的生态系统。

(3) 企业业绩不仅是企业内部管理好坏和行业平均利润的函数,还是企业在生态系统中联盟和网络关系管理好坏的函数。

(4) 个别企业的成长不再是考虑的重点,整个经济网络的发展和公司在其中的地位成为考虑的重点。

(5) 合作不再局限于直接的供应商和顾客,而是扩展到所有可以被纳入整个生态系统范围内的企业。

(6) 竞争不再被看作主要在企业与企业之间进行,而是主要在企业生态系统之间以及在系统内取得领导和中心地位上进行竞争。

商业生态系统理论对环境本身的演化投入了更多的关注,更强调组织及其所属环境的最重要部分——商业生态系统之间所呈现的、和谐的、共同进化的关系。

穆尔指出,商业生态系统超出了传统的产业概念,其范围相当广阔。例如,从提供组织职能外包服务的公司、提供融资的机构、提供组织运作所需技术的公司到与公司产品配合使用的互补产品制造商、公司的竞争对手和客户,甚至监管机构和媒体也包括在内。

在商业生态系统内部,不同的组织和机构围绕创新共同进化:既竞争又合作地支持新产品、满足客户需求,并最终迎接新一轮的创新。它突出了这样的思想:组织要想在新经济中发展壮大,就必须密切关注并理解相关的经济环境及影响其进化的其他组织,想办法在其中做出独特的贡献。

商业生态系统理论从更宏观的层面考察了组织环境自身的演变,同时也强调了组织在商业生态系统生命周期中的主观能动性。

四、环境研究的作用

环境研究的目的就是通过分析组织活动的内外影响因素,揭示组织所处环境条件变化的规律,预测其未来变化,提高组织内部环境与外部环境的协同效应,为组织决策与调整提供依据。

1. 充分利用外部环境中的有利因素

组织外部环境虽然具有较大的不可控性,但确实存在某些因素或力量对组织的生存和发展会起到促进作用。因此,组织如果能够鉴别外部环境带来的有利机会,在对内部环境进行调整的基础上,就可能得到发展的机遇。

2. 提高组织对外部环境的适应性

虽然组织外部环境为组织的生存和发展提供了一定的机会,但也产生了不同程度的制约作用。在管理实践中,组织通常采用两种方法规避风险和制约:一是设法降低风险,二是转移风险。因此,组织必须能够识别生存发展中存在的制约与风险,并进行有效的规避和转移,才能提高对组织外部环境的适应性。

3. 提高组织决策的及时性

只有及时加以利用环境在变化中提供的发展机会,才能实现组织发展;同样,对于环境变化中造成的威胁,组织更应及时应变,否则便难以存续。要及时利用机会、避开威胁,就必须在机会刚刚出现或威胁尚未到来之时及时发现,组织才能及时制定决策,采取措施。

4. 提高组织决策的正确性

外部环境分析可以为组织提供大量的、能够客观反映环境特点及其变化趋势的信息;而内部环境分析可以使组织明确自己的资源状况和利用能力,了解组织文化特点及其对组织成员行为倾向的影响。在此基础上,组织可以根据自己的优势和劣势,制定既符合环境要求又能为组织成员所接受,从而愿意为其实施而努力的正确决策。

五、环境研究的程序

环境研究包括许多工作,其中最主要的内容是环境调查和环境预测。组织在从事环境研究的过程中要运用大量的定性或定量的分析方法。环境研究的一般程序包括确定课题、提出假设、收集资料、资料处理和环境预测。

1. 确定课题

确定课题是环境研究的前提,只有明确了课题,环境研究的各项工作才有明确的方向。环境研究的课题围绕组织活动中存在的问题来确定。研究课题的确定可能涉及整个组织的活动,也可能只涉及组织活动的某个方面。

2. 提出假设

在确定课题的基础上,环境研究人员还要利用组织现有的资料,根据自己的经验、知识和判断力进行初步分析,提出关于组织活动中所遇到问题的初步假设,即判断组织问题可能是由哪些因素造成的,在众多的可能原因中,哪些是最主要的。

3. 收集资料

提出了关于问题原因的假设之后,还要验证这些假设。验证假设需要拥有能够反映组织内外环境的信息。这些信息来自组织内外现存的各种资料,如组织活动的各种记录等,必须针对性地收集和整理。

4. 资料处理

环境调查收集的原始资料需要进行去伪存真、去粗取精等整理和加工才有意义。

5. 环境预测

环境预测是指利用一定的科学方法和环境调查取得的资料,预估环境的发展趋势和组织未来的发展。环境调查是环境预测的前提,环境预测是环境调查的逻辑延续。

第二节 外部环境

组织外部环境包括外部一般环境和外部行业环境两类。

一、外部一般环境

一般环境又称宏观环境,反映环境的外层,它分布广泛,并对组织产生间接影响。这些因素随着时间的推移而影响组织,但通常不会影响日常经营。一般环境包括政治与法律环境、经济环境、社会文化环境、技术环境、国际环境、自然环境等(见图 3-1)。

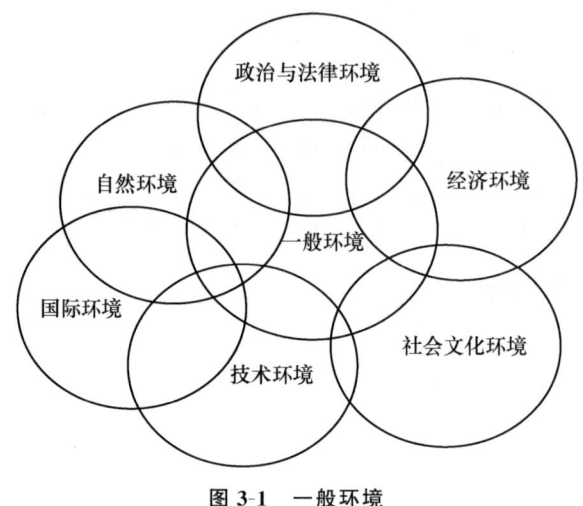

图 3-1　一般环境

1. 政治与法律环境

政治与法律环境是指制约或影响组织行为的各种政治活动,还包括国家和政府出台的法律、法令及规章等。

2. 经济环境

经济环境反映企业经营所在地的国家或地区的一般经济状况,包括软环境和硬环境两个方面。经济软环境是指国家经济的总体状况,主要包括组织所在国家的经济体制、整个国民经济的发展状况和发展速度、市场规模、要素市场的完善程度、经济政策、国家的货币和物价总水平的稳定状况(通货膨胀)等。经济硬环境是指组织从事生产经营活动必需的各种城市服务设施和工业基础设施,主要包括能源、原材料的供应状况,交通运输状况,通信状况,城市供水、供电、供热系统,文教、卫生、住房、娱乐、饮食等设施,金融中心、信息中心及工业基础条件等。

3. 社会文化环境

社会文化环境是指社会环境中由文化诸要素以及与文化要素直接相关的各种社会现象构成的实际状态。它是由生活在一定社会群体(如一个国家或地区)中的人们的文化传统、受教育程度、文化水平、价值取向、宗教信仰、风俗习惯、生活准则、审美观点、城乡结构等因素构成,是由该地区居民长期的生活沉淀所形成的。

4. 技术环境

技术环境不但包括全社会的,而且包括特定行业的科学和技术进步。技术环境主要是指组织所处的社会环境中科技要素及与科技要素直接相关的各种现象的总和,包括新技术、新设备、新材料、新工艺的开发和采用,以及以此为基础形成的组织经营管理方式的改变和国家科技政策的制定等内容。

5. 国际环境

国际环境不但包括本国企业在其他国家所享受的机会,而且包括在外国发生的事件。国际环境为企业提供新的竞争者、客户和供应商,并决定社会、技术和经济走势。

6. 自然环境

自然环境强调的是外在物质要素的条件状况对人类活动的制约和影响。自然环境包括组织所处的地理位置、资源状况、气候条件、动植物习性等因素。

二、外部行业环境

行业环境又称任务环境,行业环境对组织的影响更直接、更频繁,是组织分析外部环境的焦点。分析行业环境最流行的一个框架是迈克尔·波特(Michael Porter)提出的五力模型。按照波特的观点,一家公司赚取利润的能力受到五种竞争作用力的影响:潜在竞争对手的进入威胁、买方的议价能力、供方的议价能力、替代品的威胁、行业内现有公司之间的竞争强度(见图3-2)。这些作用力汇集起来决定着该行业最终的利润潜力,最终利润潜力也会随着这种合力的变化而发生根本性的变化。一家公司的竞争战略目标在于使公司在行业内进行恰当的定位,从而最有效地抗击五种竞争作用力,并影响它们朝着有利于自己的方向变化。

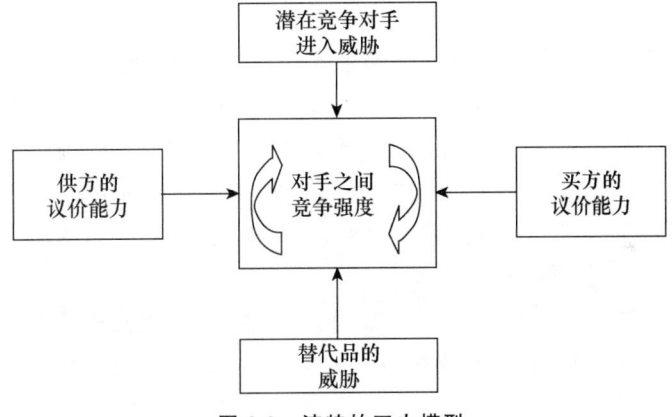

图 3-2 波特的五力模型

波特的五力模型适用于企业,也适用于其他类型的组织。五力模型帮助人们分析行业竞争压力的来源,使人们更清楚地认识组织的优势和劣势,以及组织所处行业发展趋势中的机会和威胁。

第三节 内部环境

除了外部环境,管理者还面临自己组织的内部环境。内部环境包括组织内部的物质环境、文化环境等。内部物质环境是分析内部各种资源的拥有状况和利用资源的能力;内部文化环境则考察组织文化的构成要素及其特点。

一、内部物质环境

任何组织的活动都需要一定的资源。这些资源拥有状况和利用情况影响甚至决定着组织活动的效率和规模。组织活动的内容和特点不同,需要利用的资源类型也不同。但一般来说,任何组织的活动都离不开人力资源、有形资源和无形资源。

1. 人力资源

人力资源是那些体现于组织个体成员身上的、能够为组织提供服务的知识和技能,包括组织成员的智力、经验、教育和社会资本,以及他们的洞察能力、分析判断能力、领导组织能力等。根据不同的标准,我们可以将人力资源划分为不同的类型。例如,企业人力资源根据组织成员所从事的工作性质的不同,分为生产工人、技术工人和管理人员三类。人力资源研究就是分析这些不同类型的人员的数量、素质和使用状况。人力资源状况是影响组织竞争力强弱的重要因素,是提高生产率和经济增长的一种关键来源。雇用正确的人员,精心培养他们,营造让他们充分发挥潜能的组织文化,适时、正确地激励和奖赏他们,企业得到的回报将是卓越的绩效。基于同样的原因,如果员工缺乏知识、技能和能力,缺乏高效工作和把握机会改善绩效的激励,那么这也可能是竞争劣势的一种来源。

2. 有形资源

有形资源是指在传递客户价值的过程中生产、消费的物理因素,包括企业的财力资源和实物资源。实物资源研究,就是要分析在组织活动过程中需运用的物质条件的拥有数量和利用程度。例如,分析企业拥有多少设备和厂房,它们与目前的技术发展水平是否相适应,企业是否应对其进行更新改造,机器设备和厂房的利用状况如何,企业能否采取措施提高其利用率,等等。实物资源主要包括组织的设备、厂房、仪器、工具、仓库、场地、原材料供应等方面的基本条件。

财力资源是一种能够获取和改善组织其他资源的资源,是反映组织活动条件的一项综合因素。财力资源研究,就是要分析组织的资金拥有状况、构成状况、筹措渠道、利用状况,分析组织是否拥有足够的财力资源去组织新业务的拓展、原有活动条件和手段的改造,在资金利用上是否还有潜力可挖等。

3. 无形资源

无形资源是指那些在传递客户价值的过程中,没有发生损耗的、隐性的产品因素。无形资源是根植于企业历史、对企业经营发挥长期作用的资源,包括知识技术资产和商誉。知识技术资产的主要特征是以专有技术(如专利、版权、商标、商业秘密等)形式保护的技术储备、技术运用中的专业知识和方法,以及用于创新的研究设备和科技人员等。无形资源是企业竞争的重要来源之一。

二、内部文化环境

内部文化环境研究是要分析组织文化的特点及其对组织活动的影响。组织文化是组织在长期发展的过程中逐步形成的,并为组织全体成员普遍认可和共同遵守的具有本组织特色的价值观、团体意识、工作作风、行为规范和思维方式的总和。简单地说,组织文化是组织内部员工共享的价值观及假设的基本模式。

组织文化是社会文化的一个有机组成部分,相对于整个社会文化而言,它是一种亚文化,是联系社会整体文化和个体文化的纽带。组织文化的形成和发展,对整个组织的生存与发展都具有指导意义,是组织的无形资产。

组织文化一般由以组织精神文化为内核的四个层次构成,包括物质文化层、行为文化层、制度文化层和精神文化层。

组织文化具有激励、约束、导向和辐射等功能。组织文化之所以重要,是因为组织共享价值观和假设影响着管理者能够做什么以及不能做什么,影响着组织鼓励什么以及不鼓励什么。

三、内部综合环境

内部综合环境包括组织的管理水平、决策水平、经济实力、市场适应能力、市场竞争能力、科技创新能力等方面。内部综合环境分析是在以上单项内部环境分析的基础上,对组织的整体实力进行综合的分析和评价。综合环境的分析可以建立一个系统的评价体系,通过一系列的评价指标对组织进行全面的综合评估。

综上所述,组织外部环境和内部环境之间是相互联系与相互作用的,因此有必要从系统的角度分析组织的整体环境(见图3-3),以便为决策提供更加有用的信息。

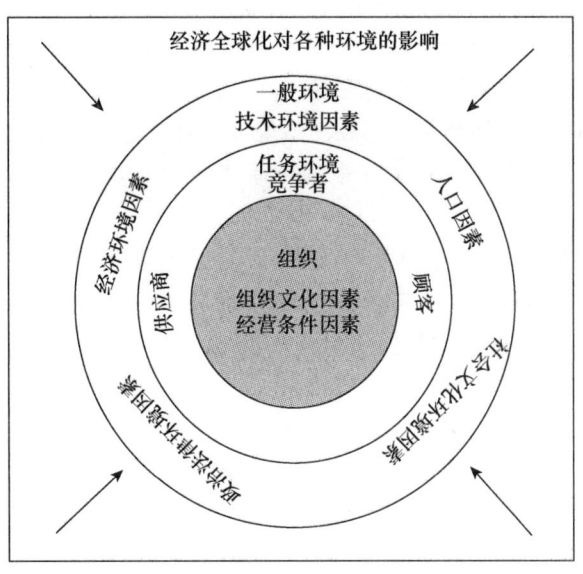

图3-3　管理环境

第四节　全球化及其对组织的影响

一、全球化的内涵

全球化是借助经济、技术、社会文化和政治等力量,将不同国家和文化融合为统一的整体的过程。

全球化的根源可以追溯到第二次世界大战之后。在这场毁灭性的战争之后,许多经济学家共同推动减弱国与国之间贸易壁垒。这一做法的基本原理是,这种保护壁垒会破坏经济价值,并导致许多国家无法发展到其潜能所及的水平。许多组织涌现出来,促进贸易壁垒的减弱,如关贸总协定和更近一些的世界贸易组织。

二、全球化的意义

随着技术的进步和通信网络的发展,人们如今可以即刻与地球另一端的人取得联系。电子邮件、视频会议、社交网络和即时通信将来自不同社会的人们联系在一起。除了允许人们与国外的朋友和家人交流,这一进步还以深刻的方式改变了企业面貌。现在,企业可以采用更加高效的方式与海外子公司沟通并开展业务。总体来说,这些进步使得国家之间的界限和障碍日渐消退。

全球化为企业开拓了新客户市场,从很多方面为企业带来帮助。尽管像麦当劳这样的企业追求在各个地区的一致性,但它仍然将产品本地化,以适应特定的文化因素。通常,全球范围内的竞争,会要求企业采用不同的经营方式。

与此同时,全球化同样迫使企业面对一群新的竞争者。从经济的视角来看,这对消费者是有利的,因为最有效率的企业才能获得成功。但是,这一进程也意味着许多一直以来享受市场保护的企业,如今都暴露在全球竞争之中了。当企业无力在这种环境中竞争时,工作岗位往往会流失并转移至海外。目前,我们必须明白,企业再也不是仅仅与国内的其他企业争夺份额了。

20世纪80年代以来,全球化进程明显加速,主要有两个原因:国际贸易和对外直接投资壁垒降低,通信与运输成本大幅降低。随着贸易壁垒的减弱和全球化水平的提高,如今的管理者需要应对的是商业环境中全新的问题。首先,生产全球化进展顺利;其次,市场全球化也开始出现;最后,技术进步对这些趋势推波助澜。其结果就是,当今的管理者所面对的环境,与上一代管理者所面对的迥然不同。

生产全球化是指利用在生产成本和质量上的国别差异(如劳动、能源、土地和资金),在世界各地获取商品或服务。通过这样做,企业希望降低整体成本结构,改善产品质量或功能,从而更有效地竞争。例如波音777。八家日本供应商分别生产机身、门、机翼的零部件;一家新加坡供应商生产前起落架舱门;三家意大利供应商生产襟翼;等等。总的来说,波音777价值中的大约30%由国外公司生产。网络技术已经允许医院将放射科的一些工作外包给印度,当美国医生睡觉的时候,他们的印度同行却在读MRI扫描图及其他类似资料,分析结果会在美国时间的第二天早上提供给美国医生。与此类似,2003年

12月，IBM公司宣布将大约4 300名软件工程师的工作(软件生产被视为一种服务活动)转移至印度和中国。许多软件公司现在用印度工程师维护在美国设计的软件，由于存在时差，印度工程师可以在美国工程师睡觉的时候调试软件，再通过安全的网络链接将调试后的编码传回，为美国工程师第二天的工作做好准备。

市场全球化是指将历史上截然不同的、彼此分离的国家市场融合为一个巨大的全球市场。国际贸易壁垒的减弱使得在全球各地进行销售更加容易。不同国家消费者的品味和偏好开始趋同，因此更有助于创造一个全球性市场。例如，花旗集团的信用卡、可口可乐的软饮料、索尼的电视游戏、麦当劳的汉堡、星巴克的咖啡，这些消费产品都是常常被引用的体现这种趋势的例子。花旗集团、可口可乐、索尼、麦当劳和星巴克这样的公司，不只是这种趋势的受益者，更对此推波助澜。通过在全球范围内提供相同的基本产品，它们正在协助建立一个全球性市场。在许多全球性市场上，相同公司在各个国家经常是竞争对手。例如，可口可乐和百事可乐之间的竞争是全球性的，福特与丰田之间的竞争也是，还有波音和空客，生产挖掘设备的卡特比勒和小松，以及生产电视游戏的索尼、任天堂和微软。如果一家公司进入竞争对手目前还没有开展业务的某个国家，其竞争对手肯定会跟随进入，阻止这家公司获取优势。当这些公司在全球范围内彼此跟随的时候，往往会携带一些自己在其他市场上取得良好效果的资产——产品、运营战略、营销战略及品牌，这或多或少会让各个市场变得相似。于是，更多的一致性取代了多样性。

国际货币金融组织将经济的全球化定义为：全球各国因商品与服务的跨境交易及国际资金流动，在数量与多样性方面日渐增加，加上科技更快速和广泛的传播，使得国与国之间在经济上日益相互依存。经济全球化有三个层次的含义：一是出现了全球性的经济问题，二是从全球的角度分析问题；三是动员全球的力量解决问题。

三、全球化环境下管理者的关键能力

"创造性领导力中心研究"认为，为了成为有效的全球化管理者，其必须具备四种关键知识与能力，即国际商务知识、文化适应能力、视角转换能力和创新能力。表3-1展示了全球化环境下管理者的关键能力。

表3-1 全球化环境下管理者的关键能力：行为表现

国际商务知识
• 为了新产品和服务的发展，建立创造性的公司文化，平衡独特的、以文化为基础的知识和消息
• 有效地进行跨文化谈判
• 在一个给定的地方，对于如何能够成功地开展业务能够给出精确的选择
• 知道多个国家中大众的行为规则框架
• 识别与管理文化对市场和商业运作的影响
• 理解文化是如何影响人们表达不同意见的方法
• 将文化差异看作组织动力的源泉
• 整合当地和全球信息以制定不同地点的决策
• 即使有飞行时差或者需要通过翻译，其在不同的商业环境中也能够有效地进行谈判

(续表)

文化适应能力
• 以文化中立的方法评价他人的工作
• 在多文化的环境中选择和培养人
• 鼓励相互不了解或者有不同文化背景的人共享知识
• 能够有效地激励跨文化团队
• 调整管理方式以适应不同的文化环境
视角转换能力
• 良好地倾听
• 当试图进行改变时,考虑他人关注的问题
• 能够通过他人的眼光看待环境
• 意识到自己观点的局限性
创新能力
• 形成能够创造新的不同的解决问题的联盟和概念
• 在必要时,能够摆脱经常性的思考和行为方式
• 尝试新方法
• 有创新精神,能够抓住机会
• 开发新的想法
• 提出有说服力的概念或观点

1. 国际商务知识

国际商务知识包含三层含义:一是对管理者所负责的所有国家或地区的一般环境因素的深入了解,如政治、法律、文化、经济、历史等;二是对管理者所负责的业务的任务环境因素的深入理解,如竞争对手、顾客、供应商、销售商等;三是深入理解一般环境和任务环境对市场及商业活动的影响,并能够有效地开展管理活动。为了成为一位有效的全球化管理者,首先必须参加培训,阅读大量书籍,并与相关专业人士和商业人士交流与讨论;其次要实践、实践再实践。

2. 文化适应能力

管理者了解所负责的所有国家或地区文化的价值、特点和行为倾向,这仅仅是一个开始。文化知识是文化适应能力的重要组成部分,但要成为一位有效的全球化管理者,关键是理解这些文化知识并学会如何恰当地改变自己的行为。文化适应能力也是管理者处理压力能力的一种。不同文化会产生管理上的各种压力,这要求管理者能够学习与理解不同或陌生文化的特点和性质,改变自己的行为以适应这些文化的要求。表3-1列出了文化适应能力的一些行为表现,如能够以中立的方法评价他人的工作,调整管理方式以适应不同的文化期望等。

3. 视角转换能力

每个人都有自己的视角。视角是对事物是什么样的或者应该是什么样的一种观点或假设。当管理者试图理解来自另一种文化的人的观点的时候,必须在思想里对那种文化有一个基本框架,然后从该框架确定的视角来审视事物。转换到他人的视角就可以明白他人对事物的看法,理解他们认为事物是什么样的或者应该是什么样的想法。然而,转换视角是一件比较困难的事,因为每个人都具有根深蒂固的价值观和信仰,即每个人的视角是固有的。转换视角的难易程度因人而异。作为一位有效的全球化管理者,转换视角看问题是必需的,全球化管理者必须拥有这种能力。在实践中,转换视角的学习和行动也不是十分复杂,也不难理解。正如彼得·德鲁克(Peter F. Drucker)所说,管理有效性是一种习惯,既可以培养也可以学会。转换视角能力包括:有良好的倾听能力,有了解不同看法的意愿,认识到其他人对事物是或者应该是什么样的看法与己不同,愿意征求其他人的意见,承认自己的视野是有限的。

4. 创新能力

掌握足够的国际商务知识,改变自己的行为以适应不同的文化期望,能够从不同文化价值结构去理解事物,作为一位全球化管理者来说,这些都是为了创造新的有效的管理方式。创造新事物正是一位有效的全球化管理者的本质所在。创新者的技能是一步一步地积累信息、学习倾听和注意观察、引导正确的需求、寻找有用的行为组合等这一长期过程的累积结果。

上述四种关键能力是一个整体。创新是落脚点,但创新必须建立在全球化管理者对国际商务知识的掌握与理解的基础上。在掌握与理解恰当的商务知识的基础上,作为一位成功的全球化管理者,还必须能够转换视角看待问题,调整自己行为以适应不同文化的期望,通过组建跨文化的合作团队、与他人沟通交流、进行良好的倾听等,最终创造出新事物(如产品、服务、规则、程序与管理方法)。

一位管理者如何才能培养全球化管理的关键能力呢?

其一,从经历中学习。你可以讲多少种语言?你在多少个国家生活过?你是否在跨国公司工作过?虽然全球化管理者并不必然要求掌握多种语言,但是研究表明,管理者可以说的语言种类越多,越有可能拥有更多的国际商务知识及更高的文化适应能力和创新能力。也有研究表明,那些在许多国家生活过的管理者更有可能拥有更多的国际商务知识和更高的文化适应能力。要想成为一位有效的全球化管理者,其可能需要花费大量时间学习不同的文化,可能的话,尽量到不同文化的国家或地区旅行、生活或工作。事实上,大多数全球化管理者不太可能掌握多种语言,也不太可能到不同国家或地区生活和工作。在本国或地区,管理者同样可以成为出色的全球化管理者。管理者在跨国公司里工作,管理不同性别、不同种族、不同宗教信仰或不同民族的员工,在管理的同时学习不同的文化知识,学会从他人的视角看待这个世界。

其二,从工作任务中学习。在自己的工作中,管理者通过完成一系列任务,学会了解决问题、处理各项关系的技巧与能力。尤其在负责跨地区、跨文化的工作任务时,管理者能够学习与国家或地区相关的政治、经济、法律、宗教文化等方面的知识,培养文化适应能力和视角转换能力。在这些过程中,为了有效地完成工作任务,管理者往往会产生新的想法。

其三,从关系中学习。管理者可以从他人身上学习,他们可能是上司、同事、下属或朋友。例如,有效性高的上司成为管理者的模板,而有效性低的上司也会促进管理者反思。从一位有效的全球化管理的上司身上,管理者可以学会如何培养人、如何组建团队、如何倾听和协调、如何换位思考、如何与他人一道完成任务等。

❑ 重要概念

古典管理理论	内部文化环境	全球化	种群生态学
合作竞争理论	内部物质环境	商业生态系统理论	组织内部环境
环境	内部综合环境	外部行业环境	组织生态学
开放系统理论	权变理论	外部一般环境	组织外部环境

❑ 本章概要

所谓环境，是指组织存在与发展的周围条件和状况，既包括静态的结构，也包括结构要素之间的动态运行。

组织环境又称管理环境，是指所有潜在影响组织运行和组织绩效的因素或力量的总和。

组织环境分为组织内部环境和组织外部环境。组织内部环境是指管理具体的工作环境。组织外部环境是指组织之外客观存在的各种对组织产生影响的因素总和。

环境研究的目的就是通过分析组织活动的内外影响因素，揭示组织所处环境条件变化的规律，预测其未来变化，提高组织内部环境与外部环境的协同效应，为组织决策与调整提供依据。

环境研究的一般程序包括确定课题、提出假设、收集资料、资料处理和环境预测。

组织外部环境包括外部一般环境和外部行业环境。组织内部环境包括内部物质环境内部文化环境。

全球化是借助经济、技术、社会文化和政治等力量，将不同国家和文化融合为统一的整体的过程。

❑ 思考题

1. 谈谈组织与环境的关系。
2. 组织与环境关系的主要理论有哪些？
3. 简述环境研究的作用。
4. 如何分析组织外部一般环境？
5. 如何分析组织外部行业环境？
6. 什么是组织内部环境？如何分析组织内部环境？
7. 简述波特五力分析模型的主要内容。
8. 如何理解全球化的内涵及意义？
9. 全球化环境下管理者的关键能力有哪些？
10. 管理者如何才能培养全球化管理的关键能力？

实训题

选择你熟悉的一家公司进行调研,完成以下任务:
1. 分析该公司所面临的外部一般环境。
2. 介绍该公司的外部行业环境。
3. 谈谈该公司的内部环境。
4. 全球化对该公司是否有影响?管理者应采取何种策略?

案例分析

健力宝奇迹的陨落与辉煌[①]

一、奇迹的诞生

奇迹的主角。健力宝原董事长李经纬,1939年生于广东佛山市三水区,父亲死于战乱,因母亲无力抚养,在广州东山区孤儿院长大。少时贫寒,擦过皮鞋、做过印刷工人,没进过学堂。70年代被提拔为县体委副主任。1973年,受人排挤调到三水酒厂当厂长。经过苦心经营,几口米酒缸的作坊工厂竟开发出一条啤酒生产线,生产的"强力"啤酒在当地逐步得到认可。

故事的开端。1983年,李经纬去广州出差,第一次喝到可口可乐。据说这个第一次使他萌生生产碳酸饮料的念头。当时,可口可乐和百事可乐已经完成一线城市的初步布局,国内有北冰洋、高橙、天府可乐、少林可乐、西湖可乐等大大小小2 000余家饮料厂。李经纬的表弟在广东省乒乓球队担任主教练,在一次喝酒聚会中,表弟提到广东体院研究所的研究员欧阳孝研发出一种运动型饮料,"能让运动员迅速恢复体力,普通人也能喝"。实际上,这是一种含碱电解质的饮料。李经纬邀请欧阳孝与三水酒厂的技术人员联合组成攻关小组,试生产这种饮料。据说刚开始很难喝,李经纬的第一口全部吐了出来。经过120次试验,这种橙红色的橙蜜口味饮料终于成功下线。

龙门一跃。产品刚刚出来,如何销售呢?李经纬将宝押在了一周后在广州召开的亚足联会议。在这之前,他做了三件事:一是给产品取名"健力宝",意思是"健康、活力";二是进行商标设计,请县里广告公司设计出商标,让自己喜爱书法的哥哥写下了"健力宝"三个字;三是采用易拉罐生产样品。易拉罐是当时高档饮料的代名词,国内尚没有易拉罐生产企业,最后通过关系让深圳百事可乐公司代产了200箱健力宝。夺人眼目的健力宝终于如期出现在亚足联会议上,让中国足球官员大吃一惊。1984年6月,健力宝成为中国奥运代表团的首选饮料。

一飞冲天。1984年,许海峰在射击上实现了中国奥运金牌"零的突破",时届中国奥运代表团获得15块金牌,金牌总数列第四。全民热情和民主自豪感一下被激发出来。

---

① 摘自《齐鲁证券——健力宝奇迹的陨落与辉煌》。

《羊城晚报》一篇"'中国魔水'风靡洛杉矶"的报道使得健力宝一夜成名。1984年,健力宝销售额达到345万元,第二年为1650万元,第三年为1.3亿元。此后15年,它一直是"民族饮料第一品牌"。在最紧俏时,一车皮健力宝批条被炒到2万元。

非凡的营销。在一飞冲天之后,李经纬抓住市场机会,做出了一系列在当时甚至在当今都令人惊叹的营销策略。1987年,以250万元买下广州第六届全国运动会饮料专用权;推出第一条电视广告——"新年身体好,请喝健力宝";1989年,1000多万元赞助北京亚运会;1990年,赞助一系列以"健力宝"命名的赛事,如全国围棋名手邀请赛、全国跳水锦标赛等;冠名体育运动队,如广东省乒乓球队、广东省田径队、广西体操队等;推出新版电视广告"要想身体好,请喝健力宝",突出保健作用;1991年,推出有奖酬宾,1991年的奖品价值为100万元,1992年为200万元,1993年为300万元,1994年为800万元;1993年,策划时任美国第一夫人希拉里畅饮健力宝的照片;赞助中国健力宝少年队远赴巴西留学;成为第一个进入联合国的中国饮料品牌;1994年,经国际小行星命名委员会批准,中国科学院紫金山天文台将其发现的、国际编号为3509号小行星命名为"三水健力宝星",这是全球第一颗以企业名称命名的星星。

二、奇迹的衰落

1997年,健力宝达到辉煌的顶峰,年销售额突破55亿元。虽然其后国内软饮料市场以年均20%的增速在狂飙突进,但健力宝这个昔年老大却走上了漫漫"熊"途。三年后,健力宝的销售额降到31亿元,比1997年下降43%。究其原因:改制困局、管理混乱、盲目多元化。

改制困局。1997年,广州健力宝大厦落成。作为地方最大的财政收入来源,健力宝大厦的建设并没有得到三水市政府的批准,政府怀疑健力宝有迁出的想法。1997年,H股上市、管理层购买股份被三水市政府否决。1998年,政府收紧健力宝的资金管理权。1999年,三水市政府换届,一批与李经纬熟悉的老官员退休,而管理团队提出4.5亿元管理层收购方案被三水市政府否决。2002年,三水市政府向浙江国投转让健力宝75%的股权,作价3.38亿元。

健力宝进入张海时代。2004年,北京汇中天恒受让张海、祝维沙和叶红汉股权,间接持有健力宝91.1%股权。政府查封公司账户,成立健力宝贸易公司。2005年10月,统一集团收购健力宝贸易公司,获得"健力宝"品牌。2002年李经纬的人大代表职务被免。2011年,广东省佛山市法院判定李经纬贪污,判有期徒刑15年并没收个人财产15万元。

管理混乱。健力宝由李经纬一手创立,长期以来李经纬集董事长与总经理于一身,其敏锐的头脑和良好的市场感觉给这个企业的发展初期带来了巨大的好处。成也萧何、败也萧何。公司一直没有完成现代化的组织机构建设,主要高管是跟随李经纬创业的元老,后续团队培养缺失。后期健力宝的营销、市场推广落后都与此有关。同时,当地政府为完成就业率要求,要求健力宝员工必须三水人占到45%。政府安插人事,裙带关系盛行。2002—2005年,股权不断变更,管理缺位,企业内部完全失控。

盲目多元化。20世纪80年代奇迹般的崛起带来了信心的急剧膨胀。李经纬开始了一系列的多元化投资,涉及地产、医药、快餐、体育服装、汽车维修、酒店、证券、旅游、媒体等。举债10亿元在广州建设39层的健力宝大厦。因缺少资金,健力宝被可口可乐和百事可乐在品牌上、渠道上战略绞杀,后继营销推广乏力。张海入主后,在2002年至2004年年初又进行了一系列收购——宝丰酒业、华意电器、双环科技,投资三个足球俱乐部及江西景德镇健康产业园等。2004年,健力宝集团出现资金危机,拖欠供应商货款,造成工厂停产、经销商逼宫的局面。2004年,健力宝号称总资产47亿元,负债近30亿元,其中短期债务15亿元,资产水分很大,实际资产负债率超过70%。当行业环境发生剧变时,这些原因直接导致公司销售后继乏力、产品创新不足。1996年之前,可口可乐等跨国公司刚刚完成中心城市的布局,大城市之外只有健力宝等极少数全国性品牌和多如牛毛的地方小企业。但1996年之后,中国饮料行业豪杰辈出、群雄逐鹿。例如,娃哈哈、乐百氏、养生堂大举进入纯净水市场,康师傅推出茶饮料,统一集团推出低浓度果汁饮料。虽然健力宝也推出"天浪"牌纯净水、"超得能"功能饮料,但资金投入不足、产品无声无息。过去,由于产品畅销,健力宝一直是"坐商",采用传统多级经销商代理制,分销渠道过长,对终端产品促销、广告宣传和产品摆放缺乏应有的指导与控制。在市场已经发生变化的时候,它已不能适应这个市场。而就在这一时期,百事可乐、可口可乐从一级城市向发达地区乡镇扩展。1999年年末,在百事可乐针对东莞某镇的春季销售计划中,不仅统计了该镇的人口、面积、人均收入,还详细统计了该镇各个角落的零售小店、超市、餐饮店、学校的数据,以及百事可乐和可口可乐市场铺货率、价格、销售量及设备投入的对比数据。

讨论题

1. 当时的社会经济环境对健力宝公司的兴衰起了什么作用?

2. 如果社会经济环境对企业没有太大的影响,为什么当时确有很多民营企业陷入困局乃至破产?

3. 如果是不利的社会经济环境对健力宝公司的衰亡起决定性作用,那么为什么还有很多民营企业(如万向集团、希望集团)走出困境并发展壮大?

第四章 管理伦理与企业社会责任

【内容提要】

首先,本章介绍了管理伦理的内涵、影响管理伦理的核心要素、非伦理行为的根源和兴起、管理伦理问题的分析原则和管理伦理的特征;其次,分析了企业管理伦理问题;最后,介绍了企业社会责任的演变、企业社会责任的内涵、SA 8000 和企业利益相关者及其管理。

【学习目标】

1. 定义管理伦理,说明影响管理伦理的核心要素。
2. 说明非伦理行为的根源。
3. 阐述管理伦理问题的分析原则。
4. 解释企业管理伦理的基本规范。
5. 定义企业社会责任,阐述两种不同的社会责任观。

引例

安 达 信

安达信在2002年倒闭前,是与普华永道、毕马威、安永、德勤比肩的全球五大会计师事务所之一。安达信自1985年就开始为安然公司做审计,整整16年。除了单纯的审计,安达信还提供内部审计和咨询服务。20世纪90年代中期,安达信与安然公司签署了一项补充协议,包揽了安然公司的外部审计工作。不仅如此,安然公司的咨询业务也全部由安达信负责。2001年,安然公司将5 200万美元报酬的一半以上(2 700万美元)用来支付咨询服务。

安然公司从1997—2001年虚构利润5.86亿美元,并隐瞒了数亿美元的债务。美国监管部门的调查发现,在安然公司的雇员中,居然有100多位来自安达信,包括首席会计师和财务总监等高级职员;而在董事会中,一半的董事与安达信有着直接或间接的联系。

2001年10月,安然公司财务丑闻曝光,美国证券交易委员会(SEC)宣布对安然公司进行调查。可就在同时,安达信的休斯敦事务所从10月23日开始的两个星期中销毁了数千页安然公司的文件。而该事务所在 10 月 17 日就已得知美国证券交易委员会正在对安然公司的财务状况进行调查,直到 11 月 8 日收到证券交易委员会的传票后才停止销毁文件。2001 年 12 月,安然公司宣布破产。2002 年 1 月,安达信承认销毁文件,其芝加哥总部认为这是休斯敦事务所所为。2002 年年初,安达信将负责安然公司审计的资深合伙人大卫·邓肯除名。而大卫·邓肯则申辩:这是总部的授意。在初步调查的基础上,美国司法部于 3 月 14 日对安达信提起刑事诉讼,罪名是妨碍司法公正,理由是安达信在安然公司丑闻事发后毁毁了相关文件和电脑记录,从而开创了美国历史上第一起大型会计师事务所受到刑事调查的案例。

安达信环球与安然股东和雇员达成协议,同意支付 6 000 万美元以解决由安然公司破产案引发的法律诉讼。但安达信美国所就没有那么幸运了,作为安然的外部审计师,它仍然是这起集体诉讼的被告之一。注册在瑞士的安达信环球是安达信全球范围内所有业务的"母"公司,而行政总部设在芝加哥的安达信美国所通过一系列复杂的法律协议安排,与世界各地的安达信成员所建立了复杂的"合伙"关系。通过这种精密的安排,安达信美国所与世界各地的成员所共享资源、分配利润、承担风险。安达信美国所的赔偿责任主要落在美国成员所和美国合伙人的身上,其他地区的业务虽有波及,但相比之下损失应该非常小。为了规避株连,安达信的海外公司纷纷自寻出路,脱离安达信的全球网络。2002 年 3 月 21 日,中国香港安达信和中国内地安达信宣布加盟普华永道,安达信被拆掉第一块砖;紧接着俄罗斯安达信宣布并入安永;新西兰安达信也宣布并入安永;加拿大安达信宣布与普华永道进行合并谈判;西班牙安达信也宣布脱离全球体系;新加坡安达信、菲律宾安达信、中国台湾安达信的业务并入安永;日本安达信和泰国安达信等并入毕马威。这种状况可谓从大树底下好乘凉变成树倒猢狲散,从同一战壕的盟友变成墙倒众人推。只可惜,百年老店毁于一旦。

第一节 管理伦理概述

一、管理伦理的兴起

管理与伦理的结合源自 20 世纪人们对企业管理活动中道德问题及其对社会影响的关注。20 世纪初管理科学的建立、发展及广泛应用,使人类社会获得了快速的发展。考察管理科学的发展历程,管理理论和管理实践越来越呈现伦理化趋势。

20 世纪 50—60 年代,欧美诸国经济迅速发展,取得巨大成就的同时,也带来了许多社会问题,如环境污染、商业诈骗、侵犯消费者权益、员工歧视等。企业的这种单纯追求利润最大化而损害社会利益的经营管理行为,引起了社会公众的强烈不满,促使欧美学术界开始提出企业社会责任问题。

20 世纪 70—80 年代,企业的不道德行为暴露得更加突出,各种社会矛盾越发激化,而接连不断的经济丑闻(如贿赂、胁迫、诈骗、偷窃、不公平、歧视等),则成为人们思考企业组织的信任危机和伦理危机的直接原因,政府也开始出面健全法律法规、加强管理。1962 年,英国政府公布了一个报告——"对企业伦理及相应行动的声明"(A Statement

on Business Ethics and a Call for Action),表达了企业中的管理伦理问题受到各方的广泛关注。1974年11月,在美国堪萨斯大学召开了第一届企业伦理学讨论会,以此为标志,管理伦理学作为一门学科正式确立。

20世纪80年代,企业伦理学从美国逐渐扩展到世界各地,受到许多发达国家的高度重视,学术界兴起了一股研究企业伦理的热潮。欧洲建立了欧洲企业伦理学网络,其宗旨是在所有的经济管理层次上为改进整个决策过程的伦理质量做出贡献,并于1987年召开首次会议,1989年成立国际企业和经济与伦理协会。1990年,经济伦理学作为一个学科领域已完全确立。该时期的状况为:企业伦理学引起了欧美各国经济学家、管理学家、伦理学家的广泛兴趣;许多大学建立了企业伦理学研究机构,开设了企业伦理学课程;相关的理论研究深入到企业伦理学的理论基础、公司的道德地位、伦理道德与企业经营管理活动等问题,有的学者还设计了企业管理决策的伦理分析模式;企业伦理规范在美、英、加、澳等国的企业中得到广泛应用,企业的伦理建设战略得以广泛开展。

进入20世纪90年代,企业伦理学继续向纵深方向迅速发展。1993年,美国已有90%以上大学的管理学院开设了企业伦理学课程。被誉为"企业家摇篮"的哈佛大学商学院,也开始突出企业伦理方面的教育,所有就读哈佛大学MBA的学生,入学后的第一门课程就是学习"管理决策与伦理价值"这门课程。日本很多大学的经营学部(相当于我国大学的企业管理系),都开设了"经营伦理"课程。截至1995年3月,国外企业伦理学研究和交流机构已达3 000多个,企业伦理学方面的刊物14种,企业伦理学方面的教材、著作1 000多部。

改革开放以来,我国的社会经济获得了迅速发展,取得了令世人瞩目的成绩,但也存在很多问题,发生了许多与企业有关的经济丑闻,如苏丹红事件、三鹿婴幼儿奶粉事件等。诸如此类的事件损害了消费者的合法权,在国内外产生了极其恶劣的影响,也使相关企业和国家蒙受了巨大的经济损失。企业经济丑闻的发生,虽然有法律、制度、政策、执法等方面的原因,但就企业本身来说,主要是忽视了管理理论和道德的因素,在利益与责任、眼前利益与长远利益的选择上失去了平衡。这些事件使人们对企业管理伦理日益关注,也迫使人们重新思考组织伦理基础。

二、管理伦理的内涵

1. 伦理

伦理是一个关于正确与错误的概念。它告诉我们,我们的行为是道德的还是不道德的,以及我们的行为是否最基本的人类关系——我们对他人如何想、如何做,以及我们希望他人对我们如何想、如何做。

Velasquez and Rostankowski(1985)认为,"受自由意志支配,给他人带来幸福或伤害的行为是伦理行为"。伦理原则是伦理行为的指南。例如,在大多数社会中,说谎、盗窃、欺骗及伤害他人被认为是不合伦理和不道德的。作为规范,道德与伦理两个概念是相同的。诚实、守信、帮助他人以及尊重他人的权利被认为是合乎伦理和道德的行为。这些关于行为的基本准则,对于世界各地的组织化生活的维持和延续是至关重要的。所有社会、组织和个人都会有伦理观念,尽管各种伦理观念往往表现得大相径庭。一个人的伦理观念也许与其他人的不一样,一个人的道德信仰观念也许与其他人的不一致,或者在一个社会中被认为是道德的行为而在另一个社会中也许是被禁止的。这些现象说明了伦理的相对主义问题。也就是说,伦理是应该由不同的历史时期、不同的社会传统、特定时期独特的环境及个人观念所规定的。由此看来,伦理的含义与时间、地点、环境及个人相关。不存在全球人类能够普遍遵从的通用的伦理标准,全世界存在各种不同的伦理标准。全世界的人们都是基于伦理标准判断其行为是正确的还是错误的,是道德的还是不道德的,是被认可的还是不被认可的。因此,伦理是人类社会的一个普遍特性。

2. 企业伦理

企业伦理是企业在处理内外关系时应遵循的行为规范和准则,集中反映了企业的经营宗旨、价值准则和管理信条。

企业伦理是一个内容丰富、层次多样的价值规范体系,其内容包括互利互惠的原则、维护经营法规权威和遵守经营法规,以及诚实守信、公平交易、社会责任等企业道德规范,其层次体系为经营法规的伦理底线和企业道德的伦理高线。

3. 管理伦理

管理伦理是从企业管理关系中产生的企业伦理类型,是普遍的伦理观念在经营行为中的应用,主要用来协调和处理企业与内部员工的管理关系。

管理伦理的内涵可以从以下三个方面予以理解:(1) 管理伦理中的"管理"并非全部管理环节或具体管理决策,只是宏观意义上的管理情境;(2) 管理伦理所要探讨的"管理"绝不是技术层面的科学对象,主要是指包括广泛的社会、文化现象在内的社会存在形态以及渗透当事人价值的行为方式;(3) 管理伦理并不是与普遍的伦理观念不同的一套特定的伦理观念,也不是仅适用于经营的伦理观念,它注重的是如何解决实际管理活动中的道德问题,回答管理者以及相关人群在管理过程中的道德疑惑,减少他们在道德上的冲突,使得他们的选择或决策能够保持与社会通行价值观在终极意义上的一致。例如,如果不诚实被认为是不合伦理和不道德的,那么经营者如果对利益相关者(员工、顾客和股东等)不诚实,就是不合伦理和不道德的。

企业和其他组织都是道德主体,都是有意识地从事各种管理活动,组织行为的科学性并不是盲目的和被动的,而是组织根据外部环境状况而有意识地选择的结果。一个企业决定以什么方式生产和销售产品,既受到社会需求的影响,也包含企业对社会的认知及其创造性地满足社会需要的过程;同时,企业和其他组织都要对其行为承担社会责任。如果它们不能符合社会的要求,社会道德约束就会起作用,社会舆论的谴责将导致组织形象受损、各种社会联系减少和组织资源枯竭。如果管理者无视管理与伦理的关系,就有可能看不到道德规范的制约性,将难以自觉地对待管理活动的道德问题。

管理伦理是社会责任的一个方面,它在社会责任的环境里专注于对社会的正面影响和最小化其负面影响的问题,管理伦理和社会责任由此而紧密地联系在一起。

三、影响管理伦理的核心要素

詹姆斯 E. 波斯特(James E. Post)等人认为,企业能否提高伦理的关键在于以下核心要素:管理者的目标和价值观、美德伦理,企业管理者及其他雇员的个人特质和精神追求,企业传统、态度及根植于企业文化的经验行为。如果这些要素能够很好地结合,那么良好的伦理行为不但是可能的而且是常态的。

1. 管理者的目标和价值观

管理者是决定企业行为道德与不道德的关键要素。作为主要的决策者,管理者可以比他人有更多的机会为企业确定伦理基调。管理者尤其是高层管理者所持有的价值观,会为企业的其他人员树立榜样。

2. 美德伦理

一些人认为,古希腊哲学家,特别是亚里士多德,首先发展了伦理原则;而这些伦理原则是建立在价值观和个人特质上的。

一般而言,美德伦理是指在特定的情形下的道德行为,不仅被传统道德或道德规则(当前的社会定义)证明是正当的和合乎要求的,还是具有"良好"道德品质的成年人认为合适的行为。美德伦理是一种习惯,它使得人们生活在理性当中,而正是这种理性帮助人们摆脱偏激和极端。美德伦理的价值观将指引人们从事良好的行为。

3. 个人特质和精神追求

克拉伦斯·沃尔顿(Clarence Walton)认为,个人特质是高水准的商业伦理标准的关键一环。"诚信的人组成诚信的组织"。一项由麦金西(Mckinsey)针对澳大利亚的公司进行的研究表明,如果公司对雇员进行精神方面的指导,公司生产力将提高而人事变动将减少。如果组织中雇员的精神追求得到满足,他们对工作的恐惧感就会减轻,不至于轻易地改变其价值观而从事不符合伦理的行为,对工作也更加投入。

正是由于个人的价值观和特质对雇员工作中的决策与行为具有极其重要的影响,在各种价值观谱系中,个人的精神追求和宗教价值观对公司如何运作及公司收入如何使用产生着重要的影响。

4. 管理者的道德发展

综合起来考虑,个人价值观、个人特质及精神追求对如何对待伦理工作问题发挥着强有力的影响。由于每个人有着不同的个人经历、价值观、特质,同时精神追求也不尽相同,因此他们对伦理问题的考虑角度也不一样。公司的管理者和其他人也是如此。换言之,同一家公司的管理者很可能处于不同的道德发展阶段。一些人可能道德层次高一些,另一些人可能低一些。

表4-1列示了人们推进和发展道德的方式。从童年时期至壮年时期,大多数人的道德思维能力在第1阶段稳步提高。随着时间的推移,更高级的道德思维能力不断发展。

科尔伯格关于道德发展的6个阶段为观察一个人的道德成熟水平,尤其是当他或她面临不同的组织交易时的道德水平提供了指南。人们并不知道伦理交易和培训是否有助于培训后道德水平的发展,或者在多大程度上促进了道德水平的发展。在科尔伯格跟踪研究了二十多年的样本中,大多数人成年后的道德水平达到了第4—5阶段的水平,只有少数人达到了第6阶段水平。科尔伯格关于道德水平的6阶段分析框架至今仍被全球伦理学课堂和培训中心广泛采用。

表 4-1 道德发展和伦理分析的不同阶段

	年龄段	发展阶段和主要的伦理对象	伦理分析的基础
道德发展方向	成年时期	第6阶段 普遍的原则:公正、公平、普遍的人权	规则为中心的思维
	成年时期	第5阶段 高于或超越具体社会习惯的道德信仰:人权、社会契约、宽泛的组织原则	规则为中心的思维
	成年时期	第4阶段 社会整体:习惯、传统、法律	社会和法律为中心的思维
	成年时期 青年时期	第3阶段 社会群体:朋友、学校、同事、家庭	群体为中心的思维
	青少年时期	第2阶段 寻求回报:个人利益、自我需要、互惠	自我为中心的思维
	童年时期	第1阶段 躲避惩罚:躲避惩罚、服从权威	自我为中心的思维

5. 企业文化和伦理氛围

组织的道德文化可以促使组织内外坦诚相待、人与人之间的相互信任,可以有助于组织内部与组织之间相互帮助及其他有益行为的发生;相反,组织的不道德文化则更多地引发人们以自我为中心,造成人与人之间的相互猜疑、尔虞我诈、勾心斗角,即使再完备的制度也无法有效地实现组织内外部的协调。

员工对组织中什么是可接受的、什么是不可接受的行为这种无声的理解就是所谓的伦理氛围,它是企业文化的一部分,为企业设定了伦理基调。例如,如果一位管理者怀着仁爱之心处理伦理问题,他就会重视与员工保持友好的关系,强调团队精神和合作以促进企业盈利,提倡具有社会责任感的行动方针。然而,如果管理者以自我主义考虑伦理问题,他就会趋向于优先考虑个人利益、企业获利及不惜一切代价增进组织效率。

企业文化和伦理氛围会给人们以巨大的压力,从而引导人们走向企业所期望的特定方向。

四、非伦理行为的根源

为什么有些管理者的行为有违伦理?是什么促使他们侵犯公认的对错判断准则、践踏利益相关者的权益及违反法律?可以简单归纳如图 4-1 所示。

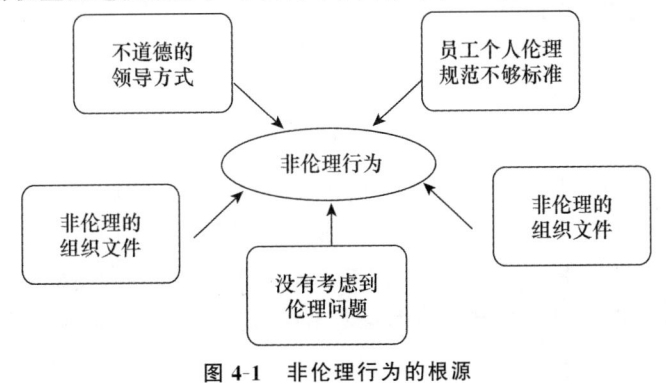

图 4-1 非伦理行为的根源

五、管理伦理问题的分析原则

工作中发生伦理问题时,企业管理者和员工需要一系列的道德原则来做出判断,还要依据这些原则调停组织内外的道德冲突。这些道德原则应该能够帮助他们认清和分析伦理问题的本质,判断什么样的行为会产生一个伦理结果。

1. 功利主义原则

功利主义观认为,所谓"善"便是"最大多数人的最大幸福"。"善"也可以被描述为"效用"。效用是道德的基础,是正当与错误的最终判据。它主要是从行为引起的后果判断行为的道德性,通常也称成本—收益分析。其出发点是追求伦理效用的最大化,即管理者应当使管理活动对最大多数的人带来最大限度的善和最小限度的恶。

功利主义原则不是利己主义,而是要考虑大众的利益。企业应考虑如何才能对最大多数的利益相关者带来幸福和快乐,最大限度地降低他们的痛苦。这种观点认为,决策应该完全依据其后果或结果做出。如果一个决策的效用比任何别的选择都大,那么它便是伦理的。这一特点使它在应用中显得方便、简捷。功利主义的不足在于难以对成本和收益进行精确地计量,且少数人的权利可能被多数人忽视。

2. 权利原则

道德权利是指作为社会人和组织人,其应有的权利。权利原则是指从个体和群体的观点表达道德。人权是做出伦理判断的一个基础,主张决策要在尊重和保护个人基本权利的前提下做出,权利不能简单地为功利所貌视。最基本的人权有生命权、安全权、言论自由权、知情权、财产权等。否认这些权利,或者对他人和其他群体的权利没有提供保护,往往被认为是不符合伦理的行为。决策时不能因其他人的快乐而剥夺一个人应有的道德权利和法律权利。这种以权利为伦理分析基础最主要的局限在于,其难以平衡各种相互冲突的权利。

3. 公平原则

公平原则要求管理者应公平地对待每个人,并公平地实施规则。公平原则的实施:一是要求管理者应在最广泛的基本自由方面,保证每个人拥有平等的权利;二是要求管理者不仅要考虑分配和奖惩的公平与公正,还要考虑组织内部的公平,以及组织间交易的公平、组织制度能否保证公正性和利益受损人员补偿的公平性。

公平公正论强调了保障社会最底层弱势群体的基本利益,要求企业决策不能继续恶化弱势群体的生存状态,是对道义论其他原则的有益补充,给具有社会影响力的企业决策提供了一个基本的制定依据。

4. 关怀原则

道德的建立是为了人,而不是人为了道德而生存。关怀原则要求管理者应当培育和维护企业内外具体的社会关系,尤其是给予那些易受到伤害的人特殊的关爱,关心他们的需要、福利及精神需求。强调企业应把关爱当成一种目标,而非获取利润的手段。企业利益相关者关系的本质就是合作的关爱关系,因此在实践中,企业应做到尊重人、关心人和发展人。

5. 美德伦理

所谓美德伦理是体现在行为习惯中的、构成道德高尚人士的特征的一种品质。美德伦理要求企业能够在经营活动中不断地培养和塑造美德,在管理活动中实践和发展美德。对于企业来说,公平、正直、诚实、仁爱、守信、重义、持节、守志是基本的美德。

六、管理伦理的特征

合乎伦理的管理一般具有以下几个特征:

(1) 不仅把遵守伦理规范视作组织获取利益的一种手段,更把其视作组织的一项责任;

(2) 不仅从组织自身角度,更应从社会整体角度对待问题;

(3) 尊重并正确处理企业与所有者以外利益相关者的利益;

(4) 不应把人看作手段,而应把人看作目的;

(5) 应遵守法律的精神、不超越法律的要求,能让组织取得卓越的成就;

(6) 注重自律和他律的结合;

(7) 以组织的价值观为行为导向,超越自身利益的价值观;

(8) 追求卓越。

第二节 企业管理伦理问题分析

一、企业发生伦理问题的原因

企业经营中的伦理问题会以不同的方式出现。尽管不是普遍的或者共同的,但它们确实经常地发生,找出导致伦理问题发生的原因是寻求使伦理问题最小化对经营运作和相关人员的影响的关键一步。表4-2总结了企业经营伦理问题发生的一些主要原因。

表4-2 企业经营伦理问题发生的原因

原因	伦理问题的性质	典型的方法	态度
个人获利和个人利益	个人利益与别人利益的先后	利己的心理	我需要
盈利的竞争压力	本公司利益与其他公司利益的先后	让步底线的心理	不管付出什么代价都必须打败敌人
经营目的与个人价值观	上司利益与下属利益的先后	权威的心理	照我说的做或者走人
多文化交叉的矛盾	公司利益与不同文化传统和价值观	种族的心理	外人对是非的判断很可笑

个人利益的驱动往往导致伦理问题的产生。企业员工来自五湖四海,有些员工总是将自己的利益置于他人之上,毫不顾及其他员工、公司和社会的利益,这些人被称为伦理利己主义者,他们往往忽视他人认可的伦理原则。

当面临残酷的竞争压力时,企业往往因利益驱动而从事一些不合伦理的行为以保护自己的利益,这样就有可能导致企业经营与伦理原则背道而驰。

当企业追求的目标和使用的方法被员工认为会伤害本人、客户、企业及一般公众时,就会发生伦理冲突。

随着经济的全球化,当企业进入文化和伦理传统各异的海外市场开展经营业务时,一些有争议的伦理问题也会随之产生。当今,不管总部设在哪个国家,跨国公司的政策制定者和战略规划者总会面临这样一些伦理困境。

二、企业管理伦理的基本规范

企业是市场经济的主体,是一个国家国民经济的"细胞"。企业在生产销售产品和提供服务的过程中,与员工和其他企业组织、消费者、政府等利益相关者之间形成了一定的伦理关系。既定的伦理关系必然产生一定的伦理要求。企业严格地按照伦理关系提出的客观要求行动,由此形成企业的道德责任。企业的道德责任对化解企业内外部关系的冲突、营造和谐的内外部环境、推动企业自身的发展和社会的健康文明具有特别重要的意义。

1. 企业内部管理者与员工、员工与员工之间的道德责任

(1) 在管理者与员工之间的关系方面,管理者应坚持以员工为本的价值理念,具体应做到:不歧视员工,公平、公正地对待每位员工,尊重员工的个性和尊严,关心员工的生活;尊重员工的个人信仰和自由,承认员工在能力上的差异,在分配机制上不搞平均主义,实行按劳分配机制;定期或不定期地培训员工,提高员工的业务素质和工作能力;为员工营造一个良好的工作环境,尽可能地满足员工的物质和精神文化需求。

(2) 在员工与管理者的关系方面,员工应做到:遵守企业的各项规章制度,热爱企业,关心企业的发展;服从领导,听从组织的分配;信守合同,积极工作,努力为企业创造价值;树立团队意识和集体主义精神。

(3) 在员工与员工的关系方面,员工应做到:相互尊重、和谐相处、相互学习、亲如一家、共同发展;严禁损人利己,不择手段;正确处理好竞争与合作的关系,做到公平竞争、取长补短,充分发挥各自的聪明才智,合作共赢、实现个人与企业的共同发展。

2. 企业与消费者伦理关系中的道德责任

(1) 企业向消费者提供高质量的产品和良好的服务是企业对消费者的首要道德责任。企业为消费者提供质优价廉、安全、舒适和耐用的产品,提供正确的产品信息,满足消费者的物质和精神需求,这是企业的天职;企业向消费者提供良好的售后服务是企业的立足之本。

(2) 诚信、平等和尊重是企业向消费者提供产品与服务、对消费者负责的基本价值理念。企业与消费者之间最基本的关系就是诚信,企业背离诚信就会发生欺诈行为,就谈不上对消费者负责和尊重。所以,企业应诚信经营,平等地对待消费者和尊重消费者。

3. 企业与其他企业伦理关系中的道德责任

在处理与其他企业的关系时,企业应遵守公平竞争、平等交易的原则。企业竞争是参与各方之间相互依存、相互制约、相互作用的过程,这一过程既体现着竞争,又更多地

体现着合作,所以企业竞争性质是利己与利他的结合。只有在竞争中遵守市场规范和公平竞争的游戏规则、讲求商业信用,企业才能保持利己和利他的平衡,实现共赢。

4. 企业与政府伦理关系中的道德责任

在处理与政府的关系时,企业应坚持把企业利益与国家利益统一起来,服从和服务于国家利益。为此,企业应做到:

(1) 合法经营、照章纳税。这既是企业的法律责任也是企业的道德责任和义务,一切见利忘义、投机钻营、偷税漏税等行为都是为道德所禁止的。

(2) 积极参与公益事业。企业是社会的一个重要组成部分,应积极参与社会的公益事业、福利事业和慈善事业,树立企业公民的良好形象。

5. 企业与社区伦理关系中的道德责任

企业与社区是一种相互依存的关系,两者应相互支持、互助合作、共同发展。企业应积极为社区提供就业机会,尤其是帮助残疾人就业,为社会排忧解难;同时,企业还应积极参与社区的公益活动、慈善事业,救助无家可归人员,帮助失学儿童重返校园,支持老少边穷地区发展经济,资助社区的文化、教育和体育事业等。

6. 企业与环境伦理关系中的道德责任

任何企业都存在于一定的自然环境中。企业在创造财富的同时可能会污染环境,进而损害社会和子孙后代的利益。所以,企业应自觉地保护环境,以"绿色产品"为研发的主要对象,积极治理污染,在发展中维持生态平衡,注重企业经济效益、社会效益和生态效益的统一,实现人与自然的和谐,最终实现企业的可持续发展。

三、企业伦理行为的改善途径

实践证明,任何期望使伦理在经营中发挥作用的企业都可以提高其伦理业绩。这要求企业在日常工作中有效地改善组织的道德氛围,在组织内营造公正、平等、合作、友好、尊重、参与的人际伦理氛围,制定企业伦理守则和行为准则,确定企业的道德目标,有效地实施传播,进行伦理审查和伦理培训等。

1. 制定企业伦理守则和行为准则

在国际上,许多企业把伦理规范融入企业的日常管理。例如,美、英等一些发达国家的许多公司制定了伦理守则,大多数公司设置了伦理主管。伦理主管的主要任务是全面负责企业的伦理计划和员工行为准则的制定与实施,教育和训练员工遵守正确的行为准则,处理员工对可能发生的不正当经营行为的质疑等。20 世纪 90 年代中期,在《财富》杂志排名前 500 的企业中,90%以上的企业拥有成文的伦理守则和员工行为准则。

企业伦理守则和行为准则是企业全体员工必须遵守的价值准则与行为规范,通常包括:(1) 作为一名员工的基本行为规范;(2) 维护企业合法利益的行为规范;(3) 对消费者和客户高度负责的行为规范;(4) 管理者以身作则、身体力行等行为规范。

企业的伦理守则和行为准则对企业发展具有十分重要的意义。一是它已成为企业管理制度的重要组成部分,用于指导管理层和员工的工作;二是它可以用于企业品牌形象的宣传,反映企业的价值理念;三是它可用于作为企业行为道德审查的基础;四是它可用于组织变革,成为挑战不道德行为的盾牌。

2. 确定企业的道德目标

若企业仅有利润增长目标而缺乏道德发展目标,就会失去正确发展的方向。因此,在追求利润目标的同时,企业应制定切实可行的道德发展目标,对企业的道德发展进行有效的目标管理。企业的道德目标应具有可操作性,并真正成为企业决策过程中的影响因素。

3. 塑造高层管理者的道德行为

高层管理者对伦理的投入与参与对营造伦理的工作环境是至关重要的防护措施。高层管理者必须具有高尚的个人品质,具有公平、正直、诚实和仁爱之心,应在道德方面起模范带头作用,只有以身作则,才能营造伦理氛围并有效地推进伦理行为。

4. 聘用与组织价值观契合的高素质员工

在招聘环节,企业应通过价值观测试等一系列环节,选聘既有专业知识和技能又与组织价值观契合的高素质员工。这既是提高员工整体素质的基本途径,也是实现企业人力资源优化配置最基本的方法和手段。

5. 制定切实可行的工作目标

现代企业管理制度的一项重要内容就是目标管理,这是管理方式的一大进步。但是在具体运作的过程中,有些企业设定的目标过高,完全脱离了企业的实际状况,给管理者和员工造成巨大的工作压力与心理压力。他们为了完成企业设定的工作目标,可能会不择手段,置伦理道德于不顾。因此,企业应制定切实可行的工作目标,以减少并避免管理层和员工的道德风险的发生。

6. 有效地传播伦理规范

企业伦理规范应快速、及时和正确地向员工宣讲,让员工随时随地能够体会到,让客户随时随地能够感受到。为此,企业应根据技术发展和环境变化寻找合适的载体,运用现代信息技术手段(如电子广告宣传栏、电子邮件、QQ 和微信等)提高信息的传递效果与沟通质量。

7. 进行伦理审查和伦理培训

企业在对员工进行技术操作规范方面培训的同时,还应重视对员工的伦理审查和伦理培训。伦理审查主要在选聘、用人和绩效考核等环节进行。

对员工进行伦理培训有以下几个方面的意义:(1) 为员工提供伦理的基本理论、概念和术语学习的帮助,使他们能够有效地参与伦理决策过程;(2) 帮助员工形成正确的伦理意识,减少违背伦理的盲点;(3) 当企业发生违反社会伦理标准的行为时,提高员工自发地反对非伦理行为的能力,让员工充当报警系统;(4) 找到员工和企业价值观的契合点;(5) 建立鼓励消除伦理死角的绩效系统;(6) 在企业内创建伦理准则和社会监督体系,营造良好的道德氛围;(7) 提高员工参与并关注在工作场所公开讨论道德问题的积极性,有利于提升企业的道德价值观,改善员工在工作场所的关系。

20 世纪 90 年代中期,30%—40%的美国企业实施了各种形式的伦理培训。日本企业对员工进行定期培训,通过制定社训、唱社歌、做朝礼等活动推动企业伦理建设。韩国企业界的民间组织"全国经济人联合会"于1996年2月代表政府和国民公布了《企业伦理宪章》。中国企业界也积极行动起来,1997年5月,合肥荣事达集团在北京公布《荣事达企业竞争自律宣言》,保证在接受法律、法规制约的同时,严格进行企业自律。此举在国内引起很大的反响,被列为当年全国十大经济新闻之一。1999年7月15日,中国33位非公有制经济代表在人民大会堂发布《信誉宣言》:"在社会主义市场经济活动的各个环节中,从自己做起,带头做到守信用、讲信誉、重信义;做到爱国敬业、照章纳税、关心职工;做到重质量、树品牌、守合同、重服务。"

8. 建立优秀的企业文化

企业决策行为是否合乎伦理,不仅取决于企业决策者的道德状况,更取决于企业其他各级管理人员和员工的伦理道德与道德水平,而这一切又受到企业文化的影响和制约。企业文化是指组织中成员共建、共享、共有的一套价值体系。优秀的企业文化能够告诉员工什么是对的、什么是不对的,对员工的行为具有引导、激励和约束等作用。优秀的企业文化还能够为企业决策的具体执行过程提供一种规范和指导,并将伦理作为企业决策过程的有机要素之一融入程序,并最终形成一种基于伦理的决策。

9. 提供正式的保护机制

对于员工来说,企业伦理是一种软约束,如果仅仅颁布一个伦理守则、全凭员工自觉遵守,其效果就会大打折扣。要使企业伦理发挥作用,管理者必须依靠制度来保障伦理规则的执行。企业通过对遵守企业伦理规范的员工的奖励和对违反企业伦理规则的员工进行惩罚,引导员工自觉遵守伦理规则,培养以荣誉感和成就感为特征的企业伦理意识,营造良好的伦理氛围,有效控制企业的各种伦理风险。

第三节　企业社会责任

一、企业社会责任观的演变

1. 企业社会责任的产生背景

早期的企业组织是一个以盈利为目标的生产经营单位,利润最大化是企业追求的永恒主题。企业被认为既没有责任也没有义务去完成本应由政府和社会完成的工作,只要其行为不违法,不论以何种手段和方式追逐利润都无可厚非。

企业社会责任运动来自企业生产经营活动对社会和环境所产生的影响。当时,随着企业力量的不断壮大,美国工业的发展对美国社会的负面影响日益显露。一些企业在追逐利润最大化时,无视外部成本,很少考虑消费者、环境、雇员、少数群体和社区等的利益,漠不关心社会秩序和伦理,由此引发公众呼吁企业承担社会责任的运动。

企业社会责任的概念起源于欧洲,一般认为是英国学者欧利文·谢尔顿(Oliver Sheldon)于1924年提出的。

2. 两种不同的社会责任观

在社会责任运动兴起的过程中,曾出现"反对说"和"赞成说"两种不同的观点。早在20世纪30年代,美国哈佛大学法学院的贝尔(Adolf A. Berle)与多德(E. Merrick Dodd)两位学者引发了著名的论战,后人称之为"哈佛论战"。贝尔代表了传统的企业理论观点,认为企业管理者只受股东委托,是唯股东利益是从的股东权益受托人。多德表示了强烈的反对,在他看来,"企业是既有盈利功能又有社会服务职能的经济结构",企业管理者不仅受托于股东,还受托于更为广泛的社会,包括对雇员、消费者和广大公众负有社会责任。有趣的是,这场论战在经历了二十多年后,贝尔自己全面宣告"这场争论慢慢地以多德教授的观点获胜而告终"。从此,贝尔成为一位忠实的、坚定支持"企业应负社会责任"的学者。

之后,许多著名的学者加入了有关企业社会责任正当性的争论。

极力鼓吹经济自由主义的诺贝尔经济学获奖得者米尔顿·弗里德曼(Milton Friedman),在其著作《资本主义与自由》中,坚决反对"企业在利润最大化之外还负有其他社会责任"的思想。他认为,企业管理者唯一的社会责任就是实现利润最大化,就是为出资人(股东)谋求最大的投资回报。米尔顿·弗里德曼的观点可谓对企业承担社会责任持反对态度的集中代表。此外,包括安德鲁斯、罗宾斯、哈罗德·孔茨、格里芬等一大批经济学家与管理学家,支持"企业应当履行社会责任"之说。例如,哈罗德·孔茨认为,公司应承担的"社会责任就是要认真考虑公司的一举一动对社会的影响"。格里芬认为,"企业社会责任应当在提高自身利润的同时,对保护和提高整体社会福利方面承担责任"。

3. 企业社会责任观的演化阶段

一些学者将企业社会责任分为四个阶段:

第一阶段,作为1873—1896年第一次世界经济大危机的结果,西方国家政府开始通过立法的形式限制企业的一些经营行为。

第二阶段,20世纪30年代的第二次经济大萧条以后,政府通过立法方式不但要求企业约束自己的经营行为,而且要求企业实施就业机会均等政策并为企业员工提供适当的社会保险和福利。

第三阶段,始于20世纪60年代,尤其自1973年第三次世界经济危机以来,许多企业已不再是被动地接受社会责任,而是将其潜移默化为一种理念和价值观。

第四阶段,始于20世纪80年代初期的经济全球化进程,赋予企业社会责任以新的形式与内容,可持续发展问题和企业社会责任的国际合作问题被提升到国际社会及各国政府的议事日程上。

二、企业社会责任的内涵

1. 企业社会责任的概念

企业社会责任的概念自20世纪初首次提出后,发展至今,仍没有一个明确并得到广泛接受的定义。

有关企业社会责任的概念存在不同的观点。雷蒙德·鲍尔(Raymond Bauer)认为,企业社会责任是认真思考企业行为对社会的影响。基思·戴维斯和罗伯特·布罗姆斯特朗认为,企业社会责任是决策者在考虑企业利益的同时,对保护和提高社会福利方面所承担的义务。

国内学者刘俊海认为,所谓企业社会责任,是指企业不能只以最大限度地为股东们盈利或赚钱作为自己存在的唯一目的,而应当最大限度地增进股东利益之外的其他所有社会利益。这种社会利益包括雇员(职工)利益、消费者利益、债权人利益、中小竞争者利益、当地社区利益、环境利益、社会弱者利益及整个社会公共利益等。

上述学者从不同角度对企业社会责任的内涵进行了界定,虽然尚存一些分歧,但一种广泛的认识是,企业社会责任是指企业在谋求股东利润最大化之外所负有的、主动承担维护利益相关者利益和促进社会公平和谐之义务。

从责任承担的类型来看,企业承担的社会责任包括经济、法律、道德和慈善四种类型。阿奇·卡罗尔(Archie B. Carroll)认为,企业社会责任是指某一特定时期社会对组织所寄托的经济、法律、道德(伦理)和自由决定(慈善)的期望。

(1) 经济责任。经济责任是企业的基本责任,是其他社会责任的基础。它要求企业不断地创造财富,实现销售收入的增加和成本的降低。企业是一个经济组织,其首要任务是通过向社会提供产品和服务来满足社会的需要。如果企业不能创造财富,那么它就无法实现股东财富的增长,不能给投资者以回报,更无法解决社会就业和税收问题,最终难以持续存在和发展。

(2) 法律责任。法律是社会关于可接受和不可接受行为的尺度,是企业承担社会责任的底线。它要求企业遵守所有的法律、法规,包括消费者权益保护法、劳动法、环境保护法、产品质量法等,要求企业合法经营、依法纳税、履行合同。如果企业不对法律做出回应,它就无法生存。

(3) 道德责任。企业的道德责任是指法律规定以外的、社会成员希望发生或禁止的行为与结果。企业仅仅承担法律责任是不够的,因为法律的滞后性和不完备性,伦理规范或社会价值观的变革总发生在立法之前,社会希望企业能够顺应社会观念的潮流。道德责任包括那些为社会成员所期望或禁止的、尚未形成法律条文的活动和做法。消费者、雇员、股东和社区认为公平和正义的,同时也能尊重和保护利益相关者道德权利的所有规范、标准,都属于道德责任。

(4) 慈善责任。慈善责任是企业道德责任的一个特殊方面,属于企业自愿而非法律要求的行为,包括为了公共服务需要而自愿服务、自愿联合、自愿捐赠。尽管慈善行为的本意是以仁慈的做法体现对人类的爱,但企业承担慈善责任背后的动机往往是比较复杂的。企业管理者可以将慈善行为与企业目标的实现协调起来,进行事业营销活动和战略慈善。

卡罗尔的企业社会责任定义可以用四层次的"金字塔"形象地描绘(见图4-2)。

企业社会责任"金字塔"描绘了企业社会责任的四个层次。经济责任是基本责任,处于"金字塔"的底部;必须法律是社会关于可接受和不可接受行为的法规集成,企业遵守法律;再向上就是企业道德责任这一层次,企业有义务做正确的、正义的、公平的事情,还要避免或尽量减少对利益相关者(雇员、消费者、环境等)的损害;最上层是寄望企业成为

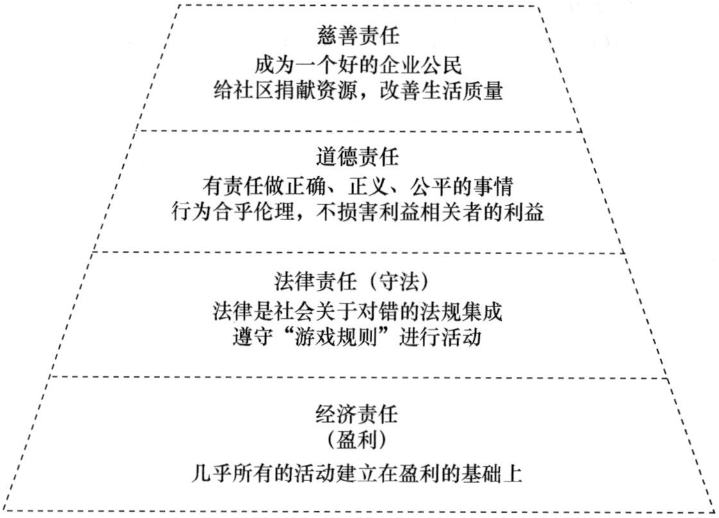

```
┌─────────────────────────────────┐
│         慈善责任                 │
│     成为一个好的企业公民          │
│   给社区捐献资源，改善生活质量    │
├─────────────────────────────────┤
│         道德责任                 │
│   有责任做正确、正义、公平的事情  │
│  行为合乎伦理，不损害利益相关者的利益│
├─────────────────────────────────┤
│       法律责任（守法）           │
│   法律是社会关于对错的法规集成    │
│      遵守"游戏规则"进行活动       │
├─────────────────────────────────┤
│         经济责任                 │
│          （盈利）                │
│   几乎所有的活动建立在盈利的基础上 │
└─────────────────────────────────┘
```

图 4-2 企业社会责任金字塔

一个好的企业公民，履行慈善责任（自由决定/自愿捐助等），为社区生活质量的改善做出财力和人力资源方面的贡献。

2. 企业社会责任的体现

从利益相关者的视角来看，企业社会责任的内涵体现在以下几个方面：

（1）消费者。发现消费者需求，为消费者提供优质安全可靠的产品；提供正确的产品信息；广告真实，定价公平合理；将消费者满意作为企业产品销售的最高目标和价值追求；提供周到的售后服务；建立与消费者沟通的有效渠道；赋予消费者自主选择的权利。

曾有这样一个名为"咖啡泼洒烫伤事件"的案例。1994年，按照美国新墨西哥州阿布奎基市的陪审团判决，一位81岁高龄的妇女获得了高达290万美元的赔款，事件是她从麦当劳餐厅的外卖窗口购买了一杯热咖啡，在车上开启杯盖的时候将热咖啡洒在了膝盖上，并因此而烫伤。麦当劳争辩说，顾客希望其咖啡能够保持热气腾腾，同时在咖啡杯上也印有提醒饮用者注意内盛高温液体的文字，这位高龄妇女自己也应该为不小心把滚烫的咖啡泼洒出来而承担责任。但是陪审员不同意这种观点，他们认为高龄妇女的伤势严重，需要住院一周接受植皮手术，并且有证据表明，在收到诸多投诉之后，麦当劳并没有降低其咖啡热度，所以它应该对高龄妇女所受伤害予以赔偿。麦当劳最后接受了陪审团的裁决，向高龄妇女支付了赔款。

（2）供应商与合作伙伴。恪守商业信誉；严格履行合同；做好自律；公平交易；获取合理利润。

（3）行业。遵守行业规范和职业道德；尊重他人商标权、专利权和其他知识产权；公平竞争，不搞垄断经营。

（4）股东（投资者）。为股东带来有吸引力的投资回报；向股东提供真实的、全面的经营和投资方面的财务信息；保持企业资产的保值和增值；提升股票价值；控制管理费用；提升产品市场占有率。

（5）员工。严格执行劳动法律、法规，保障员工人身及财产安全；公平就业，不歧视员工；为员工营造一个良好的、安全的工作环境；为员工提供在职教育和培训；善待员工。

（6）政府与社区。执行国家的各项法律、法规；履行纳税义务；支持国家的各项政策；提供就业机会；支持政府和社区的环保事业、公益事业和慈善事业。

（7）自然环境。积极开发环保产品，减少环境污染；不断改进生产工艺流程、提高技术水平；实行清洁生产，维护生态环境；降低能耗，节约原材料；积极治理环境。

三、社会责任：SA 8000

1. SA 8000 的定义

SA 8000 是 social accountability 8000 的简称，即社会责任标准，它是全球第一个可用于第三方认证的关于工作场所和人权的社会责任国际标准。它是 1997 年 10 月由总部设在美国的社会责任国际(SAI)发起，并联合欧美跨国公司，根据《国际劳工组织公约》《世界人权宣言》和《联合国儿童权利公约》等国际条约制定的企业社会责任国际标准认证，也称企业的道德标准。自公布以来，SA 8000 受到全球企业界的广泛关注。SA 8000 与 ISO 9000、ISO 14000 一样，具有通用性，适用于世界各地、任何行业、不同规模的企业和组织。它是由独立的认证机构提供认证，成功通过认证机构审核的企业可以获得认证机构颁发的认证证书。获得认证证书的企业还要接受定期的监督审核，以确保企业不断改善工作条件，其宗旨是确保生产商及供货商所提供的产品都符合社会责任的要求。

SA 8000 没有囊括企业社会责任的全部内容，属于企业社会责任的子集，是企业的内部社会责任。

2. SA 8000 的主要内容

SA 8000 的核心条款包括童工、强迫劳动、健康与安全、结社自由和集体谈判权、歧视、惩戒性措施、工作时间、工资报酬、管理系统等九个方面的要求：

（1）童工。不应使用或者支持使用童工；采取必要的措施确保儿童和未成年人的教育；不得将儿童和未成年人置于危险、不安全或不健康的工作环境中。

（2）强迫劳动。不得有或支持强迫性劳动的行为；不可要求员工交纳押金或扣押员工的身份证。

（3）健康与安全。提供安全健康的工作环境；采取适当措施防范工作伤害；开展健康安全教育；配备卫生清洁维持设备和常备饮用水。

（4）结社自由和集体谈判权。尊重结社自由和集体谈判的权利；当权利受到法律的限制时，应协助提供类似渠道；不歧视工会代表。

（5）歧视。不从事或不支持雇用歧视；不干涉员工信仰自由和风俗习惯；不容许性侵犯。

（6）惩罚性措施。不得从事或支持使用体罚、辱骂或精神威胁。

（7）工作时间。遵守法律规定的工作时间要求，每周至多工作 48 个小时；每周至少休息一天；每周加班不超过 12 个小时等。

(8) 工资报酬。至少支付法定最低工资，并满足其基本要求；不得为了惩罚而扣减工资。

(9) 管理系统。应根据本标准制定符合社会责任与劳工条件的公司政策，并定期审核；委派专职的资深管理代表具体负责，同时让非管理阶层自选一名代表与其沟通；建立适当的程序，证明所选择的供应商与分包商符合本标准的规定。

SA 8000 兴起的核心理念是人权和社会公正。随着世界各国人权意识的增强和普及，企业越来越尊重员工人权和重视工作条件。对员工而言，工作不再只是一种谋生手段，而是实现自身价值的方式。企业只有人道、公正地对待员工，尊重员工，为他们创造实现自我价值的工作环境，才能激发员工的积极性、创造性和提高对企业的忠诚度。对采购企业而言，在采购原材料等生产资料时，生产企业越来越强调履行社会责任的状况。采购企业在大量采购前，除了考虑产品的价格和质量，还要考察生产企业员工的生活条件、加班情况、工资收入和各类福利等情况。如果供应商只是一味地追求降低成本以满足市场需求，势必会忽视和损害员工的利益，将成为竞争对手的攻击对象。因此，在欧美发达国家中，SA 8000 已经成为社会公认的企业行为准则。在欧美国内舆论和非政府组织的压力下，跨国公司纷纷以 SA 8000 为蓝本制定自己的企业社会责任守则，并要求发展中国家的供货商严格遵守；否则就会撤销订单。因此，要赢得市场、获得收益，企业必须履行其社会责任，只有做到这些，才能实现共赢。

第四节　企业利益相关者及其管理

一、企业利益相关者

1. 利益相关者的定义

利益相关者(stakeholder)，本意是企业权益的拥有者。传统股东模式认为，股东是企业股份的所有者，对企业享有所有权，企业的每项活动都与股东相关，股东才是企业利益相关者，其他个人和团体都被排除在企业利益相关者之外。然而，现代企业管理理论观点则把与组织运营及其好坏有利害关系的个人、机构或社区等都考虑在内，扩大了利益相关者的范围。

学者对利益相关者概念的认识是一个不断深化的过程。彭罗斯(Penrose)在 1959 年出版的《企业成长理论》(*The Growth of the Firm*)中提出"企业是人力资产和人际关系的集合"的观念，从而为利益相关者理论的构建奠定了基石。1963 年，斯坦福大学研究所明确提出了利益相关者的定义，"利益相关者是这样一些团体，没有其支持，组织就不可能生存"。随后，瑞安曼(Eric Rhenman)提出了较为全面的定义，"利益相关者依靠企业实现其个人目标，而企业也依靠他们维持生存"。这一定义使得利益相关者理论成为一个独立的理论分支。

弗里曼(Freeman)1984 年在《战略管理：一种利益相关者的方法》(*Strategic Management: A Stakeholder Approach*)一书中提出，利益相关者是能够影响一个组织目标的实现，或者受到一个组织实现其目标过程影响的所有个体和群体。其观点最具代表性。

综合上述观点,利益相关者是指那些在企业的生产经营活动中付出了一定的专用性投资,企业行为会使其受益、受害或受影响的所有个人和群体。

利益相关者理论是对传统"股东至上"理论的挑战,两者的主要区别在于:利益相关者理论认为企业是由平等的利益相关者所组成,任何一家企业的发展都离不开利益相关者的投入和参与,如股东、政府、债权人、雇员、消费者、供应商,甚至社区居民。企业不仅要为股东利益服务,还要保护其他利益相关者的利益。利益相关者理论从全新的角度阐述企业资源分配和企业所有权问题,为员工参与企业治理提供了有力的理论支持。

2. 利益相关者的分类

阿奇·卡罗尔把利益相关者划分为两个层面:一是能够影响组织行动、决策、活动或目标的人或团体;二是受组织行动、决策、政策、活动或目标实现影响的人或团体。

弗雷德里克(Frederick,1988)从利益相关者对企业产生影响的方式将其划分为直接利益相关者与间接利益相关者。直接利益相关者就是直接与企业发生市场交易关系的利益相关者,主要包括股东、员工、债权人、供应商、零售商、消费商、竞争者等;间接利益相关者是与企业发生非市场关系的利益相关者,如中央政府、地方政府、外国政府、社会活动团体、媒体、一般公众等。

有些学者把企业利益相关者分为内部利益相关者和外部利益相关者,内部利益相关者包括股东、经营者和雇员,外部利益相关者包括政府、消费者、环境、社区、竞争者等。

大卫·惠勒(David Wheeler)和玛丽亚·西兰帕(Maria Sillanpaa)把利益相关者分为主要利益相关者和次要利益相关者。主要利益相关者包括股东和投资者、员工与管理者、顾客、当地社区、供应商和其他合作企业;次要利益相关者包括政府和监管机构、市政机构、社会压力群体、媒体与学术评论者、贸易团体、竞争者。主要利益相关者在企业中拥有直接的权益,对企业的成功起着直接的影响作用;次要的利益相关者对企业也具有巨大的影响力,尤其是在企业的声誉和社会地位方面。比起那些直接的权益,次要利益相关者在企业中的权益更能代表公众、特殊的利益。企业对次要利益者负有的责任往往较小,但是这些利益相关者全体对企业可能产生十分重要的影响,并颇能代表公众对企业的看法。

二、企业利益相关者的管理

1. 利益相关者管理的几个关键问题

利益相关者管理是企业管理者为综合平衡各利益相关者的利益要求而进行的管理活动,要解决的问题是力图使企业的主要利益相关者实现其目标,并合乎伦理地对待其他利益相关者。与此同时,利益相关者管理理念要求,作为对股东投资的回报,企业应该是盈利的,这就是所谓的"双赢"。因为没有利润,企业就无法持续地经营下去,所有利益相关者的利益就会丧失。但是,管理者也不只是股东的代理人,而是各种力量的协调者。企业不应该只对股东负责,为股东赚取利润,而应该对全体利益相关者负责。企业被看作追求全体利益相关者目标而非其中一方目标的社会机构,其经营模式和治理方式应体现全体成员的责任与公共利益。

卡罗尔(Carroll,1991)认为,利益相关者管理需要考虑的因素包括社会、伦理及经济方面的,且涉及规范性问题。在对利益相关者进行管理时,我们应注意以下六个方面的问题:谁是我们的利益相关者?我们的利益相关者拥有哪些权益?我们的利益相关者给企业带来了哪些机会?提出了哪些挑战?企业对利益相关者负有哪些责任(经济、法律、伦理及慈善的责任)?企业应采取什么战略或举措以最好地应对利益相关者的挑战和机会?

2. 利益相关者责任矩阵

企业应该根据其承担的法律责任、经济责任、道德责任和慈善责任以及企业利益相关者的权益,构造出利益相关责任矩阵(见表4-3)。

表4-3 利益相关者责任矩阵

		法律责任	经济责任	道德责任	慈善责任
利益相关者	所有者				
	客户				
	员工				
	社区				
	公众				

例如,强生公司当年对泰诺胶囊遭遇掺毒的事件,不仅应该就采取什么样的法律和伦理上的行动做出决策,还必须考虑采取哪些行动才能最大限度地维护公司的整体利益。强生公司当时可能是基于这样的判断:召回泰诺胶囊不只是应该采取的合乎伦理的行动,也是尽量挽回其声誉和确保消费者健康及幸福之必需。

3. 利益相关者管理原则

马克斯·克拉克森(M. Clarkson)长期致力于利益相关者管理的研究,在多年的观察和研究的基础上,他于1999年提炼出一组利益相关者管理的原则,也称克拉松原则。这些原则意在给管理者提供一组关于如何对待利益相关者的指导思想。

(1) 原则1。管理者应该尊重和积极监控所有合理合法的利益相关者对企业的关注,并应该在决策及其实施中适当地考虑他们的利益。

(2) 原则2。管理者应该多听取各利益相关者的想法,了解他们的贡献,与他们进行开诚布公的沟通。

(3) 原则3。管理者所采用的程序和行为方式应基于对每个利益相关者及其支持者的关注与能力的深刻理解。

(4) 原则4。管理者应该认可利益相关者可自主开展活动并获得相应的报酬;对他们在企业活动中所负担的责任及利益的分配,应该努力做到公平;重视他们各自可能碰到的风险及可能遭受的损害。

(5) 原则5。管理者应该与利益相关者个人或群体共事,采取有力措施使得所开展的企业活动给他们造成的风险和损害最小化;但当损害不可避免时,就应该给予适当的补偿。

(6) 原则 6。管理者应该与利益相关者一起避免介入或开展这样的活动——可能造成对不可剥夺人生权利(如生存权)的侵犯,可能出现的风险显然不为其他有关的利益相关者所接受的活动。

(7) 原则 7。管理者应该承认管理者本人也是企业的利益相关者,他们要完成的任务与他们对其他利益相关者的利益所应负有的法律及道义上的责任存在发生冲突的可能。管理者应该通过沟通、及时通报、激励措施及在必要时第三方介入解决的方法,处理所发生的此类冲突。

❑ 重要概念

SA 8000	关怀原则	伦理	企业社会责任
公平原则	管理伦理	美德伦理	权利原则
功利主义原则	利益相关者	企业伦理	

❑ 本章概要

伦理是一个关于正确与错误的概念。

企业伦理是企业在处理内外关系时应遵循的行为规范和准则,集中反映了企业的经营宗旨、价值准则和管理信条。

管理伦理是从企业管理关系中产生的企业伦理类型,是普遍的伦理观念在经营行为中的应用,主要用来协调和处理企业与内部员工的管理关系。

影响管理伦理的核心要素包括管理者的目标和价值观、美德伦理、个人特质和精神追求、管理者的道德发展、企业文化和伦理氛围。

管理伦理问题的分析原则为:功利主义原则、权利原则、公平原则、关怀原则、美德伦理。

合乎伦理的管理一般具有以下特征:不仅把遵守伦理规范视作组织获取利益的一种手段,更把其视作组织的一项责任;不仅从组织自身角度,更应从社会整体角度对待问题;尊重并正确处理企业与所有者以外利益相关者的利益;不应把人看作手段,而应把人看作目的;应遵守法律的精神、不超越法律的要求,能让组织取得卓越的成就;注重自律和他律的结合;以组织的价值观为行为导向,超越自身利益的价值观;追求卓越。

企业管理伦理的基本规范包括:企业内部管理者与员工、员工与员工之间的道德责任;企业与消费者伦理关系中的道德责任;企业与其他企业伦理关系中的道德责任;企业与政府伦理关系中的道德责任;企业与社区伦理关系中的道德责任;企业与环境伦理关系中的道德责任。

企业伦理行为的改善途径包括:制定企业伦理守则和行为准则,确定企业的道德目标,塑造高层管理者的道德行为,聘用与组织价值观契合的高素质员工,制定切实可行的工作目标,有效地传播伦理规范,进行伦理审查和伦理培训,建立优秀的企业文化,提供正式的保护机制。

企业社会责任是指企业在谋求股东利润最大化之外所负有的、主动承担维护利益相关者利益和促进社会公平和谐之义务。

从责任承担的类型来看,企业承担的社会责任包括经济、法律、道德和慈善四种类型。

SA 8000 的核心条款包括童工、强迫劳动、健康与安全、结社自由和集体谈判权、歧视、惩戒性措施、工作时间、工资报酬、管理系统等九个方面的要求。

利益相关者是指那些在企业的生产经营活动中付出了一定的专用性投资,企业行为会使其受益、受害或受影响的所有个人和群体。

❑ 思考题

1. 什么是管理伦理?影响管理伦理的核心要素有哪些?
2. 简述非伦理行为的根源。
3. 管理伦理问题的分析原则有哪些?
4. 解释企业管理伦理的基本规范。
5. 简述企业伦理行为改善的路径有哪些。
6. 什么是企业社会责任?观察一家企业,分析企业应承担哪些社会责任,为什么?
7. 什么是 SA 8000?它有哪些核心内容?
8. 假如你是一家企业的 CEO,谈谈你如何有效地管理利益相关者?

❑ 实训题

根据本章相关的理论知识,选择一家企业进行现场调研,并撰写一份企业社会责任状况的调查报告。

1. 该企业是否满足了利益相关者的权益主张?如果是,如何满足?如果不是,原因何在?
2. 你如何描绘这家组织的伦理氛围?有什么证据可以支持你的结论?
3. 该组织近年来出现过什么伦理问题?如果出现过,试着判断这是个别管理人员的单独行为还是组织范围内的系统行为。
4. 该组织是否超越了自身的经济利益?是否进行过社会投资?如果进行过,是什么投资?谁是受益人?你是否赞成这些投资?

案例分析

中国台湾版的"三聚氰胺事件"[①]

2011年3月,包括统一等龙头企业在内,包括饮料、保健品和药品的超过200家厂商涉及塑化剂风波。这是中国台湾版的"三聚氰胺事件",揭开盖子的是一名52岁的杨姓女士,中国台湾"卫生署"食品药物管理局的一名普通检查员。2011年3月,在给某公司益生菌进行例行稽查检测时,杨姓女士意外地发现了一个异常信号。这本不属于她的职责范围,因为此次检测主要是探究益生菌食品中是否含减肥西药或安非他命。

然而,这位细心的母亲还是花了两个星期的时间,将这个异常信号与各种物质的图谱一一比对。她意外地发现,这个异常信号其实就是本不该出现在食品中的塑化剂DEHP(学名为邻苯二甲酸二酯)。接下来的消息更令人吃惊:在送检的益生菌食品中,塑化剂DEHP的浓度竟高达600 ppm(百万分之一浓度),远远超过台湾地区人均每日摄入标准——1.029 ppm。

台湾"卫生署"直接将消息通知了台湾检方,循着益生菌生产厂商提供的线索,最终查出一家名为昱伸的香料公司在其生产的食物添加剂(起云剂)中加入了塑化剂DEHP。塑化剂DEHP被称为"环境荷尔蒙",早在2006年9月匈牙利布达佩斯举行的第六届"政府间化学品安全论坛"就曾明确提出,塑化剂DEHP是致癌物质。此外,塑化剂还被普遍认为会危害男性生殖能力、促使女性性早熟。

5月23日,当昱伸香料公司的负责人赖俊杰被彰化县地检署带走后,这个揭盖近两月之久的"潘多拉盒子"终于向公众敞开。昱伸香料公司是台湾最大的起云剂供应商,此事件随即引发台湾食品业的地震。随着对昱伸公司上下游销售网络的监控和排查,涉案的企业和产品数量与日俱增。涉案产品涵盖了运动饮料、果汁饮料、茶饮料、果浆果酱类、胶淀粉状五大类食品,还包括保健品和制药企业在内其他行业,甚至这把火还烧到了宝宝服用药粉的调味糖浆。

截止到5月30日,受台湾塑化剂风波牵连的厂商已达206家,可能受到污染的产品约522项。台湾食品界龙头统一、悦氏运动饮料、知名药企(宏星制药)在内的多个名牌企业都未能幸免于难。

台湾股市亦难逃厄运。从5月26日至30日,短短3个交易日,相关的食品、生物科技类个股,总计市值就蒸发了近百亿元新台币。

风波远未结束。为了应对此次危机,台湾"卫生署"发出最后通牒:凡含有"卫生署"确认塑化剂污染的起云剂及相关产品者,必须立刻下架回收;如使用起云剂者,须于5月31日零时前提出安全证明,否则禁售;一旦查获制造贩卖或违法含塑化剂,将依法重罚,且一罪一罚。

然而,这项重典的"药效"并不乐观。

---

① 袁端端."每天都在给儿子喂毒"——塑化剂潜伏台湾三十年. 孟登科 特约撰稿. 南方周末.

就在 5 月 31 日,台湾全岛终止食品含塑化剂行动日正式展开的当天,岛内各地检调、卫生机关对五大类食品展开稽查。一批供儿童食用的益生菌、乳酸咀嚼片(比菲 DODO 锭)被检出 DEHP 浓度高达 2 108 ppm,比官方标准 1 ppm 高出了 2 000 多倍。

一位母亲在网上撰文说,"自责到眼泪快掉下来,每天都在给儿子喂毒";更多家长开始计划成立自救联盟,要向厂商索求赔偿,甚至不排除通过诉讼帮孩子讨回公道。

短短一个星期,台湾三十多年来苦心经营的食品安全口碑就被彻底摧毁。台湾食品一度成为"安全放心"的代名词,高规格的食品安全标准和完备的食品安全管理体系,不仅令台湾自豪,也令世界瞩目。

讨论题

1. 在塑化剂风波中,企业社会责任是如何沦丧的?造成这样的原因是什么?
2. 识别导致伦理和法律问题的各种压力。

第五章 决策基础

【内容提要】

决策是管理工作的核心,在管理学的经典管理职能中,计划、组织、领导和控制活动都离不开决策。决策是管理者识别并解决问题的过程,有时也指管理者利用机会的过程。本章介绍决策的概念与特点、决策类型、决策原则、决策理论、决策过程、决策的影响因素、群体决策的优点和缺点、群体决策的形式、决策的方法等内容。

【学习目标】

1. 掌握决策的概念与特点。
2. 理解决策类型、决策原则和决策理论。
3. 掌握决策过程及其影响因素。
4. 理解并掌握群体决策的优点和缺点、群体决策的形式。
5. 理解并能够灵活运用各种决策方法。

引例

福特"野马"汽车

1960年,爱奥库卡晋升为美国福特公司副总裁兼总经理。他观察到60年代一股以年轻人为代表的社会革新力量正式形成,将对美国社会、经济产生难以估量的影响。爱奥库卡认为,设计新车型时,应该把年轻人的需求放在第一位。在他的精心组织下,经过多次改进,1962年年底新车最后定型。它看起来像一部运动车,鼻子长、尾部短,满足了年轻人喜欢运动和刺激的心理。更重要的是,新车的售价相当便宜,只有2 500美元左右,一般年轻人都能买得起。新车还取了一个令年轻人遐想的名字——"野马"。1964年4月纽约世界博览会期间,"野马"正式在市场上露面;而在此之前,福特公司已就此大造了一番舆论,掀起了一股"野马"热。在第一年的销售活动中,顾客买走了41.9万辆"野马",创下全美汽车制造业的最高纪录。"野马"的问世和巨大成功,显示了爱奥库卡杰出的经营决策才能。从此,他扬名美国企业界,并荣任福特汽车公司总裁。

第一节　决策概述

决策是管理的核心。以西蒙为代表的决策理论学派甚至认为管理就是决策,决策贯穿了整个管理过程。

一、决策的概念与特点

1. 决策的概念

所谓决策,是指组织或个人为了实现一定的目标,利用所掌握的信息等资源把握机会,运用一定的方法,在两个或两个以上的备选方案中进行识别、选择,以及实施行动方案的过程。

对于决策的含义,可理解如下:第一,决策是有目的的活动,即利用机会和解决问题。决策总要实现一定的目标,没有目标就无所谓决策。第二,决策的主体既可以是组织,也可以是个人。组织决策既群体(集体)决策,可以综合各方面的智慧和经验,而个人决策则是凭借个人的知识和经验。第三,决策必须有两个或两个以上的备选方案。第四,决策需要一定的分析判断,既有定性的分析,也有定量的计算,定性分析和定量计算结合使用才能做出正确的决策。第五,决策的本质是一个过程。这一过程由多个步骤组成,包括明确决策目标,拟定备选方案,筛选方案,实施方案和评估效果。

2. 决策的特点

根据定义,决策具有以下特点:

(1)目标性。任何组织的决策都必须首先确定行动目标。没有目标或目标不明确,人们就难以制订未来的活动方案,评价和比较这些方案就缺少了标准,不可能做出正确的决策。

(2)可行性。决策的目的是对实际工作具有直接的指导性,能够指导组织未来的活动。因此,决策方案的拟定和选择,不仅要考量采取某种行动的必要性,还要注意实施条件的限制。

(3)选择性。决策的实质是选择,是在若干有价值的方案中进行比较和选择,没有选择就没有决策。

(4)风险性。决策是一种带有风险的管理活动,因为任何备选方案都是在预测未来的基础上制订的。客观事物的变化受多种因素的影响,加之人们的认识总有一定的局限性,作为决策对象的备选方案不可避免地带有某种不确定性,决策者所做出的决策能否达到预期目标是不可能有百分之百的把握的,都要冒不同程度的风险。

(5)满意性。决策的原则是满意原则,而非最优原则。最优原则往往只是理论上的假想,因为它要求:① 决策者了解与组织活动有关的全部信息;② 决策者真实了解全部信息的价值所在,并能够据此制订出所有可能的方案;③ 决策者能够准确预测每个方案在未来的执行结果。然而,在现实中,上述这些条件往往得不到满足。其原因如下:第一,组织内外的很多因素会对组织运行产生不同程度的影响,但决策者很难收集到反映这些因素的一切信息;第二,对于收集到的有限信息,决策者的利用能力也是有限的,只能拟定数量有限的方案;第三,任何方案都要在未来实施,而未来是不确定的。人们对未来的认识和影响十分有限,因此决策时所预测的未来状况可能与实际状况不一致。现实状况决定了决策者难以做出最优决策,只能做出相对满意的决策。

(6) 过程性。决策是一个过程,而不是瞬间行动。组织决策是一系列决策的综合,其本身就是一个过程,从目标的确定到活动方案的拟定、评价和选择,是一个包含了许多工作、众多人员参与的过程。

(7) 动态性。决策不但是一个过程,而且是一个不断循环的过程。作为过程,决策是动态的,既没有真正的起点,也没有真正的终点。

二、决策的类型

决策可从不同角度进行分类,这里仅介绍几种主要的类型。

1. 按决策所涉及问题的结构,可以分为程序化决策与非程序化决策

(1) 程序化决策。程序化决策又称常规决策,是指按既定的程序、模式和标准进行的决策。在实际生活中,无论是个人活动还是组织活动,相当一部分属于程序化活动。这些活动通常反复出现,人们通过反复的实践积累经验,形成一套解决所遇到的一般性问题的方法、程序和标准,当再遇到类似问题时,就按这些既定的原则和步骤行动,人们称这种决策为程序化决策。程序化决策的关键是日常活动的程序化。活动程序化有两个作用:一是作为组织控制系统的组成部分,可使控制更为容易,从而提高控制效率;二是作为组织协调系统的一部分,可提高组织的专业化水平。组织活动程序化之后,标准化程度得以提高,内部分工就可能更加广泛和深化;否则,各部门为了保证自己的活动顺利展开,容易形成"小而全""大而全"的组织,以获得独立性。程序化决策通常用于解决一般性问题,其决策权也多由组织的基层管理人员所掌握。

(2) 非程序化决策。非程序化决策又称非常规决策,是指那些不能按既定的模式和程序做出的决策。它一般用于解决组织所遇到的重大的、不经常出现的问题。非程序化决策带有一定的创造性,其决策权一般由组织的高层管理人员所掌握。

2. 按决策环境因素的可控程度,可以分为确定型决策、不确定型决策和风险型决策

(1) 确定型决策。如果决策者确切地知道存在哪些备选方案及与各方案相关的各种事实和条件,则此时的决策面临的是一种确定的状况。在此状况下,决策者能够掌握较为完整的信息,可以对所有决策方案的结果进行清晰的界定,决策者只要直接比较不同方案,从中选优就可以了。

(2) 不确定型决策。在现代组织中,相当多的决策是在不确定状况下进行的。决策者既不知道所有可能的备选方案,也不清楚各种方案可能具有的风险,对各种方案可能产生的后果也不甚了解。也就是说,在可供决策者选择的每个备选方案中,存在两种或两种以上的自然状态,出现哪种状态是不确定的,但决策者无法客观估计它们发生的概率,只能进行主观估计。决策者的经验、直觉和判断力在很大程度上影响决策的效果。

(3) 风险型决策。类似于不确定型决策,风险决策也是在不确定的条件下进行的。在可供决策选择的每个备选方案中,存在两种或两种以上的自然状态。与不确定性决策不同的是,决策者对未来可能出现的各种情况可以大致地估计出概率,决策的结果受概率估计值的影响,因而有一个较确切的选择标准,但又带有一定的风险性,故称之为风险型决策。风险型决策是经济活动中最常见的,而决策树方法是这种状况下的一种常用分析工具。

3. 按决策者所处的管理层次,可以分为高层决策、中层决策和基层决策

(1) 高层决策。它是指由组织的最高管理层做出的决策。高层决策的内容一般是战略性的,事关组织全局,所以又称战略性决策。

(2) 中层决策。它是指由组织的中间管理层或各职能部门的管理者做出的决策。中层决策在组织的决策链中起着承上启下的作用。

(3) 基层决策。它是指由组织的基层管理者做出的决策,一般是执行性决策,具有程序化的特征。

高层决策、中层决策和基层决策从纵向层次上形成组织的决策链,共同构成组织的决策体系。在该体系中,占主导地位、起主导作用的是高层决策,中层决策和基层决策是高层决策的具体化。

4. 按决策在组织中的重要性,可以分为战略决策和战术决策

(1) 战略决策。它是指那些事关组织未来的生存与发展的大政方针方面的决策,通常包括组织目标、方针的确定,组织机构的调整,企业产品的更新换代、技术改造等,这些决策涉及组织的方方面面,具有长期性和方向性。

(2) 战术决策。它与战略决策相对应,包括管理决策、执行决策或业务决策,均属于执行战略决策过程中的具体决策。其中,管理决策是对企业的人、财、物等有限资源进行调动或改变其结构的决策;业务决策则主要是解决企业日常生产作业或业务活动问题的决策,如生产进度安排、库存控制等。

5. 按照决策主体人数的多少,可以分为个人决策和集体决策

(1) 个人决策。它是指由一个人完成的决策。

(2) 集体决策。它是指决策过程的某一环节或整个过程是由两人以上的集体完成的决策。

对于决策的类型,还可以从其他各种角度进行划分。例如,按照决策问题覆盖面的大小分为宏观决策和微观决策;按照决策影响的时间长短分为长期决策与短期决策;按照决策问题所属专业领域分为生产决策、营销决策、财务决策和人事决策;按照决策目标数量分为单目标决策和多目标决策;按照决策的起点分为初始决策和追踪决策等。

三、决策的一般原则

1. 信息原则

在现代市场经济条件下,决策者若进行科学的决策,则必须获得与决策有关的大量信息。在对所获信息进行分析、甄选和判断的基础上,从中发现最有价值的信息,并以此

为基础建立决策方案。国内外许多企业都建立了管理信息系统,目的是为决策服务。

2. 目标明确原则

决策者在进行决策时,必须建立明确的决策目标,以便确定努力的方向,为选择方案提供参考标准,也有利于决策者对决策实施的最终效果进行监督和评价。

3. 职责明确原则

由于决策具有风险性、普遍性和相互关联性等特征,因此一项决策很可能对其他部门产生影响,也可能对其他人的责任范围产生影响。决策失误,组织、部门或个人会遭受一定的损失。所以,为了确保决策的权威性和防止混乱,必须明确职责,在各自的职责范围内做出决策,决策者必须对决策后果负责。这是防止滥用决策权、盲目决策,尽最大可能保证决策科学的制度保障。

4. 科学性原则

决策的科学性原则是指决策必须尊重客观规律、尊重科学,从实际出发、实事求是。坚持决策的科学性原则:首先,要求决策者具有科学的决策意识,只有树立了科学决策的意识,才可能尊重事实,尊重客观规律;其次,一切决策都应按照科学的决策程序办事,科学的决策程序是决策质量的保障;最后,决策应尽可能掌握与运用科学的分析方法和手段,特别是现代科学技术手段,如现代科学决策理论等。决策者不能仅靠想象和凭主观愿望办事,只有运用科学的理论、方法和工具,尽可能深入、全面、准确地分析事物,才能保证决策的正确性。

5. 可行性原则

可行性包括技术可行性和经济可行性。技术可行性是指决策的技术和决策方案的技术不能突破组织所拥有的或有关人员所掌握的技术资源条件的边界;经济可行性是指决策过程和决策方案,均要讲究经济效益和成本,决策和决策方案都必须为组织带来大于零的净收益。组织在决策时,既要考虑技术上科学,又要考虑经济上可行。决策同其他管理活动一样,决策者必须考虑决策过程中的费用和成本。人们之所以不可能按绝对最优的标准进行决策,就因为列出所有的备选方案的成本太高了,常常会得不偿失。决策过程本身的费用和成本与所采用的决策程序、决策方式、决策标准等直接相关。在保证决策的科学性、合理性的前提下,应选择费用最省、成本最低的决策程序、决策方式和决策标准。

6. 系统性原则

组织是一个系统,它本身有许多子系统,同时又是其他系统的子系统,受多因素互动影响,其与外界环境还存在能量、物质等交换关系的影响,决策时要运用系统思想和理论。具体来说,决策要统筹兼顾、全面安排,局部服从整体,各层次、各部分、各项目之间要相互联系和协调,注意实施反馈与动态调整等。

7. 满意原则

满意原则前面已经介绍,这里不再赘述。

8. 时效性原则

决策必须具有较强的时间观念,在瞬息万变的现代社会经济中,每一名决策者都应牢记"机不可失,时不再来"。能否抓住恰当的时机做出决策、实施决策,也反映了一名决策者所具有的决策能力的高低。当然,执行时效性原则并不等于搞盲目主义,问题没有摸透、措施不完善就仓促决策、盲目上马,必然以失败告终。科学、合理是时效原则的前提。

9. 集体决策原则

随着社会和科技的进步,客观事物发展变化快,决策问题越来越复杂,决策的难度增大,仅靠领导个人或某几个人的力量是难以做出正确的决策,因此要充分发挥集体的智慧做出决策。发挥集体智慧和进行集体决策的方法有多种,如设立专家智囊团、成立决策委员会等。

四、决策理论

1. 古典决策理论

古典决策理论是基于"经济人"假设提出的,主要盛行于 20 世纪 50 年代以前。该理论认为,应该从经济角度看待决策问题,即决策的目的在于为组织获取最大的经济利益。古典决策理论的主要内容有以下四个方面:

(1) 决策者必须全面掌握有关决策环境的信息情报;

(2) 决策者应充分了解有关备选方案的情况;

(3) 决策者应建立一个合理的层级结构,以确保命令的有效执行;

(4) 决策者进行决策的目的始终在于使本组织获取最大的经济利益。

古典决策理论假设,决策者是完全理性的。决策者在充分了解有关信息情报的情形下,是完全可以做出实现组织目标的最佳决策的。古典决策理论忽视了非经济因素在决策中的作用,不可能正确地指导实际的决策活动,从而逐渐为更全面的行为决策理论所代替。

2. 行为决策理论

赫伯特·西蒙(Herbert Simon)是行为决策理论最重要的代表人物,他在《管理行为》(Administrative Behavior)一书中指出,理性和经济的标准都无法确切地说明管理的决策过程,进而提出了有限理性标准和满意原则。其他学者进一步地研究了决策者行为,发现影响决策的不仅有经济因素,还有决策者的态度、情感、经验和动机等心理因素。

行为决策理论的主要内容包括以下四个方面:

(1) 人是有限理性的;

(2) 决策者在识别和发现问题中易受知觉偏差的影响;

(3) 在风险型决策中,与对经济利益的考虑相比,决策者对待风险的态度对决策起着更为重要的作用;

(4) 决策者在决策中往往只追求满意的结果,而不愿费力寻求最佳答案。

西蒙的决策理论不仅丰富了管理学理论,还创立了决策理论学派,该学派在当今仍有较大的影响。西蒙的决策理论虽然是以组织为对象,但该理论所阐述的原理和原则适用于一切组织活动的决策。

第二节 决策过程与影响因素

决策是解决问题的过程。作为过程的决策包括了许多阶段性的工作,决策的核心是在分析、评价和比较的基础上,对备选方案进行选择。在从事这些决策的过程中,决策者受到组织文化、时间、环境、过去的决策及其对待风险的态度等多种因素的影响。

一、决策过程

典型的决策过程一般包括辨识和确定问题,明确决策目标,拟定备选方案,筛选方案,实施方案和评估效果(见图5-1)。

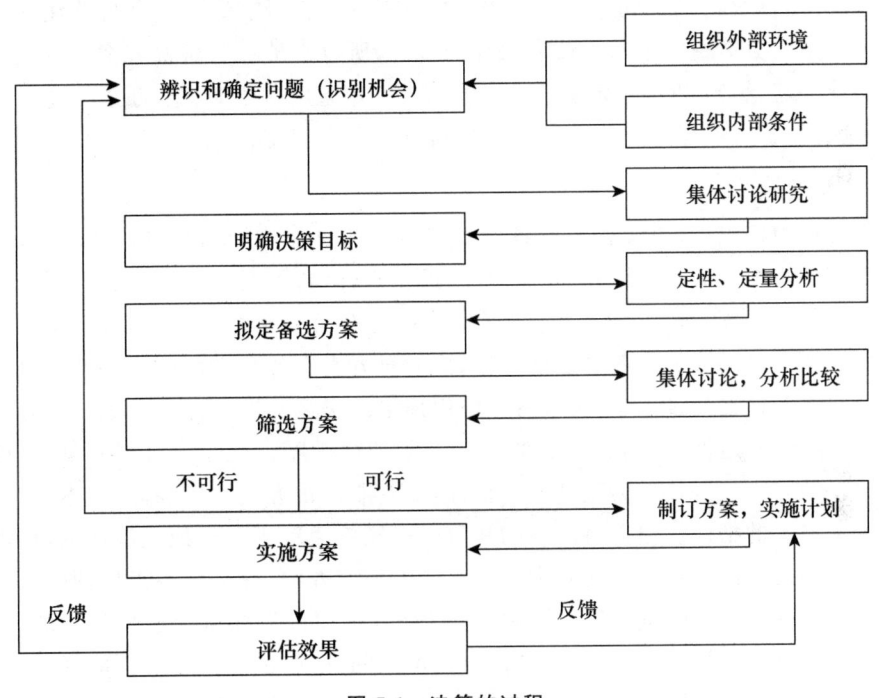

图5-1 决策的过程

1. 辨识和确定问题(识别机会)

一切决策都是从问题开始的。在决策过程中,我们既要辨识问题又要解决问题。这里所提的问题是指现实状态与期望状态存在差异。正因为这种差异,管理者才有了决策的动因,才需要通过某种决策消除这种不一致,从而达到人们所期望的状态。所以,正确地识别问题是解决问题的前提。

决策者辨识和确定问题的精确程度有赖于信息的精确度,所以决策者应尽力获取精确的、可信赖的信息。即使决策者拥有精确的信息并正确地予以解释,处在他们控制之外的因素也可能对机会和问题的识别产生影响。但只要决策者坚持获取高质量的信息并仔细地解释,就会提高正确决策的可能性。

2. 明确决策目标

决策目标是管理者期望通过决策活动所要取得的成果或所要达到的预期状态。决策目标既是评价和选择决策方案的依据,又是衡量决策行动是否取得预期结果的标准。

一项决策往往有多个目标,各个目标之间也可能存在冲突。为了解决多目标决策的困难,通常的方法是根据目标的相对重要性排先后次序,然后通过加权求和的方式综合为一个目标;或者将一些次要目标看作决策的限制条件,通过使某个主要目标达到最大(或最小)来选择方案。

3. 拟定备选方案

为了解决问题,需要设计出多个可行的、可供决策者抉择的方案。在这一阶段需要开拓思维,充分发挥创造力和想象力。决策者必须努力发掘各种可能的方案,避免遗漏实现目标的最佳途径。寻求更多备选方案的方法包括头脑风暴法、名义群体法和德尔菲法等。多个可行方案奠定了选择或者抉择的基础,所以常被称为备选方案。方案中能够进行数量化和定量分析的,一定要将指标数量化,并运用科学、合理的方法进行定量分析,使各个方案尽可能建立在客观科学的基础上,减少主观假设性。

4. 筛选方案

备选方案拟定以后,决策者应对各种备选方案的价值或恰当性进行比较和评价,并确定最满意的方案。为了保证这一关键环节的正确性,首先要组织一个具备评价每种备选方案优劣能力的领导班子,其中应包括各方面的专家。就企业决策来说,领导班子应包括技术、财务、市场公关等各方面的专家,以便对方案在各个方面的合理性与科学性做出正确评价。在评估的过程中,决策者应使用预定的决策标准并仔细考虑每种方案的预期成本、收益、不确定性和风险,最后对各种方案进行排序。在经济组织决策中,评选方案的标准一般是以经济效益为最基本的指标,如企业评价方案多以利润、成本、投资回收期等作为最基本的指标。但需要注意的是,首先,经济活动不仅是纯经济性的,还涉及许多方面,因此除经济效果之外,还必须包含一定的环境效益、社会效益指标;其次,评选方案工作一定要深入、认真、细致,评价方案不只是依据评价指标从中选择最优的,还必须详细审查方案的可行性程度。如果没有可行、可选的方案,则决策者决不能迁就、草率抉择,而应该对一些方案进行修改或增补备选方案,再进行评价选择。

5. 实施方案

在选出行动方案之后,为了实现预期目标,管理者还必须将方案付诸实施。有些方案的实施非常简单,有些则要困难得多。因此,对于所选定的方案,决策者还必须给予适当的辅助计划加以支持。为了确保决策方案的顺利实施,管理者必须针对方案的实施所引起的抵制有所准备。这些抵制可能来自人们对变革的不安、变革所引起的不便或利益的受损及其他一些未知的原因。因此,决策者一是应通过各种渠道将决策方案向组织成员通报,力争取得他们的支持和认同;二是应做好思想工作,在可能的情况下出台相应的补偿方案以消除成员的顾虑。

6. 评估效果

一项方案的实施可能需要较长的时间。在方案投入实施之后,外部形势可能会发生变化,决策者必须对决策的效果进行追踪和评价,了解是否出现偏差。如果存在偏差,则要找出偏差产生的原因,并采取相应的措施。

二、决策的影响因素

1. 环境的稳定性

一般来说,在稳定的环境中,组织过去针对同类问题所做的决策具有较高的参考价值,因为过去决策所面临的环境与现实差不多,决策调整的需要不多,准备一些计划任务下达即可;而在不稳定的环境中,组织所要做出的决策通常是紧迫的,否则可能被环境淘汰,同时过去决策的借鉴意义不大,因为已时过境迁。为了更快地适应环境,组织会对其经营活动的方向、内容与形式较频繁地依据环境变化做出相应的调整。

2. 过去的决策

今天是昨天的延续,明天是今天的延续。过去的决策对现在的决策的制约程度,主要受它们与现任决策者的关系的影响。如果过去的决策是由现在的决策者制定的,而决策者通常要对自己的选择及其后果承担管理上的责任,他们一般不愿对组织活动进行重大的调整,而倾向于仍把大部分资源投入过去方案的执行中,以证明自己的一贯正确性。相反,如果现在的主要决策者与过去的主要决策者没有渊源关系,则易改变过去的决策。

3. 决策者对风险的态度

由于决策是人们确定未来活动的方向、内容和目标的行动,任何决策都会冒一定程度的风险。组织及其决策者对待风险的不同态度会影响决策方案的选择。愿意承担风险的组织,通常会在被迫对环境做出反应之前就采取进攻性的行动;而不愿承担风险的组织,其活动受到过去决策的严重限制。

4. 个人的价值观

个人的价值观决定着人们的行为取向。决策者有什么样的价值观,就会做出什么样的价值判断。正如前面所讨论的其他各种因素,价值观也从各种不同的方面影响人们的决策行为。

5. 时间紧迫性

决策具有及时性,受到时间的制约。在有限的时间内,有限的信息使决策者没有时间履行太复杂的决策过程,他们往往选择直觉决策,凭借经验做出决策。在这种情况下,对决策速度的要求高于对决策质量的要求。如果决策涉及的问题对组织来说不紧迫,组织有足够的时间从容应对,那么在一般情况下,决策者愿意按照决策过程进行科学决策,对决策质量的要求必然提高。

另外,问题的重要性、个人能力、伦理观、组织的信息化程度、组织对环境的应变模式等对决策也有一定的影响。

第三节　群体决策

群体决策在决策理论中又称集体决策,它是相对于个人决策而言的。群体决策是指由多个人组成一个决策小组进行的决策,决策的后果由决策小组负责。当然,决策集体也有一名组织负责人,但他不是最高决策者,只是决策小组的组织者。在很多情况下,组织中的很多决策,尤其是对组织和个人活动具有深远影响的重要决策往往是由群体决定的。很多组织采用委员会、任务小组、工作团队、领导小组或类似群体作为决策工具。

一、群体决策的优点和缺点

1. 群体决策的优点

与个人决策相比,群体决策具有以下优点:

(1) 群体决策能够比个人决策提供更加完整的信息。俗话说"三个臭皮匠,顶个诸葛亮"。群体将带来个人所不具备的多种经验和观点。群体拥有更多的信息,能比个人识别更多的方案,因而群体决策能产生更多的备选方案。当群体来自不同的专业领域时,信息的数量和多样性达到最大。

(2) 群体决策能够较好地保证决策结果的合理性和正确性。参与群体决策的人员都是各个领域的专家,使得多人的知识与智慧集中在一个问题上,形成个人难以具备的智力、能力和知识结构,他们从各自的立场对备选方案进行评审、分析、使方案更臻完善,从而发现更好的方案。国外所进行的一些研究表明,群体判断问题的正确率一般要比单个个体高出5—6倍。所以,在有条件的地方,能够实行集体决策的应尽可能地实行集体决策。例如,企业开发一项新产品,既要了解市场需求,又要了解同行业企业的竞争状况,还要了解本行业、本企业的技术能力以及解决资金来源等问题。在这样的关系企业前途命运的大问题上实行集体决策,比较能保证决策的正确性、合理性。

(3) 群体决策能够提高决策方案的接受程度,具有较强的可执行性。让受到决策影响和实施决策的多个部门、多个方面的管理人员参与决策过程,使其对决策过程中选择方案的理由、实施决策的路线和措施、要达到的目标等都有直接与较全面的了解,他们就会更可能接受决策,并更可能鼓励其他人也接受决策。

(4) 群体决策还能够提高合法性。群体决策的制定过程与民主思想一致,因此可以认为群体制定的决策比个人制定的决策更合法。独揽大权的个人决策不与他人磋商,会使人感到决策出自独裁和武断。

2. 群体决策的缺点

与个人决策相比,群体决策具有以下缺点:

(1) 比个人决策花费更多的时间和费用。组成一个群体需要花费时间,此外,由于参与决策的人数较多,要达成统一的意见也要花较多的时间去统一认识。群体成员之间的相互影响常常导致低效,造成群体决策几乎总是比个人决策消耗更多的时间。

（2）容易形成少数人主导。在群体决策中，往往会产生妥协。有的成员具有非常强的个性，主导着整个小组，以至于最后的结果只是其个人的主张。

（3）群体思维。在群体决策中，有时会出现群体服从压力，它要求在群体成员中取得一致的愿望比取得最好结果的愿望更强烈。这种情况只是避免了群体成员之间的冲突，大家彼此相安，但它抑制了不同的、少数派的或非主流的观点，虽然呈现出一致的表象，但只能得到一个既不符合群体利益也不符合组织利益的结果。

（4）责任模糊。群体决策的后果理应由群体共同负责。但在决策的过程中，参加决策的人的意见不可能完全一致，所持的主张也有差别，如果决策失误，追究责任就比较困难。

二、提升群体决策有效性的方法

群体决策是否比个人决策更有效，取决于有效性的定义标准，如准确性、速度、创造性和可接受程度等。总体来看，群体决策利大于弊，往往更为准确。只要采取适当的措施，就可以充分发挥群体决策的优势，避免其不足之处。做好群体决策，应注意做好以下几方面的工作：

1. 把群体决策与个人负责制统一起来

群体决策与个人负责是不矛盾的。群体决策是为了集思广益，充分发挥群体的智慧；而个人负责则是为了强化对决策的负责。所以，应把群体决策与个人负责统一起来。只有这样，才能防止群体决策中容易出现的争论不休、议而不决、决策后果无人负责的现象。

2. 根据问题的性质和决策条件确定决策的范围与方式

一般来说，参与群体决策的人数越多、范围越广，意见就越多，分歧也就可能越大。那么，统一认识、做出一致同意决定所需要的时间就越长，决策过程的成本就可能越高。在实行群体决策之前，首先要分析问题的性质，明确应在什么范围内讨论，参加决策讨论的人必须是直接有关人员，可参加可不参加的人员不应参加讨论。其次要分析决策的时间约束条件。如果时间允许，可以进行较长时间的讨论和争论，参与群体决策的人员范围就可适当放大一些。即使如此，也要明确时间界限，防范无休止的争论；如果时间紧迫，就应缩小范围，尽快统一认识，尽快作出决策。

3. 做好组织和引导工作

做好群体决策的组织和引导工作是使决策中的意见分歧统一起来、认识一致的重要途径，因此决策负责人应努力做好群体决策的组织和引导工作。特别是在产生严重的意见分歧时，决策负责人更要积极采取措施（例如暂时休会，让矛盾双方冷静下来，同时做好双方的思想工作）使矛盾缓和下来，帮助他们认识问题的本质及不同意见中存在的共同点，使各方能够求同存异，消除分歧。

4. 做好对各种意见的分析和采纳工作

在群体决策中，等到意见完全统一再做决断常常是不可能的。决策负责人应能够从众多的意见中辨识和采纳正确的、优秀的意见，还要注意采纳不正确、不可行意见所包含的合理的、有价值的内容,这样既有助于坚持正确意见,又有利于说服持不同意见的成员接受正确的意见。因此,决策负责人应认真分析各种不同的意见,以科学、公正的态度对待各种意见,不带偏见,不搞先入为主,只有这样才能获取最有价值的意见。

5. 控制好群体决策的规模

群体规模越大,差异性出现的机会就越多。此外,大规模的群体需要更多的协调和更多的时间使所有成员有效地参与。这就意味着群体规模不宜过大,5—15人较合适。实际上有证据表明,5—7人的群体是最有效的。因为5和7都是奇数,可避免决策僵局。在评价效果的同时必须考虑效率,群体决策者与个人决策者相比,其效率总是稍逊一筹。几乎没有例外,群体决策比个人决策所耗费的工作时间更多。在决定是否采取群体决策时,我们主要考虑的是有效性的提高是否足以抵消效率的损失。

三、群体决策的形式

最常用的群体决策形式有四种:头脑风暴法、德尔菲法、名义群体法、电子会议法。

1. 头脑风暴法

头脑风暴法是最普遍的群体决策形式,也是比较常用的定性决策方法。它是一种创意产生的过程,便于产生创造性建议,主要用于收集新思想。通常是将对解决某一问题有兴趣的人集合在一起,在完全不受约束的条件下,大家敞开思路,畅所欲言。头脑风暴法的创始人是英国心理学家奥斯本(A. F. Osborn),他为该决策方法的实施提出了四项原则:

(1) 各自发表自己的意见,对他人的建议不做评论;

(2) 建议不必深思熟虑,越多越好;

(3) 鼓励独立思考,广开言路;

(4) 可以补充完善自己的建议,使其更具说服力。

2. 德尔菲法

德尔菲法是美国兰德公司的研究者提出的。德尔菲法是指综合专家们对某一问题独立发表的意见,对方案做出评价、选择和集体判断的方法,又称专家意见法。运用这一方法的步骤为:

(1) 根据问题的特点,选择和邀请做过相关研究或拥有相关经验的专家。

(2) 将与问题有关的信息分别提供给专家,请他们各自背靠背独立发表自己的意见,并形成书面材料。

(3) 管理者收集并综合专家们的意见后进行系统化整理,将综合意见反馈给各位专家,请他们再次发表意见。如果专家分歧很大,可以开会集中讨论;否则,管理者分头与专家联络。

(4) 经过若干次反复,大多数专家的意见趋于集中,趋于一致的意见便成为这些专家的群体决策。

德尔菲法具有以下几个方面的优点:(1) 避免了群体决策中面对面的争论,有利于新的意见和看法的产生;(2) 避免了面对面的群体决策可能形成的权威崇拜,有利于新思想、新观念和有价值方案的产生;(3)能较好地使参与决策的每位专家都能畅所欲言。当然,德尔菲法也存在一定的缺点,如决策时间较长,信息处理的工作量较大,不利于直接交流等。

3. 名义群体法

在群体决策中,如果大家对问题的性质的了解程度存在很大的差异,或者彼此的意见有较大分歧,那么直接开会讨论的效果并不好,大家可能争执不下,也可能权威人士发言后大家随声附和。这时,可以采取名义群体法。

名义群体法也是一种常用的群体决策形式,与德尔菲法有所不同,名义群体法要求成员集中在一起工作。但它也不同于头脑风暴法,小组成员之间不允许自由讨论,因而被称为名义群体。这种方法可以有效地激发个人的创造力和想象力,主要用于提出新颖并富有创造性的方案和主意。

名义群体法的具体实施步骤如下:

(1)管理者选择一些对要解决的问题有研究或有经验的人作为小组成员,并向他们提供与决策问题相关的信息。

(2)小组成员各自先不通气,独立思考,提出决策建议,并尽可能详细地将自己提出的备选方案形成文字资料;然后召集会议,让小组成员一一陈述自己的方案。

(3)在此基础上,小组成员对全部备选方案投票,产生大家最赞同的方案,并形成对其他方案的意见,提交管理者作为决策参考。

4. 电子会议法

一种最新的群体决策方法是将名义群体法与计算机技术相结合,被称为电子会议法。只要具备技术条件,实施这种方法就很简单了。许多人围坐在马蹄形的桌子旁,这张桌子除了一些计算机终端别无他物。将问题显示给决策参与者,决策者把自己的意见输入计算机终端屏幕上。这样,个人的意见和投票都显示在会议室的投影屏上。这种方法的优点是:其一,匿名、可靠、快速;其二,能使群体正式开会但又不限制每个人的独立思考,而传统会议往往做不到这一点。

第四节 决策方法

要保证组织制定出来的各项决策科学、合理,我们就必须运用合适的决策方法。目前,已经创建的可行的决策方法有很多,但没有任何一种方法是万能的,关键在于如何根据具体决策问题的性质和特点灵活运用。一般的决策方法包括有关活动方向的决策方法、主观决策方法和定量决策方法等。管理者应当根据决策过程的性质和决策过程各阶段的特点,灵活地运用各种方法,这样才能提高决策的科学化水平。

一、有关活动方向的决策方法

有关活动方向的决策方法主要包括波士顿矩阵法、政策指导矩阵法、SWOT 分析法、业务组合分析法、成功关键因素分析法和价值链分析法等,这里介绍前两种。

1. 波士顿矩阵法

波士顿矩阵法(BCG)由美国波士顿咨询公司创立,其目的是确定公司某项业务的经营状况,并对业务的发展方向进行决策。管理者有时需要对企业或企业某一部门的活动方向进行选择,此时可以采用波士顿矩阵图。

这种分析方法主张,在确定各个经营单位的业务方向时,应考虑企业(或经营单位)在市场上的相对竞争地位和业务增长状况。相对竞争地位往往反映为企业的市场份额(市场占有率),它决定了企业获取现金的能力和速度,因为较大的市场份额可以带来较高的销售和销售利润,从而使企业得到较多的现金流量。市场增长率(业务增长率)对经营方向选择的影响是双重的。首先,它有利于市场份额的扩大,因为在稳定的行业中,企业产品销售量的增加往往来自竞争对手市场份额的缩小;其次,它决定着投机概率的大小,因为市场增长迅速可以使企业快速收回投资,并为取得投资报酬提供了机会。

根据这两种标准,我们可以把企业的经营单位分成四种类型(见图5-2)。企业应根据各种类型的不同特征,选择相应的经营方向和活动方案。

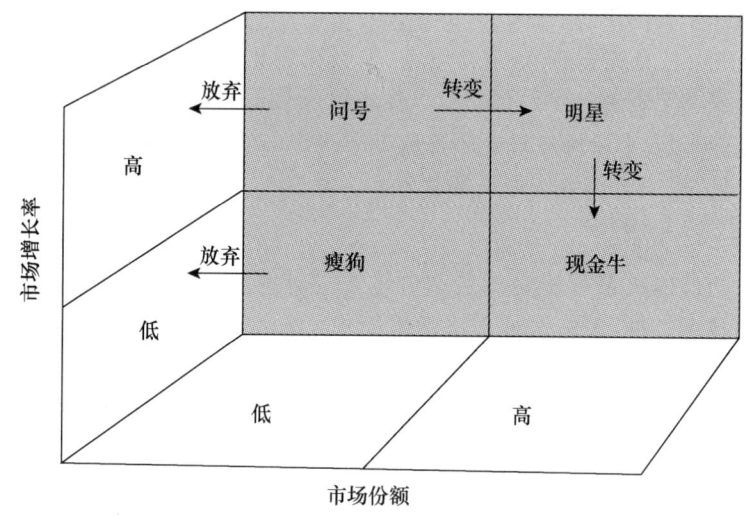

图 5-2 波士顿矩阵

(1) 现金牛(低增长、高市场份额)。现金牛业务可以提供大量的现金流,保证公司对现金的需要,但未来增长前景是有限的。

(2) 明星(高增长、高市场份额)。明星业务属于高度增长、高占有率的产品。这种经营单位代表着最高利润增长率和最佳投资机会,因此企业应该增加必要的投资,扩大生产规模,以维持其有利的市场地位。

(3) 问号(高增长、低市场份额)。问号业务属于高度增长、低占有率的产品。由于高增长速度需要大量的投资,而较低市场份额只能提供少量的现金,因此企业应做出的选择是投入必要的资金,以提高市场份额、扩大销售量,促其转成明星业务。如果决策者认为某些刚刚开发的领域不可能变成"明星",则应及时采取放弃策略。

(4) 瘦狗(低增长、低市场份额)。瘦狗业务的由于市场份额和增长率都比较小,甚至出现负增长,因此这种经营单位只能带来较少的现金收入和利润,而维持生产能力和竞争地位所需的资金甚至可能超过其提供的现金收入,从而可能形成资金陷阱。企业应缩小规模或放弃这种不景气的经营单位。

波士顿矩阵分析的目的是帮助企业确定自己的经营方向(或战略),其重要贡献两点有:一是有助于直观分析每项经营业务在竞争中的地位,使企业了解其作用或任务,从而有选择地、集中地使用企业有限的资金;二是有助于企业确定经营业务的投资组合,并为帮助人们理解性质各异的业务及确定战略资源分配的优先次序提供一种分析框架。

2. 政策指导矩阵法

管理者还可以采用政策指导矩阵对企业或企业某一部门的经营方向进行选择。政策指导矩阵是由荷兰皇家壳牌公司创立的。具体来说,这种方法用矩阵形式,从市场前景与相对竞争力两个角度分析企业各个经营单位的现状和特征,并把它们标示在矩阵图上,据此指导企业经营的方向。市场前景取决于盈利能力、市场增长率、市场质量和法规限制等因素,市场前景吸引力分为强、中、弱三种;竞争力也分为强、中、弱三种,这样可把企业的经营单位分成九大类(见图 5-3)。

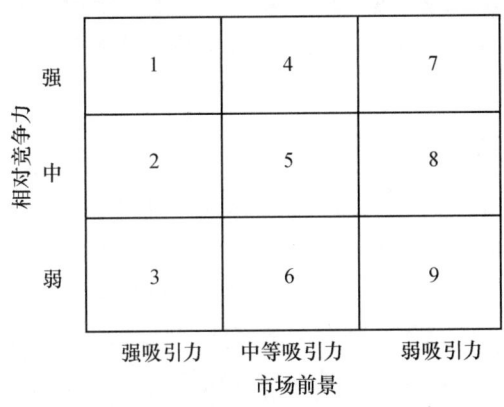

图 5-3 政策指导矩阵

管理者可以根据经营单位在矩阵中所处的位置来选择企业的经营方向。

位于区域 1 和区域 4 的经营单位虽然市场前景很好,但企业未能充分利用;竞争实力已有一定基础,但还不够充分。因此,企业应不断强化,努力分配更多的资源以加强其竞争力。

位于区域 3 的经营单位可以采取两种不同的决策。同一企业在一定时期内的资金能力有限,只能选择少数最有前途的产品加速发展,对其余产品则逐步放弃。

位于区域 5 的经营单位在市场上一般有 2—4 个强有力的竞争对手,因此没有一家公司处于领先地位,可行决策是分配足够的资源,使之能随着市场的发展而发展。

位于区域 6 和 8 的经营单位,由于市场吸引力不大且竞争力较弱,或者虽具备一定的竞争实力但市场吸引力很小,因此应缓慢地从这些经营领域退出,收回尽可能多的资金投入盈利能力更强的经营部门。

位于区域 7 的经营单位的竞争力较强但市场前景不容乐观。这些经营单位本身不应发展,但可利用自己较强的竞争力为其他快速发展的经营单位提供资金支持。

位于区域 9 的经营单位因市场前景黯淡、企业自身实力又很弱,应尽快放弃,抽出资金转移到发展前景较好的经营部门。

政策指导矩阵与波士顿矩阵有相似之处,但波士顿矩阵只考虑业务的特点而忽视业务所在市场的前景,而政策指导矩阵划分为九个区域,更加有利于业务的分类。不过,政策指导矩阵划分的区域过多,在一定程度上使相邻区域的特征不够显著,影响了企业经营方向的选择。

二、主观决策方法

主观决策方法是指运用心理学、社会学的知识,采用有效的组织形式,在决策过程中直接利用专家们(在某些专业方面积累了丰富的知识、经验和能力的人)的知识和经验,根据已掌握的情况和资料,提出决策目标以及实现目标的方法,并做出评价和选择。

主观决策方法有多种,如德尔菲法、头脑风暴法和名义群体法等。主观决策方法的优点是方法灵活,通用性大,省时省力,决策者容易接受;但因其缺乏严格的论证,主观性大,容易受决策者的知识、气质、能力及决策组织者个人倾向等方面因素的影响,其结果往往缺乏周密性。主观决策方法往往用于受社会因素影响较大、包含的因素错综复杂的综合性决策或非程序性决策。

三、定量决策方法

定量决策方法是指运用数学计算或数学模型进行分析决策的方法。它的核心是把决策的变量与变量、变量与目标之间的关系用数学公式表示出来,建立数学模型,然后通过计算求得答案。这种决策方法适用于决策过程的任何一步,特别适用于方案的比较和评价。定量决策方法分为三类:确定型决策方法、风险型决策方法、不确定型决策方法。在决定选择哪一个方案时,要比较不同方案的经济效果。由于方案是在未来实施的,因此管理者在计算方案的经济效果时,要考虑到未来的情况。定性决策方法是应用统计学、运筹学等课程的任务,这里只介绍几种常用的决策方法。

1. 不确定型决策方法

如果问题涉及的条件是未知的,对于一些随机变量,我们连它们的概率分布都不知道,这类决策问题被称为不确定型决策。下面通过一个例子介绍几种不确定型决策方法。

某企业打算生产某产品,根据市场预测分析,产品销路有三种可能性:销路好、销路一般和销路差。生产该产品有三种方案:改进生产线、新建生产线、外包生产。各种方案的收益值如表 5-1 所示。[①]

[①] 周三多,陈传明.管理学(第 3 版)[M].北京:高等教育出版社,2010.

表 5-1　企业产品各生产方案在不同市场情况下的收益　　　　　单位：万元

项目	销路好	销路一般	销路差
改进生产线	180	120	-40
新建生产线	240	100	-80
外包生产	100	70	16

面对这一决策问题,我们不能简单地从表 5-1 中选取收益最大的单元格(240 万元),因为"销路好"这一情况不一定会发生,我们甚至不知道三种情况各自出现的可能性(概率)。

常用的解决不确定型决策问题的方法有以下三种:

(1) 小中取大法。决策者对未来持悲观态度,认为未来会出现最差的情况。我们在决策时,对各种方案按其带来的最低收益考虑,然后比较哪种方案的最低收益最高,简称小中取大法。

在本例中,三种方案的最小收益依次分别为-4 万元、-80 万元和 16 万元,其中第三种方案对应的值最大,所以选择外包生产。

(2) 大中取大法。决策者对未来持乐观态度,认为未来会出现最好的情况。我们在决策时,对各种方案按其带来的最高收益考虑,然后比较哪种方案的最高收益最高,简称大中取大法。

在本例中,三种方案的最大收益依次分别为 180 万元、240 万元和 100 万元,其中第二种方案对应的值最大,所以选择新建生产线。

(3) 最小最大后悔值法。决策者在选择了某方案后,若事后发现客观情况并未按自己预想的发生,会为自己事前的决策而后悔。由此,产生了最小最大后悔值决策方法,其步骤如下:

步骤 1,计算每个方案在每种情况下的后悔值,定义为:

后悔值＝该情况下各方案中的最大收益－该方案在该情况下的收益

步骤 2,找出各方案的最大后悔值;

步骤 3,选择最大后悔值中最小的方案。

表 5-2 给出了各方案在各种市场情况下的后悔值,最右一列给出各方案的最大后悔值,其中第一方案对应的最大后悔值最小,所以选择改进生产线。

表 5-2　企业产品各生产方案在不同市场情况下的后悔值　　　　　单位：万元

项目	销路好	销路一般	销路差	最大后悔值
改进生产线	60	0	56	60
新建生产线	0	20	96	96
外包生产	140	50	0	140

2. 风险型决策方法

风险型决策是在有明确目标的情况下,依据通过预测得出的不同自然状态下的经济效果(损益值)及其出现的概率而做出的决策。由于自然状态并非决策者个人所能控制,因此决策者要承担一定风险。一般采用决策树法解决风险型决策。决策树的基本原理是首先根据实际情况画出决策树图,然后采用逆序算法计算出各状态点和决策点的期望值,最后作出最终决策。下面通过一个简单的例子说明决策树的原理和应用。

假设某企业为了满足某种新产品的市场需求,拟规划建设新厂。预计市场对这种新产品的需求量可能很大,但也存在销路差的可能性。另一种可能是最初几年销路很好,但随后几年可能保持旺销,也可能是需求量减少。

该企业面临以下三种可能的选择:

(1) 建一座大厂。如果需求量很大,则产品可完全占领市场,并获得很高的收益;但如果需求量小,工厂就会亏损。

(2) 建一座小厂。在需求量小的情况下仍可收回投资,并可获得一定的收益;但如果遇到需求量大的情况,则很快会让竞争对手占领市场,不仅失去了获得高收益的机会,还可能因竞争而使小厂原有的收益减少。

(3) 先建小厂,若试销期需求量很大再扩大工厂。这个看上去较为稳妥的方案也存在某些问题。首先,对同样的生产规模来说,两次投资的总和要大于一次投资;其次,由于没能及时占领市场,会给竞争对手以可乘之机,最终可能会失去一部分收益。

为了叙述方便,我们适当地简化问题。上述三种可行方案如下:

方案一:新建大厂,需要 300 万元投资。据初步设计,销路好时,每年可获利 100 万元;销路不好时,每年会亏损 20 万元。服务期限为 10 年。

方案二:新建小厂,需要 140 万元投资。销路好时,每年可获利 40 万元;销路不好时,每年仍可获利 30 万元。服务期期为 10 年。

方案三:先建小厂,3 年后销路好时再扩建,追加投资 200 万元,服务期限为 7 年,每年估计可获利 95 万元。

我们进一步假设,根据市场预测,新产品销路好的概率为 0.7,销路不好的概率为 0.3。我们现在来看看,根据这些情况应如何选择最优方案。该问题的决策树如图 5-4 所示。

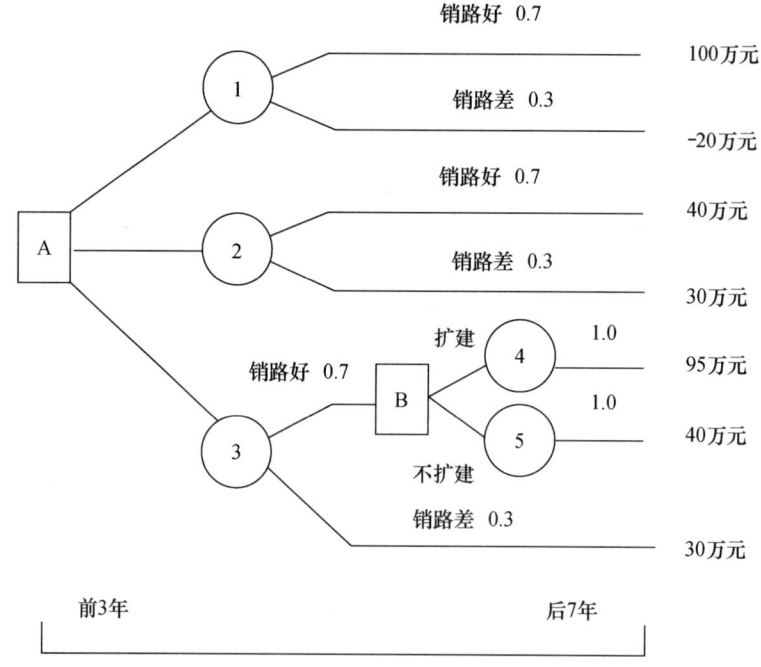

图 5-4 多阶段的决策树

图 5-4 中的矩形节点为决策点。从决策点引出的若干条树枝代表若干个方案,称为方案枝。圆形节点为状态节点。由状态节点引出的若干条树枝表示不同的自然状态,称为状态枝。我们的问题有两种自然状态(销路好和销路差),且已知其出现的概率。在状态枝的末端,列出不同状态下各方案的收益值(或损失值)。

各方案的期望收益计算为:

点①的期望收益＝[0.7×100＋0.3×(－20)]×10－300＝340(万元)

点②的期望收益＝(0.7×40＋0.3×30)×10－140＝230(万元)

点④的期望收益＝95×1.0×7－200＝465(万元)

点⑤的期望收益＝40×1.0×7＝280(万元)

因 280＜465,故

点③的期望收益＝[0.7×40×3＋0.7×465＋0.3×30×10]－140＝359.5(万元)

计算结果表明,应选择先建小厂,3 年后若销路好再扩建。注意,我们为了简化问题,忽略了时间因素对不同时期内收益和投资的实际价值的影响。也就是说,这里没有考虑资金的时间价值。但在现实中,这种多阶段决策的时间差别对决策结果可能具有重要的影响。

❑ 重要概念

波士顿矩阵法	德尔菲法	风险型决策	确定型决策
不确定型决策	电子会议法	决策	头脑风暴法
程序化决策	非程序化决策	名义群体法	政策指导矩阵法

❑ 本章概要

所谓决策,是指组织或个人为了实现一定的目标,利用所掌握的信息等资源把握机会,运用一定的方法,在两个或两个以上的备选方案中进行识别、选择,以及实施行动方案的过程。

决策具有目标性、可行性、选择性、风险性、满意性、过程性和动态性的特点。

决策的一般原则包括信息原则、目标明确原则、职责明确原则、科学性原则、可行性原则、系统性原则、满意原则、时效性原则和集体决策原则。

决策理论包括古典决策理论和行为决策理论。

典型的决策过程一般包括辨识和确定问题,明确决策目标,拟定备选方案,筛选方案,实施方案和评估效果。

决策的影响因素包括环境的稳定性、过去的决策、决策者对风险的态度、个人的价值观、时间紧迫性等。

群体决策是指由多个人组成一个决策小组进行的决策,决策的后果由决策小组负责。群体决策既有优点也有缺点。

最常用的群体决策形式有四种:头脑风暴法、德尔菲法、名义群体法、电子会议法。

决策方法主要包括有关活动方向的决策方法、主观决策方法和定量决策方法等。

思考题

1. 什么是决策？决策有哪些特点？
2. 决策有哪些类型？决策的一般原则有哪些？
3. 决策过程是什么？
4. 决策有哪些影响因素？
5. 群体决策有什么优点和缺点？谈谈提升群体决策有效性的方法。
6. 群体决策有哪几种形式？每种形式各有什么特点？

实训题

回顾你在报考大学时是如何做出选择的。你将哪些因素作为权衡的标准？你是如何做出决策的？基于理性分析的部分占多大的权重？基于非理性的权重又是多少？

案例分析

三鹿与强生[①]

2008年9月，"毒奶粉"事件震惊全国。成千上万的消费者受到伤害，企业、股东、员工付出了沉重的代价，也让整个奶制品产业遭受了巨大的打击，甚至让我们整个国家为之蒙羞。这次事件的主角——三鹿集团在整个事件发生过程中的表现令人惋惜。与之相对照，著名的强生公司当年也曾遭受类似的危机。在遭遇危机时的不同应对方式决定了这两家公司迥然不同的命运。

一、三鹿"毒奶粉"

2008年9月9日，媒体报道"甘肃14名婴儿因食用三鹿奶粉同患肾结石"。短短两周内，"毒奶粉"事件迅速蔓延开，全国因食用含三聚氰胺奶粉而住院的婴幼儿高达1万余人，官方确认四例患儿死亡。

三鹿集团位于河北省石家庄市，其奶粉销量连续11年位居全国第一。2008年9月11日，中国卫生部宣布，"高度怀疑石家庄三鹿集团股份有限公司生产的'三鹿牌'婴幼儿配方奶粉受到三聚氰胺污染"。按照石家庄市政府的说法，是不法分子在原奶收购过程中添加了三聚氰胺。然而，没有多少人相信三鹿集团对此毫不知情。国务院调查组公布的信息显示，三鹿集团2007年12月即接到患儿家属投诉，但直到2008年3月才开始调查。这意味着，在接到投诉后的3个月时间里，三鹿集团明知奶粉中含三聚氰胺，还在继续生产和对外销售。

2008年9月16日，当地政府宣布免去三鹿集团党委书记、董事长及总经理田文华的

[①] 杨文士等.管理学(第3版)[M].北京：中国人民大学出版社，2009.

职务，三鹿集团全面停产整顿。9月17日，因认定三鹿集团涉嫌生产和销售有毒、有害食品罪，带领这家企业前行21年的田文华被警方刑拘。这个中国奶业龙头企业的形象瞬间崩塌。12月25日，当地政府通报：目前三鹿集团的净资产为—11亿元，宣告破产。12月31日，三鹿集团4名高管接受法律审判。2009年1月22日，石家庄市中级人民法院一审宣判，田文华因犯生产、销售伪劣产品罪，判处无期徒刑，剥夺政治权利终身，并处罚金人民币2468万元。

二、强生"毒泰诺"

1982年9月29日和30日，在芝加哥地区发生了有人因服用强生公司主打产品"泰诺"中毒死亡的事故。消息传开后，在美国引起一片恐慌。强生公司并没有掩盖事实，而是一方面同警方合作，展开对事件的调查；另一方面在全美范围内回收了数百万瓶"泰诺"，同时花费50万美元向那些可能与此有关的内科医生、医院和经销商发出警报。

经过对800万片药剂的检验，发现所有受污染的药片只源于一批药，总共不超过75片。最终的死亡人数只有7人，且仅限于芝加哥地区。

最后的调查结果显示，有人故意在"泰诺"的胶囊里投放了氰化物，而强生公司是无辜的。此事件的发生给强生公司造成了上亿美元的损失。但由于公司成功地进行善后处理，赢得了消费者和社会舆论的同情。在事故发生后的仅5个月，强生公司就夺回了"泰诺"原来所占市场的70%，并在两年后重新夺回市场老大的位置。

《华尔街日报》报道说："强生公司选择了一种自己承担巨大损失而使他人免受伤害的做法。如果昧着良心干，强生公司将会遇到很大的麻烦。"强生公司有一个"做最坏打算的危机管理方案"，该计划的重点是首先考虑公众和消费者的利益，这一信条最终挽救了强生公司的信誉。

讨论题

哪些因素决定了三鹿和强生这两家公司面对类似危机但采取完全不同的做法？

第二篇
计划篇

第六章　计划

第六章 计 划

【内容提要】

本章概括地介绍了目标的概念和分类,计划的定义、类型、权变因素及工作原理,计划的编制过程和方法,目标管理的概念和特点,目标管理的过程等基本问题,同时说明了战略管理的内涵及其过程。

【学习目标】

1. 了解计划的性质。
2. 熟练掌握计划的编制流程。
3. 重点掌握目标管理是如何实施的。
4. 理解战略管理是如何进行的。

引例

爱丽丝的故事

"请你告诉我,我该走哪条路?"
"那要看你想去哪里?"猫说。
"去哪儿都无所谓。"爱丽丝说。
"那么走哪条路也就无所谓了。"猫说。

——摘自刘易斯·卡罗尔的《爱丽丝漫游奇境记》

第一节 目标与计划

一、目标概述

作为管理者,首先要制定目标。目标是什么?为了实现这些目标应该做什么?这些目标在每个领域中的具体目标是什么?这些是每一位管理者应当明确的首要问题。

1. 目标的含义

正如哈罗德·孔茨所言,目标是人们预期所要达到的成果。[①] 同时,目标也是行为的导向。人们的行为总是为了实现某种目标,而目标的实现使人的需要得以满足。因此,目标的实现既是行为的结果,又是满足需要的条件。

企业的目标是企业使命的具体化。通常来说,企业的使命过于抽象,因此它需要进一步具体化为企业在一定时期的目标。企业的使命支配着其在各个时期的目标,而企业各个时期的目标则是围绕着企业的使命而制定的。确定目标是制订计划的前提,它指明了未来行动的方向。

2. 目标的分类

目标是企业使命和企业功能的具体化。一方面,企业内各个部门都要有目标,以便从不同的侧面反映企业的自我定位和发展方向;另一方面,目标还取决于不同企业的不同战略目标。因此,企业目标的分类是多元化的。

(1) 按目标的决策层分为战略目标和战术目标。战略目标是指企业在其战略管理过程中所要实现的改善市场地位、提高竞争能力、取得满意绩效的目标。战略目标的设定,是企业宗旨的展开和具体化,是企业宗旨中确认的企业经营目的、社会使命的进一步阐明和界定,也是企业在既定领域展开战略经营活动所要达到的水平的具体规定。战术目标是指企业的短期目标,为期一年或不到一年。战术目标就是为企业的市场营销部门或其他职能部门规定的要求达到的目标。总的来说,战略目标是整个企业争取达到的目标,而战术目标则是为达到战略目标而设定的,是战略目标的具体化。

(2) 按目标的跨期分为长期目标、中期目标和短期目标。长期目标一般是指五年期以上的目标,它是企业通过实施特定战略所期望达到的结果,是衡量企业管理绩效的重要工具。企业各个层级都需要长期目标,包括公司总部、各事业部、各分公司和各职能部门。企业在制定长期目标时,应尽可能明确、具体地规定目标的内容以及实现目标的时间进度。此外,企业各层级的战略管理人员都必须清楚地理解他们所要实现的目标,以及评价目标效益的主要标准。

中期目标是指在一定的目标体系中受长期目标制约的子目标,是达成长期目标的一种中介目标,通常与长期目标保持一致。

短期目标通常是指时间在一年以内的目标,是中期目标和长期目标的具体化、现实化和可操作化。短期目标是实现长期目标的保障,是最明确的目标。企业在制定短期目标时,应明确地规定具体的完成时间,并且根据环境的变化灵活调整。事实上,长期目标和短期目标是一个整体关系,确定短期目标的过程实质上是确定长期目标实现的先后次序。

(3) 按目标能否量化分定性目标和定量目标。企业管理目标按是否可以量化分为定性目标与定量目标。定性目标一般是用叙述性语句描述的目标。例如,年内消除 A 销售区域内的"窜货"问题,年内制定出公司各部门的行政费用支出标准。而定量目标是可以

---

① 〔美〕哈罗德·孔茨,海因茨·韦里克.管理学(第9版)[M].郝国华等译.北京:经济科学出版社,1993.

用数字明确下来的目标。例如,明年全年要在整个区域内达到 X 产品 400 万元的净销售额及 23 万套的销售量;在上一年度的基础上,在保证其他部门正常工作的前提下,节约行政开支 20%。再如,企业在招聘过程中表示"寻找企业所需的合适人才",这是定性目标;而每次招聘时,招聘什么岗位、每个岗位招聘多少人,这些就是定量目标。定性目标主要是指描述企业发展方向或企业定位的目标,它是企业目标的本质;定量目标则是定性目标的具体表现或分解,它是企业目标的表象。企业在制定目标时,必须将定性和定量相结合。

3. 目标的作用

目标的功能在于描述企业在一定时期内经营活动的方向及其所要达到的水平。在企业的管理实践中,制定目标居于十分重要的地位,是一切行动的出发点和依据。德鲁克认为,企业的使命必须转化为目标。只有明确了目标,才能确定每个人应完成的工作计划。目标是管理者和企业中所有成员的行动指南,规定了企业在特定时期内要完成的具体任务,从而使企业的工作能在特定时期内完整地融为一体。

(1) 目标能够帮助企业实现外部环境、内部条件和企业使命的动态平衡,使企业获得长期、稳定和协调发展。

(2) 目标能够把各种力量、各种资源统一协调,按照其要求去发挥作用,促使企业切实地凝结为一个统一的整体。在制定目标的过程中,管理者对目标达成共识,使其成为企业员工的共同追求,企业可减少在目标实施过程中的潜在冲突。

(3) 目标具有可衡量性,为计划方案的制订和实施提供了评价标准与考核依据。

(4) 目标描绘了企业发展的远景,突出了企业的经营重点,明确了各级管理者和每名员工的要求,这是对员工的一种鼓舞和动员,它会激励员工充分发挥积极性和创造性,为完成企业的使命和任务而努力。

4. 目标的设定

(1) 企业需要设定目标的八大领域。德鲁克认为,企业应当在以下八个领域确立目标[1]:

一是市场营销目标。市场是企业竞争的战场。企业要想生存,首先必须能够创造顾客,因此需要市场营销目标。市场营销方面的目标应表明企业希望达到的市场占有率或在竞争中达到的地位。具体来说,市场营销目标包括市场占有率、销售额、销售量、新市场的开发和传统市场的渗透等。

二是创新目标。企业必须能够创新,才能在市场中立于不败之地,因此需要创新目标。创新目标一般包括产品或服务的创新,市场、消费者行为及消费者价值的创新,制造及营销产品和服务所需各种技术与活动的创新。在设定创新目标时,管理人员必须先依据产品线、现有市场、新市场及服务需求等,确定市场营销目标需要哪些方面的创新。

三是人力资源和员工福利目标。这方面的目标包括人力资源的获得、培训和发展,管理人员的培养及其个人才能的发挥,薪资水平的提高,福利设施的完善,以及缺勤率、

---

[1] 那国毅.百年德鲁克[M].北京:机械工业出版社,2010.

迟到率、人员流动率、培训人数或将实施的培训计划等。

四是财务资源目标。每家企业都需要财务资源,它甚至可能比营销或创新更重要。一些享有良好管理声誉的大公司,由于未能全面考虑资本供给和制定资本目标的问题,以致公司的发展受阻,使管理人员在营销、创新和生产率等方面所做的杰出工作变得徒劳无益。资金目标可用资本构成、新增资本股、现金流量、资本利润率、投资收益率等表示。

五是实物资源目标。无论企业作什么决定,其目标必须着眼于提供实现市场营销和创新目标所需的实物资源。任何一家生产物质产品的企业都必须能够获取实物资源,必须确保实物资源的供应。这些实物资源包括土地、厂房、机器、原材料等。

六是生产力目标。生产力是衡量企业绩效的一个重要指标。传统上,生产力被定义为每人每小时的产出或每台机器每小时的产量,而德鲁克将生产力定义为"所有生产要素之间的平衡"。生产力体现在所有生产要素之间的整合,这些生产要素包括土地、厂房、设备、信息、人力资本、货币资本等。生产力是对组织绩效的真实检测,是管理竞争力的一个指数。

七是社会责任目标。德鲁克认为,企业必须把履行社会责任作为一项目标。社会责任目标反映了企业对社会贡献的程度,如合理利用自然资源、降低资源消耗、保护生态环境、积极支持社区活动等。

八是利润目标。利润目标是企业的基本目标。任何企业没有利润都无法生存,它直观地衡量了企业所作努力的成果如何,是对企业绩效的最终检验,企业必须决定在一段时间里的最低利润需求。利润目标通常用利润率、投资收益率和每股收益率等表示。

(2) 制定有效目标的评估标准——SMART 法则。设定有效的目标是管理者必备的一项管理技能。经验丰富的管理者有一种简单而有效的方法来检查他们所制定的目标是否合理,这种方法即 SMART 法则。

一是具体性(specific)。目标越明确,就能提供越多的指引。企业的发展取决于目标是否明确,因此目标的设定一定要清晰具体,不可模糊抽象。同时,企业在设定目标时应注意层次性,建立明确的目标层次体系。不同层级的管理者应设定不同的目标:高层管理者负责制定企业的战略目标,部门经理则应将战略目标转化为本职能部门的具体行动目标。一旦主要目标明确了,企业其他领域的目标也就易于确定了。

二是可衡量性(measurable)。目标要可衡量。目标的量化可能会损失一些企业运营效率,但它是使目标可检验的最有效的方法,任何一个目标都应有可以用来衡量目标完成情况的标准。例如,获取合理利润这一目标,虽然它直接指出了公司是盈利还是亏损,但并不能说明应该获取多少利润。不同的人对"合理"的判断标准是不同的。如果我们将目标明确地量化为"在本会计年度末实现10%的投资收益率",那么它对"多少""何时"都作出了回答。

三是可实现性(attainable)。在确定行动目标之前,企业必须分析企业自身的资源和能力,综合考量其内部条件的优势和劣势,以及外部环境的机遇和威胁。在此基础上,判断企业经过努力后所能获得的成果。如果企业目标过高、难以实现,就会严重挫伤员工的积极性;如果企业目标过低、一蹴而就,则会浪费企业的资源,达不到最高效益。因此,制定的目标不可过高,让人难以企及;但也不可过低,让人意犹未尽。合适的目标应当是员工跳一跳就能够得着的。

四是相关性(relevant)。目标的制定要与目标的设置初衷相结合。例如,设定的招聘目标应该与所招聘岗位的工作职责、人员素质要求、薪资水平等因素相关。

五是时效性(time-table)。目标要有时效性。企业在设定目标时,要规定最终的达成期限,还要估计阶段性成果的出现时间。

5. 企业设定目标的要求

目标代表了企业最根本的战略。设定目标时应该达成三方面的平衡:(1) 目标必须与可达成的获利能力取得平衡;(2) 在短期需求和长期需求之间取得平衡;(3) 各目标之间必须平衡。此外,同一领域内的预期绩效之间以及不同领域内的预期绩效之间,也都必须建立权衡关系。

企业在设定目标时,首先,要确定自己所进入的领域,并提出实现任务的纲领性指南;其次,企业应将有限的资源集中在所确定的领域;最后,企业应当在所选择的领域里树立目标并衡量绩效。值得注意的是,任何单一的目标都会误导企业的发展,因此企业应当重视重要方面的发展,其目标应当与这几个重要方面相关。总之,企业的目标应当与企业的生存与发展紧密相联。

二、计划的原理

1. 计划的定义

在现代汉语中,"计划"既可为名词,也可为动词。相应地,在管理学中,"计划"也具有两重含义,一是计划工作,指根据对组织外部环境与内部条件的分析,提出在未来一定时期内要达到的组织目标以及实现目标的方案途径;二是计划形式,指用文字和指标等形式所表述的,在未来一定时期内,组织及组织内不同部门和不同成员关于行动方向、内容与方式安排的管理文件。一般而言,具有动词词性的计划工作在管理过程中应用较为普遍。计划是为完成特定任务和实现特定目标,从时间和空间两个维度对组织资源与能力进行的配置及安排。

计划工作使组织的目标具体化,具有可操作性。完善的计划在一定程度上保证了组织资源被充分合理地使用。同时,它也指明了达成目标的明确路径,为领导、控制和创新等一系列管理工作提供了依据。组织在管理过程中,难免会遇到各种偶发因素,计划可以减少各种不确定性所带来的风险。有了完善的计划,管理者才能做到"胸中有丘壑"。

2. 计划的性质

(1) 计划的目的:保证有序性,实现组织目标。计划是管理活动中一切行为的准则,是为实现目标服务的。它在不同时间指导不同空间、不同岗位上的人们,围绕一个总目标,秩序井然地实现各自的分目标。如果没有计划作为指导,被管理者必然会出现一定程度的盲目与被动,管理者的行为则表现为决策朝令夕改、随心所欲、自相矛盾,结果必然是组织秩序的混乱和资源的浪费。可以说,计划工作旨在促使组织目标得以有序地实现。

（2）计划的本质：经济、合理、高效地利用资源。实现目标有很多途径，制订合理计划的价值在于少走弯路。通过制订计划，组织可以从中选择尽可能短而有效的途径，以最少的资源投入取得预期的成果，保持较高的效率，避免不必要的损失。计划工作强调协调和节约，其重大安排都要经过经济和技术的可行性分析，使得资源的配置和利用尽可能地有效率与有效果。计划工作的效率体现在投入与产出的比例上，效果则包括满意度等无形的评价标准。

（3）计划的依据：组织的目标、内部资源和能力及外部环境。计划是为了达成组织所设定的目标，完成管理中的任务所开展的具体活动。在开展活动之前，计划者应研究实现目标的条件。一方面，研究组织内部资源和能力，分析组织内部在客观上对各种资源的拥有状况和利用能力；另一方面，研究组织所处的外部环境，分析组织活动的环境特征及其变化趋势，了解环境的变化规律，从而预测环境在未来可能呈现的状态。在此基础上，实现组织目标、内部资源和能力及外部环境之间的动态平衡，为组织制订一套切实可行的行动计划。

（4）计划的内容。在组织的管理实践中，计划是各级管理人员和员工应当具备的一项基本职能，具有普遍性。如何制订计划应当为每个人所熟知。"5W1H"是最简单、有效的工具之一，它为我们制订计划提供了一个清晰的思路，描述了制订计划必须清楚地确定和说明的内容：What（目标和任务）、Why（原因）、Who（执行者）、Where（地点）、When（时间）和 How（方式和手段）。

（5）计划的表现形式。孔茨和韦里克认为，计划是一种层次体系，从抽象到具体包含八个层面：

一是宗旨或使命。宗旨是组织建立的指导思想，使命是组织应发挥的作用，两者都反映了社会对组织的最基本要求。

二是目标。目标是在宗旨或使命的指导下，组织在未来一定时期内要达到的具体成果。

三是战略。战略是一个组织为实现目标而采取的总纲要和利用资源的总计划。

四是政策。政策是组织在处理问题时的明文规定，指明了组织的活动范围和方向。

五是程序。程序是一种办事的顺序，能够提高组织活动的质量与效率。

六是规则。规则是在处理具体场合和具体问题时的规定。

七是方案。方案是组织为完成一系列任务所进行的总体协调、系统思考和行动方法。

八是预算。预算是数字化的计划，也是进行计划控制的标准。

（6）计划的地位：首要的、关键的管理职能。计划是管理的关键职能。计划职能在管理中居首要地位，它是组织、领导和控制等各项管理活动的基础。正如孔茨所言，计划工作是一座桥梁，它把我们所处的此岸和我们要去的彼岸连接起来，以克服这一天堑。列宁也指出，任何计划都是尺度、准则、灯塔和路标。在管理实践活动中，计划具有特殊重要的地位和作用，它是管理过程的中心环节，是其他管理职能的前提和基础，还渗透到其他管理职能中。

第二节 计划的类型与权变因素

一、计划的类型

1. 按时间长短可分为长期计划、中期计划和短期计划

在财务会计年度中,通常将投资回收期分为长期、中期和短期。长期一般指 5 年以上,短期指 1 年以内,而中期介于两者之间。企业管理人员也可以按长期、中期、短期描述计划。为了使短期目标有助于长期目标的实现,必须拟订实现每个目标的计划,并将这些计划汇合成一个总计划,以此检查它们是否合乎逻辑、是否协调一致和是否切实可行。长期计划描述了企业在较长时期(通常为 5 年以上)的发展方向和战略方针,绘制了企业长期发展的蓝图。中期计划描绘了为完成 1 年以上、5 年以下的阶段性目标,企业各部门所要开展的任务和活动要求。短期计划具体地规定了企业各部门在 1 年以内各阶段应该从事的活动,从而为各部门员工在近期内的行动提供了依据。

2. 按指导地位可分为战略计划、战术计划和业务计划

战略计划是指为企业在未来较长时期(通常为 5 年以上)的活动设立总体目标,并寻求企业在市场中地位的计划。简言之,战略计划是为企业的长期发展定位,并且用于解决全局性、长远性、对组织发展至关重要的问题。战术计划是用于解决局部性、短期性及保证战略计划实现的问题。而业务计划是战术计划的进一步细化,是规定总体目标如何实现的具体性细节的计划。业务计划主要涉及处理企业具体职能部门或业务单元的日常业务活动,保证战术计划得以实现。总的来说,战略计划是战术计划的依据,业务计划是在战略计划和战术计划的指导下制订的,是战略计划的落实。

3. 按职能空间可分为总体计划、职能部门计划和业务单元计划

企业的目标能否实现,要看其相应的行动计划是否切实可行。企业的总体目标反映在实施层面就是总体计划。总体计划覆盖企业整体,用于明确企业为实现总目标所应当采取的行动方案。职能部门计划则是针对企业内部每个职能部门(包括生产、市场营销、客户服务等)制订的行动计划,侧重于企业内部特定职能部门的运营效率。业务单元计划是为企业每个业务单元制订的行动方案,关注企业在特定产品市场或行业中的竞争力。在确定总体计划之后,还要进一步将其细分成若干个小计划,具体量化到各个职能部门和各个业务活动单元,制订出各职能部门计划和业务单元计划。例如,在总体计划的指导下,生产部门要规划好季度、月度、日度的生产计划,每个业务单元要明确每天的生产任务,让每个员工都清楚自己的日工作量。

4. 按详尽程度可分为指导性计划和具体性计划

指导性计划规定了行动的一般原则,给予行动者较大的自由处置权,指出了工作的重点,但并不把行动者限定在特定的目标或行动方案上。例如,某电脑企业的销售部门经理计划在未来一年将销售重点放在国内一线城市的个人电脑业务上,击败竞争对手,成为市场领导者。而具体性计划则具有明确、详尽的目标。例如,该企业的销售部门经

理计划未来一年市场占有率由当前的45%提高到55%。相对于指导性计划,具体性计划更易于计划的执行、控制和考核,但是缺少灵活性,而且要求的明确性和可预见性条件很难得到满足。

5. 按出现频率可分为程序性计划和偶发性计划

企业的活动可分为两类。一类是常发性活动,指一些经常反复出现的工作(如订货、材料的出入库等),它们具有稳定性,可以建立一定的程序。每当这类活动出现时,我们就可以利用既定的程序来解决,而不需要重新研究。针对这样的活动,我们可以制订程序性计划。相对而言,另一类活动是偶发的,一般不会重复出现,比如生产规模的扩张、业务的出售等。处理这类活动没有程序可循,因为这类问题在过去未曾发生,抑或这类问题十分重要,必须使用专门的方法加以处理。与此类活动对应的计划类型即偶发性计划。程序性计划包含政策、标准方法和常规作业程序,这些都是用来处理常发性问题的。每当一种具体常见的问题发生时,程序性计划就能够提供一种现成的行动指导。而偶发性计划包括为独特的情境专门设计的方案、进程表和一些特殊方法等,用来处理一次性而非重复性的问题。

二、计划的权变因素

计划是根据组织内部条件和外部环境,通过科学预测、权衡客观需要和主观可能,提出在未来一定时期内要达到的目标及实现目标的途径。不同类型的组织所制定的计划不同,而同一组织内部各个管理层次所制定的计划也不尽相同。此外,计划一经拟定,并非固定不变,制定者应该随着内部条件和外部环境的变化而作出相应的调整。归根结底,影响计划的因素主要有以下几个方面。

1. 组织规模

组织的规模越大,计划的层次越细、数量越多;反之,组织的规模越小,则计划的层次越粗、数量越少。

2. 管理层级

在组织内部,管理层级不同,所对应的计划类型也应不同。高层管理者多制定指导性战略计划,指示方向性;而中基层管理者多制定具体性执行计划,可操作性强(见表6-1)。

表6-1 组织不同管理层级对应的计划类型

管理层级	计划类型	计划性质
高层管理者	战略计划	指导性
中层管理者	战术计划	指令性
基层管理者	作业计划	执行性

3. 组织的生命周期

任何一个组织都要经历从形成、成长、成熟到衰退的生命周期。而在组织生命周期的各个阶段上,计划工作的重点并不相同。当组织处于形成期时,导向性计划更实用,应特别重视战略计划;当组织处于成长期时,在战略计划的指导下,应以短期的具体性计划为主,增强可操作性;当组织发展到成熟期时,组织结构形态相对稳定,计划跨度应延长,长期性的具体计划最为适用;衰退期则要重新考虑企业的目标和宗旨,计划转向指导性,以短期为主,适时调整(见图6-1)。

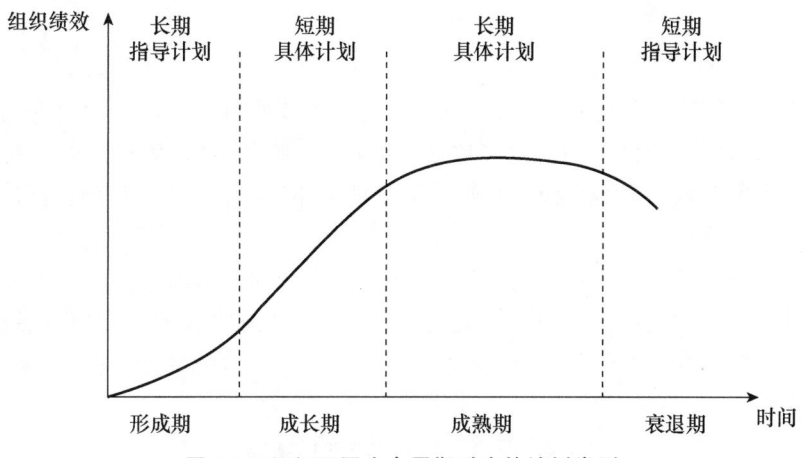

图6-1 组织不同生命周期对应的计划类型

4. 环境的波动性

组织所处的外部环境也会影响计划的制定。环境的波动性越强(波动频率越高或波动幅度越大),意味着不确定性风险越大,此时应以短期计划为主,更具导向性和灵活性;若环境趋于简单、稳定,则可制定长期的具体性指导计划。

三、计划的工作原理

1. 限定因素原理

限定因素是指妨碍目标实现的因素。在其他因素不变的情形下,抓住这些限定因素,就能实现期望目标。限定因素原理揭示了在计划工作中,关键在于尽可能地找出和解决限定性的或策略性的因素。越能够了解并找到对所要达成的目标起限制性和决定性作用的因素,就越能够准确、客观地选择可行的方案。限定因素原理是决策的精髓,我们经常听到的"木桶原理"就是其形象的说法。

2. 许诺原理

许诺原理是指在制订计划时应根据完成一定的计划目标和计划任务所需耗费的时间来确定合理的计划期限。任何一项计划都是对完成各项工作所作出的许诺。许诺越多,实现许诺的时间就越长,实现许诺的可能性就越小。按照许诺原理,计划必须有期限要求,而且计划的许诺不能太多。因为许诺越多,则计划跨期越长,耗资越大,且未来的不确定性也越大,从而影响计划工作的准确性,在人力、物力、财力上都是不划算的。因此,在计划时应选择合理的计划期限。

3. 灵活性原理

灵活性原理是指制订计划应留有余地,当出现意外情况时,有能力改变方向而不必付出太大的代价。灵活性原理主要针对计划的制订过程,要求计划的制订"量力而行,留有余地",使计划本身具有适应性。至于计划的执行,则必须严格准确,要"尽力而为,不留余地"。对于管理者来说,灵活性原理是计划工作中最重要的,在任务重、计划期限长的情形下,灵活性便凸显其作用。

4. 改变航道原理

计划确定后,还要根据实际情况进行必要的检查和修订。因为未来情况随时可能发生变化,虽然计划的总目标不变,但实现目标的进程(航道)可以因情况的变化而随时改变。就像航海家一样,必须经常核对航线,一旦遇到不利状况就可绕道而行,故此原理被称为改变航道原理。

这个原理与灵活性原理不同,灵活性原理是使计划本身具有适应性,而改变航道原理则是使计划在执行过程中具有应变能力。所以,计划工作者不仅应制订弹性计划,在执行过程中还要不断检查计划,在必要的时候修改计划,以利于达到预期目标。

第三节 计划的编制

一、计划的编制过程

计划的编制是一个复杂的过程,通常要遵循一定的步骤。

1. 确定目标

目标是组织通过努力期望在一定时期内达到的预期结果。确定目标是计划工作的主要任务,是计划的重要一步,是计划工作的起点。目标为组织整体各个部分和每个成员指明了方向,描述了组织未来的状况,并以此为标准衡量实际绩效。确定目标通常应包括:指导资源最合理的分配;充分发挥全体员工的积极性和潜力;达到经营活动的最佳效果;促进组织内部团结成一体,在外享有良好的声誉。

同一组织拥有不同性质的多个目标。目标结构描述了组织者各层次目标之间的协作关系,多层次、多部门的目标之间是相互关联的,管理者应将其组成一个"相互支持的目标矩阵"。组织目标的多元性要求管理者协调好各类目标之间的关系。任何一个组织的管理者,都必须掌握确定组织目标的基本技能和方法,设定目标并清晰地描绘最终期望的结果,可以采用数字、图形、表格、模型等予以呈现。

2. 确定前提条件

前提条件是关于计划的假设条件,即在未来执行计划时所面临的环境。这个环境既包括组织的内部环境,也包括组织的外部环境。在确定前提条件时,我们应做好有效的预测。预测的对象既可以是组织未来的要求、资源,也可以是组织可能面临的机遇和风险以及未来环境的其他变化因素。

由于未来的情况极其复杂和变化多端,要把一个计划的未来环境的每个环节都作出假设,不但不切实际而且得不偿失,因而是不必要的。因此,前提条件应限于那些对计划来说关键的和具有重要意义的假设。

3. 拟定和选择可行性计划

"条条大路通罗马",由此可见实现某一目标的途径并不是唯一的。确定可行的行动计划要求拟定尽可能多的计划。可供选择的行动计划的数量越多,对选中计划的相对满意度就越高,行动就越有效。

在拟定计划时,为了保证方案的质量,我们应当注意以下几个方面:(1)拟定方案应以目标为依据,并充分考虑前提条件,对方案进行可行性研究;(2)对方案所要求的物质资源条件,以及方案被执行后可能产生的结果和影响进行全面的论证;(3)在考虑目标能否实现的同时,还要考虑该方案的实施对国家、社会可能产生的影响;(4)限定因素会妨碍预期目标的实现,所以在制订方案时应充分考虑予以限定,周密考虑,拟定尽可能多的可选方案;(5)方案应有充分的依据,必须精心计算和科学论证,要用系统的观点对方案进行精心设计。

4. 评价方案

在拟定可行性方案的基础上,我们必须根据计划目标和前提条件权衡各种因素,据此对各种行动计划进行评价。由于存在大量的变数和限定条件,评价工作可能相当复杂。因此,对各行动计划的实施过程进行评价并择优而用是计划的关键。

5. 选择方案

根据确定的目标和环境分析,通过研究、对比和分析,从备选方案中确定一个可行的、最满意方案。

6. 制定主要计划和派生计划

组织计划是由许多计划构成的体系,由主要计划和派生计划组成。我们首先要制定主要计划,然后根据主要计划制定相应的派生计划。在此过程中,我们应关注计划的衔接和综合平衡,使之形成一个相互配套、相互保证的计划体系。

7. 编制预算

在确定计划后,最后一步就是把计划转变成预算,使之数字化。预算实质上是资源的分配计划。预算工作做好了,可以成为汇总和综合平衡各类计划的一种工具,也可以成为衡量计划完成进度的重要标准。

二、计划的编制方法

从传统意义上讲,计划一般是由高层管理者、咨询公司或公司的计划部门等制定的。公司的计划部门是一个计划专家群体,他们搜集数据,为全公司制订详细的总体战略计划,经总经理同意后下达至各个执行部门。目前,比较流行的计划编制方法是分权制的,即计划专家被安排在各个职能部门和业务部门,帮助这些部门的管理者制订各自的战略计划。这种方法有助于解决计划人员与基层管理者和一线员工的冲突。具体来说,当前采用的计划编制方法很多,如滚动计划法、网络计划技术等。

1. 滚动计划法

滚动计划法是一种动态地编制计划的方法。不同于那些在计划全部执行完毕之后再重新编制下一个时期的计划,滚动计划法是在每次编制或调整计划时,均将计划按照时间顺序向前推进一个计划期,即向前滚动一次。在利用滚动计划法编制周期性计划时,应将时间较远的计划制订得较粗略,以便以后根据环境因素的变化对计划进行调整和修正,而对时间较近的计划则应制订得比较详细、具体。

(1) 滚动计划法的基本原理。如图 6-2 所示,采用滚动计划法编制五年中期计划时,一般将计划向前推进一个年度。计划年度中第一年度的任务比较具体,到第一年年末编制第二年度的计划时,要根据第一年度计划的执行结果和客观情况的变化以及经营方针的调整,对原先制订的年度计划做出相应的调整,并在此基础上将计划期向前推进一个年度。滚动计划法能够根据组织环境的变化及时调整和修正计划,体现了计划的动态适应性,还可以紧密衔接中长期计划与年度计划。

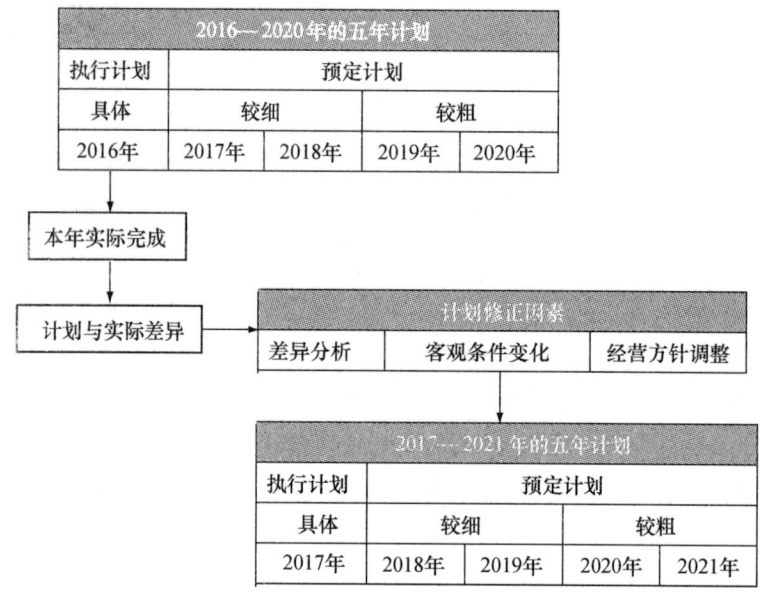

图 6-2 滚动计划法的基本原理

资料来源:周三多.管理学(第 3 版)[M].北京:高等教育出版社,2010.

此外,滚动计划法还可用于编制一年内季度计划或月度作业计划。同样,采用滚动计划法编制季度计划时,一般可将计划向前推进一个季度;编制月度计划时,一般可将计划期向前推进 10 天,这样可省去每月月末预计、月初修改计划等工作,有利于提高计划的准确性。

(2) 滚动计划法的评价。使用滚动计划法编制计划,会加大计划编制和实施工作的任务量。但是,在计算机普遍应用的当今,其优点是十分显著的。

滚动计划法最突出的优点是使得计划更加贴合实际,并且使战略性计划的实施更加贴合实际。战略性计划是指应用于整体组织的、为组织未来较长时期(通常为五年以上)设立总体目标和寻求组织在环境中地位的计划。由于人们无法对未来的环境变化做出准确的估计和判断,因此计划跨期越长,不准确性就越大,实施难度也就越大。滚动计划法相对缩短了计划期,提高了计划的准确性和可操作性,因而是实施战略性计划的有效方法。

滚动计划法使得长期计划、中期计划与短期计划相互衔接,短期计划内部各阶段相互衔接,保证了即使环境变化出现了某些不平衡也能及时地进行调节,使得各期计划基本保持一致。

滚动计划法大大增强了计划的弹性,这在环境剧烈变化的时代尤为重要,提高了组织的应变能力。

2. 网络计划技术

网络计划技术是 20 世纪 50 年代后期在美国产生和发展起来的,是指利用网络计划对任务的工作进度进行安排和控制,以保证实现预定目标的计划管理技术。[①] 具体来说,网络计划技术把一项工作或项目分成若干作业,然后根据作业顺序进行排列,通过网络计划图的形式表达作业及作业间的相互关系,找出项目的关键作业和关键路径,并以此为基础对资源进行合理安排,以便用最短的时间和最少的资源消耗实现整个系统的预期目标。

在编制网络计划时,首先,确定目标,分解任务,列出全部工作的逻辑关系明细表,并确定各工序的持续时间、先后顺序和相互关系,绘制网络图;其次,通过网络图计算各项工作最早开始、最早结束时间以及总时差和自由时差,找出关键工作和关键路径;再次,优化网络图,选择最优计划方案并付诸实施;最后,在网络计划执行的过程中,不断收集、传送、加工、分析信息,对其进行有效的控制与调整,以保证合理使用人力、物力和财力,顺利完成施工任务。具体来说,利用网络计划技术一般分为以下六个步骤:

第一,确定目标。这是指明确将网络计划技术应用于哪个项目,并提出相关技术经济指标的具体要求。依据企业现有的管理基础,掌握各方面的信息和情况,利用网络计划技术为实现该项目寻求最合适的方案。

第二,分解工程项目,列出作业明细表。一个项目是由许多作业组成的,在绘制网络图前就要将工程项目分解为各项作业。作业项目划分的粗细程度视工程内容及不同单位要求而定。通常情况下,作业所包含的内容多,范围大多可划分得粗些;反之,则应划分得细些。作业项目分得细,网络图的结点和箭线就多。对于高层领导者,网络图可绘制得粗些,主要作用是通观全局、掌握关键、协调工作、有利决策;对于基层管理者或员工,网络图就可绘制得细些,以便具体组织和指导工作。

在工程项目分解为作业的基础上,还要进行作业分析,以便明确紧前作业、平行作业和紧后作业。也就是说在作业开始前,应明确哪些作业必须先期完成,哪些作业可以平行地进行,哪些作业必须后期完成。在划分作业项目后,我们便可计算和确定作业时间,一并填入作业时间明细表(见表 6-2)。

---

① 俞宗卫等.网络计划技术在施工项目管理中应用问题的讨论[J].四川建筑科学研究,2008(5):202—205.

表 6-2 作业时间明细表

序号	作业名称	作业代号	作业时间	紧前作业	紧后作业

第三，绘制网络图，进行结点编号。根据作业时间明细表，我们可以绘制网络图。网络图的绘制方法有顺推法和逆推法。顺推法是从始点事件开始根据每项作业的直接紧后作业，顺序依次绘出各项作业的箭线，直至终点事件为止。逆推法是从终点事件开始，根据每项作业的紧前作业逆箭头前进方向逐一绘出各项作业的箭线，直至始点事件为止。同一项任务，使用上述两种方法画出的网络图是相同的。习惯于按反工艺顺序安排计划的企业（如机器制造企业）采用逆推法较方便，而建筑安装等企业大多采用顺推法。按照各项作业之间的关系绘制网络图后，进行结点的编号。

第四，计算网络时间，确定关键路径。根据网络图和各项活动的作业时间，我们就可以计算出全部网络时间和时差，并确定关键路径。具体计算网络时间并不太难，但比较烦琐。在实际工作中，影响计划的因素很多，需要耗费很多的人力和时间。因此，只有采用电子计算机才能对计划进行局部或全部调整，这也对推广网络计划技术提出了新内容和新要求。

第五，优化网络计划方案。找到关键路径，也就初步确定了完成整个计划任务所需的工期。这个总工期是否符合合同或计划规定的时间要求，是否与计划期的劳动力、物资供应、成本费用等计划指标相适应，需要进一步综合平衡，通过优化，选取最优方案；然后正式绘制网络图，编制各种进度表及工程预算等各种计划文件。

第六，贯彻执行网络计划。编制网络计划仅仅是计划工作的开始。我们不仅要正确地编制计划，更重要的是组织计划的实施。网络计划的贯彻执行，要求发动群众讨论计划，加强生产管理工作，采取切实有效的措施，保证计划任务的完成。在应用电子计算机的条件下，可以利用计算机监督、控制和调整网络计划的执行，只要将网络计划及执行情况输入计算机，它就能自动运算、调整并输出结果。

除了滚动计划法和网络计划技术，还有一种卓有成效的计划编制方法可以供我们使用，即目标管理理论。

第四节　目标管理

传统的管理理论主要是对执行人员的检查、监督与控制，而对管理者如何管理一直是困扰着人们的难题。20 世纪 50 年代，美国出现了一种新的管理制度——目标管理（management by obiective，MBO）。

目标管理理论是美国管理学家彼得·德鲁克（Peter F. Drucker）于 1954 年在《管理实践》中提出的。他指出，目标管理是以重视成果管理的思想为基础，组织中的上下各级管理人员共同参与制定工作目标，并以此明确每个人的主要责任领域，在实现目标的过程中主要靠自主管理和自我控制,最终根据目标的实现程度考核每个成员的贡献。[①] 目标管理一经提出,便在美国迅速流传。时值第二次世界大战之后,西方经济由逐步恢复转向迅速发展,企业急需新的管理方法调动员工积极性以提高竞争能力。目标管理法的出现可谓应运而生,并迅速被日本、西欧国家广泛采用。我国企业于20世纪80年代初开始引进目标管理法,并取得了良好成效。

一、目标管理的概念和实质

1. 目标管理的概念

目标管理是指组织的最高领导层根据组织面临的形势和社会需要,制定出一定时期内组织经营活动所要达到的总目标,然后层层落实,要求下属各主管部门及每一名员工根据上级制定的目标,分别制定各自的目标和保证措施,从而形成一个目标体系,并把目标的完成情况作为各部门或个人考核的依据。

从形式上看,目标管理是一种程序和过程。一切管理活动均以制定目标开始,以目标为导向,以目标完成情况作为管理的依据。目标贯穿于管理活动的全过程。组织中的上层管理者与下级员工共同商定总目标,并将总目标逐级分解为部门目标及个人目标。组织通过目标体系明确各部门和个人的工作任务,将履行责任变为要达到的目标,使目标成为对各部门和个人进行考核的依据。

2. 目标管理的实质

目标管理认为,在目标明确的条件下,人们能够对自己负责。目标的实质有以下两点:

(1)重视人的因素。目标管理是一种参与的、民主的、自我控制的管理制度,也是一种把个人需求与组织目标结合起来的管理制度。实行这种制度,能使员工发现工作的兴趣和价值,享受工作的满足感和成就感,同时组织的目标也得以完成。在这种管理制度下,上级对下级的关系是平等、尊重、信赖、支持,下级在承诺目标和被授权之后是自觉、自主和自治的。

(2)建立目标锁链与目标体系。目标管理强调管理的目标导向。彼得·德鲁克认为,企业的目的和任务必须转化为目标,每个职务都要向着整个企业的目标,这样才能有所成就。特别是每位管理人员必须以整个企业的成功作为工作中心,管理人员预期取得的成就必须与企业成就的目标相一致。此外,管理人员必须通过这些目标对下级进行领导。目标必须有层次,这就要求形成一个目标锁链和目标体系。主要目标与分目标、各部门目标之间要相互配合,方向一致。每位管理人员和员工的分目标,就是企业总目标对他的要求,同时也是他对企业总目标的贡献。只有每位管理人员和员工都完成了自己的分目标,企业的总目标才有望完成。

上述两个实质缺一不可,否则就不能称为目标管理。有些组织在实施目标管理时,

---

① Drucker, Peter F. The Practice of Management [M]. New York: Harper Press, 1954. 彼得·德鲁克. 管理实践[M]. 北京:工人出版社,1989.

往往忽略了人的因素,或者没有建立严密的目标体系,最终导致失败。

继德鲁克提出目标管理理论之后,许多学者针对该理论在管理活动中的实际运作提出了更为具体的观点。目标管理理论逐渐从一种评价工具、激励手段,发展为一种全面的管理系统。

二、目标管理的基本思想和特点

1. 目标管理的基本思想

目标管理的中心思想是引导管理者从重视流程、管理制度等细节问题转向重视组织目标,围绕目标的制定、实施、控制和评价开展活动。

(1) 企业的使命和任务必须转化为具体的目标,管理人员正是通过这些目标来领导下级员工,并以此保证企业总目标的实现。

(2) 目标管理是一种系统的参与式管理方法,使组织中的上下各级管理人员统一起来,共同制定企业的目标,确定彼此的责任,并将责任作为指导业务和衡量各自贡献的准则。

(3) 企业中每位管理人员或员工的分目标就是企业总目标对他的要求,同时也是这位管理人员或员工对企业总目标的贡献。只有每个人的分目标都完成了,企业的总目标才能实现。

(4) 管理人员和员工是依据所设定的目标进行自我管理,他们以所要达到的目标为依据进行自我指挥、自我评估和自我控制,而不是由上级来指挥和控制。

(5) 这些分目标也是管理人员对下级员工进行考核和奖惩的依据。

从根本上讲,目标管理把管理人员的工作由控制下级变成与下级一起设定客观标准和具体目标,让他们充分发挥自己的主观能动性。

2. 目标管理的特点

(1) 完整统一的目标体系。目标管理的第一个特点就在于拥有一个完整的目标体系,其设计程序保证了每个下一级目标都与企业的整体目标保持一致。这种体系能够把全体人员的智慧和积极性集中到实现总目标上,形成一种以最终目标为核心的向心力、凝聚力,使大家朝着共同目标努力奋斗。美国管理学家斯蒂芬·P.罗宾斯认为,目标管理实际上是一种目标激励手段。①

(2) 重视人的主动性和创造性。目标管理的第二个特点是特别重视人的主动性和创造性。与传统的"上级决策,下级执行"模式不同,目标管理采取上下级共同协商的办法制定工作目标。目标的制定过程中蕴含了大量的思想工作和信息交流,有利于改善上下级关系,并使下级了解全局,激发每位下级员工的主观能动性,有利于每个人自觉地挑战困难条件,主动开发能力,革新思想,发挥积极性。

(3) 强调自我控制和参与式管理。目标管理的第三个特点是它强调内部控制,即管理中的员工自我控制。在目标管理体系中,每个人都可以比较实际结果和目标以评估自

---

① 〔美〕斯蒂芬·P.罗宾斯.组织行为学(第7版)[M].孙健敏等译.北京:中国人民大学出版社,2004.

己的绩效,进一步改进自己的工作。这就是自我控制的原则。目标管理的主要贡献在于以自我控制的管理方式取代强制性管理。目标管理可以把客观的需要转化为个人的目标,通过自我控制取得成就。这种自我控制可形成更强烈的动力,推动管理人员和员工尽自己的最大努力把工作做好。另外,目标管理的优点还在于实行参与式管理,通过上下级结合的方式反复协商和综合平衡,使所确定的目标更具有动员性和激励性,更有利于实现。[①]

(4) 注重最终成果。目标管理注重管理行为的结果,而不是对行为的监控,这是一个重大贡献,因为它把管理的整个重点从努力工作(输入)转移到生产率(输出)上。从实质上讲,要求每个人的不是某种工作方法、过程和态度,而是其成果。目标管理体系中的一系列目标,是由一系列以定性、定量指标表示的成果目标、实施措施目标和实施进度目标等组成的。这就决定了目标实施过程的可控性,使目标管理体系成为实现最终目标的保证体系。

总的来说,目标管理是一种为了使管理能够真正达到预期效果并实现企业目标而在企业管理过程中采用的、以自我控制为主导思想、以结果为导向的过程激励管理方法。

三、目标管理的过程

目标管理是一个为实现企业经营目标而进行的一系列有组织、有秩序的活动过程。这个过程主要包括确定总目标、分解目标、定责授权、反馈控制和成果评估五个基本环节。

1. 确定总目标

这一阶段的任务主要是明确上级任务和要求,调查研究、分析论证,充分发动群众,按科学决策程序确定企业的目标。

组织总目标是反映组织共同愿望、宗旨和使命,以及在某一阶段欲达成的状态或结果。制定组织总目标的过程包括:(1) 透彻地分析组织的资源实力、可调动资源的多寡、组织存在的问题和优势劣势所在,以此判断自己有无核心专长;(2) 透彻地分析组织外部环境以及这些环境构成因素的未来变化,如组织面临的政治、文化、经济、社会和技术环境等;(3) 总目标必须经过全体员工的充分讨论和专家论证;(4) 组织总目标一旦设定就成了组织计划工作的前提或依据,因此组织设定的总目标应当是可以度量的,可以用一系列相应指标予以反映和计量。

除总目标之外,还应包括各部门目标及个人目标。制定有效的目标是以建立一个以总目标为中心、连接每一名员工的具体目标、结成自上而下的目标体系为准绳的。也就是说,每个人的目标与总目标连接且牢固地结合在一起才是最有效的。

具体来说,一个优秀的目标管理体系要解决好以下七个问题:(1) 目标是什么?即实现目标的中心问题、项目名称。(2) 谁来完成目标?即项目负责人与参与人。(3) 何时

---

① Odiorne, Grorge S. The Human Side of Management: Management by Integration and Self-control [M]. Lexington, Massachusetts Heath, 1984.

完成目标?即期限、预定计划表、日程表。(4)如何达成目标?即应采取的措施、手段、方法。(5)如何保证目标实现?即应赋予的资源和授权。(6)是否达成了既定目标?即对成果的检查、评价。(7)如何对待目标的完成情况?即与奖惩机制挂钩,进入下一轮目标管理循环。

2. 分解目标

目标分解就是组织的最高管理者根据组织需要和内部条件,经上下级的充分协商和横向协调后,将组织的总目标按职责分工,层层分解到下级各单位和部门直至个人,从而形成每个人的分目标。总目标指导分目标,分目标保证总目标的实现,组织内部以总目标为中心,形成相互衔接、分工明确、协调一致的目标体系。目标分解是目标管理的重要工作,其基本要求是:(1)协商充分,使实现目标成为下级的自觉行动;(2)构成目标体系,使目标网络纵向无断路、横向无短路;(3)协调关系明确,使各部门明确自己在目标管理中的地位和作用以及与其他部门的协作关系。此外,目标的多少和目标实现的难易程度都要适当,且便于考核。

组织目标层次的分解或展开可以有两种方式:一种为自上而下的方法,另一种为自下而上的方法。自上而下的方法是指组织高层管理者根据共同愿景确定组织总目标,然后为下一级确定分目标。当然,这些分目标就是组织总目标的分解。每一级在得知自己的目标后再为所属下级确定具体的目标,以保证自己这一层级目标的实现。自下而上的方法是指每名组织成员根据共同愿景、总任务确定自己的目标,上报给所属上级。上级综合后形成本层级或部门的目标,再上报更高一级,这样层层上报最后形成组织的总目标。这两种目标体系的形成方法各有优缺点,与组织成员的素质、自我管理能力有关。在管理实践中,自上而下的分解方法应用得更广泛。

3. 定责授权

在分解目标的同时,还伴随着权力的下放。定责授权就是根据目标分解情况,确定每个人应承担的目标责任以及处置问题的权力。落实目标责任是保证目标实现的重要工作,也体现了责、权、利相结合的原则。企业应防止发生有责无权或有权无责的现象,保证实现自我控制与自主管理。在目标确定、权力下放后,各项具体目标能否如期完成就要靠执行者的自主管理了。除非形势所迫,否则上级管理者不宜过多干预各项措施的具体执行。此时,上级管理者的责任从直接管理转变为间接控制,针对下级的情况提出问题、提供情报、进行指导和协助,并且为下级更好地完成任务营造良好的工作环境。

4. 反馈控制

反馈控制就是抓好信息反馈,及时掌握目标实施进度,及时纠正目标偏差。为此,要做到反馈及时、准确、可靠、控制措施手段有效。需要指出的是,目标管理主要靠执行系统的自我控制和自适应调节。因此,如果没有发现方向性的错误,上级尽量少采取干预性的控制措施,而应以咨询指导的形式为妥;否则,目标管理的意义将丧失,不利于调动下级的主动性和积极性。咨询指导是指按照"领导就是服务"的原则,针对各目标实施过程中出现的问题,出主意、想办法、及时提供人力、物力、财力、技术等方面的支援,指导下级达成目标。此外,企业还可根据本单位的实际情况,聘请外单位专家或由内部人员组成咨询指导小组,提出改善管理的方案,指导目标管理活动顺利进行。

5. 成果评估

成果评估既是上一个目标管理过程的结束,同时也是下一个目标管理过程的开始。成果评估既能作为奖惩的依据,也能发现工作中的薄弱环节和差距,为下一步的工作创造条件,提供经验教训。成果评估的过程,一般是事先确定评估时间,到期后先由执行人对目标管理的结果进行自我评估,再上下协商,分析结果产生的原因,以便汲取经验教训,并为制定下一个目标做好准备。

成果评估是目标管理的重要步骤,其具体做法如下:

(1) 自我评价。目标执行者对照目标要求和自己在达标过程中的实际工作成绩、自我努力程度等作出评价,尽量使成绩定量化,可使用打分制或评级制,并总结经验教训,提出克服缺点、发扬优点的方案。

(2) 民主讨论。对共同目标的评价,应结合各部门目标的完成情况,进行民主讨论、集体评价,本着一分为二的原则,讲透成绩,找够差距,并提出定量的评价结果。

(3) 协商指导。在自我评价的基础上,上级对下级进行帮助指导,下级向上级汇报成果和自我评价结果。帮助指导的着眼点在于,评价应有助于改进领导方法,促使下级树立更大的信心,努力实现下期目标。评价结果可以作为一份重要资料反映在人事考核上,对成绩突出者给予相应的表彰,也可以作为提薪、晋职的依据。

(4) 成果评定方法。目标成果的评定可以依据达标程度,即把实际成绩与目标值进行比较。例如,达到预期目标以上,定A级;刚好完成目标,定为B级;没有完成目标但差距不大,定为C级;没有完成目标且差距很大,定为D级。

第五节 战略规划与实施

一、战略规划与战略管理

战略原是一个军事术语,第二次世界大战以后被广泛应用于政治、经济等领域。管理学借用"战略"一词,阐述一个组织如何制定和实现其使命与目标。换句话说,战略也是计划的一种。但是战略与普通的计划不同,战略一般是指重大的、全局性或决定性的计划。战略规划是指将组织能力与外部环境要求相匹配,从而帮助组织维持竞争优势的一种谋略和规划。战略管理就是制定和实施组织战略规划的过程。

战略规划对于每一位管理者来说都是非常重要的。管理者所做出的决策都应当与组织的整体战略规划中的分解目标一致。企业应从组织的整体战略目标开始,逐级向下分解延伸,直到确定每一位管理人员为支持组织整体目标的实现所应完成的具体任务要求。

二、战略管理过程

管理人员都需要在组织整体战略规划的背景下做出自己的决策,因此对他们来说,熟悉和理解战略管理的基本原理是十分重要的。从系统观点出发,战略管理过程包括战略规划、战略选择和战略实施与控制(见图6-3),三者之间是相互联系、不可分割的,共同形成一个循环上升的过程。

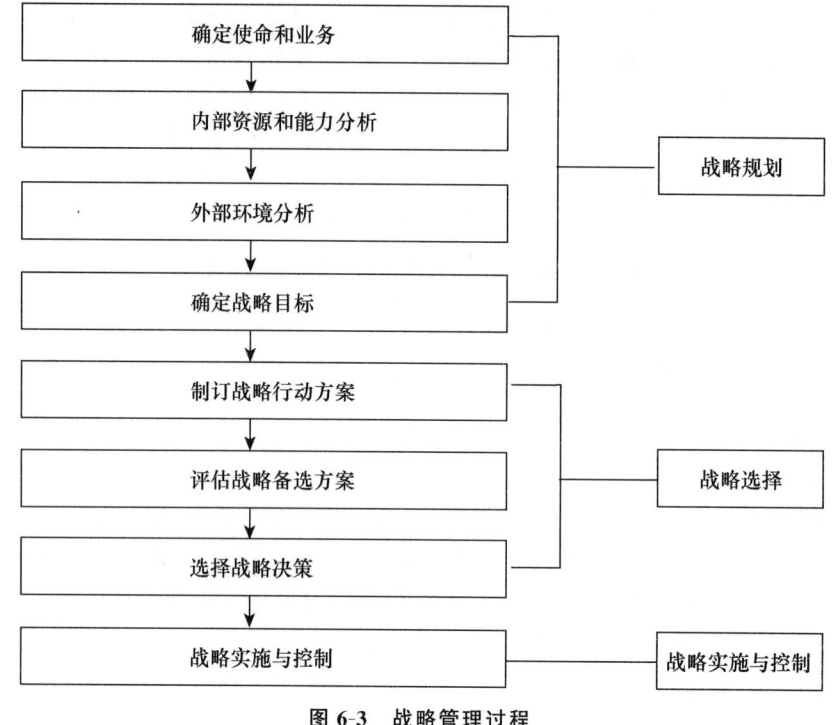

图 6-3　战略管理过程

1. 战略规划阶段

(1) 确定使命和业务。使命是组织对自身和社会发展所做出的承诺,是其存在的理由和依据。企业使命为企业确立了经营的基本指导思想、原则和方向,是企业的经营哲学,影响管理者的决策和思维。使命包含了企业经营的哲学定位、价值观以及企业的形象定位:经营的指导思想是什么？如何看待和评价市场、顾客、员工、伙伴和对手。战略规划的逻辑起点是界定组织目前所从事的业务,即企业现在销售什么商品,要把它们卖到哪里,企业的产品和服务与竞争对手有什么区别,等等。例如,劳力士和卡西欧都销售手表,但劳力士销售的是限量的高档手表,卡西欧销售的则是价格适宜、品种繁多且富有创新性的专用手表。

(2) 内部资源和能力分析。内部资源按形式可分为有形资源和无形资源。有形资源是指可以量化的资产,包括财务资源和实物资源(见表6-3),易于识别和估计价值。许多有形资源的价值可以通过财务报表反映出来,当然,这些数据有时候并不能完全表达战略意义上的企业有形资源的价值,如反映在财务报表上的某些资产的价值可能被高估了。但是财务数据对有形资源的分析的确有着借鉴意义。

表 6-3 有形资源

资源类型	内容
财务资源	• 企业的借款能力 • 企业产生内部资金的能力
实物资源	• 企业的厂房和设备的位置以及先进程度 • 获取原材料的能力 • 工厂规模 • 固定资产的市场价值和灵活性

无形资源通常是指那些根植于企业的历史、长期累积下来、不容易辨识和量化的资产。由于无形资源难以被竞争对手模仿或替代,因此企业更愿意将其作为企业核心竞争力的来源。无形资源扮演着越来越重要的战略资源角色,主要包括技术资源、声誉资源、人力资源和组织资源(见表 6-4)。

表 6-4 无形资源

资源类型	内容
技术资源	• 技术含量,如专利、商标、版权和商业机密 • 创新资源,如研究设施等
声誉资源	• 料客户声誉 • 品牌 • 对产品质量、耐久性和可靠性的理解 • 供应商声誉 • 有效率、有效益、支持性的双赢关系和交往方式
人力资源	• 员工的知识和技能 • 员工的适应性 • 员工的社会和协作精神 • 员工的忠诚度
组织资源	• 企业的计划、控制和协调系统

企业能力是指企业分配资源的效率,这些资源被有目的地整合在一起,以达到一种预想的最终状态,一般按照职能划分为七个领域(见表 6-5)。

表 6-5 按照职能划分企业能力

职能领域	能力	企业例子
物流	有效地利用物流管理技术	沃尔玛
人力资源	激励、授权及保留雇员	微软
管理信息系统	有效益和有效率地控制存货	沃尔玛
市场营销	有效地推广品牌产品	宝洁
管理	多元化业务的管理 收购管理	通用电气 思科
生产	在生产过程不断改进技能 生产高技术含量的汽车发动机 产品和产品的微型化	丰田 马自达 索尼

(续表)

职能领域	能力	企业例子
研发与开发	特别的技术能力(黏性技术能力)	3M
	开发精密的电梯控制系统	奥的斯电梯

通过对内部资源和能力的分析,企业可以了解自身的优势和劣势。企业的竞争优势是由企业相对于竞争对手的独特竞争能力所决定的。企业能做什么与企业要做什么的契合会促进企业发展战略意图、追求战略使命并形成战略。

(3)外部环境分析。外部环境分析的目的在于发现组织正面临或即将面临的机会和威胁。通常来说,企业的外部环境分析主要包括三个方面。

第一,宏观环境分析。企业要进行项目投资,必须摸清自己和项目所处的宏观环境。宏观环境分析是企业制定发展战略的基础。一般来说,企业的宏观环境分析主要包括以下四个方面:(1)政策环境。政策环境是企业外部环境分析的首要要素。例如,政府制定的各种法令、政策,以及其他一些旨在保护环境、调整产业结构、引导投资方向等方面的措施,会对各行各业产生十分重要的影响。(2)经济环境。对于现代企业来说,经济环境的覆盖面非常广泛,它对企业运营的影响比其他方面更加显著,主要因素有国民经济状况、利率、通货膨胀率、汇率等。(3)人文环境。随着高科技和信息技术的发展,现代企业越来越关注人文环境,关注人文环境已成为很多企业的重要目标。(4)科技环境。对于现代企业来说,科技因素既会给企业带来机遇,也可能会导致社会需求结构发生变化,从而给某些企业甚至整个行业带来威胁。

第二,行业环境分析。现代企业只有对所要涉足的投资领域进行充分的行业分析,才能知己知彼,使企业立于不败之地。通常来说,行业环境可以使用波特的五力模型[①]进行分析:潜在竞争对手进入威胁、买方的议价能力、供方的议价能力、替代产品的威胁,以及行业内现有企业之间的竞争强度(见图3-2)。这五种基本力量的竞争状况,决定着行业的竞争程度以及行业的获利潜力。

第三,竞争对手分析。一个完备的企业战略,必须建立在认真分析竞争对手的基础上。当企业把竞争对手作为一个战略环境因素对待时,主要分析其对企业在市场份额、财务状况、管理水平、产品质量、员工素质、用户信誉等方面构成的影响。其中,以财务状况和产品质量的影响为主,因为这两方面对企业竞争力的影响是相对较强的。如果最后评定的综合实力与主要对手接近,则企业应寻找新的增长点,如开发新产品、开拓新市场等;否则,企业将难以发挥自身在竞争中的优势。

(4)确定战略目标。在内部资源和能力分析及外部环境分析的基础上,企业把握了优势和劣势、机会和威胁。企业基于分析的结果,结合使命和任务来制定战略目标。更为重要的是,要将其制定的战略目标与自身的优势、劣势及面临的机会和威胁相匹配。

2. 战略选择阶段

战略选择阶段要解决的问题是"企业向何处发展"。

---

① Porter,M. E.,Competitive Strategy[M]. New York:Free Press,1980.

（1）制订战略行动方案。将战略目标进一步具体化，制订可操作性的行动方案。根据不同层级管理人员介入战略分析和战略选择的程度，将战略形成的方法分为三种形式：① 自上而下，即先由企业最高管理层制定企业的总体战略，然后由下属各部门根据自身的实际情况将总体战略具体化，形成系统的战略方案；② 自下而上，即企业最高管理层对下属部门不做具体规定，但要求各部门积极提交战略方案；③ 上下结合，即企业最高管理层和下属各部门的管理人员共同参与，通过上下级管理人员的沟通和磋商，确定适宜的战略。三种形式的主要区别在于战略制定对集权与分权程度的把握。

（2）评估战略备选方案。评估战略备选方案通常使用两个标准：一是考虑选择的战略是否发挥了企业的优势、克服了劣势，是否利用了机会，将威胁削弱到最低限度；二是考虑选择的战略能否为企业利益相关者所接受。

（3）选择战略决策。选择最终的战略决策，即确定准备实施的战略。如果多个指标对多个战略方案的评价产生不一致，可以考虑以下几种方法确定最终的战略：① 把企业目标作为选择战略的依据；② 提交上级管理层审批；③ 聘请外部机构；④ 战略政策和计划。

3. 战略实施与控制阶段

战略实施和控制就是将战略转化为行动的过程，主要涉及以下一些问题：(1) 在企业内部各部门和各层级间如何分配现有的资源；(2) 为了实现企业目标，还需要哪些外部资源以及如何使用；(3) 为了实现既定的战略目标，有必要对组织结构进行哪些调整；(4) 如何处理利益再分配与企业文化的适应问题，如何管理企业文化以保证企业战略的成功实施。

企业在确保战略得到全面实施之后，还应保证在战略实施过程中出现的不可预见的问题得到及时解决，以及评价战略实施的绩效，因为反馈机制可以确保下一个循环的战略规划的质量。

重要概念

改变航道原理	灵活性原理	限定因素原理	战略实施与控制
管理层级	目标	许诺原理	战略选择
滚动计划法	目标管理	战略管理	组织的生命周期
计划	网络计划技术	战略规划	组织规模

本章概要

目标是人们预期所要达到的成果。在企业中，目标是企业使命和企业功能的具体化，描述企业在一定时期内经营活动的方向及其所要达到的水平。

计划是指根据组织内部条件和外部环境，通过科学预测、权衡客观需要和主观可能，提出在未来一定时期内要达到的目标及实现目标的途径。

计划一经拟定，并非固定不变，制定者应该随着内部条件和外部环境的变化而做出相应的调整。归根结底，计划的权变因素包括组织规模、管理层级、组织的生命周期及环境的波动性等。

限定因素原理是指在计划工作中，存在一些妨碍目标实现的因素，关键在于尽可能地找出和解决限定性或策略性的因素。

许诺原理是指在制订计划时应根据完成一定的计划目标和计划任务所需耗费的时间来确定合理的计划期限。

灵活性原理是指在制订计划时应留有余地，当出现意外情况时，有能力改变方向而不必付出太大的代价。

改变航道原理则是使计划在执行过程中具有应变能力。

计划的编制是一个复杂的过程，通常要遵循一定的步骤：确定目标；确定前提条件；拟定和选择可行性计划；评价方案；选择方案；制定主要计划和派生计划；编制预算。

滚动计划法是在每次编制或调整计划时，均将计划按照时间顺序向前推进一个计划期，即向前滚动一次。在利用滚动计划法编制周期性计划时，应将时间较远的计划制订得较粗略，以便以后根据环境因素的变化对计划进行调整和修正；而对时间较近的计划则应制订得比较详细、具体。

网络计划技术是指利用网络计划对任务的工作进度进行安排和控制，以保证实现预定目标的计划管理技术。

目标管理是指组织的最高领导层根据组织面临的形势和社会需要，制定出一定时期内组织经营活动所要达到的总目标，然后层层落实，要求下属各主管部门及每一名员工根据上级制定的目标，分别制定各自的目标和保证措施，从而形成一个目标体系，并把目标的完成情况作为各部门或个人考核的依据。

目标管理是一个为实现企业经营目标而进行的一系列有组织、有秩序的活动过程。这个过程主要包括确定总目标、分解目标、定责授权、反馈控制和成果评估五个基本环节。

战略管理过程包括战略规划、战略选择和战略实施与控制，三者之间是相互联系、不可分割的，共同形成一个循环上升的过程。

战略规划是指企业在内部资源和能力分析及外部环境分析的基础上，把握其优势和劣势、机会和威胁，并结合企业使命和任务，制定战略目标的过程。

战略选择阶段要解决的问题是"企业向何处发展"，主要有制订战略行动方案、评估战略备选方案、选择战略决策三个步骤。

战略实施与控制就是将战略转化为行动的过程。

❑ 思考题

1. 目标与计划的关系是什么？
2. 试述计划的工作原理。
3. 如何编制计划？不同类型的计划在编制时有何特点？

4. 影响计划制订的因素有哪些?
5. 什么是目标管理?如何理解目标管理的基本思想?
6. 如何进行目标管理?
7. 什么是战略?
8. 论述战略管理的过程。各阶段的主要任务是什么?

实训题

1. 请结合相关理论制订本学期的学习计划。
2. 联系一家生产型企业,详细了解生产计划的编制和控制过程。

案例分析

滚动计划让S公司插上成功的翅膀[①]

每逢岁末年初,各企业的领导者都会暂时放下手中的其他工作,与自己的核心团队一同踏踏实实地坐下来,专门花些时间制订来年的工作计划,以求为下一年插上希望和成功的翅膀,让企业各项事业在当年业绩的基础上更上一层楼。但外部环境千变万化,内部条件变数难料,怎样"高明"的计划才能让企业来年12个月的"漫长"计划科学合理、高效务实,所有的工作都能按部就班、一帆风顺呢?

S公司是中国东部地区的一家知名企业,原有的计划管理水平低下,粗放管理特征明显,计划管理与公司实际运营状况长期脱节。为了实现企业计划制订与计划执行的良性互动,在管理咨询公司顾问的参与下,S公司逐步开始推行全面滚动计划管理。

首先,S公司以全面协同量化指标为基础,将年度计划分解为4个独立的、相对完整的季度计划,并将其与年度计划紧密衔接。在企业计划的调整工作中,S公司充分运用了动态管理的方法。

所谓动态管理,就是S公司在年度计划的执行过程中对计划本身进行3次定期调整:第一季度计划执行完毕后,立即对该季度计划的执行情况与原计划进行比较分析,同时研究、判断企业内外环境的变化情况,根据统计得出的结论对后3个季度计划和全年计划进行相应的调整;第二季度计划执行完毕后,使用同样的方法对后两季度计划和全年计划进行相应的调整;第三季度计划执行完毕后,仍然使用同样的方法对最后一个季度计划和全年计划进行调整。

S公司各季度计划是根据近细远粗、依次滚动的原则开展的。也就是说,每年年初都要制订一套繁简不一的4个季度计划:第一季度计划率先做到完全量化,计划的执行者只要拿到计划文本就可以一一遵照执行,毫无困难或异议;第二季度计划应至少做到50%的内容实现量化;第三季度计划应至少使20%的内容实现量化;第四季度计划只要

---

① 人大经济论坛。

做到定性即可。同时,在计划具体执行的过程中,对各季度计划进行定期滚动管理。在第一季度计划执行完毕后,将第二季度计划滚动到原第一季度计划的位置,按照原第一季度计划的标准细化到完全量化的水平;第三季度计划则滚动到原第二季度计划的位置,并细化到至少量化50%的水平;依次类推。在第二季度或第三季度计划执行完毕时,按照相同原则将后续季度计划向前滚动一个阶段并予以相应细化。在本年度4个季度计划全部执行完毕后,下年度计划的周期即时开始,如此周而复始,循环往复。

其次,S公司以全面协同量化指标为基础,建立了3年期的跨年度计划管理模式,并与年度计划紧密对接。

跨年度计划的执行和季度滚动计划的思路一致。S公司每年要对计划本身进行一次定期调整,在第一年度计划执行完毕后,立即对该年度计划的执行情况与原计划进行比较分析,同时研究、判断企业内外环境的变化情况,根据统计得出的结论对后三年计划和整个跨年度计划进行相应的调整;在第二年计划执行完毕后,使用同样的方法对后三年计划和整个跨年度计划进行相应的调整;依次类推。

S公司立足于企业的长期、稳定和健康发展,将季度计划—年度计划—跨年度计划环环相扣、前后呼应,形成了独具特色的企业计划管理体系,极大地促进了企业计划制订和计划执行相辅相成的功效,显著地提升了企业计划管理、分析预测和管理咨询的水平,为企业整体效益的提高奠定了坚实的基础。

讨论题

1. S公司是如何制订滚动计划的?
2. 为什么说滚动计划法提升了企业的管理水平和分析预测水平?

第三篇 组织篇

第七章　组织设计
第八章　人力资源管理
第九章　组织文化
第十章　组织变革与组织创新

第七章 组织设计

【内容提要】

本章概括介绍组织和组织工作的概念、组织设计的程序和原则、部门化的含义和原则、层级化、管理幅度、组织层级、职权的含义和种类、集权、分权、授权、组织设计的影响因素,同时介绍组织结构类型。

【学习目标】

1. 理解组织及组织工作的含义,掌握组织设计的任务、程序和原则。
2. 理解组织部门化的含义、原则,掌握部门划分的方法。
3. 理解管理幅度和组织层级的关系,理解职权的含义和种类,掌握集权、分权、授权的概念。
4. 理解组织设计的影响因素,掌握组织结构的基本类型。

引例

奥运会女排金牌的含金量

在2004年雅典奥运会上,中国女排在先失两局的不利情况下,上演了生死大逆转,连扳三局,以总比分3∶2击败俄罗斯女排,获得冠军。这是中国女排继1984年洛杉矶奥运会以来第二次夺得奥运会女排金牌。中国女排个子不高,力量不大;陈忠和在执教中国女排之前既不是名运动员,也不是名教练;可中国女排是世界杯冠军,现在又是奥运会冠军。这块金牌的含金量特别高,因为它来得特别不容易。

2003年获得世界杯冠军,中国女排主教练陈忠和并未感到特别兴奋。他淡淡地说,关键还要看在奥运会上打得好不好。然而,就在中国女排雄心勃勃地备战奥运会的时候,重大打击从天而降。世界杯时的扣球第一名、拦网第三名赵蕊蕊在3月26日的训练中腓骨骨折。如果中国女排压根就没有赵蕊蕊,情绪也许不会遭受如此大的打击,她的位置也不需要找人仓促来顶,前面的配合训练也不会白费。意大利排协技术专家卡尔罗·里西先生在观看中国女排训练后认为,中国队在奥运会上的成败很大程度地取决于赵蕊蕊,可就在奥运会开始后的第一次比赛中,中国女排第一主力、身高1.97米的赵蕊蕊因腿伤复发,无法上场了。媒体惊呼,中国女排的冠军梦悬了!中国女排只好一场一场地去拼。在小组赛中,中国队还输给了古巴队,国人对女排夺冠似乎也不抱太大希望。然而,在最终与俄罗斯争夺冠军的决赛中,身高仅1.82米的张越红一记重扣越过2.02米的莫娃的头顶,砸在地板上,宣告了这场历时2小时零19分钟、出现50次平局的巅峰对决的结束。经过了漫长的、艰辛的20年以后,中国女排再次摘得奥运会金牌。

女排夺冠后,中国女排教练陈忠和放声痛哭。男儿有泪不轻弹,这其中的艰辛,只有陈忠和和女排姑娘们最清楚。那么,中国女排凭什么战胜了那些世界强队?凭什么反败为胜而战胜俄罗斯队?陈忠和赛后说:"我们没有绝对的实力去战胜对手,只能靠团队精神、靠拼搏精神去赢得胜利。用两个字来概括队员们能够反败为胜的原因,那就是'忘我'。"

启示:如果只强调个人的力量,你表现得再完美,也很难创造很高的价值。一个团队、一个组织,莫不是如此。所以说"没有完美的个人,只有完美的团队和组织"。这一观点被越来越多的人认可。

金刚石和石墨都是由碳原子组成的,但两者的硬度简直是天壤之别,原因何在?在于前者是金刚石结构,而后者是层状结构。同样人数的军队,在不同的组织结构下,其战斗力相差巨大。建立合理的组织结构,并随着组织内外环境的变化,适当地调整组织结构,这对一个组织的生存和发展具有极其重要的作用。

第一节 组织设计概述

一、组织的定义和类型

1. 组织的定义

组织是指为实现某些特定的目标,将人们系统地安排在一起。第一章对组织的概念和特征进行了简要的介绍,这里不再赘述。

在管理学中,组织的含义可以从静态和动态两个方面来理解。在静态方面或者说在名词意义上,组织是指组织结构,即按照一定的目的和程序组成的一种权责结构,其内容包括职权、职责以及各部门之间的相互关系。在动态方面或者说在动词意义上,组织是指组织工作(organizing),即通过设计、建立、维持和变革组织内部的结构及其相互之间的关系,有效地协调各项工作和各种关系,以实现组织目标的活动过程。

组织结构一旦设计完成并建立起来后,就进入维持组织结构阶段,表现为在既定组织结构下的各种组织活动。例如,市场营销部门按照预定职能和职责,有条不紊地进行市场调查、接订单、签合同、交货、售后服务等活动,生产部门制订生产计划,并然有序地进行不同产品的加工活动,不再需要高层领导下命令、直接指挥,而是依靠既有的运行机制自动地运行。当外界环境、组织战略发生变化或者组织运行效率不断下降时,就要变革现有的组织结构,以适应组织内外环境的变化。

具体来说,组织工作应包括以下几个方面:
(1) 根据组织目标,设计和建立一套组织职位系统;
(2) 确定职权关系,使组织成为一个有机的统一体;
(3) 与其他基本管理职能相配合,保证并维持所设计和建立的组织机构有效地运转;
(4) 根据组织内外环境的变化,适当地调整组织结构。

从组织工作内容可以看出,组织工作是一个动态的过程。设计、建立并维持一种科学的、合理的组织结构,并不是一蹴而就的,而是在组织目标分析的基础上,通过一系列活动过程实现的。组织建立过程的结束,表现为组织框架的建立及相应职责的明确。同时,建立起的组织结构也不是一成不变的,而应随着内外环境的变化进行适当的调整与变革。

2. 组织的类型

(1) 按组织的目标,可以把组织分为互益组织、工商组织、服务组织、公益组织等。

在管理学中,较早根据组织目标对组织形态进行分类的学者是管理学家布劳(Peter M.Blau)。

(2) 按组织形成的方式,可将组织分为正式组织和非正式组织,这是管理学中最常见的划分方式。

正式组织是指人们按照一定的规则,为达成某一共同的目标,正式组织起来的人群集合体。我们一般谈到的组织是指正式组织。

非正式组织是指人们在共同劳动、共同生活中,因相互之间的联系而产生的共同感情自然形成的一种无名集体,并产生一种不成文的非正式的行为准则或惯例,要求个人服从但没有强制性。

二、组织设计的概念与任务

1. 组织设计的概念

组织设计是建立或改造一个组织的过程,通过对组织活动、组织结构和组织岗位的设计与再设计,把任务和责任进行有效的组合与协调的活动过程。其目的是协调组织中人与事、人与人的关系,最大限度地发挥人的积极性、提高工作绩效,以便更好地实现组织目标。

需要对组织进行设计的几种情况为:(1) 新建企业;(2) 原有组织出现较大的问题或企业目标发生变化;(3) 组织必须进行局部的调整和完善。这三种情况虽然不同,但组织设计的内涵和基本程序是一致的。

2. 组织结构的概念

组织结构(organizational structure)是规定组织中分工与协作关系的基本框架,是组织各要素之间排列顺序、空间位置、聚集状态、联系方式及其相互关系的一种模式,是人们实现组织目标的手段。组织结构是主管人员有意识、有目的地设计与建立的,旨在顺利实现组织目标。由于各种组织的目标、任务不同,组织结构表现为各种各样的类型。

3. 组织设计的任务

组织设计的任务就是设计清晰的组织结构,规划和设计组织中各部门的职能与职权,确定组织中职能职权、参谋职权、直线职权的活动范围并编制职务说明书。

作为组织工作的首要任务,组织设计的成果之一就是提供组织结构图,即组织结构的形象表达。组织结构图是用图形方式表示组织内的职权关系和主要职能,包括纵向的层次结构、横向的部门结构和综合的组织体制。组织结构图的垂直形态(纵向的层次结构),显示了权力和责任的关联体系;而水平形态(横向的部门结构),显示了分工与部门化的分组现象。

如图 7-1 所示,图中方框表示各种管理职务或相应的部门,线条表示不同职权的指向。通过直线将各个方框连接起来,清晰地描述了组织内正式职位系统的决策层级和联系网络,同时也表明了各种管理职务或各个部门在组织结构中的地位及其相互关系。

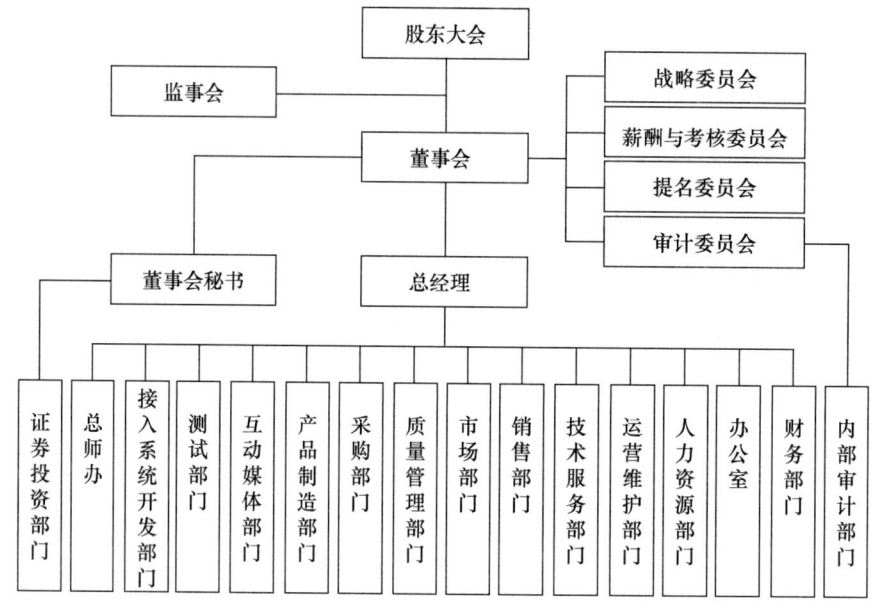

图 7-1　某公司组织结构

注:总师办是指总经济师、总工程师、总会计师的办公室。

职务说明书又称职位说明书,它简单而明确地指出,该管理职务的工作内容、职责与权力、与组织中其他部门和职务的关系,要求担任该职务者所必须具备的基本素质、技术知识、工作经验、处理问题的能力等条件。

为了完成上述任务,组织设计者应该依照以下程序开展组织设计工作:

(1) 确定组织设计的基本原则。这是要根据组织目标及组织的外部环境和内部条件,确定组织设计的基本思路,规定主要的设计原则和参数。

(2) 职能分析和设计。职能分析和设计包括为了达成组织目标而必须设置的各项管理职能,明确其中的关键职能。企业不仅要确定总的管理职能及其结构,将其分解为各项具体的管理业务和工作,还要进行初步的管理流程总体设计,以便优化流程、提高管理工作效率,这是组织设计的首要和最基础的工作。

(3)职务分析和设计。在职能分析和设计的基础上,设计和确定组织内从事具体管理工作所需的职务类别与数量,分析担任每种职务的人员应负的责任、应有的权力及应具备的条件,编制职务说明书。

(4)部门设计。部门设计实际上就是进行管理业务的组合,根据组织内各职务所从事的工作内容性质和职务间的相互关系,在厘清关系的基础上,依据一定的原则,将各职务组合为"部门"这种管理单位。[1]

(5)层级设计。由于每位管理者的能力、精力有限,能直接管辖的下属的数量有限。在一个组织中,从高到低存在层层的委托—代理关系,从最高管理者到基层管理者之间形成了不同的管理层级,这就是层级设计。

(6)组织结构形成。通过上述工作,根据组织内外的人力资源,调整初步设计的部门和职务,并平衡各部门和各职务的工作量,使得组织设计更加合理。

三、组织设计的原则

在组织设计中,应遵循一些最基本的原则,它们都是在长期管理实践中的经验积累,应该为组织设计者所重视。

1. 专业化分工与协作相结合原则

专业化分工有利于组织效率的提升,将专业化分工与组织各方面的协作相结合,有利于确保组织以最低的成本、最高的效率实现组织的总目标。

2. 统一指挥原则

统一指挥原则是法约尔提出的14项一般管理原则之一。它是指按照管理层级建立统一指挥、统一命令系统。一个下属只能接受一个上级的指挥,一个下属只能向一个上级汇报工作,并由此保持一条持续的职权线。如果一个下属同时接受两个甚至更多上级的指挥,就有可能出现下级无所适从的状况。

3. 目标一致原则

目标一致原则是指组织中每个部门或个人的共同贡献越有利于实现组织目标,组织结构越合理。组织结构的目的在于把人们所承担的所有任务组成一个有机体系,以便人们共同为实现组织目标而工作。也就是说,通过把组织目标层层分解成分目标,落实到组织中的各个部门直至个人,以此统一组织各部门和个人的活动。

4. 管理幅度原则

管理幅度(控制幅度或管理跨度)原则是指一个上级直接领导与指挥的下属人数应该有一定的限度,并且应该是有效的。由于任何管理者的时间、精力、知识和经验都是有限的,因此能够有效地领导的下属人数也是有限的。当然,不同的管理者因知识、经验、能力及年龄等方面的不同,管理幅度也是有差异的。

---

[1] 冯光明.管理学[M].北京:北京邮电大学出版社,2013.

管理幅度原则要求组织结构尽可能精简，层级尽可能减少，人员尽可能少而精。这样才能使组织运营成本低、组织效率高。

5．权责对等原则

权责对等原则要求职责与职权保持一致。职责是指各种组织职位所承担的责任。职权是指一定职位在其职责范围内，为完成其责任必须拥有的权力。职责与职权要对等。如果有责无权或少权，就可能影响责任方的主动性、积极性而影响工作的完成；如果有权无责或权力不明确，就可能导致滥用权力和"瞎指挥"。

6．稳定性与灵活性相结合原则

为了保证组织各项工作的正常进行及组织秩序的连贯性，组织结构应保持相对的稳定性。同时，由于组织内外部环境不断变化，组织结构应保持一定的灵活性，组织的部门结构、人员职责和工作岗位应随着组织环境及战略目标的变化而适时地调整。

四、组织设计的影响因素

1．组织环境的影响

组织环境对组织生存和发展的重要性的研究来自生态学研究中相关理论的延伸。它认为必须把组织和组织环境视作一体，组织不过是组织环境这个大系统的一个组成部分。环境包括一般环境和特定环境。一般环境包括对实现组织管理目标产生间接影响的环境条件（如经济、政治、社会文化及技术等），这些条件最终会影响组织现行的管理实践。特定环境包括对组织管理目标产生直接影响的具体环境条件（如政府、顾客、竞争对手、供应商等）。这些内容已在第三章介绍，这里不再赘述。

环境的复杂性和变动性决定了环境的不确定性。组织设计者可以通过以下几种方法提高组织对环境的适应性：(1)对传统的职位和职能部门进行相应的调整；(2)根据外部环境的不确定性程度设计不同类型的组织结构；(3)根据组织的差别性、整合程度设计不同的组织结构；(4)通过加强计划和对环境的预测降低不确定性；(5)开展组织间合作，尽量减少组织自身要素资源对环境的过度依赖。

2．战略的影响

钱德勒（Alfred D.Chandler）提出了组织结构因战略而异的观点。组织结构必须服从经营战略，随着经营战略的变化而调整；否则，组织活动将毫无效果。不同的战略要求不同的业务活动，从而影响部门和职务等方面的设计。

3．技术的影响

技术是指把原材料等资源转化为最终产品或服务的机械力和智力。任何组织都要通过技术将投入转换为产出，于是组织的设计就要因技术的变化而改变，特别是技术范式的重大转变，往往要求组织结构做出相应的改变和调整。

4．组织规模的影响

组织规模大小是在设计组织结构时必须考虑的一个基本和重要的因素。不同规模的企业表现出明显不同的组织结构特征。企业规模小，管理的工作量就少，为管理服务的组织结构也相对简单,不需要专职管理机构甚至专职管理人员;反之,企业规模大,管理的工作量就多,需要设置的管理机构多,各种机构之间的关系复杂,并要花费很多的时间精力去协调这些机构之间的分工关系。因此,组织结构的复杂性是随着组织规模的扩大而相应增大的。在假定其他因素相同时,不同规模企业组织结构要素特征的差异如表7-1所示。

表 7-1 组织规模对组织结构的影响

结构要素	小型企业	大型企业
管理层次(纵向复杂性)	少	多
部门和职务的数量(横向复杂性)	少	多
分权程度	低	高
技术和职能的专业化程度	低	高
规范化程度	低	高
书面沟通和文件数量	少	多
专业人员比率	小	大
中高层管理人员比率	大	小

这些结构要素的变化是相互关联的,企业规模扩大直接增大了组织结构的复杂性。一方面,分工细化,部门和职务的数量增加;另一方面,管理层级也会增加。分工细化的结果既提高了效率,有利于企业规模的进一步扩大,又增大了专业人员的比率,增加了协调的工作量,从而加大了书面沟通和文件数量。管理层级增多,使得分权扩大,导致对标准化程度的要求提高。而协调工作量的增多和标准化的加强,必然提高规范化,增加了书面文件的数量;反过来这又减少了协调工作量,再加上分权有利于中高层领导者摆脱日常事务,因而降低了管理人员的比率。因此,企业规模扩大会引起组织结构的一系列变化,其中的一些变化又存在因果关系。[①]

5. 组织生命周期的影响[②]

组织的成长过程,如同人的成长要经历幼年、青年、中年、老年等阶段,也要经历不同的成长阶段,并且在每一阶段都会具有不同的组织特征、遇到不同的问题,组织的这种成长历程被称为组织生命周期。综合来看,组织生命周期各个阶段的特点如下:

(1) 创业阶段。起初,组织规模较小,高层管理者制定组织结构框架并控制整个运行系统,组织专注于生存和单一产品的生产与服务。随着组织的成长,组织需要及时调整产品结构,从而产生调整组织结构和调换更具能力的高层管理者的压力。

(2) 成长阶段。创业阶段的问题解决后,开始适应内外条件,所以有一段较长的稳定发展期。但当企业成长到一定程度时,又会出现新的危机,即下级管理人员缺乏自主权。当企业规模进一步扩大、产品向多样化发展、组织结构进一步复杂化时,高度集权的组织结构会使中层管理人员感觉受到过多的限制。他们比高层管理人员更了解市场和生产

---

① 沈朋. 组织结构设计理论的研究与实践[J]. 成都:西南交通大学,2005:29.

② 同上。

现场的实际情况,希望能主动采取行动;而高层管理人员还习惯于集中发号施令,认为中层管理人员缺乏自主能力而不愿放权,这样就会产生自主权危机。解决自主权危机的途径是实行分权管理。

企业通过分权管理获得一段时间的增长后,又会面临新的危机——控制权危机。企业放权给基层和各独立经营单位后,并没有采取相应的控制措施保障,结果就出现了企业经常碰到的"一放就乱"。各基层经营单位的行为开始背离总部的意图,总部的战略、计划、有关政策难以得到有效贯彻,甚至在企业销售收入获得增长时,企业利润仍然下降,这样就产生了控制权危机。解决控制权危机的途径是进行规范化管理,寻求适当的控制。

(3) 成熟阶段。企业在规范化的方向下会有一段较长时间的稳定发展期,然后又会面临新的危机——文牍主义危机。其主要表现是,企业中各种规章、条例、计划、报表等书面文件越来越多,其副作用日益明显,基层抱怨上层专职人员不了解实际情况而指令满天飞,管理结构越来越僵化,灵活性较差,创新受到束缚,横向协调困难,管理效率下降。解决文牍危机的途径是减少繁文缛节,通过多种形式的合作与协调进行管理。

(4) 长期繁荣阶段。企业进入通过合作而增长的阶段后,就迈入了成年期,如果具有很高的灵活性及强大的控制力,企业就会进入长期繁荣阶段。企业在这个时期面临的问题是如何防止老化,应特别关注企业文化中可能会导致老化的因素的出现。

第二节 组织的部门化

一、组织部门化的含义与原则

组织部门化(departmentalization)又称部门划分,是指根据组织目标任务的需要,把工作和人员分成若干管理单元并组建相应的机构,形成组织的横向部门结构的过程,是建立组织结构的首要环节和基本途径。部门划分的实质,是对管理活动的分工,即将不同的管理人员安排在不同的管理岗位和部门,通过他们在特定环境和特定相互关系中的管理工作,使整个管理系统有机、协调地运转起来。

二、组织部门化的基本原则

为了有效、合理地集合组织资源,安排好组织内全部的业务活动,必须提供一些基本的指导原则,使组织部门化能够具备科学性和可操作性。

1. 因事设职和因人设职相结合原则

为了保证组织目标的实现,必须将组织活动落实到每一个具体的部门和岗位上,确保"事事有人做"。另外,组织中的每一项活动终归要由人去完成,组织部门设计就必须考虑人员的配置情况,使得"人尽其能""人尽其用"。特别是,组织在根据外部环境的变化进一步调整和再设计组织部门结构时,必须贯彻因事设职和因人设职相结合的原则,及时调整与组织环境不相适应的部门和人员,使组织内的人力资源能够得到有效的整合和优化。

2. 分工与协作相结合原则

分工与协作是社会化大生产的必然结果，古典管理理论强调分工是效率的基础。在组织的部门设计中，企业必须对每一个部门、每一个岗位进行必要的工作分析和关系分析，并按照分工与协作的要求进行业务活动的组合。部门设计者可以依据技能相似性的归类方法集合相关的业务活动，以提高专业分工的细化水平。但是，过分强调专业化分工也会造成管理机构增多、部门之间难以协调等问题，反而会降低管理效率。这时可以依据关系紧密性的归类方法，按照业务流程管理的逻辑顺序集合业务活动，以达到紧凑、连续、利于协作的工作效果。

3. 精简高效原则

精简高效原则是指在保证有效地实现组织目标的前提下，组织结构中的部门数量力求最少。按照精简高效原则，部门设计应当体现局部利益服从组织整体利益的思想，并将单个部门效率目标与组织整体效率目标有机地结合起来。另外，部门设计应在保证组织目标能够实现的前提下，力求人员配置和部门设置精简合理，不但要"事事有人做"，而且要"人人有事做"，工作任务充足饱满，部门活动紧密有序。

4. 部门制衡原则

部门制衡原则是指将原来由某个部门单独行使的权力拆分为由多个部门配合行使。部门制衡原则包括两层含义：一是按照不同的功能把权力划分为不同的类型；二是不同功能的权力之间形成相互制约关系。部门制衡原则在部门设置上的贯彻，通常体现为按不同功能权力设置不同的部门，部门之间拥有相互监督、相互否决的权力。例如，销售部门拥有接受订单、签订合同的权力，但必须受到适当的制约，承担根据企业生产能力接受适当订单的责任。这时可以通过生产部门制约销售部门，收到订单后，必须有生产部门主管签字才能决定是否接受订单。销售部门应该及时和生产部门沟通，获取履行订单的能力情况，不能接受过多的超出企业生产能力的订单。如果销售部门拥有接受订单权但没有生产部门的制约，就会不顾本企业的生产能力，盲目地接受过多的订单，企业就可能不能按期交货，不仅会因合同违约而支付罚金，还要承受企业信誉受损的后果。

5. 弹性原则

弹性原则是指划分的部门应随业务的需要而增减。在一定时期划分的部门，不是永久性的概念，其增设和撤销应随业务工作而定。组织也可以设立临时部门或工作组来解决临时出现的问题。为了加强企业的价值链管理、优化组织结构和业务流程、降低组织的经营成本、增强企业的竞争力，企业应该定期或不定期地调整组织机构，合理划分部门。

三、组织部门化的基本形式

组织的部门有多种不同的划分方式，依据不同的划分标准，可以形成五种不同的部门化形式。其中，职能部门化和流程部门化是按照工作的过程标准来划分的，其余三种则是按照工作的结果标准来划分的。

1. 职能部门化

职能部门化是一种传统而基本的组织形式,是按照生产、财务管理、市场营销、人事、研发等基本活动相似或技能相似的要求,分类设立专门的管理部门。

职能部门化的优点主要有:能够突出业务活动的重点,确保高层主管的权威性并使其有效地管理组织的基本活动;符合专业化的分工要求,能够充分、有效地发挥员工的才能,调动员工的学习积极性,并且能简化培训、强化控制、避免重叠,最终有利于管理目标的实现。

职能部门化的缺点主要有:由于人力、财力、物力等资源的过分集中,不利于开拓远区市场或者按照目标顾客的需求进行组织分工;这种分法可能助长部门主义风气,使部门之间难以协调配合,部门利益高于企业整体利益的后果可能会影响组织总目标的实现等。图7-2是一个典型的按职能划分的部门化组织。

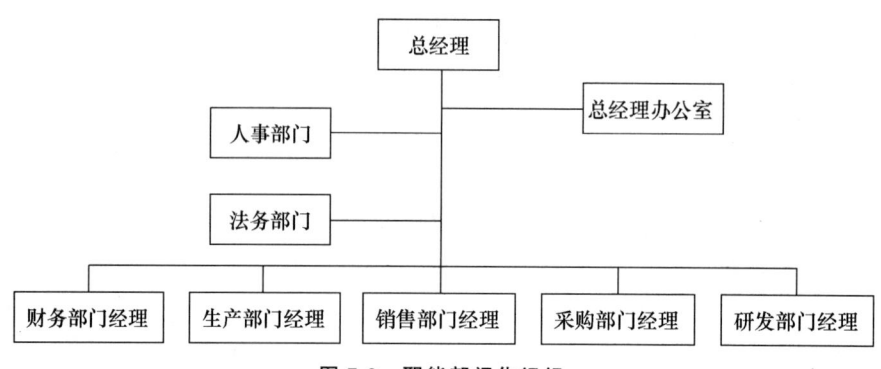

图7-2 职能部门化组织

2. 产品或服务部门化

在品种单一、规模较小的企业,按职能进行组织分工是理想的部门化划分形式。然而,随着企业不断发展,企业面临增加产品线和扩大生产规模以获取规模经济与范围经济的经营压力,管理组织的工作也变得日益复杂。这时,企业就有必要按业务活动的结果为标准重新划分经营活动。按照产品或服务的要求对企业活动进行分组即产品或服务部门化,就是一种典型的结果划分法。

产品或服务部门化的主要优点有:各部门专注于产品的经营,并且充分、合理地利用专有资产,提高专业化经营的效率水平;不但有助于促进不同产品和服务项目之间的合理竞争,而且有助于比较不同部门对企业的贡献,以便决策部门加强对企业产品与服务的指导和调整;为"多面手"的管理人才提供了较好的成长条件。

产品或服务部门化的主要缺点有:企业需要更多的"多面手"式的管理人才去管理各个产品部门;各个部门有可能存在本位主义倾向,这势必会影响企业总目标的实现;部门中某些职能管理机构的重整会导致管理费用的上升,也增加了总部对"多面手"级人才的监督成本。图7-3是一个典型的按产品或服务划分的部门化组织。

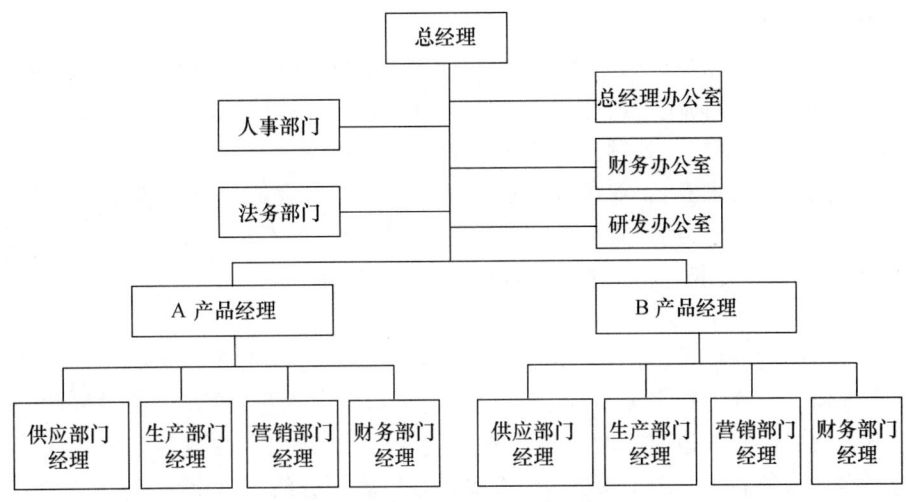

图 7-3 产品或服务部门化组织

3. 地域部门化

地域部门化是按照地域的分散化程度划分企业的业务活动,继而设置管理部门管理其业务活动。随着经济活动范围的日趋扩大,企业特别是大型企业越来越需要跨越地域的限制去开拓外部市场。而不同的文化环境造就出不同的劳动价值观,企业根据地域的不同设置管理部门,是为了更好地针对各地的特殊环境条件组织开展业务活动。

地域部门化的主要优点有:可以把责权下放到地方,鼓励地方参与决策和经营;地区管理者可以直接面对本地市场的需求灵活决策;在当地招募职能部门人员,既可以缓解当地的就业压力,争取宽松的经营环境,又可以充分利用当地有效的资源开拓市场,同时减少了许多的外派成本和降低了许多的不确定性风险。

地域部门化的主要缺点有:企业所需的能够派往各个区域的主管比较稀缺,且比较难以控制;各地区可能会因机构设置而导致管理成本过高。图 7-4 是一个典型的按地域划分的部门化组织。

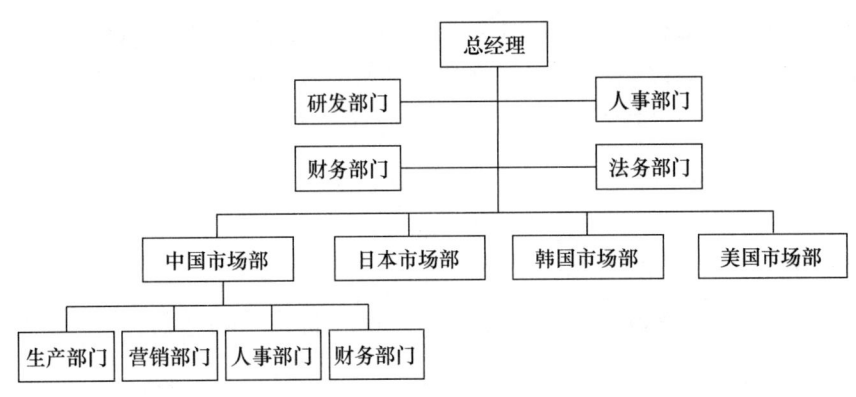

图 7-4 地域部门化组织

4. 顾客部门化

顾客部门化是根据目标顾客的不同利益需求划分组织的业务活动。在激烈的市场竞争中,顾客的需求导向越来越明显,企业应当在满足市场顾客需求的同时,努力创造顾客的未来需求,顾客部门化就顺应了需求发展的这种趋势。

顾客部门化的优点有:企业可以通过设立不同的部门满足目标顾客各种特殊而广泛的需求,同时有效地获得用户真诚的意见反馈,有利于企业不断地改进工作;企业能够持续、有效地发挥核心专长,不断创造顾客的新需求,从而在这一领域内建立持久的竞争优势。

顾客部门化的缺点有:可能会增加与顾客需求不匹配而引发的矛盾和冲突;需要更多能妥善地协调与处理顾客关系问题的管理人员和一般人员;顾客需求偏好的转移,可能使企业无法时时刻刻地明确顾客的需求分类,结果会造成产品或服务结构的不合理,影响对顾客需求的满足。图 7-5 是一个典型的按顾客划分的部门化组织。

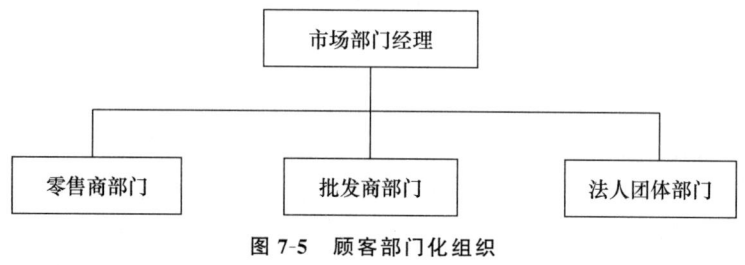

图 7-5　顾客部门化组织

5. 流程部门化

流程部门化是按照工作或业务流程来组织业务活动。人员、材料、设备比较集中或业务流程比较连续、紧密是流程部门化的实现基础。例如,一家发电厂的生产流程会经过燃煤输送、锅炉燃烧、汽轮机冲动、电力输出、电力配送等几个主要节点。

流程部门化的优点有:组织能够充分发挥人员集中的技术优势,易于协调管理,对市场需求的变动也能够快速、敏捷地反映,容易取得较明显的集合优势;简化了培训,容易在组织内部形成良好的相互学习氛围,产生较为明显的学习经验曲线效应。

流程部门化的缺点:有可能难以实现部门之间的紧密协作,也会产生部门之间的利益冲突;权责相对集中,不利于培养"多面手"式的管理人才。图 7-6 是一个典型的按流程划分的部门化组织。

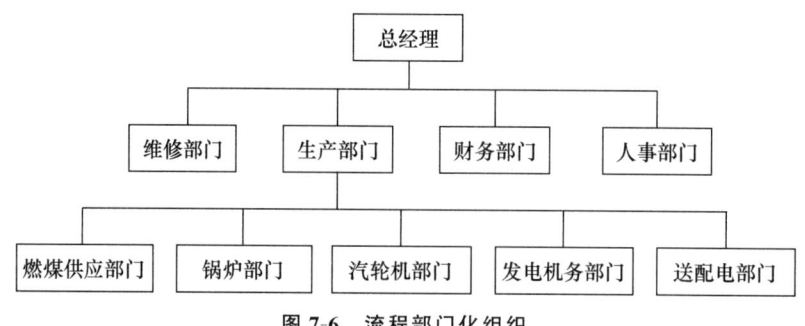

图 7-6　流程部门化组织

四、部门职能分解

部门职能分解是在职能分析的基础上,将组织应该具备的各项职能细化为独立的、可操作的具体业务活动。这里对职能分析的描述,特别强调了业务活动的独立性和可操作性,这既是衡量业务活动划分是否合理的标志,也是职能分解的基本要求。业务活动的独立性是指由某一项职能分解出来的各项业务活动,都应该是性质单一的活动,也就是不能把性质不同的业务活动混合为一项活动;业务活动的可操作性是指由某一职能分解出来的各项业务活动,都应该是可操作的具体活动。不然,职能无法落实,达不到职能分解的目的。

在熟悉特定企业生产经营管理的实际情况与经验的基础上,运用组织理论的基本知识,采用三级职能逐级分解的方法,即可完成职能分解的任务。部门职能一般分为三级:职能分析工作列出的具体职能为一级职能;为完成一级职能而需要开展的几个方面的管理工作为二级职能;将二级职能分解,就可具体化为业务活动。

企业进行三级职能分解,主要是为了更好地达到以下目的:一是从公司的战略规划和总体职能出发,才能使员工理解部门职能和自身职责与企业总体职能的关系,明确自己对实现企业总体职能的价值;二是为业务活动归类和部门设计及后续的其他组织设计工作提供前提条件;三是自上而下的职能职责分解、自下而上的岗位设置与人员编制,更有利于体现职能职责之间的逻辑关系,才能真正消除部门职能之间、员工职责之间的真空地带和交叉地带;四是通过三级职能分解,将各项职能具体化,使之能够执行和落实,为部门和员工的工作开展、绩效考核提供明确的指导。

第三节 组织的层级化

组织的层级化是指组织在纵向结构设计中必须确定层级数目和有效的管理幅度,必须根据组织集权化的程度,规定纵向各层级之间的权责关系,最终形成一个能够对内外环境要求做出动态反应的、有效的组织结构形式。

一、组织的层级化与管理幅度

1. 组织层级

组织层级是指组织内部从最高一级管理者到最低的基层工作人员之间所形成的层次。从形式上看,组织层级只是组织结构的层次数量,但实质反映出组织内部的纵向分工情况。因为各个组织层级负担着不同的职能,随着组织层级的出现必然产生各层级之间的联系与协调。

2. 管理幅度

组织层级化设计的核心任务是确定完成任务所要设定的层级数目,而有效的管理幅度(span of control)是决定组织中层级数目的最基本因素。管理幅度的宽窄实际上意味着上级领导者直接控制和协调的业务量的多少;同时,管理幅度也决定了组织中管理层次数目和管理者的数量。在一定的条件下,管理幅度越宽,管理层级就越少,管理者数量就越少,便于高层领导者接近基层人员,培养基层人员的独立工作能力、积极性、创造性;但是,如果管理幅度过宽,不仅管理者非常疲劳,还会使同级间的沟通变得困难,降低管理效率。管理幅度窄,便于高层领导者严格控制下属人员的活动,更好地协调下属人员的工作。法国管理学者格拉丘纳斯曾提出一套数学公式,说明了当上级的管理幅度超过6—7人时,其与下级的关系会越来越复杂,以至于最后无法驾驭。

3. 管理幅度与组织层级的关系

从管理幅度与组织层级的含义可知,它们是相互制约的关系。组织层级受到组织规模和管理幅度的影响,它与组织规模成正比,组织规模越大,包纳的人员越多,组织工作越复杂,层级也就越多;在组织规模已确定的情形下,组织层级与管理幅度成反比,上级直接领导的下属越多,组织层级就越少。

组织层级与管理幅度的反比关系决定了两种基本的组织结构形态:一种是扁平式的组织结构形态;另一种是锥形式的组织结构形态。图7-7显示了这两种组织结构在管理幅度与组织层级上的差别。

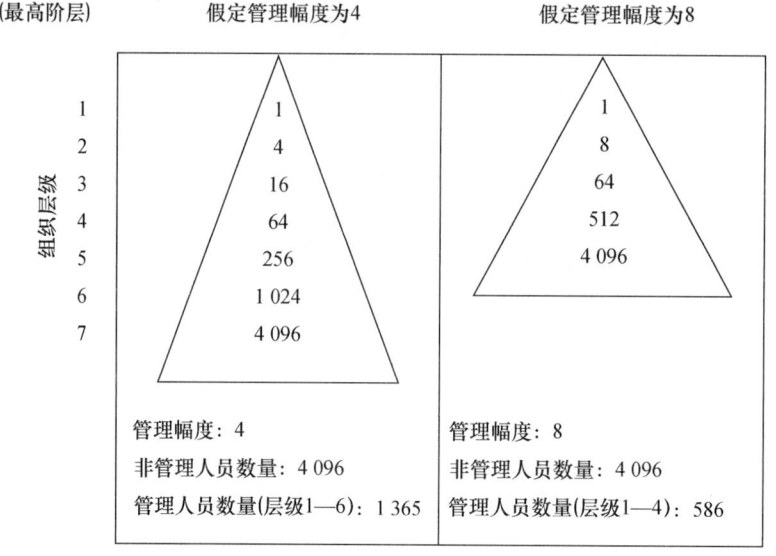

图 7-7　管理幅度与组织层级的比较

扁平式组织结构的优点有:由于管理的层级比较少,信息的沟通和传递速度快,失真较小;管理费用低;便于高层领导者了解基层情况;上级对下级的控制不会太呆板;有利于实现授权,发挥下属的积极性和创造性,培训下属的管理能力以解决较复杂的问题。扁平式组织结构的缺点有:管理幅度过大,增加了管理人员对下属的监督和协调控制的难度;上级难以对下级进行深入、具体的指导;对上级的素质的要求高;下属缺少更多的晋升机会;不利于同级之间的相互沟通联络和主管人员对信息的利用。

锥形式组织结构的优点有:由于管理幅度较小,管理的层级比较多,每一管理层级上的管理者都能对下属进行及时的指导和控制;层级之间的关系比较紧密,有利于工作任务的衔接;有利于明确领导关系,建立严格的责任制;能为下属提供更多的晋升机会,促使其积极、努力地工作。锥形式组织结构的缺点有:过多的管理层往往会影响信息的传递速度,信息失真度可能会比较大;由于层级较多,需要配备较多的管理者,管理费用多;计划和控制工作较为复杂;最高领导者和基层人员相隔多个层级,难以了解现状并及时处理问题。

4. 管理幅度设计的影响因素

有效的管理幅度受到诸多因素的影响,主要有管理者与被管理者的工作能力、工作内容和性质、工作条件和工作环境等。

(1) 工作能力。管理者的综合能力、理解能力、表达能力强,则可以迅速地把握问题的关键,就下属的请示提出恰当的指导建议,并使下属能够明确地理解,从而可以缩短与每一位下属在接触中使用的时间;同时,为了能够激励下属努力工作,可以适当地增大管理幅度。同样,如果下属具备相应的能力,受过良好的系统培训,则可以在很多问题上根据自己的主见去解决,从而减少向上司请示、占用上司时间的频率,管理幅度则可以适当宽些。因此,加强领导者自身修养和下级工作人员的培训,提升双方的工作能力,是降低上下级接触频率、减少接触时间、扩大管理幅度的有效措施。

(2) 工作内容和性质。管理工作的内容越多,上下左右之间的联系就越多,要花费的工作时间也就越多;管理工作越复杂多变,管理人员要耗费的时间和精力就越多,组织就越需要缩小管理幅度。另外,下属人员工作的相似性越大,管理的指挥和监督工作就越容易,扩大管理幅度就越有可能。

(3) 工作条件。管理幅度还受到下属人员的空间分布状况、组织变革速度及信息沟通的限制。下属人员的空间分布较分散,就会增大上下左右之间协调和沟通的困难,减小了管理幅度。管理者在稳定状况下比在动态环境下更能对管理幅度较宽的组织进行有效的管理。[①] 如果上下级之间的信息沟通充分快捷,则可以减少上下级沟通交流的时间和次数,从而扩大管理幅度。

(4) 工作环境。工作环境稳定与否影响组织活动内容和政策的调整频率与幅度。环境变化越快,变化频率越高,组织遇到的新问题越多,下属向上级的请示就越有必要、频率也越高;相反,上级能用于了解下属工作的时间和精力就越少,因为他必须花更多的时间去关注环境的变化,考虑应变措施。因此,环境越不稳定,各级管理者的管理幅度就越受到限制。

---

① 刘晶. 组织管理幅度与管理层次探析[J]. 东方企业文化,2012,(21):68.

二、组织层级化设计中的集权与分权

1. 职权

职权(authority)是指组织内部授予的、指导下属活动及其行为的决定权,这些决定一旦下达,下属就必须服从。职权与组织层级化设计中的职位紧密相关,与个人特质无关。

职权分为三种类型:直线职权、参谋职权和职能职权。直线职权是指管理者直接指挥下属工作的权力。拥有直线职权的每一管理层级的主管人员被称为直线人员,只不过每一管理层级的功能不同,其职权的大小及范围不同而已。组织中自上而下的直线人员之间形成了一条权力线,这条权力线被称为指挥链,又称直线指挥系统。参谋职权是指管理者拥有某种特定的建议权或审核权,评价直线职权的活动情况,进而提出建议或提供服务。职能职权是一种权益职权,是由直线管理者向自己辖属以外的个人或职能部门授权,允许他们按照一定的制度、在一定的职权范围内行使的某种职权。职能职权的设立主要是为了发挥专家的核心作用,减轻直线主管的任务负荷,提高管理工作效率。

同职权共存的是职责。职责是指由于占据组织中某一职位而必须承担的责任。正如法约尔所说,职责与职权是一对孪生子,职责是职权的当然结果与必要补充。作为一名主管人员,占据了组织中的某一职位,就必须承担职位所要求的职责,同时也必须拥有完成职责的职权,权责相等且共存于一体。可见,职权是履行职责的必要条件与手段,职责则是行使职权所要达到的目的。

2. 集权与分权

集权与分权是指决策指挥权在不同的管理层级之间的分配与授予。集权(centralization)是指决策指挥权在组织层级系统中较高层次上的集中,也就是下级部门和机构只能依上级的决定、指示与命令行事,一切行动必须服从上级的指挥。集权的优点是能够在统一的领导意志下,高效率地整合、调动可用资源服务于组织和社会发展,能够发挥强大的合力,产生"1+1大于2"的效果;但其缺点也非常明显,集权容易导致独裁、专制、官僚作风甚至腐败,牺牲了民主、组织成员个体的能动性和创造力。

分权(decentralization)是指决策指挥权在组织层级系统中较低管理层次上的分散。通过分权,使下级机构和部门的负责人能自主地支配组织的有效资源,自主决策、自主解决组织运行过程中的问题。随着组织规模的扩大及专业化的分工,分权是必然的。分权的优点是能够让组织充满活力和创造力,每名成员都能发挥自身的能动性,体现个体价值;其缺点是容易导致决策效率低下,组织整体应急能力差等。

集权与分权是管理学中具有核心地位的重要课题,是任何组织正常运行中必然发生的现象。许多管理实践活动已经证明:组织目标的一致性必然要求组织行为的统一性。可见,集权是必要的。集权与分权的关系是相对的,没有绝对的集权,也没有绝对的分权,只有集权和分权程度的不同。此外,集权和分权又是此消彼长的关系,组织中集权程度大的必然结果是分权程度小;反之亦然。

在组织层级化的设计中,影响组织集权与分权程度的因素主要有以下几方面:

(1) 组织的规模。当组织规模很小时,通过集权化管理提升组织总体的运行效率;随着组织规模的扩大,高层管理者因精力、时间、能力的限制而难以应付各种问题,这时可以通过分权下放管理权限,加快决策速度、减少失误。

(2) 决策的重要性。在进行事关组织未来发展方向的战略决策时,企业应高度集权,充分体现组织的统一性;而在进行战术决策日常经营中的常规决策时,企业应加强分权,调动基层管理者的积极性、主动性,使之与组织整体保持一致。

(3) 政策的统一性。如果组织内部各个方面的政策是统一的,集权最容易达到管理目标的一致性。然而,一个组织所面临的环境是复杂多变的,为了灵活应对这种局面,组织往往在不同阶段、不同场合采取不同的政策,这有利于激发下属的工作热情和创新精神。

(4) 人员的数量与素质。如果人员充足、经验丰富、管理能力强,企业可更多地分权;如果缺乏足够的、受到良好训练的管理人员,分权就会受到很大的限制。

(5) 组织所处的成长阶段。在组织成长的初始阶段,为了有效地管理和控制组织的运行,往往需要更大程度的集权;当组织经营已经比较成熟且拥有完整的控制手段时,企业可进行较大程度的分权。

三、有效授权

1. 授权的概念

授权(empowerment)是指组织为了共享内部权力、激励员工努力工作,把某些权力或职权授予下级。这些权力或职权被委派给下级后,下级可以在其职权范围内自由决断、灵活处理问题,但同时也负有完成任务并向上级报告的责任;同时,上级仍然保留对下级的指挥与监督权。

合理地授权可以使领导者摆脱能够由下属完成的日常任务,自己专心处理重大决策问题,还有助于培养下属的工作能力,有利于提升士气。授权是否合理是领导者才能高低的重要标志。

2. 授权的过程

授权的过程包括以下步骤:
(1) 选定把哪些权力、工作授权他人去做;
(2) 选定能够胜任工作的人;
(3) 确定授权的时间和方法;
(4) 制定一个确切的授权计划书;
(5) 授权工作并检查工作进展的情况;
(6) 评价授权工作系统。

3. 有效授权的要素

有权授权的要素包括以下几方面:

(1)信息共享;

(2)提高授权对象的知识与技能;

(3)充分授权;

(4)奖励绩效。

4.授权的原则

(1)目标性原则。目标性原则是指授权者在授权之前,应该明确授权的范畴与目的,即授权者应明确授予下属的权力是为了完成怎样的任务,是否有利于组织目标的实现。授权者还要使下属充分认识和理解授权的目的及其对组织目标的作用。授权是用权方式,它应该始终围绕组织目标而展开。

(2)授权有度原则。授权有度是指领导者授什么权、授多大的权必须有一定限度,超出这一限度,所授之权或者无效,或者达不到授权的目的。正确掌握授权的度,不仅可以保证授权的合理性、有效性,还能够促使下属发挥其应有的才能,得心应手地运用权力。

(3)单一逐级原则。所谓"单一"是指被授权者只能接受一位领导者授予的权力,不能同时接受几位领导者的授权。所谓"逐级"是指领导者不能越级授权,领导者只能对其直接下属授权,而不能对下属的下属直接授权。[1]

(4)有效控权原则。领导者在依据下属职权范围充分授权的同时,必须对所授之权实施有效的控制。控制权力主要通过以下途径:其一,指明下属行使权力的范围;其二,监督下属行使权力的方向;其三,检查下属行使权力的结果;其四,保留收回权力的权力。以上四个方面尽量加以制度化。[2]

(5)权责一致原则。组织在授权的同时,必须向被托付人明确所授任务目标、责任及权力范围,权责必须一致,否则被托付人要么会滥用职权导致形式主义,要么会对任务无所适从造成工作失误。

第四节 组织结构类型

组织职能设计完成后,通过组织纵向结构设计解决了层级划分问题,建立起领导隶属关系;通过组织横向结构设计解决了部门划分问题,建立起分工协作关系;然后通过明确机构、职位、职权、职责之间的相互关系,形成不同类型的组织结构。常见的组织结构类型有直线制组织结构、直线职能制组织结构、事业部制组织结构。近年来,企业又创造出一些新的组织结构。

一、直线制

直线制组织结构是最古老、最简单的一种组织结构形式,它是一种低复杂性、低正规

---

[1] 梁文宏.试谈授权的原则与艺术[J].锦州师范学院学报,2002,1:86.
[2] 孙志强."授权"的前提与原则[J].时代论丛,1995,6:32.

化和职权高度集中的组织结构,广泛应用于小企业。直线制的特点是组织中各种职务按垂直系统直线排列,只有一套纵向的行政指挥系统,命令传递和信息沟通只有一条直线通道,组织中每一个人只能向一个直接上级报告。直线人员在行使指挥权时,没有参谋人员协助,也不设专门的职能机构,是高度集权的一元化领导模式。

直线制组织结构的优点是结构简单,权力集中,责任分明,领导从属关系简单,便于统一指挥,管理成本低。其缺点是没有专业管理分工,对领导的技能要求高,领导容易陷入实务主义,不能集中精力解决企业的重大问题。直线制组织结构形式只适用于那些没有必要按职能实行专业化管理的小型组织,或者是现场的作业管理。直线制组织结构如图 7-8 所示。

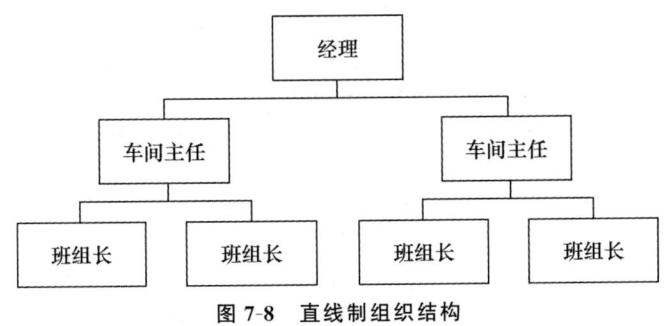

图 7-8　直线制组织结构

二、直线职能制

在直线职能制组织结构(functional structure)中,组织建立两套管理系统:一套是实现直线式领导的管理系统,另一套是协助经理指导和监督的职能管理系统。各级行政领导下设相应的职能部门,即在保持直线制集中、统一指挥的原则下,增加了参谋机构。直线职能制组织结构的特点是只有各级行政负责人才拥有对下级进行指挥和下达命令的权力,而各级职能机构只是作为行政负责人的参谋发挥作用,对下级只起业务指导作用。有些职能机构(如人事、财务、设备、质量等部门),只有当行政负责人授予它们直接向下级发布指示的权力时,才拥有一定的指挥职权。

直线职能制组织结构的优点是:保证了集中统一指挥,有利于保持对战略决策的集中控制;通过职能分工专业化,发挥各种专家的业务管理作用,提高了组织效率;简化了培训,为组织高层提供了一种严格管理的方法。

直线职能制组织结构的缺点是:由于高层领导者对组织资源具有极强的控制能力,下级的决策通常要经过上级的审批,下级缺乏必要的自主权,不利于开拓远区市场;各职能部门自成体系,助长了部门主义风气,不重视信息的横向沟通,职能部门之间可能出现矛盾和不协调,造成效率不高,对组织经营运作产生不利影响;直线人员和职能人员之间容易产生权力纷争;如果授权职能部门的权力过大,容易干扰直线指挥命令系统;职能部门缺乏弹性,对环境变化的反应迟钝。

直线职能制组织结构适用于中型规模的组织。直线职能制组织结构如图 7-9 所示。

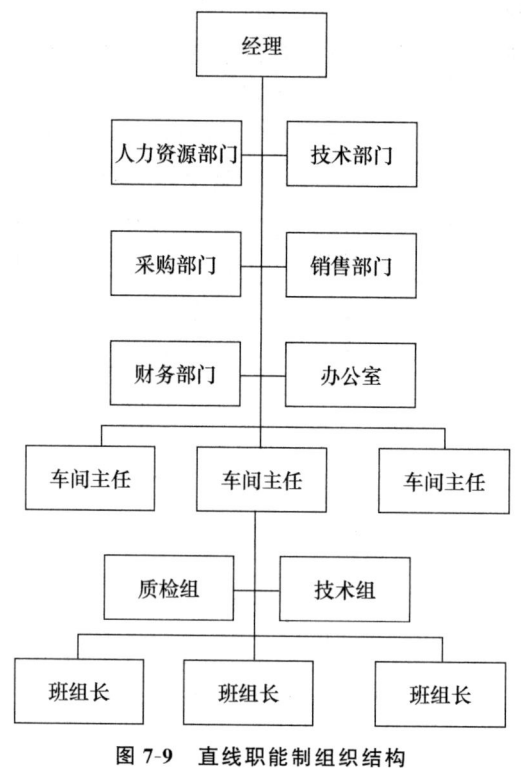

图 7-9　直线职能制组织结构

三、事业部制

事业部制组织结构(divisional structure)是以美国通用汽车公司前副总经理斯隆对通用汽车公司的成功改造为发端而确立的组织结构形式,也被称为斯隆模型或联邦分权化结构,简称为 M 型结构。它是在一家企业内对具有独立产品市场、独立责任和利益的部门实行分权管理的一种组织形式,是欧美、日本现代大型企业广泛采用的典型的组织形式。

事业部制组织结构在总公司下设"自主营运"的业务单位,即各事业部。这些事业部可以针对某个单一产品、服务、产品组合、主要工程或项目、地理分布、商务或利润中心进行组织。根据企业组织在构造事业部时所依据的基础,事业部制可分为产品事业部制和区域事业部制。产品事业部依据企业组织所经营的产品的相似性对产品进行分类管理,并以产品大类为基础构建企业组织的事业部;而地区事业部制则以企业组织的市场区域为基础,构建企业组织内部相对具有较大自主权的事业部。

事业部制的优点如下:(1)权力下放,有利于公司总部领导者从烦琐的日常事务中解脱出来,着力策划公司的长期发展战略;(2)事业部主管摆脱了事事请示汇报的框框,能自主处理各种日常工作,有助于加强事业部主管的责任感,发挥其主动性、积极性;(3)与市场联系紧密,便于掌握市场动态和适应市场变化,有助于经理的职业化;(4)有利于各事业部集中力量从事某一方面的经营活动,实现高度专业化;也有利于经理的职业化;

(5)增大了有效管理幅度。

事业部制的缺点如下:(1)由于各事业部利益的独立性,容易各自为政,忽视长远发展和整体利益,影响各部门间的协调;(2)在企业总部与事业部内部都要设置职能机构,容易造成机构重叠、管理人员膨胀、成本上升;(3)难以把握对事业部授权的权限,不是过于集权就是有些松散,权限的划分成为各公司最复杂、最头疼的管理难题。

为了协调各事业部之间的联系,解决、平衡上述矛盾,不少大企业采取"超事业部制",在各事业部之上设立超级事业部(又称事业本部管理层次),以协调所属各事业部的活动。

事业部制适用于不稳定、不确定的环境,大型组织及以产品专门化和创新为目标的组织。事业部制组织结构如图7-10所示。

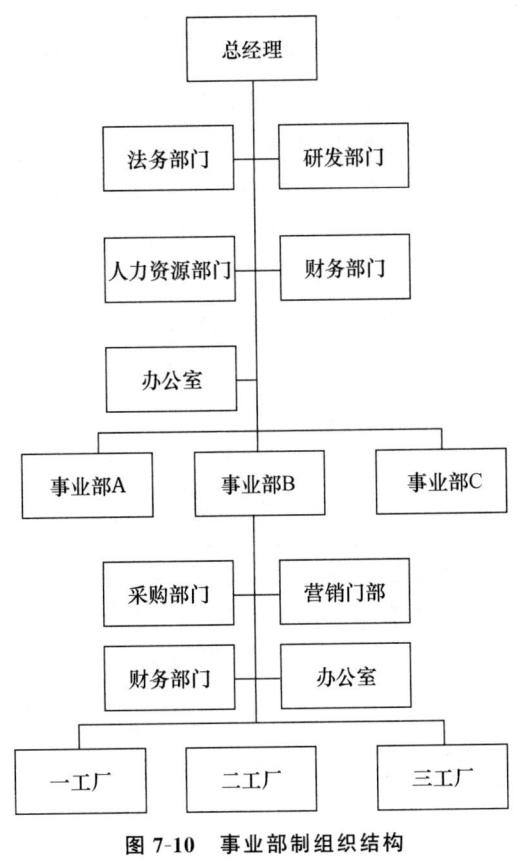

图 7-10 事业部制组织结构

四、矩阵制

前述组织结构的共同特征是以纵向控制为主、横向协调为辅,因此横向联系差且缺乏弹性,不同程度地存在部门各自为政、协调不畅等问题。一些企业尝试调整组织结构以解决这一问题,于是在 20 世纪 50 年代出现了矩阵制组织结构。矩阵制组织结构(matrix structure)是把按职能划分的部门和按产品(或项目、服务等)划分的部门结合组成一个矩阵,使同一名员工既同原职能部门保持组织与业务上的联系,又参与产品或项目小组的工作。为了保证完成一定的管理目标,每个项目小组都设负责人,在组织最高主管的直接领导下进行工作。这一结构改变了传统的单一直线垂直领导系统,使一名员工同时接受两位主管人员的管理,呈现交叉的领导和协作关系,是一种特殊类型的、注重解决问题的组织形式。

矩阵制组织结构的优点如下:(1)具有较大的灵活性、适应性,反应迅速,能激发创造性,利于开展多种业务项目;(2)有利于加强各部门之间的横向联系,专业设备和人员得到了充分利用,促进各种专业人员互相帮助、互相激发、相得益彰;(3)有利于发挥专业人员的潜力,有利于人才的培养;(4)使专门知识适用于所有项目,提高了专业人员的利用率,有利于工作的开展,为职能和生产技能改进提供了机会。

矩阵制组织结构的缺点如下:(1)项目部经理和职能部门经理在组织中容易形成多重领导,会发布不一致的命令,从而导致无效冲突和短期管理危机;(2)人员容易产生临时工作心理,造成工作不细致、不深入;(3)项目与部门之间的协调成本可能会大幅度上升;(4)由于把一名员工分配到多个部门,其可能产生困惑、压力和焦虑。

为了克服矩阵制多头领导的不足,实践中衍生出以职能主管职权为主要的职能式矩阵结构和以项目主管职权为主要的项目式矩阵结构。

矩阵制适用于:(1)因技术发展迅速、产品品种多且创新性强、管理复杂、企业外部环境具有较大的复杂性和不确定性的协作项目;(2)需要组织专注于产品和专业技能整体的项目;(3)需要资源共享的项目。

矩阵制组织结构如图 7-11 所示。

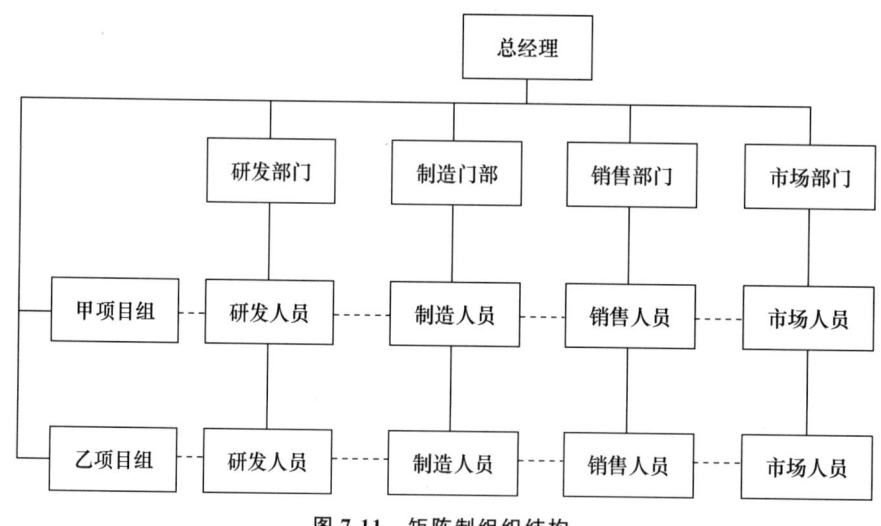

图 7-11 矩阵制组织结构

五、委员会制

为了避免领导者个人的主观、客观因素造成的决策失误,企业在实践中产生一种集体决策、集体领导的管理者群体组织,委员会则是这种群体组织形式之一。

委员会是共同执行某一方面管理职能的一组人。委员会作为一种集体管理的形式而被广泛地采用,在管理中尤其是在决策方面扮演着越来越重要的角色。

一般情况下,委员会制组织结构是通过举手表决的方式确定决策的。委员会组织可以是临时的,出于某一特定目的而组建,特定任务完成之后即解散;也可以是常设的,以促进沟通、协调与合作,实施制定和执行重大决策的职能。在现实中,董事会、监事会、职工委员会、学位职称评定委员会都是委员会制的组织形式。这种集体领导与决策的组织结构,能有效地避免因个人水平能力有限所造成的各种不良决策与指挥失误,但是这种体制决策速度较慢,有时难以统一思想、统一决策,出现失误时责任不清。

委员会制的优点如下:(1)实行集体领导,可以集思广益,减少决策失误,避免权力过于集中;(2)委员会是独立的决策机构,决策后的执行由其他机构完成,实现了决策与执行的分离;(3)委员会的成员,一般由各方面利益集团的代表组成,因此委员会做出的决策必然能广泛地反映各利益集团的利益;(4)决策也需要专业化,委员会成员的大部分是某个领域的专业人员,更容易做到决策的科学化。

委员会制的缺点如下:(1)为了求得全体委员一致的结论,容易形成妥协和折中的意见或结果;(2)委员会是集体负责,这样就没有一个人在实际上对集体的行动负责,大家都负责往往导致实际上的大家都不负责;(3)在委员会中,往往是少数有影响的人占支配地位,委员会的决议往往不能反映集体的决断。

委员会制适用于因多方利益代表的存在而需要实行集体决策的组织。委员会制组织结构如图 7-12 所示。

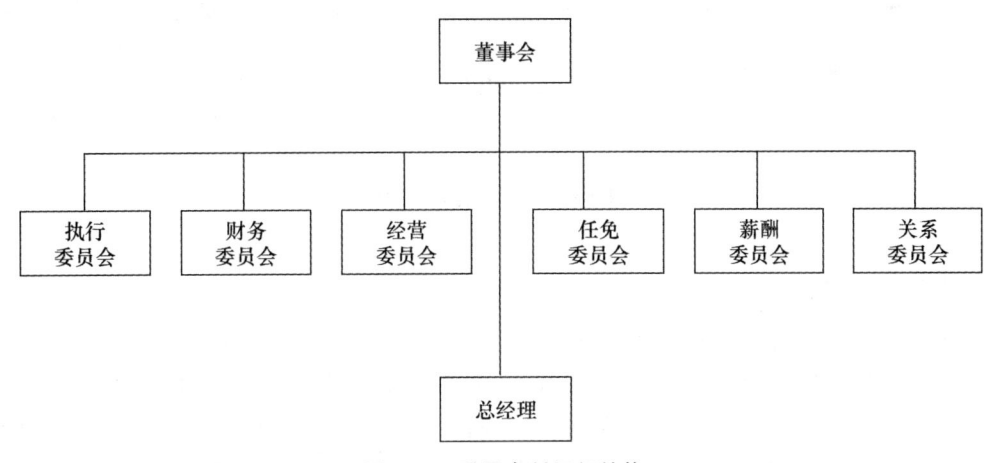

图 7-12 委员会制组织结构

六、团队式

团队式组织结构是任务编组的组织结构,可快速回应快速变化的环境,由不同专长的团队根据组织的需要,在短期内联合完成任务,随着不同的需求弹性组合团队,组织以松散、分散的方式进行管理。

团队式组织结构的特点是管理者对团队实行放权,在团队内部打破部门界限与职位界限,鼓励团队成员的自主管理、自主决策和相互合作。有些小型组织可以采取团队式结构,而在某些大型组织中,常在一定层级、一定范围内采取团队结构,作为对整个官僚式结构的补充。

团队式组织结构的优点体现在:每名成员始终了解团队的工作并为之负责。团队有很强的适应性,能接受新思想和新工作方法。团队式组织结构的局限性表现在:团队小组的领导人如果不提出明确要求,团队就缺乏明确性;稳定性不好,经济性差;团队必须持续不断地加强管理;小组成员虽然了解共同任务,但对自己的具体任务不一定非常了解,甚至可能因对他人的工作过于感兴趣而忽略了自己的工作。团队式组织结构如图 7-13 所示。

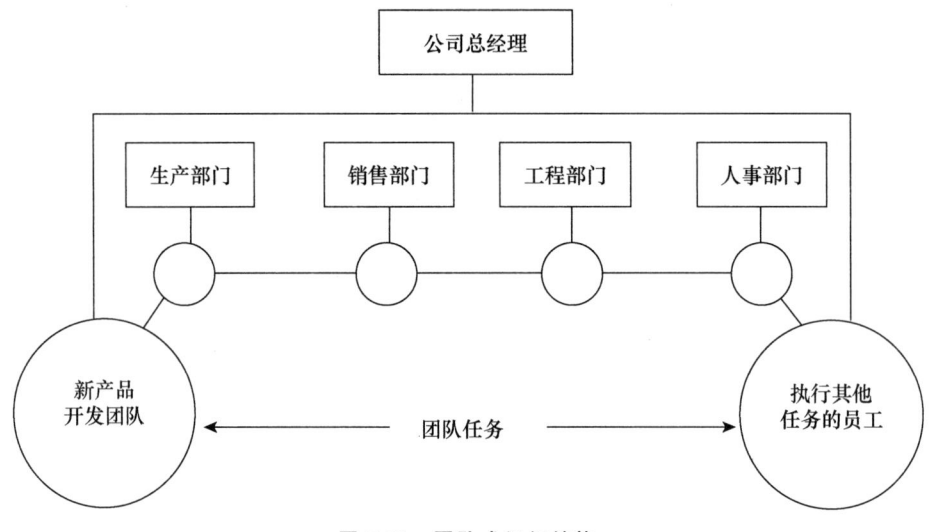

图 7-13　团队式组织结构

七、虚拟公司

虚拟公司又称网络型组织,是利用现代信息技术手段建立和发展起来的一种新型组织形式。现代信息技术使企业与外界的联系不断加强,利用这一有利条件,企业可以重新考虑自身机构的边界,不断缩小内部生产经营活动的范围,相应扩大与外部单位之间的分工协作,随之产生了一种基于契约关系的新型组织形式,即网络型组织。

虚拟公司建立的目的是通过信息技术链接成临时网络组织,达到优势互补、共同满足市场的需求。

虚拟公司是由几个有共同目标和合作协议的公司组成,成员之间可能是合作伙伴也可能是竞争对手,它改变了过去公司之间完全你死我活的输赢(win-lose)关系,代之以共赢(win-win)关系。同时,每家成员公司将各自的商业活动减至一两个,成员公司只专注于自己最有竞争力的业务。虚拟公司通过集成各成员的优势和资源,在管理、技术、资源等方面拥有得天独厚的竞争优势,通过分享市场机会和顾客实现共赢的目标,以便在瞬息万变、竞争激烈的市场环境中获得更大的获胜机会。

虚拟公司组织结构的优点如下:(1)使组织对多变的环境具有高度的灵活性和适应性;(2)使得每一个成员组织能发展各自的竞争优势;(3)促进快速的全球性扩张;(4)虚拟公司内部组织可以产生协同效应。

虚拟公司组织结构的缺点如下:(1)管理虚拟公司内独立的组织间的横向关系较为困难;(2)使独立组织放弃自主权来参加虚拟公司比较困难;(3)可能会暴露成员组织的专有知识和技术。

虚拟公司适用于高度复杂和不确定的环境、所有规模的组织、专业和创新的组织目标、高度不确定性的技术、国际业务。虚拟公司组织结构如图7-14所示。

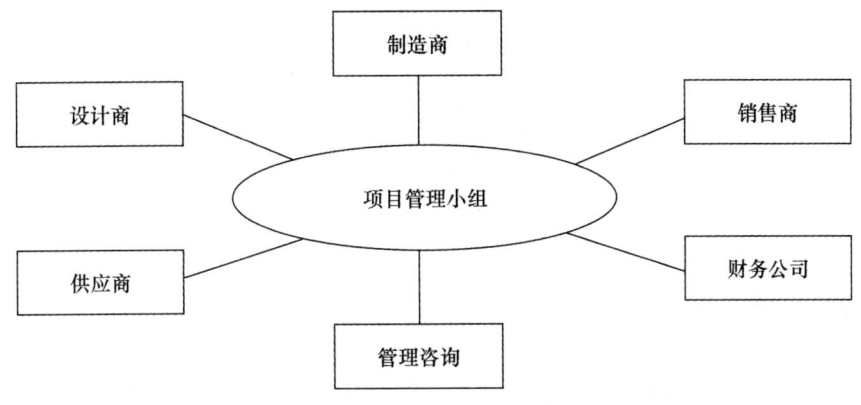

图7-14 虚拟公司组织结构

八、多维立体型

多维立体型组织结构是美国道—科宁化学工业公司(Dow Corning)于1967年首先建立的,是矩阵型和事业部制结构形式的综合发展,又称多维组织。它在矩阵制结构(二维平面)的基础上构建产品利润中心、地区利润中心和专业成本中心的三维立体结构,若再加上时间维则可构成四维立体结构。虽然多维立体型组织的细分结构比较复杂,但每个结构层面仍然是二维制结构,而且多维制结构不改变矩阵制结构的基本特征——多重领导和各部门配合,只是增加了组织系统的多重性。因此,其基础结构形式仍然是矩阵制,或者说它只是矩阵制结构的扩展形式。多维立体型组织结构如图7-15所示。

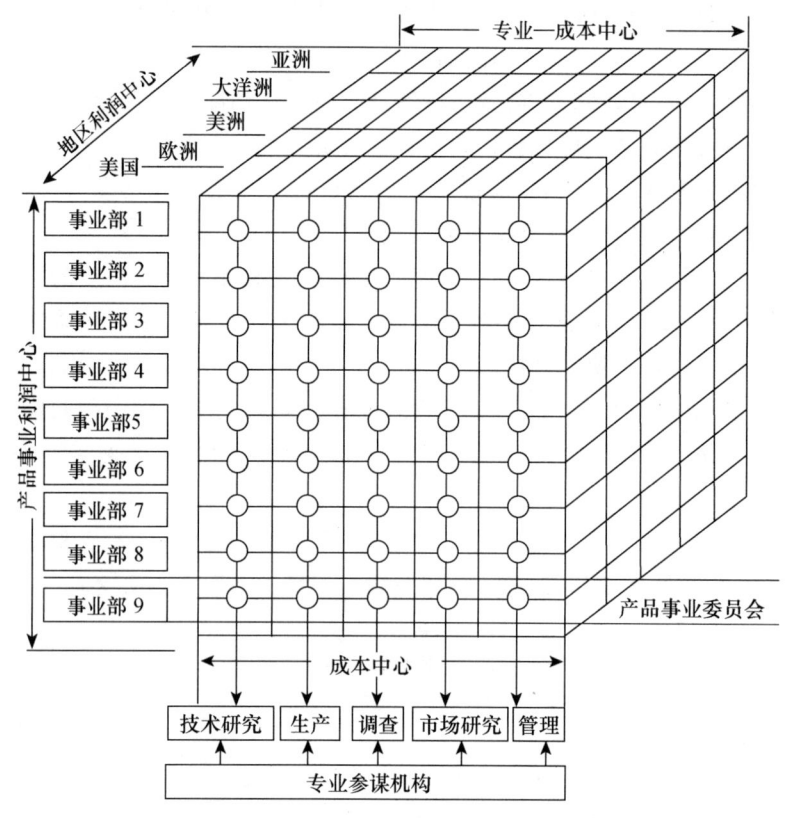

图 7-15 多维立体型组织结构

❑ 重要概念

部门化	矩阵制	直线职能制	职务说明书
参谋职权	事业部制	直线职权	组织
层级化	授权	直线制	组织层级
分权	团队式	职能职权	组织结构
管理幅度	虚拟公司	职权	组织设计
集权			

❑ 本章概要

组织是指为实现某些特定的目标,将人们系统地安排在一起。

组织设计是建立或改造一个组织的过程,通过对组织活动、组织结构和组织岗位的设计与再设计,把任务和责任进行有效的组合与协调的活动过程。其目的是协调组织中人与事、人与人的关系,最大限度地发挥人的积极性、提高工作绩效,更好地实现组织目标。

组织结构是规定组织中分工与协作关系的基本框架,是组织各要素之间排列顺序、空间位置、聚集状态、联系方式及其相互关系的一种模式,是人们实现组织目标的手段。

管理幅度原则是指一个上级直接领导与指挥的下属人数应该有一定的限度,并且应该是有效的。

组织设计的原则包括专业化分工与协作相结合原则、统一指挥原则、目标一致原则、管理幅度原则、权责对等原则、稳定性与灵活性相结合原则。

组织设计的影响因素包括组织环境的影响、战略的影响、技术的影响、组织规模的影响和组织生命周期的影响。

组织部门化又称部门划分,是指根据组织目标任务的需要,把工作和人员分成若干管理单元并组建相应的机构,形成组织的横向部门结构的过程。

组织部门化的基本原则包括因事设职和因人设职相结合原则、分工与协作相结合原则、精简高效原则、部门制衡原则、弹性原则。

组织部门化的基本形式包括职能部门化、产品或服务部门化、地域部门化、顾客部门化、流程部门化。

组织层级是指组织内部从最高一级管理者到最低的基层工作人员之间所形成的层次。

有效的管理幅度受到管理者与被管理者的工作能力、工作内容和性质、工作条件和工作环境等因素的影响。

职权是指组织内部授予的、指导下属活动及其行为的决定权。职权分为三种类型:直线职权、参谋职权和职能职权。

集权是指决策指挥权在组织层级系统中较高层次上的集中,也就是下级部门和机构只能依上级的决定、指示与命令行事,一切行动必须服从上级的指挥。

分权是指决策指挥权在组织层级系统中较低管理层次上的分散。

授权是指组织为了共享内部权力、激励员工努力工作,把某些权力或职权授予下级。

常见的组织结构类型包括直线制、直线职能制、事业部制、矩阵制、委员会制、团队式、虚拟公司等。

❏ 思考题

1. 什么是组织设计?
2. 简述组织设计的原则?
3. 组织设计的影响因素有哪些?
4. 什么是组织部门化?组织部门化的基本原则有哪些?
5. 什么是组织层级化?什么是管理幅度?什么是组织层级?管理幅度和组织层级的关系是什么?
6. 什么是职权?职权分为哪些类型?
7. 什么是集权?什么是分权?影响组织集权与分权程度的因素有哪些?
8. 什么是授权?授权的过程是什么?授权的原则有哪些?
9. 比较直线职能制组织结构、事业部制组织结构和矩阵制组织结构的特点。

❑ 实训题

实训项目：认识企业的组织结构

实训内容：

1. 学生分组调查分析某家企业的组织结构基本情况；
2. 按小组编制汇报材料。

实训要求：通过各种途径调查一家企业的组织结构情况，并对组织结构作出相关评价。

实训步骤：

1. 任课老师布置实训任务，说明实训要求与实训任务；
2. 学生进行实地调查，收集资料，撰写分析报告；
3. 学生分组在课堂上汇报调查情况，学生互评；
4. 任课教师进行评价。

❑ 案例分析

过度集权的弊端[①]

2006年年末，李嘉诚名下和记黄埔地产有限公司在北京的第一个房地产项目——逸翠园，因质量问题及与当初承诺的楼盘标准有重大差距而遭到业主集体投诉，和记黄埔地产对此事没有及时做出反应，致使业主联合上告至政府。本是一件很平常的房屋纠纷事件被迅速扩大，因为是李嘉诚在京的首盘，所以在海内外引起了广泛的关注。最后，和记黄埔地产姗姗来迟地拿出解决方案，但解决方案与业主的期望存在很大的差距，使得和记黄埔地产及李嘉诚的名誉受到了极大的损伤。

究其根源，主要是和记黄埔地产香港总公司过度集权造成的。和记黄埔地产北京公司只是数据提供者和指令执行者，其香港总公司不但掌握着完全的决策权，而且控制着市场分析、产品分析及产品设计的权力。这种集权带来的直接负面效应是，产品不能与市场需求对接，应对市场变化迟缓。

在逸翠园建设时，施工方曾提出其设计上存在问题并上报给和记黄埔地产北京公司，和记黄埔地产北京公司再上报给香港总公司，但香港总公司不予理会，这么重大的事项不了了之，为后面楼盘的质量问题埋下了隐患。和记黄埔地产北京分公司只能完全按照香港总公司的指令执行，甚至连印发一个信封的款式都要向总部请示，获批后才能印刷。此次事件也是如此。在业主提出投诉后，和记黄埔地产北京分公司把情况反映给香港总部，总部再把决策传递回北京分公司，北京分公司再通知业主……这样往复几个来回后，消耗的不仅是金钱和时间，更是业主的耐心与宝贵的危机公关时机。而且，香港总

---

① 欧阳瑞球.从历史经验看企业如何分权集权[J].企业研究,2011,11:27.

部因为不了解具体的情况,所作的决策也就不具有科学性,导致事件的负面影响越来越大。

讨论题

1. 和记黄埔香港总公司为什么采取集权式管理?集权式管理的优势是什么?
2. 和记黄埔香港总公司过度集权的弊端是什么?
3. 和记黄埔香港总公司应该如何调整集权和分权的程度?

第八章 人力资源管理

【内容提要】

人力资源是一种稀缺资源,做好人力资源管理工作,就是发现人才、选好人才、用好人才并留住人才。本章重点介绍人力资源含义、人力资源计划、员工招聘与甄选、员工培训与绩效考核、职业生涯管理和劳动关系。

【学习目标】

1. 理解并掌握人力资源的含义、人力资源计划的含义、内容与作用。
2. 熟悉员工招聘的方法与流程,掌握外部招聘与内部提升的优缺点。
3. 理解并熟悉员工培训及培训的流程。
4. 掌握职业生涯规划的概念,理解并掌握劳动关系、劳动关系管理的基本原则和目的。
5. 掌握企业留住优秀员工的策略。

引例

谷歌人力资源管理

如今,谷歌已成为所谓"最成功的互联网公司"的代名词。谷歌的成功在很大程度上来自其独特的人力资源管理,用前CEO埃里克·施密特(2001—2011年)的话说,就是"份额第一,收入第二"。首先,谷歌通过人力资源战略规划职位,实现了企业战略与人力资源的有效衔接,使人力资源规划成为企业战略落地的工具之一;其次,谷歌通过有效的人力资源战略与规划,使人力资源管理具有前瞻性与战略性,优先投资和开发人力资本,基于战略进行人才储备,满足谷歌高速成长和未来发展的需要;最后,因为人力资源规划是一门技术性和操作性很强的人力资源专业职能,谷歌公司通过人力资源规划技术的创新,提高人力资源战略规划的有效性和可操作性。

谷歌通过积极有效的薪酬管理体系,促使谷歌整体快速、稳定地发展。谷歌通过薪酬实现员工满意及相关利益者之间的价值平衡,吸引、激励并保留企业所需的核心人才,以支撑企业战略、提升企业竞争力,并最终达成企业目标。谷歌还通过发放个人薪酬、团队薪酬、企业薪酬来激励员工。但是目前,谷歌遇到了因工资太高、福利太好,谷歌无人车项目员工纷纷离职的问题。据美国彭博社 2017 年 2 月 14 日报道,一些汽车项目的老员工由于高薪与丰厚的奖金,已经不再需要工作保障了,不少员工离职去把握新的机遇或选择创业。造成老员工高薪与丰厚奖金的原因是谷歌 2010 年开始实行的"非同寻常的薪酬奖励制度",包括基于绩效的底薪、高额奖金和股权。数年之后,谷歌以一个乘数体现于这些奖励中,并兑现了部分或全部,这使无人车项目员工的收入远远超过现时的工资水平。

思考: 目前谷歌应该做出怎样的人力资源管理策略,以实现企业留住人才的目的。

组织设计为组织系统的运行提供了基本的运行框架。为了确保各项任务的顺利完成并使系统能够正常运行,组织还必须按照组织设计的基本要求为系统配置合适的人力资源(如管理人员、作业人员及参谋人员等),并进行有效的管理。

第一节 人力资源计划

一、人力资源的含义

对于一个组织而言,其能够运用的资源主要有三种:物质资源、财务资源和人力资源。物质资源,如土地、原材料、厂房、机器等;财务资源,如资金与融资信用等。那么,什么是组织的人力资源呢?组织的人力资源是指组织中具有智力和体力两方面能力的人员的总和。当然,组织中的人力资源不能简单地从数量上来理解,还要考虑其质量,即体现为人所应拥有的知识、技能、经验、态度和创造力等。

在组织所有的资源中,人力资源是第一位的。尽管其他资源都有其重要性,但人力资源最为重要。人力资源是一种能动资源,在组织中起主导作用,处于中心地位;它发起、使用、操纵、控制其他资源,使其他资源得到合理、有效的开发、配置和利用;同时,它是唯一起创新作用的因素。整体而言,人力资源是一个组织系统的动力。

人力资源管理就是对人力资源进行有效开发、合理利用和科学管理,以实现组织的目标。

人力资源管理的职能是指各种规模的组织用于提供和协调人力资源的任务与责任。有效的人力资源管理涉及人员配置(人力资源计划、工作分析、员工招聘与甄选)、人力资源开发利用、薪酬和福利、安全和健康、劳动关系等。

二、人力资源计划的含义、内容与作用

1. 人力资源计划的含义

人力资源计划又称人力资源规划,是指根据组织的发展战略、目标及组织内外环境的变化,运用科学方法对组织中人力资源的需求和供给进行预测,拟定相应的政策和措施,从而使组织人力资源的供给和需求达到平衡,实现人力资源合理配置、有效激励员工的过程。

人力资源计划是组织计划的重要组成部分,在整个人力资源管理活动中占有重要地位,是各项具体人力资源活动的起点和依据,直接影响着组织整体人力资源管理的效率。

2. 人力资源计划的内容

人力资源计划包括两个层次,即总体计划和各项业务计划。人力资源总体计划是指有关计划期内人力资源管理和开发的总目标、总政策、实施步骤以及预算的安排等,它是根据组织战略规划确定的。

人力资源所属的各项业务计划是人力资源总体计划的进一步展开和细化,一般包括人员补充计划、人员使用计划、人员晋升计划、教育培训计划、绩效评价激励计划、员工薪酬计划、职业生涯规划、退休解聘计划、劳动关系计划九个方面。

人力资源管理的职责就是在正确的时间和正确的地点,通过正确的激励手段,让正确的人做好正确的事情。

"合理用人,用好人才"是组织生存和发展的重要环节之一,也是衡量人力资源计划是否有效的重要标准。因此,在编制和实施人力资源计划的过程中,企业必须坚持以下几个重要的人员配备原则:因事择人、因材器用、用人所长和人事动态平衡。

3. 人力资源计划的作用

在组织的人力资源管理活动中,人力资源计划具有先导性和战略性,而且在实施组织目标的过程中,它还能不断调整人力资源管理的政策和措施,在人力资源管理活动中起着重要的作用,具体体现为以下几个方面:(1)有利于组织制定战略目标和发展规划。科学的人力资源计划,有助于高层领导了解组织目前各种人才的余缺状况,在一定时期内就具备了进行内部抽调、培训或对外招聘的可能性,从而有利于高层领导者进行决策。人力资源计划应以组织的战略目标、发展规划和整体布局为依据;反过来,人力资源计划又有助于战略目标规划的制订,促进战略目标和发展规划的顺利实现。(2)确保组织生存发展对人力资源的需求。由于组织内外部环境的变化,人力资源计划通过分析组织人力资源的需求与供给之间的差距,制订各种计划来满足组织对人力资源的需求。(3)有利于人力资源管理活动的有序化、制度化。(4)有利于调动员工的积极性和创造性。人力资源管理要求在实现组织目标的同时满足员工的个人需求,包括物质需要和精神需要,这样才能激发员工持久的工作积极性。只有在人力资源计划的条件下,员工才能知道自己可满足的事项和满足的水平。(5)有利于控制人力资源管理的成本。(6)有利于增强组织的弹性。

三、人力资源计划的过程

人力资源计划过程主要包括三个阶段:计划、实施和评估(见图8-1)。为了促进组织实现目标,企业人力资源计划应当在合适的时间、地点满足企业适当数量和能力的人力资源,并且应当是动态的和长期的,而不是固化的和短期的。

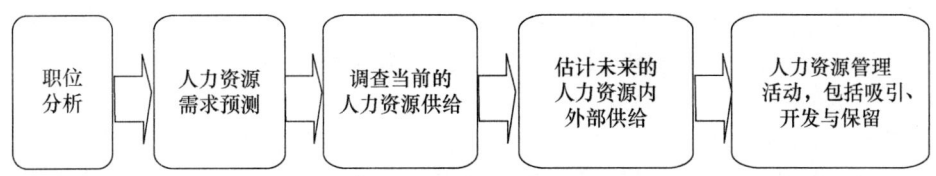

图 8-1 人力资源计划过程

从图 8-1 可知,人力资源计划过程的重点包括以下几个方面:

(1) 人力资源需求预测。对员工的需求可以以企业人员总体为基础来计算,或者以组织中个别单位的需要为基础计算,或者两者并用;人力资源部门还要考虑员工因晋升、调动和解雇等离开所产生的岗位需求。正因如此,人力资源需求预测分析一般从组织中的最高职位开始,那些职位不可能再晋升到更高层的岗位。人力资源信息化管理系统为需求预测提供了很大的便利,拥有了先进的数据库技术,人员的姓名、学历、所受培训、职业经历、能力与专长等信息的获取将更加容易。

(2) 人力资源供给预测。当人力资源需求预测完成后,企业必须确定人力资源需求的可获得性。人力资源供给预测是指对在未来某一特定时期内企业能够获得的人力资源数量所做的估计。人资源的获得途径主要有组织内部途径和外部途径。对于外部途径,主要是基于企业所需人才的国家和地区人口数据,包括地区进入和退出劳动力人口的变化、劳动力组成及变化、政府相关雇用条例的变化、企业所在地区的人文环境等。而对于内部途径,企业基本可以根据相关员工数据(正常晋升、平调和离职人员的数据)估算企业各部门中可能的人员配备变动,找出可能的备用候选人。另外,人力资源部门还有一些重要的工作要做。例如,为企业高层人员的变动提供一定的后备人员参考,为并购中的企业提供人力资源管理计划等较特殊的事项服务。在开展人力资源供给与预测的过程中,人力资源部门还涉及一个较细节化的工作——工作分析。它定义了组织中的职务及履行职务所需的行为,即对相关工作岗位的任职资格、基本任务及职责要求的要件描述,具体包括对从事该工作岗位工作人员的技能、知识、能力等的要求。在完成工作分析之后,人力资源部门就可以编制工作说明和工作规范。其中,工作说明是对任职者需要做些什么、怎么做和为什么要做的书面说明,工作规范则指明任职者成功开展某项工作必须拥有何种最低限度的资格标准。这些对后续的招聘、培训、甄选、绩效评估也起到很大的帮助。

(3) 当人力资源管理部门依据现有的市场环境拟出人力资源管理计划之后,人力资源部门就需要将之具体化,变成一系列可执行的人力资源管理活动,包括人力资源吸引、人力资源开发和人力资源保持等。

(4) 在人力资源计划实施之后,企业还必须对上述人力资源管理活动进行评价,将管理活动的实际效果与计划预期进行对比,以便企业对之前的管理活动进行调整。

第二节　人力资源吸引

对于人力资源部门的工作人员来讲,人力资源计划会使管理者清晰地了解现有的人力资源状况和未来的需求;而当人力资源计划完成之后,更为重要、烦琐的工作才刚刚开始,他们要作为人力资源计划的执行人开始:员工的招聘与甄选。

一、员工招聘活动

1. 员工招聘的概念

员工招聘是组织及时寻找、吸引并鼓励符合要求的人到组织中任职和工作的过程。员工招聘是贯彻落实人力资源计划的重要步骤。

组织招聘一般基于以下情况:新建组织(企业)、组织规模扩大、调整不合理的人员结构、因员工离职而出现职位空缺等。

2. 员工招聘的来源

员工招聘的来源可以是多方面的,如校园招聘、人才市场、部队转业军人等;但招聘工作的有效性更多地依赖于劳动力市场的状况、组织内部空缺职位的高低、组织规模的大小、组织形象或声誉等因素。显然,劳动力市场规模越大,人员就越容易招聘。一般而言,组织规模越大,可选机会也就越多;组织形象和声誉越好,社会地位也就越高,应聘者就会越多。

一般来讲,组织可以通过以下几种方式获取必要的人力资源:广告应聘者、员工或关联人员推荐、职业介绍机构推荐、校园招聘及其他来源。

3. 员工招聘的步骤

员工招聘的具体步骤如下:
(1) 制订并落实招聘计划;
(2) 通过一定的渠道发布招聘信息;
(3) 应聘者提出申请;
(4) 对应聘者进行初选;
(5) 对初选合格者进行知识与能力的考核;
(6) 选定录用员工;
(7) 评价和反馈招聘效果。

4. 外部招聘与内部提升的优缺点

依据来源的不同,组织可以通过外部招聘和内部提升来选择与填补管理岗位的空缺。

(1) 外部招聘。外部招聘就是根据组织制定的标准和程序,从组织外部选拔符合空缺职位要求的员工,特别是一些高管人员岗位和专业岗位常常需要从组织外部招聘。外部招聘新人能够在公司内部起到"鲶鱼效应",有可能打破现有的规则和旧有体制的束缚,激发企业改革与创新的活力。外部人员选拔可通过网络招聘公告、报纸广告、校园招聘、中介(猎头)公司和内部职工推介等途径进行。

外部招聘的优点有：① 具备难得的"外部竞争优势"；② 有利于平息并缓和内部竞争者之间的紧张关系；③ 能够给组织输送新鲜血液(新观念、新思想、新技术和新方法)，有利于拓宽企业的视野；④ 在企业内不会形成政治支持者小集团；⑤ 聘到已经受过专业训练的员工，及时满足组织对人才的需求。

外部招聘的缺点有：① 外聘者缺乏对组织的深入了解，需要较长时间来调整对组织环境和工作的适应；② 可能影响内部未被选拔的候选人的士气；③ 可能挫伤内部员工的工作积极性；④ 可能招来不合格的应聘者，增加人力资源部门的筛选成本；⑤ 可能引来企业窥探者。

(2) 内部提升。内部提升是指组织内部成员的能力和素质得到充分确认之后，被委以比原来责任更大、职位更高的职务，以填补组织中出于发展或其他原因而产生的空缺职位。注重从组织内部发现和挖掘人才是新时代员工招聘区别于传统员工招聘的特点之一，它能提高组织招聘的效益，因而大多数组织在需要人力资源时通常先在内部进行人员的调配，如增加或减少某些部门的人员数量。内部招聘主要有员工晋升、平级调动、工作轮换和招回原职工等形式。

内部提升的优点有：① 有利于调动员工的工作积极性；② 对员工能力的判断更准确；③ 员工对企业目标的认同感强，辞职可能性小；④ 员工了解企业，能很快胜任工作；⑤ 为组织成员的工作转换提供了机会，可以激励员工与企业一同成长，有助于激励组织成员的进取心和士气，使他们努力工作并获得成功；⑥ 相对其他招聘方式，内部提升的花费要少很多。

内部提升的缺点有：① 可能发生"近亲繁殖"现象，任人唯亲可能增大内部人员利益关系的错综复杂性，减弱企业改革发展的动力；② 内部候选人供应可能有限；③ 未被提升的人可能士气低落，离职可能性大。

二、甄选

甄选是人力资源管理部门或相关决策部门在有资格的候选人中挑选最终的入职者，即确定谁是某职位最合格的人选。人才甄选的结果往往受到以下因素的影响：简历的筛选、信息核实、面试、入职前的测试等。不论是应聘者还是招聘者，这些因素都是非常重要的。

在简历的筛选阶段，应聘者应当提供招聘者所要求的信息资料：应聘职位、个人学历、工作经历、技能及个人已往与应聘职位相关的成果等；应聘者如有可能还应提供上述信息的证明资料，如学历证书、工作经历及成果复印件等。招聘者往往首先通过审阅申请表或简历，对求职者的背景和经历有一个概略的了解，以便做出初步的选择。在很大程度上，第一印象在应聘者与招聘者的第一次接触中尤为关键，所以对于应聘者而言，制作出以合适的方式呈现自己的个人信息并吸引招聘者的注意的简历是很重要的一步。当然，面对应聘者的简历，招聘者还要利用企业的信息系统或政府官方的身份信息系统进行信息核实，以确保应聘者的基本信息是真实、可靠的。在信息核实阶段，提供真实可查实的信息不仅是对应聘者个人信用的要求，也是企业为保证招聘公平、公正的重要前提。随着我国个人征信系统的完善,应聘者要更加爱惜个人信用。

对于招聘者而言,在依据简历信息进行初次筛选之后,尽管这些资料提供了很多重要的信息,但还不足以让招聘者据此做出最后的决定。与潜在的人才进行多次的面对面交谈,招聘者能够更加清楚地了解应聘者的其他非文字所能描述的信息,也是现时较为流行的企业招聘流程。当然这中间还包括一面、二面甚至三面等环节或者程序要走。例如,初次面试的结构性面谈,面试官对所有的求职者进行相同的面试,这有利于企业在简历之外,更多地了解应聘者的心理及工作倾向;当然,有的结构化面试是对应聘者的基本职能的考察。当应聘者通过人数逐渐减少的多轮面试之后,企业的入职通知就在眼前了。但是对于企业而言,还有一个重要环节不应被忽视,那就是入职前的检测,主要涉及个人身体(所从事职业不允许的疾病、遗传病等)、心理素质等,因为这不仅是企业对自己荣誉(产品或服务质量)的维护,也是对企业在职员工的安全和权利的保护与尊重。

第三节 人力资源开发

对于企业人力资源管理而言,招聘人才与留住人才固然重要,但如何对现有的人力资源做好相应的开发工作则更为重要。企业应关注人力资源的培训、发展及绩效评估,因为这一方面与员工个人的未来利益有关,另一方面与员工个人的现时利益有关;再者,企业更希望员工(管理人员和普通员工)的技能和绩效不断提高。为了实现这一目的,企业应该对员工开展培训和发展活动,并为此建立绩效评估体系,以激励员工尽力做得更好。

一、员工培训与发展

企业在实施众多的管理方法以实现企业绩效目标的人力资源管理活动中,不能忽视的一个问题就是员工自身的发展。中国人力资源开发网曾经开展"员工跳槽的主要原因"调查,结果显示"没有个人发展、上升空间"是员工最终选择弃东家而去的关键因素,选择这一原因的人数在参与调查的1 229人中占了近一半的比例。[①] 个人对良好的薪酬待遇和发展空间的追求,不仅印证了员工为社会人的假设,还验证了人们会逐渐由物质追求转向情感、自我实现的命题。现代企业在管理实践过程中,存在的人力资源管理问题包括员工缺乏积极性和主动性、失去创造性、成为工作机器等。因此,很多企业从新员工的工作准备阶段就开发出各种形式的工作技能培训;同时,组织还要准备应对未来的挑战,有必要对基层主管和管理者进行开发,为这些员工在组织内部的成长发展编制详细的职业规划。尽管我们习惯于笼统地说培训一词,但实际上,培训与发展有着明显的不同。培训一般指教导水平较低的员工,使他们知道怎样完成本职工作;而发展指扩展管理人员和专业员工更广泛的技能,使他们不仅能做好现在的工作,还能做好将来的工作。

员工培训是企业为了让员工能够更好地胜任现时的工作,而发展则是企业为了自身

---

① http://www.chinahrd.net/article/2004/12-09/164458-1.html

的未来而进行的管理人才的特殊储备。

一个组织中的培训对象主要有新进员工、基层员工、一般技术人员、高级技术人员和管理人员。

员工培训方式有多种,依据所在职位的不同,分为新进员工的培训、在职培训和离职培训等;依据培训的目的和内容不同,分为专业知识与技能培训、职务轮换培训、提升培训、设置助理职务培训、设置临时职务培训等。

培训主要是为了加强员工对现时工作的职能任务的熟悉程度,有利于他们提高工作绩效。培训具有一定的目的和针对性(如管理技能、技术技能、沟通技能、计算机技能培训等),而培训形式又是多种多样的,如工作轮换、团队培训等。

培训程序主要包括以下几个步骤:

(1) 前期准备阶段,这是在培训方案制订和选择之前,人力资源管理部门结合相关职能部门所做的工作,主要包括培训必要性分析(对不同部门岗位的目标、员工的知识技能等方面进行鉴别和分析),从而确认哪个部门的哪个岗位的哪个员工需要培训。

(2) 培训方案的设计阶段,主要涉及员工培训的目的和内容,如培训目标、培训内容、培训日期与时间、培训方法、培训场所与设备等。

(3) 具体实施阶段,首先要做的工作是对培训人员的通知与工作调整(培训期间的岗位接替),以及其他必要的准备事项(交通、住宿、因工护照的安排等);其次要做的工作就是培训方法的选择,如在岗培训或脱岗培训、通过哪种培训方法,如工作报告、角色扮演、程序化学习、案例讨论、业务模拟、行为范例、阅读材料、会议、岗位轮换、模拟作业和当学徒等。

(4) 培训效果评价阶段,就是根据员工的反映、学习成果转化为工作能力及业绩结果,对培训的有效性进行评估。这要求企业人力资源部门运用一定的评估指标和评估方法来完成。

二、员工的绩效评估

管理者需要知道员工是否能有效地完成工作、是否存在改进的必要,这要求对员工绩效进行评估。

绩效评估是指组织定期对员工个人或群体小组的工作行为进行考察、评估和测度的一种行为。有效的绩效评估体制对组织很有益,人力资源如果不着眼于自身的规划、服务和对组织成功的贡献,就无法成为战略性的经营贡献者。人力资源绩效管理系统是指建立绩效标准,据以评价员工绩效,以便形成客观公正的人力资源决策并提供支持这些决策的文件的过程。人力资源绩效管理正是通过对人员贡献测度的发展和应用,才能更好地体现自身的价值,追踪自身的绩效。一方面,评价员工的工作绩效是绩效管理的核心,有效的绩效评估可以使员工认清自己在企业中的地位及贡献,基于评估信息改进日常工作,有助于提高工作积极性;另一方面,绩效评估信息有助于确定是否有必要组织培训和制订业务计划等,也有利于企业对不同绩效的员工实施不同的人才培训发展计划。

人力资源效能测评的重要性不断增强,多数组织形成了对个人或群体定期进行业绩考察、评估的制度,并将业绩评估结果与个人的薪酬与奖惩、升迁或培训等有机地结合起来。但是在实际工作中,由于人员考评在评估标准及方法、执行者、评估程序等诸多方面关系到被评估者的切身利益,常常会引起一些矛盾和冲突,因此也是人力资源管理工作的一个重点。绩效评估涉及评估内容、评估标准、执行者、评估结果反馈等工作。

1. 绩效评估内容

绩效评估包括三项基本的内容:品质、行为和结果。品质评估是对员工绩效所作的带有主观色彩的评价,包括能力和态度等。其中,能力是指员工顺利完成某项活动所具备的并影响活动效率的、稳定的个性特征,态度是指员工完成工作时所表现出来的心理倾向。一般说来,能力越强,业绩就可能越好。可是在企业中常常见到这样一种现象:一个人能力很强,但出工不出力;而另一个人能力不强,却兢兢业业,干得很不错。两种不同的工作态度,产生了截然不同的工作结果,这与能力无直接关系,主要与工作态度有关。组织必须同时对员工的工作能力和态度进行考评,因为对品质的评价常常是模糊的(主观的),容易导致个人偏见,不适于获取有用的反馈。所以,尽管这种方法非常简单——品质的等级易于划分、评价易于完成,但遗憾的是,其结果常常是无效的。

对于行为评估而言,尽管其仍然带有主观性,但会更多地考虑实际观察得到的结果。同时,人力资源测评量表的完善,保证了这种测评的信度与效度,很有效地弥补了品质评估主观性过强的不足,并且问卷量表式的测评方式能够有效地降低企业的测评成本,这种评估方式越来越普遍地为企业所采用。结果评估与品质和行为评估相比更为客观,因为它关注的是生产数据,如销售额(对销售人员)、产量(对生产线上的工人)或利润(对经理)。但是这种评估方式更容易受到外部环境的影响,因此必须与行为评估相结合才能更有效地避免评估偏差。目标管理是下级和管理者就特定的目标达成共识,因此目标管理评估方法能够结合员工的主观态度及其自身行为和最终结果,很多公司予以接受并实行。

2. 评估结果反馈

绩效评估结果由人力资源部门向各个部门人员工提供反馈信息,并与组织中各个部分紧密联系以进行改进。评估结果反馈不仅有利于组织目标在实现过程中的事项纠偏,也有利于评估对象根据反馈信息改进不足。但将绩效评估结果反馈给员工对于管理人员和下属来说都不是一件轻松的事。绩效评估目标之间有时会存在某种程度的矛盾,增长和发展都离不开理解与支持。现实中,客观、真实地认识自己是最难的,因此绩效评估反馈中的面谈是绩效考评中极为重要的环节,但常常被忽略。为了提高绩效管理的质量和水平,还应当重视绩效考评过程中各个环节的管理。例如,加强组织沟通和反馈,消除被考评者的紧张、抵触等不良心理;重视绩效考评的各种会见、面谈活动的开展;注意不断地调整劳动关系,完善薪酬奖励制度等。员工们想知道他们做得如何,但通常又对反馈信息感到不安,而通过领导者与下属的面谈和反馈,能使员工纠正错误,以积极的态度对待过去,满怀信心地面对未来、努力工作。

3. 绩效评估作用

在人力资源管理中,绩效评估作用体现在以下五个方面:
(1) 为最佳人事决策提供重要的参考依据;

(2) 为组织发展提供重要的支持；
(3) 为员工提供一面有益的"镜子"；
(4) 为确定员工的工作报酬提供依据；
(5) 为员工潜能的评价及相关人事调整提供依据。

第四节 人力资源保持

仅仅吸引和开发一支有能力的人力资源队伍是不够的，为了长期效果，我们还要不断地培养、激励和管理它，维持和谐的劳动关系，并针对个别表现欠佳的员工采取必要的裁员或解聘措施，才能持续保持人力资源队伍旺盛的生命力。

一、员工薪酬与福利

薪酬是指员工在从事劳动、履行职责并完成任务之后所获得的经济上的酬劳或回报。狭义的薪酬指直接薪酬，广义的薪酬还包括间接薪酬。直接薪酬主要是由基本工资（基础工资、岗位工资、工龄工资）、绩效工资（奖金、浮动工资）、成就工资（红利、股票期权）、津贴（岗位津贴、工作津贴）组成；间接薪酬主要是由企业提供给员工的福利，主要由基本福利、特殊福利（交通、设备补贴）组成。企业合理的薪酬与福利措施具有两种作用：(1) 保障作用，即合理的薪酬应当能够满足员工维持自身和家庭成员的生存与发展的需要；(2) 激励作用，即合理的薪酬能够调动员工的工作积极性，提高他们的工作效率，还能够增强企业的凝聚力、留住人才，并增强企业的吸引力，吸纳外部人才为企业工作。

员工薪酬，受到很多因素的影响，可以分为外部与内部两个方面。外部影响因素包括国家或地方的法规和政策、劳动力市场供求状况、行业平均工资水平、当地居民生活水平等，内部影响因素则包括组织的工资补偿政策、工作的价值、员工的相关价值、组织的支付能力等。为了有效地激发员工的工作积极性，企业往往基于上述影响因素制订合理的薪酬规划。薪酬规划是企业或组织根据内外部环境，结合企业或组织的发展需要，为了有效地激励员工的工作积极性和创造性，确保企业或组织的目标能够得以实现，运用科学的规划方法，对企业或组织的薪酬系统进行综合计划、系统安排的过程。

薪酬规划主要涉及以下三个方面的内容：

(1) 职位薪酬(position)指员工的职位薪酬，根据某一职位的重要性、风险性及有关劳动力市场的供求状况等确定的薪酬。

(2) 绩效薪酬(performance)指员工的绩效薪酬，根据员工的工作成果和工作贡献确定的薪酬，其依据是员工的绩效评估。

(3) 个人薪酬(person)指个人薪酬，根据员工个人的具体情况（个人情况和劳动力市场）而支付不同的薪酬。

现时比较受到关注的员工激励措施是利润分享计划，是在单位、部门、工厂或企业生产能力的基础上，员工或受益者参与利润分配的计划。利润分享计划是由企业建立并提供资金支持，员工根据其工作绩效获得一部分公司利润的组织整体激励计划。在这种计划下，报酬的支付是建立在对利润指标的评价的基础上的。利润分享计划是一次性支付的奖励,不会进入雇员的基本工资中,因而不会增加组织的固定工资成本。很多企业(如林肯电气、沃尔玛、华为、万科等)实施了利润分享计划,并取得了很好的效果。

对于员工福利,与员工工资系统类似,也是企业有效激励员工的一种重要措施,当然也要受到与工资系统一样的内外部相关因素的制约。员工福利是企业基于雇佣关系,依据国家的强制性法令,以改善员工及其家庭生活水平、增强员工对企业的忠诚度、激发工作积极性等为目的而支付的辅助性货币、实物或服务等。员工福利具有以下特点:(1)补偿性,员工福利对劳动者提供的物质补偿;(2)均等性,每位员工都拥有享受本单位员工福利的均等权利;(3)补充性,员工福利是对按劳分配的补充;(4)集体性,员工福利是通过集体消费或共同使用公共设施的方式来分享给员工的。

员工福利可以分为法律要求的和雇主自由选择的,主要有法定福利和企业福利。法定福利主要是由国家通过立法或相关法规的形式,强制实行的、保障企业员工合法权利和利益的福利形式。在我国,员工法定福利主要由养老保险、医疗保险和生育保险、失业保险、工伤保险、住房公积金及法定假期组成。而企业福利则与企业自身的财务状况有很大的关系,效益好的企业会提供诸如企业食堂、宿舍、幼儿园、体育场等公用设施福利和补贴福利及医疗福利等。

二、职业生涯管理

1. 职业生涯规划

职业生涯规划是指企业与员工共同对决定员工职业生涯的个人因素、组织因素和社会因素等进行分析,把员工个人发展与组织发展相结合,拟定有关员工个人一生事业发展的战略设想和计划安排。员工职业生涯规划是一个计划过程,员工从中能够意识到自身所具备的知识、技能、兴趣和其他特征,获得各种信息并做出选择,确定职业生涯发展的各种目标,同时拟定行动计划以实现这些目标。

员工职业生涯的发展常常随着年龄的增长而变化,尽管每个人从事的具体职业各不相同,但在相同的年龄阶段往往表现出大致相同的职业特征、职业需求和职业发展任务。

员工职业生涯规划的内容主要包括职业选择、职业生涯目标(人生目标、长期目标、短期目标)的确立、职业生涯路径的设计,还包括与人生目标及长期目标相配套的职业生涯发展战略,与短期目标相配套的职业生涯发展策略。影响员工职业生涯规划的因素主要有政治、经济、文化等社会环境,以及教育背景、家庭影响、个人的需求和心理动机等。

员工的职业选择和职业生涯目标,既是个人的需要,也是企业的需要。因而,企业通过职业生涯规划,可以把员工个人利益和企业组织利益有机地结合起来。员工职业生涯规划设计的基本步骤为确立志向—准确评估—选择职业—确定职业生涯路线—设定职业生涯目标—拟定行动计划与措施—评估与反馈。

2. 职业生涯管理的概念

职业生涯管理是一种专门化的管理,指组织和员工对员工职业生涯围绕组织的目标与员工个人的职业发展所进行的一系列计划、组织、领导及控制等管理活动,以实现组织目标和个人发展的有机结合。按主体的不同,职业生涯管理可分为员工职业生涯管理和组织职业生涯管理。

员工职业生涯管理是指员工个人对自己所要从事的职业、拟加盟的组织、在职业发展上要达到的高度等进行规划和设计，并为实现职业生涯目标而积累知识和开发技能的过程，一般通过选择职业、组织和工作岗位，在工作中提升技能或职位等来实现。组织职业生涯管理是指组织对员工所从事的职业进行的一系列计划、组织、领导和控制等管理活动，以实现组织目标和员工发展的有机结合。

员工和组织的职业生涯管理之间存在相互依存、相互配合的关系。组织是员工职业生涯得以存在和发展的载体，员工职业生涯设计得再好，若不进入特定的组织，则个人目标就难以实现；同样，组织的存在和发展离不开员工的职业工作与职业发展，若员工能够积极参与由组织系统规划的职业生涯，两者密切配合，则共同目标就容易实现。

三、裁员或解聘

人力资源部门的工作不仅仅是招聘雇员，在制定人力资源规划的过程中，人力资源部门控制组织中人力资源供应的另一条途径就是解聘。随着组织的演变和市场的波动，对雇员的需求有升有降；有些雇员的表现不佳，以至于继续聘用有失公平。因此，人力资源部门有时必须执行企业高层做出的裁员或解聘决定。对于任何一位管理人员来说，解聘绝不是一件令人愉快的事，因为解雇任何人都是艰难的。一般情况下，企业不会进行大规模的裁员，因为这种行为向外部市场和内部员工传递了一种很不好的信息——企业大厦将倾、难以为继，给企业后续的经营带来很大的麻烦。企业为了减弱裁员对被解雇人员的负面影响，也为了稳定留任员工的不安全情绪，往往采取再就业推荐、临时解聘、调换岗位、缩短工作周、提前退休、工作轮休等措施缓解被解雇者和留任员工的不适情绪。

四、劳动关系

1. 劳动关系的概念

出于历史传统和制度文化背景等原因，不同国家在术语的使用上存在一些差异，现代劳动关系又被称为劳资关系（labor-capital relations）、雇佣关系（employer relations）、劳工关系（labor relations）、劳使关系（labor-user relations）、产业关系（industrial relations）等。这些不同的称谓，是从不同的角度对特定劳动关系的性质和特点的把握与表述，在某种程度上反映了不同国家或不同体制下的劳动关系的性质和特点。

根据《关于贯彻执行〈中华人民共和国劳动法〉若干问题的意见》，劳动关系是指劳动者与用人单位（包括各类企业、个体工商户和事业单位等）在实现劳动的过程中建立的社会经济关系。

2. 劳动关系的内容

劳动关系的内容是指劳动关系主体双方依法享有的权利和承担的义务。依据《劳动法》及其他法律、法规的有关规定，按照劳动关系的劳动者和用人单位主体分类，劳动关系的内容包括以下两个方面：

（1）劳动者依法享有的权利有劳动的权利、民主管理的权利、平等就业和选择职业的权利、取得劳动报酬的权利、休息休假的权利、获得劳动安全和卫生保护的权利、接受职业技能培训的权利、享受社会保险和福利的权利、提请劳动争议处理的权利、法律规定的其他劳动权利；劳动者应承担的义务包括完成劳动任务、提高业务技能、执行劳动安全卫生规程、遵守劳动纪律、遵守职业道德、保守国家机密和企业商业秘密等。

（2）用人单位的主要权利包括依法录用、调动和辞退员工，决定组织机构设置，任免组织的管理人员，制订工资、报酬和福利方案，依法奖惩员工等。用人单位应承担的主要义务包括依法录用、分配、安置职工的工作，保障工会和职代会行使其职权，按照职工的劳动质量和数量支付劳动报酬，加强对职工思想、文化和业务的教育培训，改善劳动条件，搞好劳动保护和环境保护等。

3. 劳动关系管理的含义

劳动关系管理（labor relations management）是指以促进组织经营活动的正常开展为前提，以缓和、协调组织劳动关系的冲突为基础，通过规范化、制度化的管理，使劳动关系双方（企业与员工）的行为得到规范、权益得到保障，维护稳定和谐的劳动关系，促使企业经营稳定运行。

4. 劳动关系管理的基本原则和目的

劳动关系管理的基本原则主要包括兼顾各方利益、协商解决争议、以法律为准绳和劳动争议以预防为主。

劳动关系管理的目的是缓和、调节、消除企业劳动关系的矛盾和冲突，在劳动者和用人单位之间建立起合作的关系，保证企业经营活动的正常进行，保障劳动者的基本权益，实现双方的共赢。

第五节　人力资源管理的未来挑战

对于企业来说，尽管人力资源管理部门在尽力使人力资源管理与企业战略相匹配，但是正如战略管理一样，企业所处环境在不断变化，企业战略也在不断地相应调整，而管理着眼于快速、高效地完成现时和未来的目标，因此环境的动态变化是管理面对的难以高效化的重要挑战。

一、留住优秀的员工

不论是招聘还是培训员工，对于需要越来越多的知识以便进行管理和生产的企业而言，更换合格的、有经验的员工越来越困难，成本越来越高，所以留住优秀的员工变得非常重要。同时，随着员工知识的专业化程度越来越高，员工的个性受到越来越多的尊重，这使得企业必须采取更多的措施来管理和留住员工。

（1）向员工提供更多的支持，尤其是向那些不属于传统的、主流非正式群体的成员提供情感和事业上的支持。例如，企业应当认同多样的民族文化、着装、饮食习惯和宗教假日等，当然也包括向企业中那些身体存在缺陷的人提供必要的支持。这不仅有利于公司思想的多元化，更有利于企业的强凝聚力文化的建设。

（2）通过师傅带徒弟的方式增进新员工的适应性，尤其是那些新近的大学毕业生。这有利于他们快速适应企业的生活，同时有利于这些员工直接了解企业的制度文化。

（3）良性的事业发展和晋升规定，使企业员工有明确的努力目标和方向，也能够有效地避免企业出现"玻璃屋顶"现象。

（4）许多组织开始认识到，员工在工作的时候并不能将其家庭和个人生活置之脑后。众多的研究表明，员工个体不仅只有工作一个角色，他还有家庭角色，并且工作与家庭能够相互支持和相互影响，企业应同时考虑员工工作和家庭的需要。例如，有孩子需要照料的员工通常更少更换工作、更少缺勤并怀有更高的士气，企业可以向这些员工提供必要的照顾儿童服务，安排合适的休息假期使之能够与家人相聚等。

（5）向员工提供更多样化的培训机会，增强员工之间、员工与企业之间的互动。这有助于识别并减少隐藏的偏见，发展并有效管理多样化员工所需的技能（更多的是员工人际技能培训），有利于员工在各种环境下彼此之间或与客户之间更加有效地交流。

二、管理多样化的员工

1. 如何正确理解管理多样化

管理多样化包括招聘、培训、晋升和充分利用具有不同背景、信仰、能力与文化的员工的优势。管理多样化不仅是雇用少数群体和女工，更是对每位员工的不同特点给予理解和肯定，使组织更加富有效率，提高组织的盈利能力。

企业员工大都希望尽快成为整体的一部分，但又不愿意牺牲自己的文化、个性、偏好来获得成功；而随着企业生产与管理技术的进步，简单、重复性的劳动不再是个体的主要工作，通过知识管理获得企业的高速发展是现代企业组织的关注重点，所以员工也没有必要这样做。同时，企业已逐渐意识到应兼收并蓄，这为企业带来了商业上的好处，因为客户也越来越多样化了，保持员工的多样化可以在市场竞争中获得优势。

当今的多样化不仅仅指肤色和性别，而是广泛地指代宗教信仰、年龄、残疾、性取向、经济地位、教育水平和生活方式。准确地说，管理多样化就是在注意到雇员作为一个整体的共同点的同时，又将他们作为个体进行管理。管理多样化并不只是对各种差异的承认或协调，还要支持、培养这些差异，并利用它们获得组织优势。

随着互联网、全球化、知识管理及企业间合作的发展，客户的需求越来越倾向于多样化，对于人力资源管理而言，不仅要很好地解决企业现在的人力资源管理问题，还要面对因环境变化而出现的新问题，这一直都是人力资源管理的重要工作。

2. 管理多样化可能带来的负面效应

第一，多样化可能减弱行动一致性，因为多样化可能引致凝聚力缺失。凝聚力是指群体结合的紧密程度，以及组织成员的认知、理解程度并以相似或意见一致的方式采取行动，但是多样化将产生思想、语言、文化或态度的不一致。

第二，多样化可能带来沟通问题，往往使得沟通中的误解、曲解、低效率和缓慢成为常见的现象。人们更愿意同与他们相像的人沟通，而这种倾向经常导致对问题达成共识变得困难。当群体成员不是流利地讲同一种语言或者必须花费更多的时间解释时,速度就丧失了。沟通障碍使得群体成员不能正确评价与他们"不同的"同事,不能准确地感知与评价这些人的贡献、能力、热情和动机。

第三,多样化可能带来人际间的不信任和紧张。多样化成员可能认为他们以相似的方式理解问题,但事实并非如此。兴趣、价值观和文化就像一个过滤器,扭曲、阻碍了信息的流动,对人们的所见所闻进行选择。人们可能因参照的思想、理念框架不同而持不同的意见,因缺少接触和熟悉而产生不信任和误解,同时也引起了紧张和压力。

总之,本章的研究表明:面对当今竞争的时代,人才的竞争固然重要,但是没有人力资源管理作为保证,通过人才获得的竞争优势并不具有持续性。一些企业片面强调人才的重要性,盲目地提高人才的招聘标准,却忽视对人才的有效管理,这种做法显然是不可取的。高素质的人力资源永远代替不了有效的人力资源管理,设计出并执行适合本企业发展的战略性人力资源管理工作,对于真正地发挥人资源的作用,为企业赢得持续的竞争优势则更为重要。

❏ 重要概念

工作分析	劳动关系	人力资源计划	员工培训
绩效评估	人力资源	人力资源开发	员工招聘与甄选

❏ 本章概要

人力资源是一种能动资源,在组织中起主导作用,处于中心地位;它发起、使用、操纵、控制其他资源,使其他资源得到合理、有效的开发、配置和利用;同时,它是唯一起创新作用的因素。

人力资源管理就是对人力资源进行有效开发、合理利用和科学管理,以实现组织的目标。

人力资源管理的职能是指各种规模的组织用于提供和协调人力资源的任务与责任。有效的人力资源管理涉及人员配置(人力资源计划、工作分析、员工招聘与甄选)、人力资源开发利用、薪酬和福利、安全和健康、劳动关系等。

人力资源计划又称人力资源规划,是指根据组织的发展战略、目标及组织内外环境的变化,运用科学方法对组织中人力资源的需求和供给进行预测,拟定相应的政策和措施,从而使组织人力资源的供给和需求达到平衡,实现人力资源合理配置、有效激励员工的过程。

人力资源计划包括两个层次,即总体计划和各项业务计划。

人力资源管理的职责就是在正确的时间和正确的地点,通过正确的激励手段,让正确的人做好正确的事情。

在编制和实施人力资源计划的过程中,企业必须坚持以下几个重要的人员配备原则:因事择人、因材器用、用人所长和人事动态平衡。

人力资源计划过程主要包括计划、实施和评估三个阶段。

员工招聘是组织及时寻找、吸引并鼓励符合要求的人到组织中任职和工作的过程。

依据来源的不同,组织可以通过外部招聘和内部提升来选择与填补管理岗位的空缺。

外部招聘就是根据组织制定的标准和程序,从组织外部选拔符合空缺职位要求的员工。

内部提升是指组织内部成员的能力和素质得到充分确认之后,被委以比原来责任更大、职位更高的职务,以填补组织中出于发展或其他原因而产生的空缺职位。

甄选是人力资源管理部门或相关决策部门在有资格的候选人中挑选最终的入职者,即确定谁是某职位最合格的人选。

员工培训是企业为了让员工能够更好地胜任现时的工作,而发展则是企业为了自身的未来而进行的管理人才的特殊储备。

所谓绩效评估是指组织定期对员工个人或群体小组的工作行为进行考察、评估和测度的一种行为。

薪酬是指员工在从事劳动、履行职责并完成任务之后所获得的经济上的酬劳或回报。

职业生涯规划是指企业与员工共同对决定员工职业生涯的个人因素、组织因素和社会因素等进行分析,把员工个人发展与组织发展相结合,拟定有关员工个人一生事业发展的战略设想和计划安排。

员工职业生涯规划是一个计划过程,员工从中能够意识到自身所具备的知识、技能、兴趣和其他特征,获得各种信息并作出选择,确定职业生涯发展的各种目标,同时拟定行动计划以实现这些目标。

职业生涯管理是一种专门化的管理,指组织和员工对员工职业生涯围绕组织的目标与员工个人的职业发展所进行的一系列计划、组织、领导及控制等管理活动,以实现组织目标和个人发展的有机结合。按主体的不同,职业生涯管理可分为员工职业生涯管理和组织职业生涯管理。

员工职业生涯管理是指员工个人对自己所要从事的职业、拟加盟的组织、在职业发展上要达到的高度等进行规划和设计,并为实现职业生涯目标而积累知识和开发技能的过程,一般通过选择职业、组织和工作岗位,在工作中提升技能或职位等来实现。组织职业生涯管理是指组织对员工所从事的职业进行的一系列计划、组织、领导和控制等管理活动,以实现组织目标和员工发展的有机结合。

劳动关系是指劳动者与用人单位(包括各类企业、个体工商户和事业单位等)在实现劳动的过程中建立的社会经济关系。

劳动关系的内容是指劳动关系主体双方依法享有的权利和承担的义务。

❏ 思考题

1. 什么是人力资源?

2. 简述人力资源计划的含义、内容与作用。
3. 什么是员工招聘？有哪些方法或渠道？
4. 简述外部招聘与内部提升的优缺点。
5. 什么是员工培训？培训程序主要包括哪几个步骤？
6. 简述职业生涯规划的概念。员工如何拟定自己的职业生涯规划？
7. 什么是劳动关系？劳动关系管理的基本原则和目的是什么？
8. 谈谈企业可以采取什么样的措施留住优秀的员工。

实训题

整理自己的个人简历，参加学校内部举行的招聘会，看看自己的条件与企业的要求有何差距，参照企业的招聘要求，编写自己的职业发展规划。

案例分析

郑州国棉老厂承载着三代"国棉人"的记忆[①]

郑州市建设路国棉四厂的门头，像一个躺在手术台上的老人，被蓝色的围栏裹得严严实实。它正在做整形手术，按照工期，下个月底能修缮完毕。那时，它将容光焕发，再现生机。可惜的是，由大门所护持的国棉四厂家属院中居住的老人，已经不可能像这个门头一样，重回年轻。半个多世纪过去了，郑州几家老棉纺厂建厂时的姑娘小伙，早变成晚辈口中的奶奶爷爷、太奶奶太爷爷。生命一代代传承，这个城市却渐渐与棉纺厂少了交集。

【棉一代】

1956年，尽管家人反对，但是20岁的小陆仍然瞒着母亲，偷偷花了十二块五买了一张车票，离开了自己的家乡江苏常州。她坐了三天两夜的火车才来到郑州，进入当时刚刚建成的国棉三厂。六十年过去，如今已经80岁的陆大娘解释不清自己为什么一意孤行，但仍然记得内心的一腔热情，"就是想来"。

20世纪50年代，郑州市棉纺路上的棉纺厂陆续拔地而起。除了通过当地居委会招工，郑州各大棉纺厂还以外地支援建设的方式，从上海、青岛等纺织业相对发达的沿海城市请来了大批产业工人。数万人自此走进了轰鸣的纺织车间，成为郑州的"棉一代"。那一大批前来"支援建设"的纺织高手，有些人是服从组织安排，全家迁往郑州；有些人是只身前来，就像当年的小陆、如今的陆大娘。那些"支援者"带来了先进的技术和管理办法，"五一织布工作法"便是其中一种，从操作到如何处理故障机器都规定得很详细。

他们干劲十足，每年为国家贡献一个纺织厂。年已78岁的毛子莲是郑州国棉三厂的第一批职工。当年，她听说三厂是按照统一的设计图纸建造，"先进得很"，工作环境

[①] 唐朝金，王菁，吴智星.《河南商报》，2016年10月25日.

好,"化学地板,一走一软",16岁的本地小姑娘动了心,便报了名。经过简单培训后,毛子莲成为布机车间的一名布机挡车工。她每天的工作就是来回走,开布机,关布机,用手摸布,检查疵布。为了赶产量,半个小时的用餐时间往往会压缩成十几分钟,"早点开机就早点生产,提高产量"。当时,车间内部还配备"卫生防疫站",工人生个小病在车间就能看好;此外,饭也会有人专程从食堂送来。这么干,全都是为了高效工作。因为这份抓紧吃饭好干活的勤奋、一人能干两人活的高效,毛子莲在1958年获得"河南省劳动模范"称号,并在1959年去北京参加了国庆十年观礼。众人拾柴火焰高,纺织机日夜运转,工人"三班倒",在毛子莲等数万纺织工人的努力下,郑州国棉厂以超常规的速度发展起来,创下了每家企业"每年为国家贡献一个纺织厂"的惊人业绩。

【棉二代】

为了让儿子赶上最后的接班政策,1981年,当时只有43岁的曹大娘选择了提前退休,"那个时候想进纱厂上班相当不容易,谁都知道这是好工作"。除了接退休老人的班,进入纺织厂工作的途径还有技校统一组织的招工考试,以及上山下乡的棉纺厂子弟返城进厂。这些生于1955—1965年的人,构成了郑州的"棉二代"群体。"棉二代"的进厂时间一般在20世纪80年代,当时正值郑州纺织行业经济效益的最好时期,纺织业成为郑州市第一支柱产业和财政收入的重要来源。与现在的幼儿园不同,棉纺厂的托儿所分为两个园区,一个在生活区——托幼儿,一个在厂区——专门照看那些尚需哺乳的婴儿。国棉五厂的职工谭晓晖还记得,她的女儿出生于1987年,她刚休完产假就返回了工作岗位,"上班时孩子放在托儿所,工作间隙赶紧跑去喂奶"。

20世纪90年代之前,"棉二代"的生活方式和父辈差别不大:厂子效益好,生产节奏快,企业的生产计划由国家统一安排,每家棉纺厂都有食堂、澡堂、医院、学校、托儿所,除了工作,职工似乎不用操心任何事情。单调而充实的生活,让他们从来不考虑棉纺厂的未来,对"下岗"一词更是陌生。形势急转直下,计划经济下的棉纺厂越来越不能适应市场发展的需求。1998年,国棉二厂首先宣告破产。1999年的某天早上,国棉五厂职工走到单位门口,却发现厂门紧闭,门口贴告示通知即日起生产暂停,要求工人回家等候通知。郑州各棉纺厂先后被拍卖、收购和改组,昔日风光无限的工厂区,成了令人伤感的"下岗一条街"。

【棉三代】

"棉二代"下岗时,常听刘欢的歌,"心若在,梦就在,天地之间还有真爱。看成败,人生豪迈,只不过是从头再来"。大批棉纺厂职工被"买断工龄",得了一笔补贴后自谋出路,而此时,这些下岗职工的孩子大多刚上小学或初中。年幼的"棉三代"那时并不懂得,"辛辛苦苦度过半生,今夜重又走进风雨"的父母正在经历怎样的人生转折。往后的近二十年,棉纺路发生了重大变化:国棉一厂、国棉六厂厂房的旧址上已是高楼林立的新兴商圈;国棉三厂、国棉四厂分别迁往中原纺织工业园区和中牟县白沙镇;国棉五厂进行改造,原址被规划为地产项目。棉纺路上没了纺织厂,自然也没了严格意义上的"棉三代"。小王的奶奶和父母都是国棉五厂的职工,在棉纺路长大的她,已经多年没回过位于建设路五厂四街的老房子。"居民楼之间,到处是私搭乱建的铁皮房子,乱糟糟的,看着心里不好受。"她说。

随着中部地区的发展进入快速轨道,郑州受益于中原经济区、郑州航空港经济综合实验区、自贸区等国家战略,一跃成为"热点二线城市"。"棉三代"成了发展进程中重要的贡献者和受益者,而他们当中的绝大多数,无论是工作还是生活,与棉纺厂不再有交集了。

讨论题

1. 在国棉企业的发展过程中,发展战略出现了哪些问题?这些问题对国棉企业职工的工作有何影响?

2. 依据人力资源管理战略的知识,你认为国棉企业人力资源战略管理方面出现了哪些问题。

3. 当企业出现经营不善时,人力资源管理部门应当采取哪些措施来保障员工的薪酬福利?

4. 国棉企业的企业福利是否存在不足之处?如何整改?

5. 当企业员工下岗时,人力资源部门能够采取哪些措施以减轻下岗给员工带来的伤害?

6. 在绩效考评方面,在计划经济时期、改革开放初期、竞争力下滑时期,人力资源管理部门应分别作出何种改变和调整?

第九章 组织文化

【内容提要】

本章概况地介绍组织文化的定义、类型、特征、结构、功能,以及组织文化建设保障机制和塑造途径等基本问题,同时简述组织文化变革定义、组织文化变革机制及组织文化变革过程。

【学习目标】

1. 掌握组织文化的定义,理解组织文化的类型和特征。
2. 掌握组织文化结构,理解组织文化四个层面之间的关系。
3. 理解组织文化的功能。
4. 理解组织文化建设保障机制,掌握组织文化的塑造途径。
5. 掌握组织文化变革的定义和过程,理解组织文化变革机制,了解组织文化变革的条件和契机。

> 引例

M公司的组织文化变革

基于市场竞争的加剧和组织竞争力的下降,M公司提出了"顾客就是上帝"计划。计划由公司CEO领导,并且聘请了管理顾问。

公司首先着手改变自己的公众形象。公司采纳了新的公司标识,并以强有力的促销战略使新标识深入人心。与其他食品零售者一样,M公司在产品组合中更加重视产品的保质保鲜,为顾客提供更多的选择和服务,并且依据顾客的需要延长了营业时间。公司培训员工以正确的行为方式表现公司的新理念。每名接触顾客的店员都会领到一张塑料卡片,上面写明了应该如何对待顾客。公司要求员工保持微笑、注视顾客,除了使用一些诸如"谢谢""请""能为您效劳吗"等必要的礼貌用语,不要对顾客喋喋不休。

公司设立了一个名为"每月之星"的员工奖项,奖励那些能够展示"顾客至上"文化的行为。公司还更新了员工制服,为员工佩戴印有员工姓名的胸章,以此缩短员工与顾客的距离。公司还在大多数员工通道内设置了宣传栏,利用宣传栏向员工传播"微笑服务"

和"优质服务"的行为准则。只要员工一踏入员工休息室,就会看到一张巨大的海报:面带微笑,你正在接受检查。公司在店面内安装了大量的闭路电视,以监视员工是否按照行为准则接待顾客。安排了一些"秘密顾客",实地检查员工行为。除此之外,公司还要求主管们随时检查员工的微笑服务,并且找那些在工作中没有微笑或笑容"有误"的员工谈话。不幸的是,公司采用的这些措施怨声载道。

总的来说,公司长达三年的变革计划取得了一定的成绩,但是通过对公司几位经理和几十名员工的访谈,研究人员并没有体会到员工价值观的明显变化。也就是说,仅仅行为上的转变并不能代表真正的文化转变。[①]

启示:在组织文化变革中,精神文化的变革是根本,行为文化变革是组织成员将变革后的精神文化内化于心、外化于行的表现。没有精神文化的彻底变革,行为文化变革难以深入人心,更难以持久。

第一节 组织文化概述

一、组织文化的概念

一般而言,文化有广义和狭义两种理解。广义的文化是指人类在社会历史实践过程中所创造的物质财富和精神财富的总和。狭义的文化是指社会的意识形态,以及与之相适应的礼仪制度、组织机构、行为方式等物化的精神。文化具有民族性、多样性、相对性、积淀性、延续性和整体性的特征。

由于每个组织都生存在一定的社会环境中,都拥有自己的目标、使命和历史传统,从而形成自己独特的哲学信仰、意识形态、价值取向和行为方式,因此每个组织都拥有自己特定的组织文化。正如美国哈佛大学教授迪尔和肯尼迪曾经指出的,每家企业(事实上也是组织)都有一种文化。不管组织的力量是强还是弱,文化在整个组织中有着深刻的影响,实际上影响着企业中的每一件事——从某个人的提升、采用什么样的决策至职工的穿着及其喜爱的活动。

就组织特定的内涵而言,它是按照一定形式、依法建构起来的社会经济组织,为了满足自身运行的要求,组织必须拥有共同的目标、共同的理想、共同的追求、共同的行为准则及相适应的机构和制度,否则就是一盘散沙。而组织文化的任务就是努力创造这些共同的价值观念体系和行为准则。

由于西方学者所概括的组织文化大多以企业组织为典型,因此它与企业文化和公司文化在许多场合中是一致的,是在同一意义下被使用的。企业文化是美国人在日本经济的强大冲击后开始研究的,是美国学者针对美国企业过分重视物质、组织制度和组织结构而提出的,是作为一种先进的企业管理方式和科学管理技术而逐渐为人们所接受的。1970年,美国波士顿大学组织行为学教授戴维斯(Smith M.Davis)率先提出了组织文化

---

① 马文娟,沈士仓.企业文化变革:程序与问题[J].中国人力资源开发,2003,5:43.

这一概念。

1981年,美国著名管理学家彼得·德鲁克(Peter F. Drucker)把管理和文化联系起来,认为管理也是一种文化。研究日本企业管理艺术的理查德·帕斯卡尔(Richard T. Pascale)、安东尼·阿索斯(Anthony G. Athos)认为,企业管理不仅是一门学科,还是一种文化,是拥有自己的价值观、信仰、工具和语言的一种文化。

关于组织文化的概念,国内外学者具有许多不同的认识,提出不同的表述。有人对组织文化的表述做过统计,大约有300多种。

美国管理学教授威廉·大内(William Ouchi)认为,组织文化是由传统和风气所构成的。同时,文化意味着一家企业的价值观(如进取、守势或灵活),构成企业员工的活力、意见和行为规范。管理人员身体力行,把这些规范灌输给员工并代代相传。

美国学者特伦斯·迪尔(Terrence Deal)和艾伦·肯尼迪(Allan Kennedy)认为,组织文化是价值观、英雄人物、习俗仪式、文化网络、企业环境。

埃德加·沙因(Edgar Schein)认为,组织文化是一个特定组织在处理外部适应和内部融合等问题的过程中创造出、发掘出、进一步发展的一套基本假设的定式,这套定式因行之有效而具有价值,并且被视为教化群体新成员如何感知、思考和体验上述类似问题的正确方式。

国内学者韩岫岚认为,企业文化有广义和狭义两种理解。广义的企业文化是指企业所创造的、具有自身特征的物质文化和精神文化;狭义的企业文化是指企业所形成的、具有自身个性的经营宗旨、价值观念和道德行为准则的综合。

综上所述,组织文化是指组织在长期的经营活动中形成的、为组织大多数成员所认可和遵循的、区别于其他组织并具有本组织特色的价值观念、团体意识、行为准则与思维方式的总和。

二、组织文化的类型

国内外很多有关组织文化的著作都提到了分类问题,这里仅仅列出两种具代表性的观点。

1. 从权力分配角度划分

查尔斯·汉迪(Charles Handy)对古希腊诸神所代表的四种组织文化进行了细致的阐释,表达了以人为本、文化共融的管理文化思想。他认为现代组织大多是多种文化的混合体,只有借助共同的语言、搭建文化沟通桥梁、具有包容精神,才能缓和多种管理文化的对峙。

(1) 权力导向型文化。这种文化类型认为文化可以对员工行为产生导向作用,领导层对基层员工有着充分的、绝对的权力控制,支配着员工的日常行为规范;不过随着组织层级的增多,控制力会逐渐减弱。

(2) 角色导向型文化。这种文化类型要求员工对组织的奉献性,因人定岗、因事定岗,所有员工都是组织中不可缺少的角色,组织的运营需要每位员工的不懈努力。

(3)任务导向型文化。这种文化类型的组织运营是为了完成既定的任务,因任务设岗,集中将各种资源依次完成组织预定的各项任务,最终达到组织的整体目标,对外部环境的变化具有高度的适应性。

(4)员工导向型文化。这种文化类型提倡员工民主参与组织有关内外部事务的管理决策,员工被组织领导者充分授权,员工个人的选择在组织中得到尊重,发挥员工的主观能动性,积极培养个人兴趣,在会员制和俱乐部类型的组织中较为适用。

2. 从组织文化的内在特征角度划分

埃默里大学的杰弗里·桑南菲尔德教授(Jeffrey Sonnenfeld)提出了标签理论,确认了四种企业文化类型(学院型、俱乐部型、棒球队型和堡垒型),有助于我们认识组织文化之间的差异,认识到个体与文化的合理匹配的重要性。[1]

(1)学院型组织文化。这种文化类型为那些想全面掌握每一种新工作的人准备,他们在这里能不断成长、进步,组织喜欢雇用年轻的大学毕业生,为他们提供大量培训,指导他们在特定的职业领域内从事各种专业化工作。

(2)俱乐部型组织文化。这种文化类型非常重视适应性、忠诚感和承诺,在组织中,资历是关键因素,年龄和经验都至关重要,培养管理人员成通才。

(3)棒球队型组织文化。这种文化类型是冒险家和革新家的天堂,组织根据员工产出情况付给报酬,员工一般会拼命工作。

(4)堡垒型组织文化。这种文化类型着眼于组织的生存,工作安全保障不足,对于喜欢流动性挑战的人来说,这是令人兴奋的工作场所。

三、组织文化的特征

1. 特色性和共同性

每个组织都有其独具特色的组织文化,这是由不同的国家和民族、不同的地域、不同的时代背景及不同的行业特点所决定的。国内外一些优秀企业,都拥有颇具鲜明特色的组织文化理念。例如,IBM公司的"IBM就是服务"、海尔集团的"真诚到永远"等,具有鲜明的组织个性特色。

2. 精神性和物质性

组织文化的精神性主要表现为一种信仰的凝聚力量,这种力量能支配、决定和影响员工的行为,使员工在信仰的驱动下按照一定的规则行动。事实证明,一家企业能够长期生存下来,最主要的原因不是组织的结构形式或管理技能,而是组织具有凝聚人心的信仰——精神力量。组织文化既是人的意识与观念的反映,又是由一定的物质形式所构成。例如,企业所生产的产品、企业的厂容厂貌及建筑风格、车间和办公室的设计及布置方式等都具有一定的文化内涵,体现出组织文化的物质特性。

---

[1] 徐维维. 组织文化类型对组织公民行为的影响研究[D]. 大连:大连理工大学,2005.

3. 根生性和吸纳性

根生性是指每一个组织都是在特定的文化背景下形成的,必然会接受和继承这个国家与民族的文化传统及价值体系,也会受到组织的发展历史和创立者的信仰等因素的影响。

4. 稳定性和发展性

组织文化是组织在长期的发展中逐渐积累而成的,在一定的时期内具有较强的稳定性,不会因组织结构的改变、战略的转移或产品与服务的调整而变化。在一个组织中,精神文化比物质文化具有更高的稳定性。组织文化的发展性是指组织文化随着历史的积累、社会的进步、内外环境的变迁及组织的变革而逐步演进与发展。强势、健康的文化有助于组织适应外部环境和变革,而弱势、不健康的文化则可能导致组织的不良发展。

5. 历史性和时代性

文化是一个集体的财富。只要拥有充分的共同历史,文化就可以在整个组织中生存。因此,文化是一个历史的范畴,历史性是组织文化的基本属性之一。组织文化是一种亚文化,代表着组织的价值观、信念和行为准则。这种价值观或行为准则不仅与企业家有意识地在企业内部长期灌输、倡导的经营理念有关,还不可避免地留有过去的社会、政治、经济或国家政策的历史印迹,从而表现出组织文化的历史性。时代性是指组织文化必须适应时代发展的要求,符合时代的特征和潮流,与时俱进,从而有利于促进企业的改革、创新和发展。

6. 精英性和全员性

组织领导者是组织的精神领袖,他们应该是组织文化建设的设计者、组织者和引领者,更应该是组织文化最忠实的实践者。领导者的文化观念潜移默化地影响着员工的成长,是每位员工效仿的榜样,其模范带头作用是组织文化建设成功的关键和保障。此外,组织文化具有群体认同性特征。领导者是塑造组织文化的关键,但绝不是唯一,如果领导者的想法或理念得不到员工的认同,那就只能是领导文化而不是组织文化。组织文化只有得到员工的认同,才能把组织的价值观和理念变为员工的行动规范。

第二节 组织文化结构

组织文化是通过各种载体的不同现象表现出来的,因而具有丰富的外在形式。根据不同的标准,可以对组织文化结构进行不同的分类。例如,以组织关注的焦点可以分为战略文化、品牌文化、营销文化等。虽然从不同的视角对组织文化结构的划分标准较多,但根据目前的文献研究,认同度较高的一种划分标准是组织文化的现象。有的学者将组织文化分为物质和精神两个层次;有的学者分为物质、制度和精神三个层次;有的学者分为物质、行为、制度和精神四个层次。下面主要介绍四层次划分法(见图9-1)。

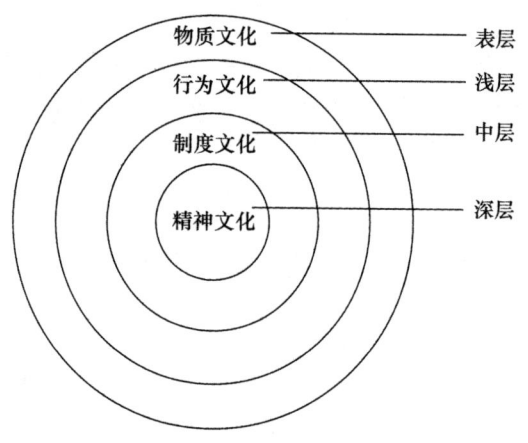

图 9-1　组织文化结构

资料来源：刘光明. 企业文化(第 3 版)[M]. 北京：经济管理出版社，2002.

一、物质层

物质层面文化又称企业物质文化，是由员工创造的产品、提供的服务，以及厂房、机器、厂容、厂貌、装备等各种外显物质形态的设施构成的器物文化。物质文化是组织文化的外显部分，属于组织的表层文化，易于被人们观察和感知。

企业生产的产品和提供的服务是物质文化的首要内容，而企业创造的生产环境、组织环境、企业建筑、企业广告、产品包装与设计、企业网络形象展示等，也是企业物质文化的主要内容。

随着现代产品概念的扩展，产品的意义早已超越其具体物质形态和具体用途，产品的品牌和包装以及给消费者带来的附加价值日益引起人们的重视。因此，这里所说的产品是物质文化的主要内容，更强调通过产品可以体现涵盖了企业创新精神及服务顾客理念的企业文化。企业生产环境的优劣、技术设备的现代化，直接影响企业员工的工作效率和情绪。优化生产环境、为企业员工营造良好的劳动氛围、提高企业技术设备的现代化水平，是企业重视员工、激发员工工作积极性的重要手段，也是展现企业文化良好风貌的重要方面。

二、行为层

行为层面文化又称组织行为文化，是指员工在组织经营管理、工作学习娱乐中产生的文化，包括在组织的经营活动、公共关系活动、人际关系活动、文娱体育活动中产生的文化现象。组织行为文化是组织的经营作风、精神风貌和人际关系的动态体现，也是组织精神、核心价值观的折射。从人员结构上划分，组织行为包括组织领导者及管理者的行为、模范人物的行为、员工的行为、文化仪式等。

(1) 领导者的行为。组织的经营决策方式和决策行为主要来自领导层。成功的领导者应勇于创新，具有丰富的想象力、判断能力和坚韧意志，并善于把握时机做出具有战略意义的重大决策。

（2）模范人物的行为。模范人物是从实践中涌现出来并在各自岗位上做出了突出贡献的佼佼者，倍受员工尊敬。模范人物是组织价值观的人格化，是员工学习的榜样，他们的一言一行、一举一动都体现了组织的价值观，常常被员工当作仿效的行为规范，是振奋人心、鼓舞士气的重要力量。模范人物在组织中的影响可持续相当长的一段时间，并能通过自己的行动告诉员工成功是可望且可及的。

（3）员工的行为。员工是组织的主体，员工的行为决定组织整体的精神面貌和文明的程度。员工行为包括三个方面的内容：一是激发全体员工的心智、向心力和勇往直前的精神，为组织创新做出实际贡献；二是把员工的工作与人生目标联系起来；三是每位员工应意识到组织文化是自己最宝贵的资产，是个人发展必不可少的特殊财富，应以积极处事的人生态度去从事工作。

（4）文化仪式。文化仪式是指组织内的各种表彰、奖励活动、庆典及文化娱乐活动等。它可以把组织内发生的某些事件形象化，以生动地宣传和体现组织的价值观，使人们通过这些生动活泼的活动来领会组织文化的内涵。

三、制度层

制度层面文化又称组织制度文化，是指对组织和成员的行为产生规范性、约束性影响的部分，是具有组织特色的各种规章制度、道德规范和员工行为准则的总和。组织的制度文化是组织文化的中间层次，把组织的物质文化、行为文化和精神文化有机地结合成一个整体。它集中体现了组织的物质文化、行为文化和精神文化对成员与组织行为的要求，是塑造精神文化的主要机制和载体。制度文化规定了组织成员在共同的生产经营活动中应当遵守的行为准则，主要包括组织领导体制、组织机构和组织的各项规章制度等。

组织制度文化是人与物、人与组织运营制度的结合，既是人的意识与观念形态的反映，又是由一定物质形式所构成。企业制度文化是企业文化的重要组成部分，制度文化既是适应物质文化的产物，又是塑造精神文化的主要机制和载体，并对企业精神文化起反作用。

四、精神层

精神层面文化又称企业精神文化，相对于物质文化和行为文化来说，企业精神文化是一种更深层次的文化现象，在整个企业文化系统中处于核心的地位。

企业精神文化是指企业在生产经营过程中，受到一定的社会文化背景、意识形态的影响，经过长期的发展变化，最终形成的一种精神成果和文化观念，包括企业精神、企业目标、企业经营哲学、企业道德、企业价值观念等内容，是企业意识形态的总和。企业精神文化是企业物质文化、行为文化、制度文化的升华，是企业的上层建筑。

总之，在组织文化结构中，组织文化的四个层面之间是一种有机融合的关系。其中，物质文化是基础，是行为文化的积极成果，是制度文化的存在前提，是精神文化的载体；行为文化是落脚点，是形成物质文化的条件，是制度文化的产物，是精神文化的折射和动态体现；制度文化是中介，是适应物质文化的固定形式，是行为文化得以实施的强制规范,是塑造精神文化的主要机制和载体;精神文化是核心和灵魂,始终指导着物质文化、制度文化和行为文化的建设。

第三节 组织文化功能

组织文化一旦形成,就如同一只隐形的手,成为约束组织成员行为的控制规则,促使其放弃一些不适合组织期望的行为和利益取向,引导、激励组织成员形成相同的价值观和道德观,组织内的人际关系将更加融洽,组织的各种矛盾将得到缓解,组织凝聚力得以提升。由此可见,组织文化表现出导向、激励、凝聚、辐射、协调和约束等功能。

一、导向功能

组织文化的导向功能是指组织文化对组织整体和组织成员的价值取向与行为取向所起的引导作用。组织文化利用组织系统的价值观和规范标准,引导组织和员工的行为,使人们在潜移默化中接受共同的价值观念,自觉、自愿地把组织系统的价值观和规范标准当作组织与组织成员的追求目标。

组织文化作为员工的共同价值观念一旦形成,就会产生一种思维定势,必然对员工具有强烈的感召力,而这种感召力则将员工逐步引导到组织的目标上。组织提倡什么、抵制什么,员工的注意力也就转向什么。这种功能往往在组织文化形成的初期就已经存在,并将长期地引导员工始终不渝地为实现组织目标而努力。当组织文化在整个组织内部成为一种强势文化以后,其对员工的影响力也就越大。组织文化通过一系列管理行为(如组织战略目标的透明性、内部分配机制的公平性等)得以体现,均能反映一个组织所倡导的价值观,其员工的行为也就越发自然。例如闻名世界的日本松下公司,其在经营活动中比较注重组织文化的导向作用,使得员工自觉地将组织文化作为企业前进的方向,引导组织不断地向着某一方向发展。

二、激励功能

组织文化的激励功能是指组织文化本身所具有的、通过各组成要素来激发员工动机与潜力的作用,使组织成员从内心产生一种高昂情绪和奋发进取精神,属于精神激励的范畴。具体来说,组织文化能够满足员工的精神需求,调动员工的精神力量,使员工产生归属感、自尊感和成就感,从而充分发挥他们的巨大潜力。

组织文化能够对员工产生激励作用,其原因主要有以下三方面:首先,优良的组织文化能够为员工提供一个好的组织环境。如果一个组织拥有良好的组织文化,那么其内部人际环境就会比较和谐。其次,优良的组织文化能够满足员工的精神需求,起到精神激励的作用。美国心理学家弗雷德里克·赫兹伯格(Fredrick Herzberg)认为,只有从人的内心进行激励,才能真正调动人的积极性,恰当的精神激励比许多物质激励更有效、更持久。最后,心理学研究发现,人越认识自己行为的意义,其行为的社会意义越明显,越能产生强大的行为推动力。组织通过组织文化建设,能够激励员工寻求自己工作的社会意义、价值取向,建立起社会动机,真正调动起成员的积极性、主动性和创造性。组织文化是组织及其成员的强大精神支柱,使组织及其员工在共同目标的作用下,相互依赖、相互激励,以强大的合力推动组织向前发展。①

三、凝聚功能

组织文化的凝聚功能表现在具有一种把全体员工聚合在一起,为了实现共同的目标和理想,为了共同的事业而齐心协力、共同发展的聚合作用。一个组织的成员可能来自不同的地域,因而具有不同的价值观、宗教信仰和文化背景,当组织的价值观被组织成员共同认可后,组织文化就成为组织成员的黏合剂,从各个方面把组织成员团结在一起,使他们从各怀心事到步调一致,从而产生巨大的向心力和凝聚力。社会系统的基础是人类的态度、知觉、信念、动机和习惯等心理因素,而在社会系统中将个体凝聚起来的是心理力量,这就是共同的理想与信念。企业文化正是以各种微妙的方式,沟通人们的思想感情,融合人们的观念意识,把广大员工的信念统一到企业价值观和企业目标上。员工通过切身感受,产生对本职工作的自豪感、使命感和归属感,从而使企业产生强大的向心力和凝聚力。

组织文化是一种"软性"的协调力和黏合剂,能够形成巨大的向心力和凝聚力。在组织氛围的作用下,组织成员通过自身的感受,产生对本职工作的自豪感和对组织的归属感,使组织成员乐于参与组织的事务,发挥各自的潜能,为组织目标作出贡献。

四、辐射功能

组织文化是社会文化的重要组成部分,是不可或缺的子文化。良好的组织文化不但对内部成员产生影响,而且通过各种渠道(产品、服务、员工等)向社会辐射和传播。例如,产品和服务凝聚了组织的各种理念(如生产观、资源观、技术观、品牌观、决策观、审美观、服务观、营销观等),几乎所有的组织理念最终会体现在产品上。当客户接触和使用产品时,他能通过产品感受到组织的文化,并潜移默化地受其感染。

员工既是组织文化的创造者,也是组织文化的实施者。长期熏陶的结果,会使他们的一言一行打上特有的组织文化的烙印。同样背景的两个人,当他们在不同的企业中工作一段时间后,我们能明显地感到两个人的差异。员工在工作中待人接物、在生活中与人相处,都会不由自主地将这种文化气息带给身边的人。优秀的组织文化还可以通过传播对社会产生辐射作用,有的还会对社会产生强烈的影响,在一定程度上推动社会文化的良性发展,起到以点带面的辐射作用。例如,20世纪60年代大庆的"铁人精神"、90年代的李素丽、松下公司的全员经营等,冲击着当代人的心理,激发了人们的创新精神和竞争意识,使人们的观念不断发生着变化。

五、协调功能

组织文化本身不是一种机制,而是人们心理的一种默契。良好的组织文化所产生的心理默契比机制更有效。一方面,组织文化是一个由所有成员共享的、大家一致认同的

---

① 李晶. 中国创业企业文化建设研究[D]. 哈尔滨:哈尔滨工程大学,2007.

精神价值观体系,它对组织内部出现的各种利益关系能起到极大的协调作用。因为这种内部协调作用是一种以共享和一致认同为前提的,所以更具有实际上的协调一致性。另一方面,组织文化能够协调组织与社会的关系,使组织与社会和谐一致。组织通过文化建设,尽可能地调整自身以适应公众的情绪,满足顾客不断变化的需求,跟上社会整体(包括政治法律等)变化的步伐,保证组织和社会之间的动态平衡。

六、约束功能

组织文化的约束功能又称规范功能,是指组织文化对每个组织成员的思想、心理和行为具有约束与规范的作用。约束功能主要通过文化氛围来影响组织成员的价值观,使员工对组织发展和经营理念等产生心理认同,进而对员工的行为起到约束和规范的作用。组织文化可以通过刚性约束和柔性约束来达到规范人们行为的目的。

首先,规章制度是组织文化的体现,属于刚性约束,它明确地告诉员工该做什么、怎么做、以什么为标准等,可以具体地规范员工的行为。规章制度具有强制性,员工若违反就会受到批评、警告、扣薪、降职、解雇等处罚。其次,组织价值观、组织道德、组织精神形成非正式约束(柔性约束或软约束),这种约束不是来自外部的强制机制,而是来自员工自身的力量,来自组织文化氛围、团队行为准则和道德规范的影响。团队意识、社会舆论、共同的习俗和风尚等精神文化内容,会形成强大的、使个体行为从众化的团队心理压力和动力,使组织成员产生共鸣,从而促使员工进行自我约束、自我管理和自我控制。这种约束机制要比外部强制机制的效果好得多,因为外部强制容易使员工产生心理上和行为上的对抗,这种对抗将导致外部管理和外部强制的无效性。

第四节 组织文化建设

一、组织文化建设的内容

1. 提炼与设计组织精神文化

(1)组织价值观体系设计。组织价值观是指组织及组织成员的价值取向,即对事物价值的判断标准。换句话说,这是组织在追求成功过程中所推崇的基本信念和奉行的目标。例如,某组织将价值观概括为"开拓创新、超越自我、永不满足"。它包含着成员通过在组织中不断创新、追求卓越来实现人生价值的理想追求,即首先使组织发展壮大,进而使个人的人生价值得以实现。组织的管理者应不断地给组织成员提供一个宽松的创新环境,鼓励他们敢于创新、勇于创新,并加大激励力度。

(2)组织精神的提炼。组织精神是指组织所拥有的一种积极向上的意识和信念,是一种个性化非常强的文化特征。组织精神是现代意识与组织个性相结合的群体意识,往往以组织的歌曲、训令、规章、徽记等形象地表现出来。例如,某组织提出"海纳百川,福泽八方"作为组织的追求和特征,代表组织在发展中广泛汲取各家之所长、吸引各方之英杰、造福社会的含义。

2. 建立组织制度文化

完善的规章制度有助于提高组织的管理效率。规章制度包括日常管理制度、薪酬制度、考核制度、培训制度、激励制度等内容。

3. 建立组织行为文化

组织为了保持规范、高效的运转,有必要为成员制定具体的行为规范,以规范组织成员的行为。例如,某商场为营业员制定的行为规范包括至少提前5分钟上岗,检查计算机、打印机及触摸式服务器等,做好营业前的各项准备工作;工作结束后,应清理好现场,不能留有残留物和污迹,做到设备、场地清洁;遇见熟人,应点头或微笑示意,不能影响手中的工作或怠慢了正在接待的客户。

4. 建立组织物质文化

组织文化传播网络是组织文化最表层的表现形式,主要有两项作用:一是向外界展示组织形象,向公众展示组织的整体文化内涵;二是在组织内部进行文化与信息的沟通与交流,凝聚组织精神。从具体内容来看,组织可以有自己的内部简报、局域网和网站;除此之外,组织还可以开展广告、文化展、画册、书籍等诸如此类的文化传播媒介。

二、组织文化创建的途径

组织文化并不是自然而然地产生的,其生成是有一定的规律可循的。研究组织文化的创建和生成路径,有助于我们从源头上认识企业文化的形成,并对今后企业文化的建设提供借鉴。组织文化创建包括以下过程:

1. 创始人的价值观和经营理念

在组织创建阶段,一方面,组织吸纳一些人加盟到团队中,大家共同认可的重要的纪律、认知、习惯和事件形成了规范,得到创始人的确认,成为组织文化的重要基因;另一方面,组织创始人基于自身的信仰和价值观,为组织应该做的勾画出一幅愿景规划,并把他的愿景和经营理念灌输给组织全体成员,影响组织的价值观并成为组织文化的重要基因。当然,有的组织在初创时,聘请外部专家为组织文化的构建提供指导和咨询,这些专家的意见和建议,有时也会对组织文化产生重要的影响。

2. 甄选过程

组织在创建和发展的过程中,在招聘新人时,创始人期望聘用及留住那些与自己信仰、想法和感受一致的人员,选拔与公司价值观契合的员工。

3. 高管人员的言传身教

员工加入组织之后,组织高管人员对员工的思维方式和感受方式进行灌输,告诉他们组织的价值观和经营理念,告诉他们什么是可以做的、什么是不可以做的等一系列道德准则和行为规范。

4. 社会化阶段

文化经由学习积累而获得。组织在发展过程中,不断吸纳新的员工,对于这些新员工,组织帮助他们逐步适应组织文化,这个过程被称为社会化。高管人员鼓励员工认同组织的信念、价值观和假设,并进一步内化为员工自己的想法和感受。社会化过程包括原有状态、碰撞阶段和调整阶段。第一阶段(原有状态)包括新成员进入组织之前的所有学习活动;在第二阶段(碰撞阶段)中新成员看到了组织的真实面貌,并可能面对个人期望与真实现实脱节的问题;在第三阶段(调整阶段)中,员工发生了相对长期而持久的变化。新成员掌握了工作所需的技能,成功扮演了自己的新角色,并且调整自己适应工作群体的价值观和规范。这个三阶段过程会影响新员工的生产率、对组织的承诺,并最终影响员工在组织中的去留决定。新成员社会化的结果,使组织文化能够再生并延续不断。

综上所述,组织文化的建立与维持过程可以用图 9-2 说明。最初的组织文化源于创始人的经验理念;反过来,它又强烈地影响甄选录用过程所使用的标准。最高管理层的行为会营造一种总体氛围,使人们了解哪些行为可以接受、哪些行为不可接受。员工如何接受社会化取决于两点:一是在甄选过程中,新员工的价值观与组织价值观相互匹配的程度;二是最高管理层所偏爱的社会化方法。

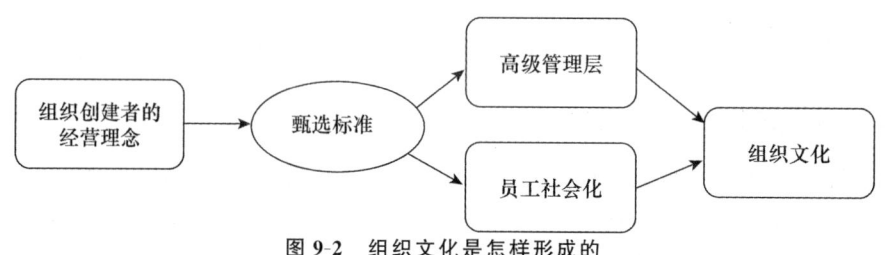

图 9-2　组织文化是怎样形成的

资料来源:〔美〕斯蒂芬·P. 罗宾斯. 组织行为学(第 10 版)[M]. 孙健敏,李原译. 北京:中国人民大学出版社,2005.

三、组织文化建设的保障机制

1. 组织保障机制

得力的组织机构是开展组织文化建设的基础,只有建立、健全开展组织文化建设工作的组织机构,才能为组织文化建设提供有力的组织保障。离开组织保障的组织文化建设要么无法实现,要么残缺不全。企业应构建完善的组织文化建设领导机构与工作体系,加强组织领导,成立组织文化建设专职机构,赋予组织文化建设机构规划、组织、协调、推动组织文化建设的权力和责任,承担组织文化建设的整体工作,制定有关组织文化建设方面的一系列管理规定,指导和推动组织文化建设工作。组织的"一把手"是组织文化建设的第一宣传人、组织者和推动者,应层层落实责任制,形成高层统揽、部门主抓、科室联动的机制,推动组织文化建设。

2. 制度保障机制

(1) 拟定组织文化建设规划。依据组织的未来愿景,拟定符合组织实际的组织文化工程建设规划。

(2) 制定组织文化工程建设工作制度。遵循组织文化发展规律,立足组织实际,继承、创新、丰富、发展、制定组织文化工程建设的工作制度,提高组织文化建设的效率。

（3）制定组织文化教育学习制度。以学习型组织创建为重点，整合教育资源，制定组织文化教育学习制度，建立、健全制度，把员工的学习培训成绩与岗位聘用、职称评定、竞争上岗、干部使用挂钩，保持、调动员工的学习热情和积极性。

（4）建立严密、科学的考核评价机制。制定"组织文化建设量化考核办法"，围绕组织管理、精神文化、制度文化、行为文化和物质文化等内容，科学设置考核项目，量化考评指标，并作为先进集体评比、年度综合考核和领导班子考核的重要内容，力求将每一项工作落到实处，推动组织文化建设向高层次发展。

3．物质保障机制

（1）建立组织文化工程建设专项资金制度。强有力的资金支持是组织文化工程建设的重要保证，建立组织文化工程建设专项资金制度。编制预算、统筹安排、分步实施、落实到位。

（2）加强组织文化工程建设的硬件设施。根据实际情况和组织文化工程建设发展的需要，适时、适度地加大组织文化工程建设的硬件投入，完善员工培训中心和传统教育。根据组织自身的特点，着眼于组织文化科学合理、便于操作、长远目标和短期目标相结合。

4．人才保障机制

优秀的高水平人才是组织文化建设的重要生力军，是顺利开展组织文化建设的关键。组织文化建设保障体系的建立，应坚持以人为本，造就有利于人才辈出的良好环境。为组织文化建设培养大批具有创新精神的高素质、复合型的人才。在人才的培养上，企业应不断吸收新生力量，实现以老带新、新老结合，注重团队培养，加强梯队建设，培育爱岗敬业、献身组织文化建设的使命感和责任感，增强为国奉献、为民族争光的崇高荣誉感；深入实际、具体落实，在生活中为优秀人才排忧解难，为他们以全身心的热情投入组织文化建设创造条件。企业应充分发挥优秀个人、优秀团队的积极性、主动性和创造性，这是建设高质量组织文化的重要保障。

四、组织文化的发展与演化

管理界普遍认为，组织像任何有机体一样，存在生命周期。拉里·格林纳（Larry Greiner）提出了组织成长与发展的六阶段模型。他认为，一个组织的成长大致可以分为创业、聚合、规范化、成熟、再发展和衰退六个阶段，每个阶段的组织结构、领导方式、管理体制、员工心态都各其特点。每一阶段最后都会面临某种危机和管理问题，必须采用一定的管理策略解决这些危机，才能达到成长的目的。

美国著名学者埃德加·沙因（Edgar Schein）根据组织生命周期理论，把组织的演进分为年轻（初创期或早期）、中期（成熟期）、老化（衰退期）三个阶段，文化在每个阶段以不同的方式发挥着作用。

在初创阶段，年轻的成长型企业总是试图创建和扩展自己的特有文化，并把它看作成功的基础。文化是组织认同的主要源泉，与组织唇齿相依，正如青少年与成长发育的特征分不开一样。很典型的情况是，组织仍然处于创始人的控制之下，组织文化或多或少地反映了创始人的信念和价值观。即使组织的成功使整个集体接受了那些信念和价值观，我们也必须认识到，对任何文化要素的挑战都相当于对组织创始人或所有者的质疑。但是，那些文化要素已成为神圣的禁忌，难以撼动。因此，文化变迁更多的是文化要素演进或强制推行的结果。

处于中期（成熟期）阶段的组织拥有了职业经理人，他们通常是由代表各种股东的外部董事任命的。这种组织更有可能演进为基于业务、产品、市场或地域的多重部门，而这些部门很可能发展出各自的亚文化。因此，中期组织包含三重文化问题：第一，怎样维护那些继续适应并与组织的成功相关联的文化要素；第二，怎样整合、混合，或者至少是调和各种亚文化；第三，随着外部环境和情况的变化，一些文化要素的功能可能会越来越失调，怎样识别和改变它们。在这一阶段，组织非常需要准确地评估文化，以维护文化的某些部分，同时改革其他部分。组织还需要一些见识和技巧，以促使某些文化要素进行"有序"变迁，并保持核心的稳定。因为组织必须摒弃一些旧的文化要素，所以文化变迁成为文化转型。

随着企业的老化，如果不再演进、修正和变迁其文化要素，它们会变得越来越不合时宜，成为学习和改革的严重障碍。缔造了成功的那种文化，使得组织很难觉察到变化的环境所要求的新回应，文化遂成为战略的绊脚石。老企业的文化问题怎样进行规模转型呢？通常是在巨大的时间压力下避免严重的经济崩溃。转型的过程基本上与健康的中期公司一样，但时间的紧迫和变革的规模需要迅猛的步骤——迅速忘掉和抛弃过去珍视的东西，而这对员工来讲太困难了。要么他们会离开组织，要么组织把他们开除，因为他们太过强烈地"抵制变迁"。如果变迁管理的努力失败了，组织就可能会破产，然后一切从头再来，依靠新管理层创建新文化或者被收购，寻找一种新的文化套在自己头上。

综上所述，组织文化一旦形成就具有一定的稳定性。在组织创建之初，组织文化能够适应组织的发展，对组织具有积极的作用。但是，组织是一个开放的系统，随着组织内外部环境和战略的变化，组织文化与组织环境会产生不一致性（文化的滞后性），这时文化的"抗性"便显现出来，就会阻碍、破坏组织战略的贯彻执行，最终使组织在竞争中失败。若组织文化能够不断地随环境的变化而变革和优化，就会成为组织发展重要的推动力量。

第五节　组织文化变革

组织文化变革作为组织变革的一种类型，与组织变革类似，也是由环境变化所导致。组织文化之所以产生变革需求，其根本原因在于组织文化不能适应组织发展的要求，组织文化变革就是为了创造一种更适应组织环境的文化。组织文化变革的目的，在于解决环境变化和组织发展之间的矛盾，建立与组织发展战略匹配的、高绩效的、优质的组织文化，增强组织竞争力，使组织获得可持续发展。[①]

---

① 易明卓.A公司企业文化变革研究[D].上海：华东理工大学，2011.

一、组织文化变革的定义

组织文化变革是指组织为了适应环境的不确定性、谋求新发展而对组织原有文化进行的整体性革新。组织文化变革属于组织变革范畴,与人的认知改变相关的任何一个组织的组织变革都涉及战略、文化、结构、制度四个维度的变化,都要求组织成员相应地在认知和行为上发生变化。其中,流程变革多是结构或制度变革的结果,而技术变革多是战略变革的结果。结构和制度两个维度处于变革的表层,更容易改变人的行为,而战略与文化维度则处于变革的里层。在组织的所有变革中,组织文化变革可能是最重要的、最根本的一环,但也可能是最艰巨、最困难的一环。如果组织不能塑造出与新的组织战略、组织结构相一致的组织文化,其他变革就难以充分、有效、持久地发挥作用。[①]

二、组织文化变革的条件和契机

有些学者认为组织文化是不可以管理的,还有些学者认为组织文化变革是可以管理的,这种观点在企业经理与咨询师中有着较高的接受程度。这些人经常会使用类似"有计划地、系统地改变公司文化"的语句表述其观点。在实施组织文化变革管理的时候,企业应考虑可能影响文化变革的因素,这些因素将直接影响组织文化变革的成功与否,创造和把握这些条件以有利于进行组织文化变革管理。

1. 学习型组织的建立

适合进行组织文化变革的组织形式应该是学习型组织。学习型组织是指培养弥漫于整个组织的学习气氛,充分发挥员工的创造性思维能力而建立起来的一种有机的、高度柔性的、扁平的、符合人性的、能持续发展的组织。这种组织具备持续学习的能力,具有高于个人绩效总和的综合绩效。

2. 适合的外部条件

适合的外部条件(如容错的环境)有利于组织文化的转变,决定了组织内部的变化是否会受到环境的压力。一般而言,一个能够容忍组织发生变化的环境有利于组织文化的变革,另外一个外部因素是组织—环境的一致性程度。过高或过低的一致性程度都不利于文化的转变,中等程度的一致性则有利于文化的转变。

3. 适合的内部条件

(1) 组织拥有过剩的用于变化的资源,包括时间资源、财务资源、人力资源等。

(2) 系统的易接受性(易受感染性)。这是指组织对外界的变化是否容易接受,也可以说,组织的大多数员工是否愿意生活在不确定性的环境下。一般来说,容易接受外部环境影响的组织有利于组织文化的变化。

(3) 最低限度的信息沟通与内部组织依赖。这个条件也很重要,因为文化的变革必然涉及组织内部的协调与整合,对内部组织依赖程度较低有利于进行整合。

---

① 林竹盛. 基于文化链的企业文化变革研究[D]. 大连:大连理工大学,2010.

(4) 权力与领导。组织文化变化对领导者的要求是很高的,虽然理性稳健的领导者对组织是必要的,但是组织文化的变革需要一些富有开拓创新精神的领导者,他们的存在有利于文化的变革。例如,主张组织文化变化必须由领导者驱动,这些领导当然要具有不墨守陈规的特点。

4. 触发事件

很多组织文化变革的起点是一些触发事件。压力或者危机可能是暂时的,随着事件的推移可能会缓解并被忽视,但是这种紧张可能因某些事件的刺激而导致一种释放,而这种释放有利于组织文化的转变。这些触发事件主要包括环境巨变、自然灾害、技术革命、内外部组织的演变(如收购)、组织机构的增加。

当时机成熟的时候,内外部条件同时发生了一些容易触发组织文化变革的诱因,组织的管理层应该意识到这是改变组织文化的最佳时机。这时,管理层需要做的工作就是明确文化变革的方向。这个方向应该顺应内外部环境变化的趋势,特别是外部环境的变化。这个过程体现了管理层在组织文化变革中的作用。如果管理层在这个时机没有确定有利于组织的组织文化变化的方向,组织就可能慢慢消亡,而无法获得新的成长。

三、组织文化变革机制[①]

根据樊耘的分类,组织文化可分为理念层面、制度层面、个性层面与背景层面。这四个层面的文化不是孤立的而是相互作用影响的,而它们之间的相互作用又会对组织文化产生影响,从而形成相应的动态机制。

1. 理念驱动型组织文化变革机制

理念驱动型机制是指组织理念层面(组织文化的精神层面)受到外部环境影响而发生变革,从而推动组织制度层面文化与组织个性层面文化变革,继而引起整个组织文化变革的过程。组织是一个开放的系统,通过不断的输入与输出与外界环境紧密联系。在与外界不断的相互作用中,组织理念会产生一定的变化。为了提高有效性或规避风险,组织会主动模仿其他组织或自身创新,改变组织的愿景与理念。当组织的愿景和理念发生改变时,组织理念层面的文化必然发生变化,其对组织制度层面文化具有纵向指导作用,制度层面文化会随着理念层面文化而发生改变;同时,理念层面文化变革改变了个体的价值观及个体认知模式,促使个性层面文化发生改变,以致整个组织文化发生变革。

2. 制度驱动型组织文化变革机制

制度驱动型机制是指制度层面受到外部环境影响而发生变革,从而推动组织理念层面文化与组织个性层面文化变革,继而引起整个组织文化变革的过程。在组织与外界互动的过程中,一方面,组织常常为了获得更多的资源、合法性和外界支持等而改变自己的制度,以适应利益相关者的需求;另一方面,组织高层管理者以提高组织绩效为目的,主动、自发地改变自身制度。当变化了的制度层面文化与原有组织理念层面文化发生冲突或不一致时,制度层面文化就会在不知不觉中吞噬组织理念层面的文化,同时对个性层

[①] 樊耘,张婕,纪晓鹏.组织文化变革机制研究[J].商业研究,2012,1:36.

面文化产生一定的影响,从而引起整个组织文化的变革。国内组织的管理者往往盲目崇拜与跟风新技术和新流程,殊不知这种技术和流程与本组织的理念并不相符,因此这种改变会引起组织制度变革,从而引起组织制度层面文化变革,继而引起整个组织文化变革,甚至会慢慢吞噬组织原有的竞争优势。

从以上所述的组织文化变革机制可知,组织文化变革既可由理念变革驱动,也可由制度变革驱动。两者相比,理念驱动的组织文化变革是组织高层管理者为了促进组织与外界环境匹配而主动发起的,而制度驱动的组织文化变革却是侵蚀组织理念的、无意识的。因此,理念驱动的组织文化变革机制是管理组织变革最有效的机制,是转化价值观从而使人力资源效应最大化的重要途径。

四、组织文化变革的过程

1. 组建组织文化变革团队

组织文化变革团队负责组织文化变革的目标、方案的确定、具体实施和控制等工作。为了保证变革的顺利实施,团队需要高层领导者的参与,以增强权威性。组织高层领导者在组织价值观的塑造上起到非常关键的推动作用,组织成员对组织文化的感知在很大程度上取决于对管理人员的决策和行为的理解。组织领导者身体力行组织所倡导的理念,对员工将起到良好的示范作用。组织变革是一个系统工程,涉及组织的多个方面,变革团队必须拥有多样化的人员结构和知识结构。团队要有员工的广泛参与,员工的参与能让变革的实施更为顺利。

2. 制订组织文化变革方案

(1) 调查内外环境。基于组织环境的改变,组织有必要进行组织文化变革。在变革的准备阶段,有必要对组织的内外环境进行严谨、周密的调查。组织环境不仅包括社会经济、政治、法律、行业文化、科技发展、行业竞争等外部因素,还包括组织现有的经营理念、战略目标、规章制度、组织结构、组织形象等内部因素。

(2) 诊断现有的组织文化。对现有文化的诊断,是为组织文化变革提供依据和坐标。从旧文化到新文化,需要一个参照物。对组织现有文化进行诊断分析,发现现有的组织文化是否符合组织战略的方面,有利于把握组织文化变革的重点和强度,为组织文化变革提供现实依据。

(3) 创造理想中的组织文化。建立理想中的共同愿景,不能采用自上而下的单一路径,而要有一个反复酝酿、不断提炼的过程。在建立共同愿景时,要自下而上地进行,让组织成员充分参与,从而认同它、执行它,心甘情愿地努力实现这种愿景。一般不要由上而下建立共同愿景,但这并不意味着共同愿景不能来自上层。由于在组织中所处的特殊位置,上层人员往往比其他人更容易从宏观上把握其成员的愿景,并把各种愿景整合起来,提炼出一个切合实际的共同愿景。因此,愿景提出以后,更重要的是组织成员能够共同分享,而这种分享要通过组织上下反复酝酿、不断提炼来实现。

理想中的共同愿景描绘了组织未来是怎样的,进一步地,组织还要把愿景具体化,把组织的价值观具体化,让每位员工都能切实感受到,都能从身边做起。组织文化从作用上讲是将约束组织和员工行为的理念付诸于实践,组织文化应该反映在组织用人、运营和管理制度上。如果组织倡导创新,就应该在制度上对创新行为进行奖励,光靠喊口号是不足以激励员工创新的。

(4) 制订行动计划。制订行动计划包括制定行动的具体步骤和时间安排,通过流程图把组织文化变革的全景描绘出来;还包括制定沟通策略、激励策略等。

3. 实施组织文化变革方案

(1) 营造组织文化变革的氛围。考虑组织面临的环境、市场和竞争状况,识别并讨论现实危机、潜在危机或重大机遇,帮助本组织成员及时"解冻"当前的态度和行为,产生变革的迫切要求,愿意接受新的组织模式。组织内部展开广泛的讨论,使组织成员理解组织的长期愿景和发展战略,把组织文化变革为组织和员工带来的利益清楚地摆在员工面前,让他们明白变革与自身利益的直接关系,对组织文化变革将产生巨大的推进作用。

(2) 建立顺畅的传播渠道。组织文化变革阶段也就是新文化建设阶段,是一个不断学习的过程,组织应当利用各种方式帮助员工学习、适应新文化的要求,进而形成新的理念和态度,培养新的行为和习惯。组织文化的传播和扩散需要特定的机制与载体,顺畅的传播渠道是组织文化变革的关键所在。在这一阶段,组织应该采用多种方式进行,主要包括员工教育与培训,即向员工宣传新的组织文化所倡导的各种理念、制度和行为;活动强化,即以组织文化为主题,开展多种积极有效的活动,将组织文化理念寓意于各种活动中;英雄启迪,即树立能够直接认同、接受新的组织文化并以行动带动和影响其他员工的业务骨干为变革典型,进行表彰和宣传,激励更多的人理解并认同新的理念。

4. 及时调整组织文化变革方案

组织文化变革开始后,组织应该对变革过程进行跟踪和调控,及时、正确地解决问题。只有及时地反馈组织文化变革的进度,才能调整变革计划,把握好前进的方向,控制组织文化变革的节奏,这是组织文化变革不可或缺的步骤。组织文化变革团队要从组织价值观、组织制度、组织行为文化和组织形象四个层面出发,重点调研组织价值观的贯彻情况、组织领导人对组织文化的推进作用、组织文化建设投入、组织规章制度建设、组织环境建设、内部沟通合作和员工满意度等方面,评价组织文化变革现状,找出问题,为调整组织文化变革方案找出事实依据树立。[1]

5. 巩固组织文化变革成果

此阶段是保障组织文化变革长治久安的关键手段,因此在组织文化变革已经取得预期效果、顺利落地后,高层管理者及文化变革指导团队应该对变革进行评估。组织可通过调研问卷、员工访谈等方式评估变革效果并撰写评估报告,在组织内部予以公布,让员工看到变革的效果,同时,把变革后流程固化,总结成功的经验方法并整理存档。

---

[1] 易明卓. A公司企业文化变革研究[D]. 上海:华东理工大学,2011.

❑ 重要概念

导向功能	凝聚功能	行为文化	组织文化
辐射功能	物质文化	约束功能	组织文化变革
激励功能	协调功能	制度文化	组织文化建设
精神文化			

❑ 本章概要

组织文化是指组织在长期的经营活动中形成的、为组织大多数成员所认可和遵循的、区别于其他组织并具有本组织特色的价值观念、团体意识、行为准则与思维方式的总和。

组织文化从不同角度可分为不同类型。从权力分配角度可分为权力导向型文化、角色导向型文化、任务导向型文化和员工导向型文化；从组织文化的内在特征角度，可分为学院型组织文化、俱乐部型组织文化、棒球队型组织文化和堡垒型组织文化；从流程角度，可分为功能型组织文化、流程型组织文化、基于时间型组织文化和网络型组织文化。

组织文化的特征包括特色性和共同性、精神性和物质性、根生性和吸纳性、稳定性和发展性、历史性和时代性、精英性和全员性。

组织文化结构包括精神文化、制度文化、行为文化和物质文化。其中，物质文化是基础，行为文化是落脚点，制度文化是中介，而精神文化是核心和灵魂，始终指导着物质文化、制度文化和行为文化的建设。

组织文化的功能包括导向、激励、凝聚、辐射、协调和约束。

组织文化建设的内容包括提炼与设计组织精神文化、建立组织制度文化、建立组织行为文化、建立组织物质文化。

组织文化创建的途径包括创始人的价值观和经营理念、甄选过程、高管人员的言传身教、社会化阶段。

组织文化建设的保障机制包括组织保障机制、制度保障机制、物质保障机制和人才保障机制。

组织文化的塑造途径包含四个主要步骤：一是确立正确的组织价值观，二是管理者应大力倡导和以身作则，三是确保组织文化的有效吸收，四是提高组织文化的外部关注程度。

组织文化变革是指组织为了适应环境的不确定性、谋求新发展而对组织原有文化进行的整体性革新。

组织文化变革的条件包括学习型组织的建立、适合的外部条件、适合的内部条件和触发事件。

组织文化变革机制主要有两种，即理念驱动型组织文化变革机制和制度驱动型组织文化变革机制。理念驱动的组织文化变革机制是管理组织变革最有效的机制,是转化价值观从而使人力资源效应最大化的重要途径。

组织文化变革的过程包括以下步骤:第一步,组建组织文化变革团队;第二步,制订组织文化变革方案;第三步,实施组织文化变革方案;第四步,及时调整组织文化变革方案;第五步,巩固组织文化变革成果。

❏ 思考题

1. 什么是组织文化?如何对组织文化进行分类?
2. 简述组织文化的特征。
3. 简述组织的精神文化、制度文化、行为文化和物质文化,说明组织的精神文化、制度文化、行为文化和物质文化之间的关系。
4. 简述组织文化的导向功能、激励功能、凝聚功能、辐射功能、协调功能和约束功能。
5. 简述组织文化建设保障机制。
6. 简述组织文化创建的途径。
7. 什么是组织文化变革?
8. 简述组织文化变革的条件和契机。
9. 简述理念驱动型组织文化变革机制和制度驱动型组织文化变革机制。
10. 简述组织文化变革的过程。

❏ 实训题

实训项目:认识企业文化变革

实训内容:

1. 学生分组调查分析某家企业的企业文化变革的基本情况;
2. 按小组制作汇报材料。

实训要求:通过各种途径调查一家企业的企业文化变革的情况,对企业文化变革进行相关评价。

实训步骤:

1. 任课老师布置实训任务,说明实训要求与实训目的;
2. 学生进行实地调查,收集资料,撰写分析报告;
3. 学生分组在课堂上汇报调查情况,学生互评;
4. 任课教师评价。

案例分析

两家组织的组织文化[①]

A组织是一家制造公司,管理者被期望作出所有的决策。优秀的管理者是指那些能够提供详尽资料支持自己决策的人。公司不鼓励风险较大及容易引发剧烈变革的创造性决策。由于管理者一旦失败就会受到公开批评和处罚,因此他们尽量不采取那些与现状背离较大的办法。一位层级较低的管理者引用公司中流行的一句话:"只要不破不漏,就别动手去修。"公司要求员工遵守大量的规章制度,而管理者对员工严格监督以确保不出偏差。管理层关心的是高生产率,工作活动基于个体进行设计,而不在乎对员工士气和员工流动等方面的影响。公司有清晰的部门、直线的权威,员工被期望尽量减少与其他职能领域或命令链以外人员的正式交往。绩效评估和报酬体系强调个体努力;不过,在决定加薪和晋升时,资历是一项主要因素。

B组织也是一家制造公司,管理层鼓励并奖励冒险与变革。公司既重视在理性思考基础上的决策,也重视凭直觉思维做出的决策。管理层颇感自豪的是,公司拥有尝试新技术的光荣传统,并在推行革新产品方面一直做得很成功。无论是管理者还是一般员工,只要有好主意,公司就会鼓励他们去"实践",失败被视为"学习经验"。公司引以为自豪的是,公司是市场驱动的,对顾客需求的变化能够十分迅速地做出回应。公司要求员工遵守的规章制度很少,对员工的监督也比较宽松,因为管理层相信自己的员工工作努力、值得信赖。管理层看重高生产率,但认为只有以正确的方式对待员工,才能实现高产出。公司对自己"优良工作环境"的声誉十分自豪。工作活动围绕团队进行设计,公司鼓励团队成员与其他职能领域、其他权力层级的人员交往。员工对团队之间的竞争持积极态度。员工个体和团队都有自己的目标,奖金的分配基于他们实现目标的状况。员工有充分的自主权选择实现目标的手段和途径。

讨论题

1. 对组织A与组织B的组织文化进行比较,分析组织文化对员工的巨大影响。
2. 如果让你来选择,你会选择进入哪家公司?为什么?

[①] 徐盛华.组织行为学[M].北京:清华大学出版社,2015.

第十章 组织变革与组织创新

【内容提要】

本章介绍了组织变革的内涵、过程与管理,描述了创新的内涵与管理。

【学习目标】

1. 理解变革的内涵、变革的需要、变革的动力与阻力以及如何管理变革。
2. 理解创新的内涵及如何激发创新。

> 引例
>
> ## 变革与创新
>
> 开始寺庙里有一个和尚,挑水吃;后来来了一个和尚,两个人抬水吃;又来了第三个和尚,谁都不愿去挑水,三个和尚没有水吃了。
>
> 怎么解决吃水问题呢?
>
> 第一个解决办法叫"机制创新",三个和尚协作挑水,分成三个路段,一人挑一段。
>
> 第二个解决办法叫"管理创新",引进竞争机制,三个和尚都去挑水,谁挑得多,晚上吃饭加一道菜;谁挑得少,吃白饭,没菜。
>
> 第三个解决办法叫"技术创新",买了一个辘轳,第一个和尚把一桶水摇上去,第二个和尚专管倒水,三个人轮流换班。
>
> 第四个解决办法叫"没有办法的办法",一把火把寺庙点着,三个和尚都到山下取水回来灭火,经过一番努力,大火终于被扑灭了。
>
> 思考:创新是否是一种变革,在现实生活中哪一种解决办法更为常见?

第一节 组织变革

一、组织变革的内涵与意义

1. 组织变革的内涵

迈克尔·哈默和詹姆斯·钱皮在《企业再造》一书中把"三C"力量——顾客（customers）、竞争（competition）、变革（change）看成影响市场竞争最重要的力量，并认为三种力量中尤以变革最为重要。

变革可能是以一种新产品的形式出现（想象在中世纪早期第一批商人把香料带往欧洲时的情景），或者是一种新的分销渠道（联邦快递彻底改变了我们对文件快递的认识），或者是劳动力市场的变化（战时男性出去打仗，妇女走进工厂），或者是新技术的出现（古代马鞍的出现促使专业骑兵的诞生，而后多兵种的出现使得排兵布阵成了一种常态，黑火药的出现则改变了14世纪欧洲的所有战争法则）。当代的特征就是变化的速度越来越快，个人的生存压力也使得人们快速地去适应变化，而那些能够以较快的速度改变和适应的人将获得回报。的确，"适者生存"这一法则不仅适用于生物进化，也适用于企业管理活动。

彼得·德鲁克在《21世纪的管理挑战》一书中提出，在我们所处的时期，变革持续并且不可预见地发生着，是司空见惯的事情。对于管理者而言，无论你拥有的是何种竞争优势，它都依赖于特定时间的特定环境，而环境在不断变化。当环境中的不确定因素增加使得原有的组织运作过程不再适应时，企业就要通过变革来追求先动和竞争性战略。而对于个人来讲，适应变革的能力与其工作绩效和所获报酬是相关的。

所谓组织变革，就是组织根据外部环境和内部条件的变化，对组织的目标结构与组成要素等进行适时而有效的调整和修正，以提高其对环境的适应性，获得生存和发展的应变能力的活动过程。

组织变革不是一般意义上对组织某些部分或某些方面进行的变革和修正，而是对组织整体进行的有计划的、系统的、长远的变革和开发。具体而言，组织变革主要是改变对组织战略、组织结构、企业文化等对组织绩效有决定性作用的要素，是组织保持活力的一种重要手段，也是组织不断获得重生的必然选择。

2. 组织变革的意义

组织变革是令人痛苦和要冒风险的，需要做大量艰苦卓绝的工作，任何组织都不能幸免。而当今世界的组织变革呈现出变革速度更快、周期更短，变革范围更广、数量更多，变革内容更深刻、更彻底的特点。组织变革的根本目的是提高组织的效能。

二、组织变革的动因

推动组织变革的因素可以分为外部环境因素和内部环境因素。

1. 外部环境因素

推动组织变革的外部环境因素主要包括以下几个方面：

(1) 宏观社会经济环境的变化。诸如政治、经济政策的调整，经济体制的变革及市场需求的变化等，都会引起组织内部深层次的调整和变革。

(2) 科技进步的影响。在当今的知识经济社会，科技发展日新月异，新产品、新工艺、新技术、新方法层出不穷，对组织固有的运行机制形成了强有力的挑战。

19世纪后半叶的交通与通信革命打破了商业的地方壁垒，催生了一批新兴的产业组织。20世纪出现的航空航天技术、计算机网络技术、信息传输和卫星通信技术等改变了大部分企业的生产运作模式。到了21世纪，在人们的生活中出现了更多的新服务和产品。例如，苹果 iPod 播放器（2001年）使用户不必再随身携带 CD 或盒式磁带，改变了人们听音乐的方式；即时通信软件 Skype（2003年），改变了不同国家人们之间的交流方式，许多人现在利用 Skype 在家与亲朋好友聊天，而在中国，腾讯 QQ 及微信则牢牢占据市场。社交网络软件 Facebook（2004年）由于简单易用和独一无二的特性，在全世界已经有13亿用户；而在中国却由于市场的准入限制，博客、微博及微信朋友圈等服务供应商受到的影响要小很多。视频分享网站 YouTube（2005年）允许世界上任何地方的任何人免费上传视频，与其类似的是中国众多的视频网站，也是出于市场准入的原因，双方没有直接对阵，但是一旦中国市场放开限制，国内众多的视频网站将何去何从是应引起注意的问题。谷歌 Android（2008年）现在已经成为三星、索尼、LG、HTC 及其他诸多手机制造商的主要操作系统，占全球智能手机80%的市场份额，这对微软公司的 Windows 和苹果公司的 OS 操作系是一个重大的挑战。人工智能计算机系统（2011年）是一个颇具前景的行业，IBM Watson、微软 Kinect、苹果 Siri、谷歌 TensorFlow 都投入巨大，产品也引起了大家的关注，那么人工智能对未来所有企业的生存和发展有何影响，人们尚没有较为统一的看法。自动驾驶汽车技术（2014年）对汽车及相关行业与市场（汽驾培训、交通管理等）的一个巨大挑战，未来汽车行业会如何改变，还真的很难给出一个具体的描述。我们从中可以看出，自19世纪开始，人们所处的生活环境在不断地变化，不仅导致新组织的出现和旧有组织的消失，对于现存的企业组织而言，这种变化也是企业做出改变的一种主要动力。

(3) 环境资源的影响。组织发展所依赖的环境资源（如原材料、资金、能源、人力资源、专利使用权等），对组织具有重要的支撑作用。组织必须克服对环境资源的过度依赖，同时及时根据资源的变化顺势变革组织。

(4) 竞争观念的改变。基于全球化的市场竞争将越来越激烈，竞争方式也将多种多样，组织若想适应未来竞争的要求，就必须在竞争观念上顺势调整、争得主动，才能在竞争中立于不败之地。

2. 内部环境因素

推动组织变革的内部环境因素主要包括以下几个方面：

(1) 组织机构适时调整的要求。组织机构的设置必须与组织的阶段性战略目标一致，组织一旦需要根据环境的变化调整机构，新的组织职能就必须得到充分的保障和体现。

(2) 保障信息畅通的要求。随着外部环境不确定性因素的增多，组织决策对信息的依赖性增强，为了提高决策的效率，组织必须通过变革来保障信息沟通渠道的畅通。

（3）克服组织低效率的要求。组织长期运行，有可能产生效率低下的现象，其原因既可能是机构重叠、权责不明，也可能是人浮于事、目标分歧。只有及时变革，组织才能进一步制止效率的下降。

（4）快速决策的要求。决策的形成如果过于缓慢，就会因决策的滞后或执行中的偏差而坐失良机。为了提高决策效率，组织必须通过变革对决策过程的各个环节进行梳理，以保证决策信息的真实、完整和迅速传递。

（5）提高组织整体管理水平的要求。组织整体管理水平的高低是竞争力的重要体现。组织在成长的每一个阶段都会出现新的发展矛盾，为了达到新的战略目标，组织必须进一步改善和提高人员素质、技术水平、价值观念、人际关系等各个方面。

当内外部出现下面几种现象或征兆时，组织就必须考虑进行组织变革了。

组织外部：（1）人口结构及人们对组织产品或服务的看法出现了变化，如社会公众对企业产品的满意度降低，组织的社会影响力下降；（2）组织遭遇突然的变故，如竞争对手突然失败，政府出台新政策等；（3）行业与市场结构的变化，如竞争对手增加，竞争日趋激烈，劳务市场正在发生深刻的变化，出现大量的裁员、并购情况；（4）新知识和新技术的出现，如电子商务的广泛应用，信息处理技术使得管理和经营更有效率。

组织内部：（1）组织机构臃肿、决策周期变长、行动迟缓，以致常常坐失良机；（2）组织业绩下滑，甚至出现业绩鸿沟（预期业绩与实际业绩偏差太大）；（3）生产管理出现不一致，如生产或销售流程出现不一致；（4）组织职责不清、沟通不良、上传下达不畅、指挥失灵。

三、组织变革的内容、目标与程序

1. 组织变革的主要内容

（1）人员变革。人员变革是指员工在态度、技能、期望、认知和行为上的改变。虽然组织发展包括各种变革，但人是最主要的因素，人既可能是推动变革的力量也可能是反对变革的力量。变革的主要任务是重新分配组织成员之间在权力和利益等资源，要想顺利实现这种分配，组织必须注重员工的参与，改善人际关系并提高实际沟通的质量。

（2）结构变革。结构变革包括权力关系、协调机制、集权程度、职务与工作再设计等其他结构参数的变化。管理者的任务就是对如何选择模式、如何制订工作计划、如何授权等一系列行为做出决策。组织结构的设计应该随着环境的变化而改变，管理者应该根据实际情况灵活改变其中的某些要素组成。

（3）技术与任务变革。技术与任务变革包括对作业流程和方法的重新设计、修正及组合，包括更换机器设备，采用新工艺、新技术和新方法等。

2. 组织变革的目标

组织变革的基本目标是提高组织的适应能力，具体包括以下三个方面：

（1）提高组织的环境适应性。环境因素具有不可控性，组织要想阻止或控制环境的变化是无法实现的。要想在动态复杂的环境中生存并得以发展，组织必须顺势变革自己的任务目标、组织结构、决策程序、人员配备、管理制度等。只有如此，组织才能有效地把握各种机会,识别并应对各种威胁,使组织更具环境适应性。

(2) 提高管理者的环境适应性。在一个组织中,管理者是决策的制定者和组织资源的分配者。在组织变革中,管理者必须清醒地认识到自己是否具备足够的决策、组织和领导能力以应对未来的挑战。一方面,管理者应调整过去的领导风格和决策程序,使组织更具灵活性和柔性;另一方面,管理者应根据环境的变化要求重构层级之间、工作团队之间的各种关系,使组织变革的实施更具针对性和可操作性。

(3) 提高员工的环境适应性。组织变革最直接的感受者就是组织的员工。组织如果不能使员工充分认识到变革的重要性,顺势改变员工对待变革的观念、态度、行为方式等,就无法使组织变革措施得到员工的认同、支持和贯彻执行。需要进一步认识的是,改变员工的固有观念、态度和行为是一件非常困难的事。要使人员具有环境适应性,组织必须不断地进行再教育和再培训,决策中应更多地重视员工的参与和授权,并根据环境的变化改造和更新整个组织文化。

3. 组织变革的程序

组织变革的程序如下:

(1) 诊断组织现状,发现变革征兆;

(2) 分析变革因素,制订变革方案;

(3) 选择正确方案,实施变革计划;

(4) 评价变革效果,及时进行反馈。

四、组织变革的过程

组织变革是一个复杂、动态的过程,需要系统的理论指导,许多很有才能的企业高层领导者并不善于运作和管理变革,导致许多变革即使有好的心愿和正确的方案也未能达成希望的结果。在现实中,组织变革往往会经过三个阶段:解冻→变革→再冻结。

1. 解冻

解冻,可以理解为对所要变革的准备。当某种平衡状态被打破时,解冻就成为一种必要。对于企业而言,这意味着旧有组织或行为规则的平衡状态被打破。这里,企业迫切需要打破组织成员对组织现有状态的认识,使人们认识到组织现行的某些方面或所有方面已经或即将不再适应新的环境,如果不进行改变,组织就会面临衰退或死亡的危险,即所谓的解冻。解冻可以通过增强变革驱动力、减弱变革制约力或者结合两种方式来实现。

解冻阶段的焦点在于创设变革动机。鼓励员工改变原有的行为模式和工作态度,接受新的适应组织战略发展的行为与态度。为了做到这一点,一方面,组织要对旧的行为与态度加以否定;另一方面,组织要使管理者和员工认识到变革的紧迫性。此时,组织可以采用比较评估的办法,将本单位的总体情况、经营指标和业绩水平与其他优秀单位或竞争对手一一比较,找出差距和解冻的依据,帮助员工"解冻"现有态度和行为,变革的迫切要求,愿意接受新的工作模式。此外,组织应注意营造一种开放的氛围和心理上的安全感,减弱变革的心理障碍,提高变革成功的信心。在解冻阶段,管理层认识到现在的情况已经不能适应组织的发展,必须以全新的做法打破(解冻)现有模式,成为变革的推动者。

2. 变革

在变革阶段,企业首先要建立起有关发展方向的愿景,凝聚企业人员的共识,进而形成新的行为和态度。这可以通过战略的、结构的、文化的及个人的变化来实现。在变革过程中,组织需要给组织成员提供新信息、新行为模式和新视角,指明变革方向;在实施变革的过程中,企业应该注意为新的工作态度和行为树立榜样,采用角色模范、导师指导、专家演讲、群体培训等多种途径。管理者可以选择的变革方案基本上有以下三种:

(1) 结构变革。市场变化或企业战略要求组织结构进行相应的改变,包括改变职权关系、协调机制、集权化程度、职务再设计及其他结构变量。例如,企业可将几个部门的职责组合在一起,或者精简某些管理层级、拓宽管理跨度使组织结构扁平化。

(2) 技术变革。产业内的竞争、新发明的出现常常要求管理者引入新的设备、工具或操作方法,包括工作开展的方式、所使用的方法和设备的改变等。例如,以机械取代人力的自动化变革,计算应用范围的扩大等。

(3) 人员变革。这种变革有助于帮助组织中的个体和群体更加有效地一起工作,因此人员变革聚焦于对员工的工作态度、期望、认知和行为的改变。例如,改变人员及人际间工作关系的本质和性质。

3. 再冻结

再冻结是指对支撑起这一变革的新行为的强化。变革必须在全企业内得到扩散并达到稳定状态。由于人们的传统习惯、价值观念、行为模式、心理特征等是在长期的社会生活中逐渐形成的,并非一次变革所能彻底改变的。为了确保组织变革的稳定性,应该注意使干部员工有机会尝试和检验新的态度与行为,并及时给予正面强化;同时,加强群体变革行为的稳定性,促使形成稳定、持久的群体行为规范。因此,再冻结涉及建立支持变革的控制体系,在必要时采取更正措施,以及强化变革议程所支持的行为和表现。管理部门应该对所有顺应趋势的转变给予不断的支持和奖励。

如果再冻结能把那些反映组织核心价值观的行为永久地固定下来,那么它就是合适的。例如,将重心放在重要的、"基业长青"公司始终坚持的商业结果上。但再冻结切不可产生新的、刚性的、在企业环境继续变化时失去效力的东西,应该被再冻结的是那些能提高企业的持续适应能力、灵活性,能加强试验和结果评估并促进其持续发展的行为。换句话说,企业应锁定关键的价值观、能力和战略使命,没必要锁定那些具体的管理方法和步骤。

五、组织变革成功的关键

1. 组织变革需要成员的广泛参与

组织变革需要某些人或个体在其中起变革推动者的作用,变革推动者既可以是企业内部的员工,也可以是企业外部的咨询人员。尽管内部人员对变革的推动可能更加深思熟虑,但是外部咨询人员在变革中可以提供很好的专业技术支持。对于推动变革的管理者而言,如何凝聚共识、推动变革是他的主要工作。每一位管理者都必须对如何有效地管理变革有一个清晰的认识。

人是成功变革的关键因素。对一个要求远大发展或者即便是只想生存下去的组织来说,其成员必须关心组织的命运并清楚自己的使命。如何赢得员工的合作?你可以命令员工去变革,但是使用其他方法才是长期成功的关键,获得真正的支持比"命令推动"要好。领导权通常集中于少数高层管理者手中,变革的压力仅落在少数人肩上,能深切地关注并做出创新贡献的人太有限了。实际上,企业全体成员应该同心协力、更积极主动地关心并帮助整个企业的发展,也应该相信他们有能力做到这些。

2. 组织变革需要管理者卓有成效的工作

(1) 协调多种变革。变革不只是一件事情或简单的几个人的工作,通常有太多的事情需要关注,任何单一的、微小的变化都会被主流文化吸收,从而消失。全面组织变革涉及在多个单元和多个层次上引入并维持多种政策、方针与程序。这种变革将影响组织内部每一位成员的思维方式和行为模式,增强企业文化、增大成功概率,并能经受时间的考验。

(2) 领导变革。成功的变革需要管理者积极地进行领导,对于管理而言,有效的变革领导需要注意以下几项工作:① 对于变革领导者的有利开端就是树立紧迫感,并将这种压力传递给员工,从而有效地激发员工的变革动力。② 团结高层,形成愿景,从而通过由高层向低层的涓滴效应凝集更多人的共识。这不仅有利于组织快速地达成愿景共识,还有利于实践新行为的快速推进。③ 充分沟通,广泛授权,建立有效的沟通平台。这不仅有利于企业全体员工就变革达成在信息和方向理解上的一致,还有利于企业应对干扰变革的不利因素,而广泛授权则有利于调动员工的积极主动性,从而保证变革的执行力。④ 推进文化建设,巩固变革成果,对于那些努力并有效地推动变革的个体,要给予权力和利益激励,不断吸引新人共同对变革负起责任。这不仅有利于企业形成良好的变革文化,使企业能够不断地培养出新的变革力量和领导者,更有利于企业的下一次变革。

六、组织变革的阻力与克服

1. 组织变革阻力的起因

尽管组织变革是组织战略发展的重要途径,但变革总是伴随着不确定性和风险,对于组织成员来说,变革可能是一种威胁。组织会形成某种惯性,诱发人们反对改变现状,即便这一改变可能是有益的。因为人们的变革通常是被动激发出来的,所以组织变革会遇到各种阻力。

(1) 个体的惰性及不安全感。人们通常不希望打破现状,既定的程序或规则使人们做事容易且简单,不需要面对众多的非程序性决策——变革的程序或规则给个人带来的学习和适应成本,但变革会使已知的东西变成模糊不清和不确定。此外,有时就算管理层的改革建议能使每个人受益,人们也可能因没完全领会而反对。心理学研究表明,人们对于一种不熟悉、未知的事物,往往因担心能否长久存在、能否成功而产生一种潜在的抵制。这种因不熟悉新事物而产生的恐惧和畏惧心理就会成为改革的阻力。例如,原来每家分公司使用简单的会计电算化软件使得会计部门员工的工作简单且易掌握,但是当公司开始推行集团联网的 ERP(企业资源计划)系统时,由于不仅牵涉会计部门还涉及与库存管理、生产及其他分公司业务的管理协调工作,会计部门员工的工作量增多,从而给会计部门员工带来很强的不安全感,使得他们不愿意积极地学习和推进 ERP 系统,即便 ERP 系统能够增强集团公司会计核算的快速性和公司高层对下属公司信息了解的便捷性。

(2) 时机不合适。组织内部体制不顺、决策程序不良、混乱的奖励制度及人们对变革的抵触情绪往往是由于不利的时机,在天时、地利、人和多种条件均不具备情况下,当大部分员工认为变革不符合组织的目标和利益时,变革往往很难推进,管理者应尽量在大家能接受的时候引入变革。例如,如果大部分员工认为某种新的操作程序会造成产品质量或生产率下降,他们就极有可能反对这项变革。

(3) 利益群体的抵触。绝大多数人厌恶那些不能给自己带来利益的变革。对于变革,一些人认为变革以后,自己在组织中的地位、经济收入会降低,并且认为变革有可能损害自己利益的个体会形成一种潜在的反对力量。有时,工作团队会反对新的创意,当变革意义未被群体成员认识或改革目标与群体目标不一致时,团队也会抱成一团进行反对。由于群体规范的作用,群体成员往往采取一致的行动来抵制改革;同样,内聚力很高的群体也往往不容易接受组织变革,如果一个团队的凝聚力较强并且有反管理的倾向,变革就可能很难推动。

2. 组织变革阻力的克服

如何克服组织变革的阻力,管理者可以采取以下几种途径:

(1) 客观分析变革的推力和阻力的强弱。管理层应当分析推力和阻力的强弱,采取有效措施,增强支持因素,削弱反对因素,进而推动变革的深入进行。

(2) 参与和投入。高参与会使人们加深对变革的认识,相应地对变革的目的和内容会有更多的了解,这不仅会减弱他们对变革的抵触感,在某种程度上还会增强他们对变革的参与度,支持变革工作。小企业的灵活就体现在企业中的关键人物及大多数人能够参与企业的变革实践,并且大多数人可以提出自己的想法与意见,这并不是形式上的参与,而是有反馈、有互动的参与;相反,大企业往往不能有效地快速变革,一个主要原因是大多数人无法有效地参与变革,对于他们而言,改革只是高层人员的事情,因此积极推动变革的热情要弱很多。

(3) 教育和沟通。加强教育和沟通是克服组织变革阻力的有效途径。这种方法适用于信息匮乏和未知环境的情形,实施比较花费时间。通过教育和沟通、分享情报资料,不但能够形成相同的认识,而且在群体成员中形成一种感觉——在计划变革中发挥作用,他们就会产生一定的责任感。同时,在组织变革中加强培训和信息交流,对于成功实现组织变革是极为重要的。这既有利于及时实施变革的各个步骤,也使得决策者能够及时发现实施中产生的新问题、新情况,获得有效的反馈,从而随时排除变革过程中遇到的抵制和障碍。

(4) 群体促进和支持。许多管理心理学家提出,运用"变革的群体动力学",可以推动组织变革。这里包括构建强烈的群体归属感,设置群体共同目标,培养群体规范,建立关键成员威信,改变成员态度、价值观和行为等。这种方法在人们因心理调整不良而产生抵制时比较有效。

与组织变革同等重要的就是创新,因为创新往往是推动变革的重要因素。随着新产品和工艺创新的不断涌现,组织会面临更多的机遇与挑战。

第二节　组织创新

组织变革是组织应对内外部快速变化环境的有效手段,而变革往往与组织自身的"创新"紧密相连。在激烈的市场竞争中,在互联网、全球化、知识管理和跨界合作的新经济环境下,创新与低成本、高质量、高速度及优质的服务一起,成为企业获得竞争优势的重要途径。从现在的媒体和政策信息来看,"创新"在当今很流行,也很时髦,许多机构都把它当作口号,甚至写进企业宣言,但是对它的理解却是千差万别。

一、创新的内涵

创新概念的起源可追溯到 1912 年经济学家熊彼特的《经济发展理论》。熊彼特提出,创新是指把一种新的生产要素和生产条件的"新结合"引入生产体系。它包括五种情况:(1) 采用一种新的产品,也就是消费者还不熟悉的产品或产品的一种新特性;(2) 采用一种新的生产方法,也就是在有关的制造部门中尚未经检验确定的新方法,这种新方法不需要建立在科学新发现的基础上,还可以存在于处理一种产品的新商业方式中;(3) 开辟一个新的市场,也就是有关国家的某一制造部门以前不曾进入的市场,不论这个市场是否存在过;(4) 掌握或控制原材料或半成品的一种新的供应来源,不论这种来源是已经存在的还是第一次创造出来的;(5) 实现任何一种工业的新的组织,比如造成一种垄断地位或打破一种垄断地位。

后来人们将此归纳为五个创新,依次对应产品创新、技术创新、市场创新、资源配置创新和组织创新,而这里的组织创新也可以看成部分的制度创新,当然仅仅是初期的、狭义的制度创新。

熊彼特的创新概念包含的范围很广,涉及技术性变化的创新及非技术性变化的组织创新。创新乃当今商界的制胜之道,包括技术创新、战略创新和商业模式创新,这已是企业管理者所必须面对的现实。通常而言,创造不同于创新,创造(creativity)是指以独特的方式、综合各种思想或在各种思想之间建立起独特联系的一种能力。能激发创造力的组织,可以不断地开发出做事的新方式以及解决问题的新办法。但是,仅有创造本身是不够的。具有创造性思想并将其转化为有用的新产品、新服务或新工作方法,我们所定义的创新(innovation)。创新是指以现有的思维模式提出有别于常规或常人思路的见解为导向,利用现有的知识和物质,在特定的环境中,本着理想化需要或为满足社会需求而改进或创造新的事物、方法、元素、路径和环境,并能获得一定有益效果的行为,即富有创新力的组织能够不断地将创造性思想转化为某种有用的结果。

有人将创新与创意或发明混为一谈,其实它们之间存在很大的差异。正如爱迪生发明了电灯,但是在一个没有电力接入的世界,电灯并没有价值。创新比单纯地提出新创意要复杂得多,一般来讲,创新往往是将创意应用于实践的过程,一位优秀的发明家并不能保证其新产品能获得成功,进而成为一位有成就的商业人士。有人将创新局限于科技创新这个领域,尽管科技创新在企业创新中占据了很大的一部分,而且更容易显现并为外界所了解,但是还存在诸如流程创新及组织创新等其他重要的创新。还有人认为开创一项新生意或开拓新市场就是创新,其实新生意或新市场只是创新的一个环节——万里长征的第一步,它们还处在创新过程的搜寻阶段,后续还会有选择阶段与实施阶段。正如德鲁克所说,真正的创新是在市场中为顾客创造新的价值,企业必须开发新产品或新服务、建立新的生产和工作流程等以满足顾客更多的需求,从而达到顾客的要求,从而创造出更多的顾客依赖与需求,这个过程漫长而又复杂。

德鲁克将创新分为产品创新(产品或服务创新)、管理创新(更有效率地推出新产品或服务)、社会创新(市场、消费者行为和价值创新)。除了德鲁克的观点,还有一种更详细的分类:产品创新(product innovation),组织提供变化的产品或服务;流程创新(process innovation),产品或服务生产和提供方式的变化;定位创新(position innovation),因内外环境的变化而变化的产品或服务进入方式;范式创新(paradigm innovation),因内外环境的变化而变化的组织思考方式。

二、组织创新的含义

组织创新(organizational innovation)是指组织中的管理者和其他成员为了使组织系统适应外部环境的变化或满足组织自身内在成长的需要,对内部各子系统及其相互作用机制或组织与外部环境相互作用机制的创造性的调整、开发和完善的过程,其创新活动一般在组织结构、组织方式、组织制度等方面进行。因此,组织创新必须打破原有的组织结构,根据环境和条件的变化变革组织目标,并重建组织内成员的责、权、利关系,形成新的组织结构和人际关系,并使组织功能得到进一步的发展。

组织创新的内涵在于组织从形式到内容,从结构到制度的全面更新。由于机构设置和结构形成受到企业活动内容、特点、规模、环境等因素的影响,而不同企业有不同的组织形式;同一企业在不同的发展阶段,随着经营活动的变化,其组织结构也要不断地进行调整。随着社会经济的发展,特别是知识经济时代的到来,传统的金字塔式或等级制组织结构已经无法适应信息技术和社会环境的要求,组织结构正朝着运营与支持功能集中化、纵向结构扁平化、横向结构综合化、管理体制分权化、业务流程标准化、运行机制市场化、外部联系网络化的方向发展,企业通过组织创新能够更合理地组织管理人员的工作,从而提高组织的绩效水平。

三、组织创新的来源

组织创新成功与否关键在于创新动力。德鲁克在《创新与企业家精神》中提出了创新来源的七大机遇:(1) 出乎意料的事件,即意外的成功或失败;(2) 前后不一致的事件,即实际状况与预期状况不一致;(3) 程序冲突,即企业运行过程中的矛盾;(4) 环境变化,即产业和市场结构上的改变等,主要来自企业内部管理过程中出现的、要用创新加以解决的状况;(5) 人口统计数据的变化,即劳动力或顾客数量的变化;(6) 文化环境的变化,即人们认知、情绪及意义上的改变;(7)新知识,即科学与非科学等外部因素的推动力。

四、组织创新的激发

当企业的内外部环境都出现了创新需求的变化因素时,管理者需要进行的一项最重要的工作就是组织和激发创新。那么,如何才能有效地激发组织创新呢?

1. 允许失败

富有创新力的组织,其文化通常具有接受高风险、员工创新行为不确定和不切实际、外部控制较少、强调开放系统等特点,而允许失败是其中重要的一个,尽管听起来很奇怪,但在创新过程中允许失败很重要。失败是学习、发展和成功的基础。富有创新性的企业每时每刻都在迎接新挑战,都有人尝试新想法。大部分的想法是错的,但只有这样,"好点子"才会脱颖而出,企业才能成长为创新明星。

2. 消除官僚主义

组织结构对创新起着重要的作用。组织的正规化、集权化和专业化程度越高,管理者的官僚主义越严重,虽然官僚主义对于保持秩序和增进效率是有效的,但也直接阻碍了创新。开发全新的技术需要更加动态的、灵活的、资源充足的、沟通密切的组织结构,因为只有这种结构才能不束缚思想和行动。然而对于传统的经营者来说,这样的结构可能是杂乱无章和具有破坏性的。因此,企业经常建立特别的项目单位(如跨职能团队、任务小组等),与组织的其他部分区分开,并允许其在不同的规则下运作,以促进部门之间的相互交流。企业还应该尽力建设扁平式组织结构,这有助于营造一个鼓励协作和创新的环境。

3. 实施开发项目

管理者应该认识到开发项目具有多方面的好处。它们不但对创造新产品和新工艺有帮助,而且经常能培养出对未来发展有好处的技能和知识。管理技术和创新的一个有力工具是开发项目,也就是集中组织力量,通过技术进步来创造新产品或新工艺。通常,开发项目分为四种类型:(1)研究或高级开发项目用于发明新知识和新技术,应用于某一特殊计划中;(2)突破性项目,用于创造新一代产品或工艺;(3)平台开发项目,为一整套后续计划设计的基本构架;(4)延伸开发项目在范围上更狭窄,用于对已存在的产品或工艺进行改进。

4. 技术、工作设计和人力资源支持

采用新技术通常要求改变工作设计方式。任务被重新定义的方式常常符合人们对技术操作效率最大化的需要,但经常达不到总的生产率最大化,因为其忽略了人的因素。任务的社会关系和人的方面可能受到了伤害,因而降低了总体生产率。工作设计的社会技术系统方法尤其关注这个问题。管理者对如何应用一项新技术面临多个选择。技术可以用来限制工人的任务和责任,由此把工人变成技术的服务者。另外,管理者可以选择和培养工人去掌握技术,凭借技术取得更大的成就并改善其生活质量。当技术被有效管理时,它就能激励员工,因为它提升了组织的竞争力。当然,当管理者就设计工作和管理雇员进行思考时,还应该考虑与引进新技术相关的其他人力资源系统。在现代体系中,使用群体激励、薪酬、基于技能的报酬体系,有助于强化知识性工作所需的集体努力、专业化、授权和灵活性等。

❑ 重要概念

创新　　　　　　结构变革　　　　　组织变革　　　　　组织创新
技术与任务变革　　人员变革

❑ 本章概要

　　组织变革是指组织根据外部环境和内部条件的变化,对组织的目标结构与组成要素等进行适时而有效的调整和修正,以提高其对环境的适应性,获得生存和发展的应变能力的活动过程。

　　在现实中,组织变革往往会经过三个阶段:解冻→变革→再冻结。

　　组织变革的基本目标是提高组织的适应能力,具体包括三个方面:(1)提高组织的环境适应性;(2)提高管理者的环境适应性;(3)提高员工的环境适应性。

　　组织变革成功的关键:(1)组织变革需要成员的广泛参与;(2)组织变革需要管理者卓有成效的工作。

　　组织变革阻力的起因:(1)个体的惰性及不安全感;(2)时机不合适;(3)利益群体的抵触。

　　克服组织变革阻力的途径:(1)客观分析变革的推力和阻力的强弱;(2)参与和投入;(3)教育和沟通;(4)群体促进和支持。

　　组织创新是指组织中的管理者和其他成员为了使组织系统适应外部环境的变化或满足组织自身内在成长的需要,对内部各子系统及其相互作用机制或组织与外部环境相互作用机制的创造性的调整、开发和完善的过程,其创新活动一般在组织结构、组织方式、组织制度等方面进行。

　　激发组织创新的途径:(1)允许失败;(2)消除官僚主义;(3)实施开发项目;(4)技术、工作设计和人力资源支持。

❑ 思考题

1. 什么是组织变革?简述组织变革的动因。
2. 简述组织变革的内容及目标。
3. 简述组织变革的过程。
4. 组织变革有哪些阻力?如何克服?
5. 什么是组织创新?
6. 如何激发组织创新?

❑ 实训题

选择你熟悉的一家企业或组织,分析其组织发展的历史,研究组织发展中一次重大的组织变革情况(背景、变革内容、变革过程、变革结果),并分析组织创新的效果。

❑ 案例分析

分粥的故事[①]

英国历史学家阿克顿(1834—1902年)讲过一个分粥的故事。故事大意是,七个人组成的小群体,每个人都是平凡且平等的,没有险恶害人之心,但不免自私自利。他们想用非暴力方式解决每天的吃饭问题——分食一锅粥,但没有称量工具,为此他们尝试过多种分粥方法。第一种方案:指定一个人负责分粥。可是大家很快发现,这个人为自己分的粥最多。于是又换了一个人,结果总是主持分粥的人碗里的粥最多、最稠。第二种方案:大家轮流主持分粥,每人一天。这就等于承认了个人为自己分粥的权利,同时也给予了每个人为自己多分粥的机会。虽然这看似平等了,但是每个人在一周中只有一天吃得饱且有剩余,其余六天都饥肠辘辘。第三种方案:大家选举一个德高望重的人负责分粥。开始这位德高望重的人还能公平地分配,但不久他便开始为自己和讨好他的人多分。第四种方案:选举一个分粥委员会和一个监督委员会,形成监督和制约。公平基本做到了,可是由于监督委员会常常提出各种议案,分粥委员会又据理力争,等分粥方案确定了,粥却冷得不能喝了。第五种方案:每个人轮流分粥,但是分粥的那个人要最后一个领粥。在这个制度下,七个碗里的粥每次都是一样多,就像用科学仪器量过一样。

讨论题

1. 现实中是否存在与分粥类似的困局?试举一二例。
2. 如果现实中出现分粥困局,最佳的思考出发点应在何处?
3. 当团队内部出现分粥困局时,如果你是这支团队的领导者,你会采用第五种方案吗?
4. 你只是一名普通的团队成员,对于上述提到的五种解决方案,如果你给它们排序,第五种方案最有可能排在第几位?

---

① 马全有."分粥理论"与"权力约束".人民网—理论频道.2015.

第四篇 领导篇

第十一章　领导概论
第十二章　激励
第十三章　沟通
第十四章　团队管理

第十一章 领导概论

【内容提要】

本章对领导的定义、领导的作用、领导的自然属性和社会属性、领导和管理、权力的来源、获得和使用、领导特质理论、勒温的领导风格理论、领导方式连续统一体理论、参与管理模式理论、领导行为四分图理论、管理方格理论、菲德勒权变理论、路径—目标理论、领导生命周期理论等基本问题做概括的介绍,同时介绍领导理论的新进展。

【学习目标】

1. 掌握领导的定义和作用,领导的自然属性和社会属性。
2. 理解领导和管理的区别与联系。
3. 理解和掌握权力的来源、获得和使用。
4. 理解传统领导特质理论和现代领导特质理论,掌握管理方格理论和勒温的领导风格理论,理解领导方式连续统一体理论、参与管理模式理论、领导行为四分图理论,掌握费德勒权变理论、路径—目标理论、领导生命周期理论。
5. 了解领导理论的新发展。

引例 真正的领导人

一个人去买鹦鹉,看到一只鹦鹉前标注:此鹦鹉会说两门语言,售价200元。另一只鹦鹉前则标注:此鹦鹉会说四门语言,售价400元。该买哪只呢?两只鹦鹉都毛色光鲜,非常灵活可爱。这人转啊转,拿不定主意。

结果突然发现一只老掉了牙的鹦鹉,毛色暗淡散乱,标价800元。这人赶紧将老板叫来,问道:"这只鹦鹉是不是会说八门语言?"店主说:"不。"

这人奇怪了,又问:"那为什么又老又丑又没有能力,会值这个价呢?"店主回答:"因为另外两只鹦鹉叫这只鹦鹉'老板'。"

案例启示:真正的领导人,不一定自己能力有多强,只要懂信任、懂放权、懂珍惜,就能团结比自己更强的力量,从而提升自己的身价;相反,许多能力非常强的人因为过于完美主义、事必躬亲,认为什么人都不如自己,最后只能做最好的科研人员、销售代表,成不了优秀的领导人。

第一节 领导职能概述

一、领导的定义

学术界关于领导的定义有250多种,这里列举几种有代表性的定义:领导是促使下级以高度的热情和信心完成他们任务的艺术;领导是一项程序,它使人们在选择目标和达成目标的过程中受指挥者的导向与影响;领导是说服他人热心追求目标的能力。综合以上几种有代表性的观点,我们认为:领导是凭借影响力率领并引导一群个体实现组织目标的过程。

人们经常将领导与领导者混为一谈,但事实上,领导和领导者是两个不同的概念。领导者是实施领导的人,或者说领导者是利用其影响力带领人们或群体达成组织目标的人。领导者必须具备以下三要素:

(1) 领导者必须有部下或追随者,没有部下的领导者谈不上领导。领导者一定要与所领导的群体或组织中的其他成员发生联系,部下或心甘情愿地工作,或屈服于权力的压制而服从。

(2) 领导者拥有影响追随者的能力或力量,这些能力或力量包括由组织赋予领导者的职位和权力,以及领导者个人所具有的影响力。权力在领导者和其他成员中的分配是不平等的。领导者能运用权力对被领导者施加各种影响,使其表现出某种所期望的行为。

(3) 领导的目的是影响下层以达到组织目标,而不是体现领导者个人权威。领导是手段而不是目的,不能为领导而领导。

综上所述,领导既具有名词含义,也具有动词含义。作为名词的领导是指人,即领导者。有两种类型的领导者:居于领导职位的人;并不居于领导地位但对他人具有影响力的人。作为动词的领导是指利用组织赋予的职权及个人具备的能力去指挥、命令影响和引导下属为实现组织目标而努力工作的活动过程。

二、领导的作用

1. 指挥作用

领导者应通过引导、指挥、指导或先导活动,帮助组织成员最大限度地实现组织目标。在人们的集体活动中,需要头脑清晰、胸怀全局、高瞻远瞩、运筹帷幄的领导者帮助人们认清所处的环境和形势,指明活动的目标和达到目标的途径。只有站在群众的前面,以自己的行动带领人们为实现组织目标而努力,领导者才能真正起到指挥作用。

2. 协调作用

领导者应协调人们的关系和活动,迈向共同的目标。在许多人协同工作的集体活动中,即使有了明确的目标,也因各人的才能、理解能力、工作态度、进取精神、性格、作风、地位等不同,加上外部各种因素的干扰,人们之间在思想上发生各种分歧、行动上出现偏离目标的情况是不可能避免的。因此,领导者必须协调人们之间的关系和活动,把大家团结起来,朝着共同的目标前进。

3. 激励作用

组织成员个人目标与组织目标不完全一致,领导活动的目的在于将两者结合起来,调动组织中每位成员的积极性。在现代组织中,尽管大多数人具有积极工作的愿望和热情,但未必能自动地长久保持下去。虽然劳动是谋生的手段,但人们需求的满足还受到种种限制。如果一个人的学习、工作和生活遇到了困难、挫折或不幸,某种物质的或精神的需求得不到满足,就必然会影响其工作热情。在复杂的社会生活中,组织的每位成员都有各自不同的经历和遭遇,怎样才能使他们保持旺盛的工作热情、最大限度地调动其工作积极性呢?这需要通情达理、关心群众的领导者为员工排忧解难,激发和鼓舞他们的斗志,发掘、充实和加强他们积极进取的动力。

引导不同下属努力朝同一个目标,协调他们在不同时空的贡献,激发他们的工作热情,使他们在组织经营活动中保持高昂的积极性,这就是领导者在组织和率领下属为实现组织目标而努力工作的过程中必须发挥的具体作用。

三、领导的性质

从领导的性质来看,领导具有自然属性和社会属性的双重性。领导的本质主要是由社会属性决定的。

1. 领导的自然属性

领导的自然属性是指领导活动中的指挥和服从关系的属性。领导是社会共同劳动和共同生活的自然需要。人类改造世界的实践活动,都是有意识、有目的、有组织地进行的,要求领导者以统一的意志引导、指挥、组织、协调、监督被领导者的思想、认识和行动。如果没有这种统一意志的引导、指挥、组织、协调、监督和服从,就不可能有共同的社会活动。领导活动中的指挥和服从关系的属性,在原始社会、奴隶社会、封建社会、资本主义社会和社会主义社会等各种社会经济形态下都存在,是各个社会领导活动的共同属性。领导的自然属性具有"永恒性"。

2. 领导的社会属性

领导的社会属性是指由社会生产方式决定的领导者与被领导者之间的经济、政治等利益的对立或者一致关系的属性。领导活动不但是社会生产力发展的需要,而且是生产关系的表现。唯物史观认为,生产资料所有制形式是生产关系的基础,规定生产过程中人与人之间的关系和产品分配形式。其中,人与人之间的关系就集中地表现为生产过程中的领导关系。在生产过程中采取何种领导方式,归根结底是由生产方式的性质决定的。

第二节 领导与管理

一、领导与管理

1. 领导与管理的区别

领导与管理有着本质的差别,而且随着社会化程度的提高,这种差别会越来越突出,只有深刻理解这种差别,才能真正达到加强领导和强化管理的目的。领导与管理的区别主要表现在以下几个方面:

(1) 含义不同。领导是凭借影响力率领并引导一群个体实现组织目标的过程,一般包括引导、指挥、激励和沟通的含义;而管理是安排组织活动和配置组织资源,以实现管理目标的过程,一般包括管辖、处理、约束和安排等含义。

(2) 权力基础不同。领导更多的是建立在个人影响力和专长权及模范作用的基础上,被领导者往往心甘情愿地接受指令;而管理是建立在合法的、有报酬的和强制性权力的基础上命令下属的行为,被管理者往往因追求奖励或害怕处罚而服从管理。

(3) 对象不同。领导的对象主要是人及其组织,通过调动下属的热情和积极性,激发下属的潜在需求、价值观和情感,实现组织的目标。而管理的对象主要是组织活动和组织资源,虽然也包括人但多为物、财、信息及管理系统,通过制定各种规章制度、作业手册等来保证管理对象的正常运转。即便对象都是人,领导主要解决的是人的思想问题,而管理主要解决的是人的行为问题。

(4) 作用不同。领导者的作用主要是统帅和协调全局性工作,为了有效地指挥一个部门、一个组织的全局活动,领导者要经常协调和解决下属各部门的分歧与磨擦,使整个组织和谐发展,追求的是整个组织乃至整个社会的效益;而管理的作用主要是做好领导安排的局部范围或某一方面的工作,管理者经常要处理好具体部门的业务工作(如质量管理、生产过程控制、产品分析等),侧重于追求某项工作的效益。

(5) 处理问题的方法不同。领导主要处理变化性问题和长期性问题,力图启发新的思路,拓展人们新的选择空间,开发未来前景以确定前进方向,并将这种前景与组织中的其他成员进行交流,通过授权、扩展的激励手段,不时创造一些惊喜鼓舞他们克服困难以达到既定目标;而管理主要处理复杂性问题,习惯于限制性选择,难以给人们提供想象发挥的空间,常常侧重于抑制、控制和预见性,拟定规划、设计规范的组织结构及监督计划实施的结果,达到有序的状态。

总之,领导与管理的区别是深刻而广泛的。领导具有务虚性,注重目标和方向;管理具有务实性,注重贯彻和落实。领导具有全局性,注重整个组织和社会的利益;管理具有局部性,注重某一局部和某项工作的利益。领导具有超脱性,不管具体事务;管理具有操作性,必须事无巨细。领导具有战略性,注重组织长期和宏观的目标;管理具有战术性,注重短期和具体任务的完成。领导的功能是推进变革,而管理的功能是维持秩序。[①]

---

① 杨国欣.论领导与管理的区别[J].河南科技大学学报(社会科学版),2006,4:90—91.

2. 领导与管理的联系

最初,领导与管理是合为一体的,只是在经历了漫长的过程后才开始分化,两者是密切相关的社会组织活动。例如,领导是管理的一项基本职能,领导理论的产生适应了管理学以物为中心向以人为中心转变的需要等。领导与管理的具体联系体现在以下方面[①]:

(1)领导是从管理中分化出来的。从一般意义上说,管理的范围要大一些,而领导的范围相对要小一些。如前所述,领导是管理职能中的一项重要职能,在管理发展到一定阶段,尤其是组织环境越发的不确定,具有推进变革作用的领导才渐渐地从管理中分化出来,成为一项重要的独立职能。

(2)领导与管理是一种相辅相成的关系。领导活动的目标只有在有效的管理下才能实现,而管理目标的制定通过领导来完成,管理能够出效益也只有在正确的领导决策之下才能达到。

(3)领导具有战略性、较强的综合性,贯穿管理的各个阶段。从管理的整个过程来看,如果我们将其划分为计划、执行和控制三个主要阶段,领导活动处在不同阶段之中,集中起来就表现为独立的职能。也就是说,为了实现组织目标、使计划得以实施、使建立起来的组织能够有效运转,组织和配备人员并对各个过程结果进行监督与检查。

二、领导者和管理者

1. 领导者和管理者的区别[②]

(1)产生方式不同。管理者的职权是经由组织的正式任命获得的,其对下属的命令行为是建立在合法的、有报酬的和强制性权力的基础上的。下属必须遵循管理者的指示。在此过程中,下属可能尽自己最大努力去完成任务,也可能只尽部分努力去完成工作。在组织的实践中,后者是客观存在的。领导者既可能是任命的,也可能是在非正式组织中产生或由非正式组织成员公认的;领导者对组织成员的影响既可能建立在合法的、有报酬的和强制性权力的基础上,也可能建立在个人影响力和专长权及模范作用的基础上。

(2)时空观不同。领导者着眼于长远,所确定的目标多为3—5年甚至更长,因为领导者所研究的都是一个组织或部门的重要目标,没有充足的时间是无法完成的;管理者在计划和预算中只注重几个月多则一二年,因为管理者要通过完成一个又一个短期目标来支撑领导者提出的中长期目标。同时,领导者由于要统帅全局,因此更加注重系统性问题、宏观性问题和外部联系性问题;而管理者更注重微观问题和细节问题。

(3)风险意识不同。一般而言,领导者经常追求有风险甚至危险的工作,机会越诱人,冒险的决心就越大,希望通过有挑战性的努力获取更大的效益;管理者更加看重秩序,会本能地回避风险或想方设法排除风险。领导者的职责不是维持现状而是推进组织

---

① 徐鑫. 论企业管理中领导与管理的联系与区别[J]. 现代商业,2008,24:90.
② 杨国欣. 论领导与管理的区别[J]. 河南科技大学学报(社会科学版),2006,4:91—92.

变革,千百年来多少领袖人物概莫能外,有的轰轰烈烈,有的循序渐进,虽然方式不同,但任务都是确定一个目标,然后带领一批人历尽千辛万苦向目标迈进;管理者则更加强调维持秩序,更习惯于限制,恪守长期形成的管理原则和制度,因为没有规矩就没有方圆,不积跬步无以至千里,因此他们总是小心地看待变革、谨慎地对待风险。

(4) 用人方略不同。领导者择人的标准是适应,即适应所确定岗位的各方面要求,能统领他所负责的部门或组织;管理者择人的标准是专业化,选择经过专业培训的人担任各项工作,这样他的工作才能有条不紊,更加周密细致。在人员使用上,领导者注重目标激励,注重通过沟通和激励来调动人的积极性,对有问题的人员注重教育;管理者则注重执行政策,强调员工的服从性,强调通过组织的力量来完成目标,对有问题的员工则注重纪律处分。

(5) 情感表现不同。在与他人的关系中,领导者关心的是事情,以及决策对参与者意味着什么;管理者关心的是事情该怎样进行下去。因而在工作和与人交往中,领导者与管理者的情感表现是不同的。领导者常常对工作、对人充满热情和感召力,使用的语言富有感情色彩,会以极大的热情描绘未来前景,唤醒人们强烈的情感、自我超越的欲望,推动着他们去不断地争取心理和社会的变革。领导者会给组织带来紧张和不安分,因而常常产生意想不到的收获。管理者无论是对待工作还是对待他人都较少情绪化,缺乏一种凭直觉感受他人情感和思想的能力,在与他人的相处中,一方面努力寻求合作,另一方面又不愿过多地投入情感,从而显得缺乏热情和活力;对所处的环境怀有归属感,认为自己是现有秩序的维护者和监管者,社会赋予他们指导、组织及平衡现有社会关系的管理能力。

(6) 素质要求不同。有人把领导与管理比喻为思想和行为,这从某种程度上说明领导者和管理者的素质要求是不同的。如果说管理者应有效地把事情做好,那么领导者则要确定管理者所做的事情是否正确。因此,领导者必须站得更高、看得更远,必须为组织指明前进的方向并告知奋斗目标,必须以敏锐的眼光和超常的智慧寻找到发展机遇,判定风险所带来的效益。领导者必须投入极大的工作热情才能鼓起群众的工作热情。管理者是问题的解决者,既不需要天才也不需要英雄主义,但是要有坚持不懈、持之以恒、勤奋工作的思想品质,有分析能力和忍耐力,尤其是忍耐能力对一名优秀的管理者是十分重要的。

美国著名学者史蒂芬·柯维曾形象地做了这样一个比喻:一群工人在丛林里清除低矮灌木,他们是生产者,解决的是实际问题;管理者在他们的后面拟定政策,引进技术,确定工作进程和补贴计划;领导者则爬上最高的那棵树,巡视全貌,然后对大家嚷道:"不是这块丛林。"①

并非所有的领导者都是管理者。一种原因是他可能不处于管理岗位上,非正式组织中最具影响力的人就是典型的例子。组织没有赋予他们职位和权力,他们也没有义务去负责组织的计划和组织工作,但他们能引导和激励甚至命令自己的成员。另一种原因可能是,一个人能够影响他人并不表明他同样能够做好计划、组织和控制等管理工作。

---

① 〔美〕史蒂芬·柯维.高效能人士的七个习惯(第3版)[M].高新勇等译.北京:中国青年出版社,2004.

一个人可能是管理者,但并不是领导者。领导的本质就是被领导者的追随和服从,这不是由组织赋予的职位和权力所决定的,而是取决于追随者的意愿。因此,有些握有职权的管理者可能没有部下的服从,也就谈不上是真正意义的领导者。非正式组织中有影响力的人参与正式组织的管理,将大大有益于管理的成效;不具备领导才能的人,则应该从管理人员队伍中剔除或减少。

2. 领导者和管理者的联系

一个人可能既是管理者,也是领导者。例如组织中一名中层管理者,拥有调动下属积极性的能力和有效沟通的能力,还能与下属一起完成预定的组织目标,那么他也是一名成功的领导者。

在正式组织中,领导者的活动和管理者的活动具有较强的相关性与综合性。在现实生活中,管理者在从事管理工作的同时也承担了领导工作。例如中层管理者,对上,是作为某一级管理者角色出现的,主要承担执行上级领导决策的任务;对下,则充当领导者的角色,对部门的发展扮演决策者的角色。因此,我们很难将领导活动与管理活动从一名管理者的行为中严格地区分出来。

第三节 领导者与权力

一、领导者的权力来源

既然领导是一种影响力,那么领导的这种影响力来自哪里?由哪些内容组成?领导的影响力其实就是领导者的权力,这种权力是促使下级服从的一种力量。领导的权力和影响力主要来自两个方面:一个是职位权力,另一个是个人权力。

领导的职位权力是由领导者在组织中所处的位置决定的,由上级或组织赋予的一种权力,这种权力随职务的变动而变动,有职就有权,无职就无权。人们对职位权力的服从是出于组织的压力而不得不服从。领导的个人权力不是由领导者在组织中所处的位置决定的,而是由领导者自身的条件决定的,包括领导者的素质、能力、品德和行为表现。个人权力不会随着职位的消失而消失,对人的影响是发自内心的、长远的、伴人终身的,而且可以由自己决定,是不断增长的。

如果再细化,领导权力就可以分为五种:(1)惩罚权是指下级感到领导有能力惩罚他,使他产生痛苦、不安或不能满足某些需求,这是迫使下级服从的一种权力;(2)奖励权是指下级感到领导有能力奖励他,使他得到某种满足和需求,这是利用利益引诱下级服从的一种权力;(3)合法权来自传统的习俗或组织的要求,是指领导得到组织的授权或公众的认可,对下级施加影响或使下级服从的一种权力,下级必须接受、服从领导;(4)专长权是指下级认为领导者拥有某种专门的知识、技能和特长,能够帮助他指明方向、排除困难,达到组织和个人的目标,这种权力主要来自下级对领导者的尊敬;(5)感召权(典范权)是指下级认为领导者拥有他所敬佩的品质和智慧,具有共同的愿望和利益,从而对领导产生钦佩感,愿意模仿、跟随和服从领导,这种权力表现在下级对领导者的信任。

惩罚权、奖励权和合法权属于职位权力,专长权和感召权属于个人权力。这几种权力对下级所产生的影响和效果及个人满意度是不同的。惩罚权虽然可以使下级基于恐惧而服从,但这种服从是表面的、暂时的,内心不一定受到影响。为了维持这种服从,领导必须时常监督下级是否按照他的要求去做,如果发现下级不遵守职业规范,为了维持恐惧就一定要加以惩罚,而监督与惩罚的成本是很高昂的。

奖励权是采用奖励办法引起人们按照要求行为,其效果要比惩罚让人感到恐怖而服从。它可以增强领导对下级的控制,也可以带来满意并提高工作效率,但这种激励作用要视奖励的多少和公平性而定。奖励权容易引起本位主义,使下级缺乏整体和长远观念,过分使用这种权力容易使人们对金钱和利益形成依赖心理。

合法权是下级基于习惯、社会意识和某种责任感所引起的服从,但这种服从不能导致较高的工作水平和个人满意度。下级接受这种权力是因为只有这样才能得到领导者的赞扬、大家的接纳和认可,满足安全感和亲和力的要求。

专长权和感召权一般能引起公开的、私下的服从与内心的信服,从而其影响力也较持久。

二、职位权力的特征

任何一个组织、企业、团队都有领导权力的存在,只要有分工就必须有组织者,就必须有上下级的区别,就必然存在领导和被领导的关系问题,就必然存在行使职位权力的问题。要正确行使职位权力,我们必须正确认识职位权力。职位权力具有法定性、强制性、职务性、层次性、有限性等特征,每种特征都反映了权力内在的规律性。[①]

(1) 法定性。法定性是指职权通过法律、法规、制度的程序,接受任命后才有效的一种法律制度上的认定,并受到法律的约束和保护。职位权力的法定性,不但赋予了领导者一定的权力,而且也明确了领导者的相应责任。

(2) 强制性。领导者获得权力之后,对违背组织目标的行为可以通过命令、纪律警示或者批评、惩罚等措施迫使该行为扭转。权力的强制性是维持一个组织的统一所必需的,也能造成被领导者与领导者的对立情绪,甚至对抗的关系,所以领导者必须讲究方式、方法。

(3) 职务性。领导者的职权是与他的职位和担当的职务相一致的,有了领导职务才有权力,没有职务的人是没有领导权力的。

(4) 层次性。层次性是指一个组织系统纵向的划分为若干层次,各个层次都有相应的领导权力。上级对下级有指挥、控制和监督的权力,同时要注意不干涉下级职权范围内的事务。下级要对上级负责,依据上级的指示、决定和命令办事,及时请示汇报工作,在自己管辖的范围内有权自主决策。

(5) 有限性。职权是与职位、职责对应的,必然受到各种因素的制约,因而它是有限的。也就是说,有多高的职位,才有多大的权力。

---

① 吕明,胡争光.管理学[M].北京:国防工业出版社,2015.

三、权力的获得

由于权力可以分为职位权力和个人权力,两者的获取方式也有所不同。

如何获得职位权力呢?西方的理论提供了以下基本观点:(1)通过取得关键性的工作而获得职位权力;(2)通过正常的晋升而获得职位权力;(3)在克服危机中获得职位权力;(4)通过上级的赏识和信任而获得职位权力。

如何获得个人权力呢?西方理论认为:(1)通过人格感染力而获得个人权力;(2)通过自身专长的提升而获得个人权力;(3)通过感情和利益投放而获得个人权力;(4)通过特殊关系而获得个人权力。

在组织体制科层化普遍存在的今天,一个领导者往往以其对某一职位的占有作为前提,但是掌握职权的人并不一定拥有权威——职权并不是一个人成为优秀领导者的充分条件。因为职权只有在灵活的运用中才能产生权威并为下属所接受。

美国管理学者西蒙认为,权威之所以被接受,原因在于:(1)下级信任行使权威的人,这种信任可以建立在领导者的地位、能力或领导魅力的基础上;(2)下级接受并鉴别其他领导者的态度建议;(3)下级担心如不接受会遭到惩罚;(4)在权威被接受之前,下级往往感到必须这样做。西蒙进一步指出,权威都有一定的接受范围,若超出这个范围就会产生不服从,下级只会在一定范围内接受权威。

四、权力的运用

1. 权力的运用方式

领导者运用权力的方式有三种,即说服、示范和命令。

说服是权力运用的一种常见形式,也是最符合领导者本职要求的运用形式。在与外界和组织成员的互动过程及领导集体内部的交往中,领导者更多的是采用说服的形式。说服的成功与否在很大程度上有赖于领导者掌握的信息、技巧及其信誉和声望。谈判是说服的一种常见形式,实际上是领导者和被领导者在沟通的基础上界定双方权利与义务的过程。说服对领导者权力的运用提出了很高的要求。首先,有效说服的一个重要方法是将自己的某些提议和看法与组织的目标联系起来,表示即将采取的行动是理性的、正当的、合乎组织愿望的;其次,尽可能地把即将采取的行动与组织成员的个人利益联系起来,使他们感到在完成组织目标的同时也能满足个人利益。

与说服对应的是示范和命令。示范属于一种静止性的权力运用方式,不具有说服所具备的扩展性;命令则是一种强制性的权力运用方式,是不得不采取的一种形式,构成了领导活动得以展开的底线。一般来说,说服的效果要比命令好得多,因为组织成员内部都有自尊的需求。命令是一种体制性的结果,说服则具有艺术化的特点。

2. 权力的使用效果

在相当的程度上,对权力的使用效果依赖于权力的来源和领导的使用方式。在权力使用上有三种典型的使用效果,即承诺、服从和抵制。

当下属认为领导的影响方式合理而又合法的时候,领导的效果就是承诺。这时,下属心甘情愿地接受领导并积极主动地开展工作。

对权力的另一个反应是服从,在这种情况下,尽管下属接受影响、服从要求,但这并不是个人在意愿上接受或情愿执行的命令,下属与领导者保持一致只是因为他们不得不这样做。例如,下属并不满意领导制定的某些规定,但又慑于领导权威而不得不服从。

第三种对权力的反应是抵制。在这种情况下,下属不同意这种影响的企图,积极或消极地进行抵制。当管理者不能满足员工的要求、强制员工做出一些事情的时候,员工就会对管理者的领导行为进行抵制。当员工采纳和服从领导者的想法与决定时,领导者的权力才会增大,但是领导者不能简单地依赖服从,因为简单的服从可能带来一些灾难性的后果。

第四节 领导理论

20世纪30—80年代初,西方领导理论研究经历了三个发展时期:首先是领导者特质研究时期,研究重点在于认定领导者的素质或特性,从而了解究竟何种人才适合担任领导者;其次是领导者行为研究时期,研究内容在于描述领导者行为或领导方式,了解作为一位领导者应该做些什么以及如何做好;最后是领导权变理论研究时期,其研究目的在于探究领导方式与团体组织效能的关系。

一、领导特质理论

领导特质理论重点研究的是领导者的个人特性,其基本假设是:领导者具有一般人不可比拟的特质。只要找到了一个人具备的特质,再考察他在某个组织中是否具备这些特质,就能够判断他能不能成为优秀的领导者。

根据这些品质和特征的来源不同,领导特质理论可以分为传统领导特质理论和现代领导特质理论。传统领导特质理论认为领导者的品质是天生的,是由遗传决定的,与后天的培育、训练和实践无关,因而传统的特性理论也称伟人说。现在,很少有人赞同这种观点。现代领导特质理论认为领导者的品质和特征是在后天的实践环境中逐步培养、锻炼出来的。

究竟哪些品质是一位好的领导者必须具备的呢?

1. 斯托格迪尔的领导个人因素论

美国著名领导学学者斯托格迪尔(Ralph M. Stodgill)认为,与领导才能有关的品质很多,包括五种身体特征、两种社会特征、四种智力特征、十六种个性特征、六种与工作有关的特征和九种社交特征。

(1) 五种身体特征为精力、外貌、身高、年龄、体重。

(2) 两种社会特征为社会经济地位、学历。

(3) 四种智力特征为果断、说话流利、知识渊博、判断分析能力强。

(4) 十六种个性特征为适应性、进取心、热心、自信、独立性、外向、机警、支配力、有主见、急性、慢性、独到见解、情绪稳定、作风民主、不随波逐流、智慧等。

(5) 六种与工作有关的特征为责任感、事业心、毅力、首创性、坚持、人的关心。

(6) 九种社交特征为能力、合作、声誉、人际关系、老练程度、正直、诚实、权力的需要、与人共事的技巧等。

2. 鲍莫尔的领导品质论

美国学者威廉·鲍莫尔(William Baumol)提出了领导者应具备的九个条件：

(1) 合作精神——愿意与他人一起工作，能赢得人们的合作，对人不是压服，而是感动和说服；

(2) 决策能力——依据事实而非想象进行决策，具备高瞻远瞩的能力；

(3) 组织能力——发掘下属的才能，善于组织人力、物力和财力；

(4) 善于授权——能大权独揽，小权分散；

(5) 随机应变——机动灵活，善于进取，而不是抱残守缺、墨守成规；

(6) 勇于负责——对上级、下级和服务对象具有高度的负责精神；

(7) 敢担风险——敢于承担事业上的风险，有创造局面的雄心和信心；

(8) 尊重他人——重视和采纳他人的意见，不盛气凌人；

(9) 品德高尚——品德为社会人士和员工所敬仰。

令人遗憾的是，并非所有成功的领导者都具有上述特质理论所描述的品质，许多非领导者可能具备大部分甚至全部品质，而且几乎没有一种品质是所有领导者共有的。因此，领导特质理论无法指出哪些素质是领导者必需的，也无法对各种品质的相对重要程度做出评价。尽管如此，但这些理论并非一无是处。一些研究表明，某些人的品质与领导的有效性之间确实存在相互联系。

上述特征不是与生俱来的，有效的领导品质可以通过学习和努力培养而取得。管理学者德鲁克提出，有效性是一种后天的习惯，是一系列实践的综合。

二、领导行为理论

1. 勒温的领导风格理论

最早研究领导作风的是美国社会心理学家科特·勒温(Kurt Lewin)。他通过实验研究了不同的领导作风对下属群体行为的影响，认为存在三种领导作风，即专制型领导、民主型领导和放任型领导。

专制型领导是指领导者个人决定一切，以权力压服下属，命令下属服从。

民主型领导是指领导者与下属共同讨论问题，集思广益，要求上下融合、合作一致地工作。

放任型领导是指领导者放手不管，下属愿意怎样做就怎样做。

勒温在实验中发现，专制型领导团队表现出以下特征：成员对领导者服从，多以"我"为中心，表现自我或引人注目的行为多，各成员攻击性言论多；当实验导入"挫折"时，团队成员彼此推卸责任或进行人身攻击；在领导者不在场时，团队工作的动力大为降低，也无人出来组织工作；对团体活动没有满足感。

民主型团队表现出以下特点：成员彼此关系友好，相互以工作为中心的接触多；多以"我们"为中心；当实验导入"挫折"'时，民主型团体团结一致，努力解决问题；在领导者不在场时,民主型团队如同领导者在场一样继续工作;对团体活动有较高的满足感。

放任型领导作风的工作效率最低,只能达到社交目标,不能完成组织的工作目标。专制型领导作风虽然通过严格管理达到了工作目标,但团体成员没有责任感、情绪消极、士气低落,人与人之间发生争吵较多。民主型领导作风的工作效率最高,不但能较好地完成工作目标,而且团体成员之间关系融洽、工作积极主动,成员在工作中富有创造性。

2. 领导方式连续统一体理论

领导方式连续统一体理论是美国管理学家坦南鲍姆(Robert Tannenbaum)和施密特(Warren Schmidt)提出来的。他们认为,民主与专制只是领导方式中的两个极端情况,两种领导方式之间存在很多过渡形式,如果将这些形式排列在一起,领导方式便形成一个连续统一体。他们列出以下七种典型的领导方式:

(1) 经理做出并宣布决策。在这种方式中,上级确认一个问题,考虑各种可供选择的解决方法,从中选择一个,然后向下属宣布,以便执行。他可能考虑也可能不考虑下属对其决策的想法,但不管怎样,他不给下属参与决策的机会,下级只能服从他的决定。

(2) 经理"销售"决策。在这种方式中,如同前一种方式,经理承担确认问题和做出决定的责任,但他不是简单地宣布决策,而是说服下属接受决策。这样做是表明他意识到下属中可能有某些反对意见,通过阐明这种决策给下属带来利益来争取他们的支持。

(3) 经理提出计划并允许提出问题。在这种方式中,经理做出决策并期望下属接受,但向下属提供一个有关其想法和意图的详细说明并允许提出问题,这样,下属就可以更好地了解他的意图和计划。这个过程使经理及其下属能深入探讨这个决策的意义和影响。

(4) 经理提出可以修改的暂定计划。在这种方式中,经理允许下属对决策发挥某些影响作用,确认问题和决策的主动权仍操纵在经理手中。经理先对问题进行考虑并提出一个计划,但只是暂定的,然后把这个计划交给有关人员征求意见。

(5) 经理提出问题、征求建议、做出决策。在这种方式中,虽然确认问题和决策仍由经理进行,但下属有建议权。下属可以在经理提出问题后,提出解决问题的各种方案,经理从自己和下属提出的方案中选择较为满意的。这样做的目的是充分利用下属的知识和经验。

(6) 经理确定界限,让团体做出决策。在这种方式中,经理把决策权交给团体。在这样做以前,他解释所需解决的问题,并给决策规定界限。

(7) 经理允许下属在规定的界限内行使职权。在这种方式中,团体有极度的自由,唯一的界限是上级所做的规定。即使上级参与了决策过程,也往往以普通成员的身份出现,并执行团体所做的任何决定。

坦南鲍姆和施密特认为,上述方式孰优孰劣没有绝对的标准,在这些不同的领导行为中,不能说哪种领导方式正确、哪种领导方式错误,领导者应当根据具体情况,考虑各种因素后,选择某种领导方式。成功的经理不一定是专权的人,也不一定是放任的人,而是在具体情况下采取恰当行动的人。当需要果断指挥时,他善于指挥;当需要职工参与决策时,他能提供这种可能。

3. 密歇根大学的研究

密歇根大学的研究由李克特(Rensis Likert)及其同事在1947年开始进行,试图从领导者行为特点与绩效的关系寻找最有效的领导风格,其研究对象包括企业、医院及各种政府组织机构,最终发现了两种不同的领导行为方式。

一是工作导向型的领导行为。这种领导者更强调目标的实现,通过明确部门职责、任务分配结构化、严密监督、工作激励、依照详尽的规定行事,帮助组织成员完成预定目标,并把组织成员视为达到目标的手段。

二是员工导向型的领导行为。这种领导者关注人际关系,尊重下属的意见,承认人与人之间的差异,重视人员行为反应及问题,利用群体实现目标,给组织成员较大的自由选择的范围。他们关心员工的需要、晋级和职业生涯的发展。

在经验观察的基础上,密歇根大学领导行为方式理论研究的结论是:员工导向型的领导者与高的群体生产率和高满意度正相关,而工作导向型的领导者则与低的群体生产率和低满意度正相关。

4. 领导行为四分图理论

领导行为四分图理论是美国俄亥俄州立大学研究小组在大量调查研究的基础上,于1945年提出的一种领导方式理论。他们在研究的过程中,将1 000多种描述领导行为的因素归结为两个维度,即关怀维度(对人的关心、领导的体谅)和定规维度(对组织效率的关心)。关怀维度主要表现为尊重下属意见、重视下属的感情和需要、强调建立相互信任的气氛;定规维度主要表现为重视组织设计、明确职责关系、确定工作目标和任务。两类维度的不同组合构成了四种不同的领导方式,即高关怀—高定规、高关怀—低定规、低关怀—高定规、低关怀—低定规。

研究发现,低关怀—低定规型领导既不关心人也不重视组织效率,是最无能的领导方式;低关怀—高定规型领导对组织的效率、工作任务和目标的完成都非常重视,但忽视人的情感和需要,是以工作任务为中心的领导方式;高关怀—低定规型领导对人十分关切,但对组织效率缺乏关心,是以人为中心的领导方式;高关怀—高定规型领导把对人的关心和对组织效率的关心放在同等重要的地位,既能保证任务的完成,又能充分满足人的需要,是最理想的领导方式。领导行为四分图理论的提出者认为,两个维度得分都高的领导者,其工作效率与领导的有效性一般都较高。

5. 管理方格理论

1964年,美国管理学家布莱克(Robert Blake)和穆顿(Jane Mouton)在领导行为四分图理论的基础上,巧妙地设计出管理方格图。他们用横坐标表示领导者对工作的关心程度(包括对组织目标、组织经济效益和社会效益、组织规章制度执行状况的关心程度等),纵坐标表示领导者对人员的关心程度(包括领导者对组织成员、工作环境状况、人际关系状况、信息沟通状况等的关心程度)。横坐标和纵坐标都划分为九个等级,这样就形成了一幅有81种领导方式的管理方格图(见图11-1)。布莱克和穆顿在管理方格图中列举了五种典型的领导方式。

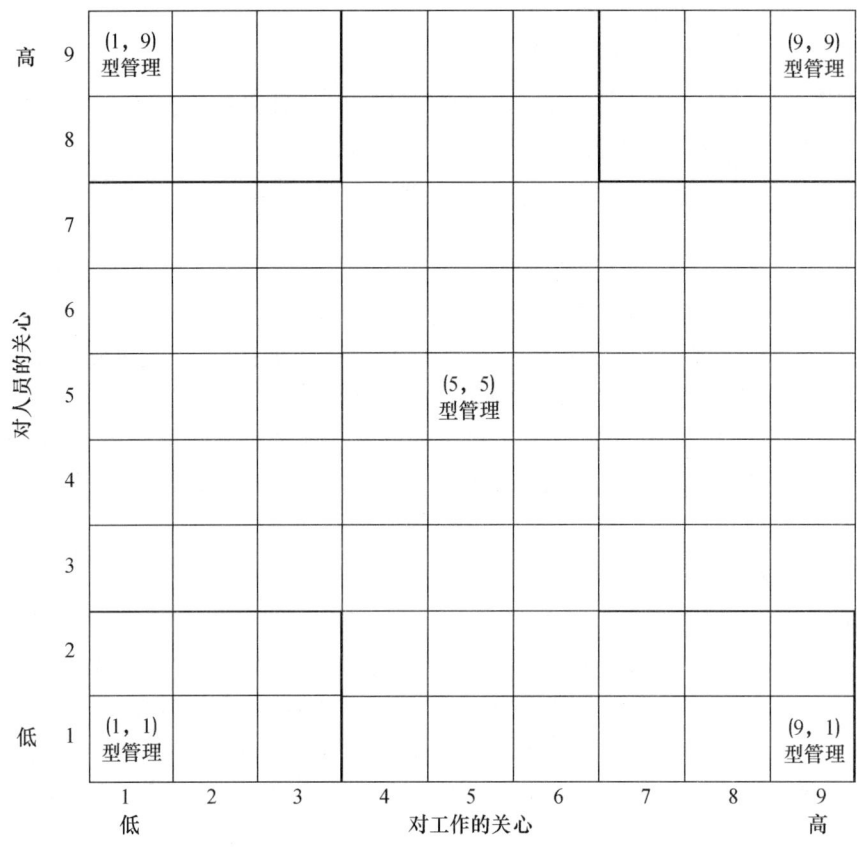

图 11-1 领导(管理)方格理论

(1) (9,1)型管理(任务型)，以几乎不考虑人的因素的方式安排工作,取得效率。这种领导只注重任务的完成,不重视人的因素,是一种专权式的领导。下属只能奉命行事,职工失去进取精神,不愿用创造性的方法解决各种问题,不能施展所有的本领。

(2) (1,9)型管理(乡村俱乐部型)，周到地关注人们的需求,从而营造了友善和舒畅的组织气氛,但工作成效缺乏保证。与(9,1)型管理相反,这种领导特别关心职工,重视搞好与员工的关系,但忽视工作效果。持这种管理方式的领导者认为只要员工精神愉快,自然就会搞好生产,所以要重视员工情绪。这种管理结果可能很脆弱,一旦和谐的人际关系受到影响,生产成绩就会随之下降。

(3) (5,5)型管理(中庸之道型)，通过在工作要求和维持士气之间的平衡取得适当的成绩。这种领导既对工作关心,也对人关心,兼顾两者,程度适中。持这种管理方式的领导者既对工作的质量和数量有一定要求,又强调引导和激励员工去完成任务,遇到问题总想敷衍了事。此种方式虽然比(1,9)型和(9,1)型强些,但是由于牢守传统习惯,从长远看会使组织落伍。

(4) (1,1)型管理(贫乏型)，为完成工作和保持组织士气所需要的最低限度的努力。这种领导对员工和生产任务都极不关心,领导者只做一些维持自己职务的最低限度的工作,只要工作不出差错就行。这种管理方式一般被称为贫乏型管理,很容易使组织失败,在实践中很少采用。

(5)(9,9)型管理(团队型),工作由团队完成,在组织目标上有共同利害关系而相互依赖,同时又相互信任和尊重,能取得突出绩效。这种领导对生产和人的关心都达到了最高点。在(9,9)型管理方式下,职工在工作上希望相互协作,共同努力地实现组织目标;领导者诚心诚意地关心职工,努力使职工在完成组织目标的同时满足个人需要。应用这种方式的结果是,职工运用智慧和创造力进行工作,关系和谐,能够出色地完成任务。

从上述不同方式的分析中,我们显然可以得出以下结论:作为一位领导者,既要发扬民主,又要善于集中;既要关心组织任务的完成,又要关心职工的正当利益。只有这样,才能使领导工作卓有成效。

三、领导权变理论

领导权变理论是继领导者行为研究之后发展起来的领导学理论。该理论的出现,标志着现代西方领导学研究进入了一个新的发展阶段。依据领导权变理论的观点,领导行为的有效性不单纯取决于领导者个人的行为,某种领导方式在实际工作中是否有效主要取决于具体的情境和场合。没有最好的领导模式,只有最合适的领导模式,这是权变管理原则在领导工作中的体现。领导方式不仅与领导者本身的特质有关,还与追随者的特质及领导者所处的客观环境有关。

1. 费德勒权变理论

最早对权变理论做出理论性评价的人是心理学家费德勒(Fred Fiedler)。他于1962年提出了"有效领导的权变模式",即费德勒模式。这个模式把领导人的特质研究与领导行为的研究有机地结合起来,并与情境分类联系起来研究领导的效果。他认为领导方式可能是有效的,也可能是无效的,其有效性取决于领导方式是否适应所处的领导情境。该模型的前提假设是:在不同类型的情境中,总有某种领导风格最有效。为此,先要界定有哪些领导风格以及哪些类型的领导情境,然后找出领导风格与领导情境的恰当组合。

费德勒认为,基本领导风格有两类——任务取向和关系取向。为了弄清领导者的领导风格是任务取向还是关系取向,费德勒设计了 LPC(least preferred co-worker,最难共事者)问卷。该问卷包括 16 组对照形容词,如愉快—痛苦、友善—讨厌、接纳—拒绝、紧张—放松等。设想你和一个最不愿意与之共事的人一道工作,针对这些极端的情境,你如何评价。问卷调查的主要目的是了解一位领导者对于与自己最难共事的人合作会做出怎样的评价。费德勒认为,通过人们对 LPC 问卷的回答,可以判断一个人最基本的领导风格。如果领导者对同事的评价大多使用敌意的词语,则这种领导趋向于工作任务型领导方式(低 LPC 型);如果评价大多使用善意的词语,则这种领导趋向于人际关系型领导方式(高 LPC 型)。

领导情境取决于三方面因素,包括上下级关系、职位权力和任务结构。上下级关系是指群众和下属乐于追随的程度。下级对上级越尊重,群众和下属越乐于追随,则上下级关系越好,领导环境也越好。职位权力是指领导者现居职位所拥有的权力之多寡或使部属服从指挥的程度。换句话说,领导者现居职位能对部属施展多大的影响力,包括领导者的地位、权威与责罚、升贬、任免、加薪、指派等能力。权力越大,群体成员遵从指导的程度越高,领导环境也就越好。任务结构是指任务的明确程度和部属对任务的负责程度。这些任务越明确,且部属的责任心越强,则领导环境越好。

领导情境决定了领导方式。在最有利的和最不利的情境下,采用低 LPC 领导方式(任务型的领导方式)比较有效。在中等不利的情境下,采用高 LPC 领导方式(关系型的领导方式)比较有效。如表 11-1 所示,通过界定不同的情境类型,建立领导风格与情境的恰当组合。

表 11-1 费德勒模型

上下级关系	好	好	好	好	差	差	差	差
任务结构	简单	简单	复杂	复杂	简单	简单	复杂	复杂
职位权力	强	弱	强	弱	强	弱	强	弱
情境类型	Ⅰ	Ⅱ	Ⅲ	Ⅳ	Ⅴ	Ⅵ	Ⅶ	Ⅷ
情境评价	有利				中等有利		不利	
最有效方式	低 LPC 任务型				高 LPC 关系型		低 LPC 任务型	

2. 路径—目标理论

路径—目标理论是指有效的领导者既要帮助下属充分理解工作目标,又要指明实现目标应遵循的路径。该理论由罗伯特·豪斯(Robert House)提出,认为领导者的主要任务是帮助下属达到目标,并提供必要的支持和指导以确保下属的目标与群体或组织的目标相互配合。为此,豪斯确定了四种领导行为:

(1) 指导型领导。指导型领导者能为下属确定明确的工作标准,并将规章制度向下属明示。指导不厌其详,规定不厌其细,让下属明确领导对他的期望、成功绩效的标准和工作程序。

(2) 支持型领导。领导者对下属的态度是友好的、可接近的,他们关注下属的福利和需求,平等地对待下属,尊重下属的地位,努力营建舒适的工作环境,能够对下属表现出充分的关心和理解,在下属有需要时能够真诚地提供帮助。

(3) 参与型领导。领导者邀请下属参与决策,主动征求并采纳下属的意见。参与型领导者能与下属一道探讨工作,征求他们的想法和意见,将他们的建议融入团体或组织将要执行的决策中。

(4) 成就导向型领导。领导者设定挑战性目标、鼓励下属实现自己的最佳水平,鼓励下属将工作做到尽量高的水平。这种领导者为下属拟定的工作标准很高,寻求工作的不断改进。除了对下属期望很高,成就导向型领导者还非常信任下属有能力确定并完成具有挑战性的目标。

豪斯假定领导方式是有弹性的,这四种领导方式可能在同一位领导者身上出现,因为领导者可以根据不同的情形斟酌选择,在实践中采用最适合下属特征和环境需要的领导风格。路径—目标理论提出了两个权变因素,作为领导者的领导行为与结果的中间变量。一是下属控制范围之外的环境因素,如工作结构、正式的权力系统、工作团队等;二是下属的个人特征,如经验、能力等。豪斯强调,领导者的责任就是根据不同的环境因素选择不同的领导方式。如果强行采用某一种领导方式在所有环境条件下实施领导行为,必然导致领导活动的失败。

如果下属是教条的和权力主义的,任务是不明确的,组织的规章和程序是不清晰的,那么指导型领导方式最适合。

对于结构层次清晰、令人不满意或者令人感到灰心的工作,那么领导者应该使用支持型领导方式。当下属从事机械重复性的、没有挑战性的工作时,支持型领导方式能够为下属提供工作本身所欠缺的"营养"。

当任务不明确时,参与型领导方式的效果最佳,因为参与活动可以澄清达到目标的路径,帮助下属理解通过什么路径和实现什么目标。此外,如果下属具有独立性、强烈的控制欲,那么参与型领导方式也具有积极影响,因为这种下属喜欢参与决策和建构工作。

如果组织要求下属执行模棱两可的任务,成就导向型领导方式的效果最好。在这种情境中,激发挑战性和设置高标准的领导者,能够提高下属对自己有能力达到目标的自信心。事实上,成就导向型领导可以帮助下属体会到其努力将带来有效的成果。

3. 领导生命周期理论

领导生命周期理论由赫塞(Paul Hersey)和布兰查德(Ken H.Blanchard)提出,他们认为下属的"成熟度"对领导者的领导方式起重要作用,对不同成熟度的员工采取不同的领导方式,有效的领导风格应当适应下属的成熟度。

成熟度是指人们对自己的行为承担责任的能力和愿望的大小,它取决于两个要素:工作成熟度和心理成熟度。工作成熟度包括一个人的知识和技能,工作成熟度高的人拥有足够的知识、能力和经验完成工作任务而不需要他人的指导。心理成熟度是指一个人做某事的意愿和动机。心理成熟度高的个体不需要太多的外部激励,他们靠内部动机激励。

根据员工成熟度的不同,领导方式可分为四种:命令式、说服式、参与式和授权式。

(1) 命令式。适用于下属低成熟度的情况,表现为高工作—低关系型领导方式。领导者采用单向沟通,责令下属执行工作任务。领导者对下属进行分工并具体指点下属应当干什么、如何干、何时干,强调直接指挥。因为在这一阶段,下属缺乏接受和承担任务的能力与愿望,既不能胜任又缺乏自觉性。

(2) 说服式。适用于下属较不成熟的情况,表现为高工作—高关系型领导方式。领导者以双向沟通方式说服下属接受工作任务。领导者既给下属以一定的指导,又注意保护和鼓励下属的积极性。因为在这一阶段,下属愿意承担任务但缺乏足够的能力,有积极性但没有完成任务所需的技能。

(3) 参与式。适用于下属比较成熟的情况,表现为低工作—高关系型领导方式。领导者通过双向沟通和悉心倾听,与下属充分交流、下属共同参与决策,领导者着重给下属以支持及内部的协调沟通。因为在这一阶段,下属具有完成领导者所交赋任务的能力,但没有足够的积极性。

(4) 授权式。适用于下属高度成熟的情况,表现为低工作—低关系型领导方式。领导者赋予下属自主决策和行动的权力,几乎不加指点,由下属独立地开展工作、完成任务。因为在这一阶段,下属能够且愿意去做领导者要他们做的事。

如图 11-2 所示,在领导生命周期理论曲线中,根据下属的成熟度形成四种领导方式。根据下属成熟度和组织所面临的环境,领导生命周期理论认为随着下属从不成熟走向成熟,领导者不但要减弱对活动的控制,而且要减少对下属的帮助。当下属成熟度不高时,领导者要给予明确的指导和严格的控制;当下属成熟度较高时,领导者只要给出明确的目标和工作要求,由下属自我控制和完成。

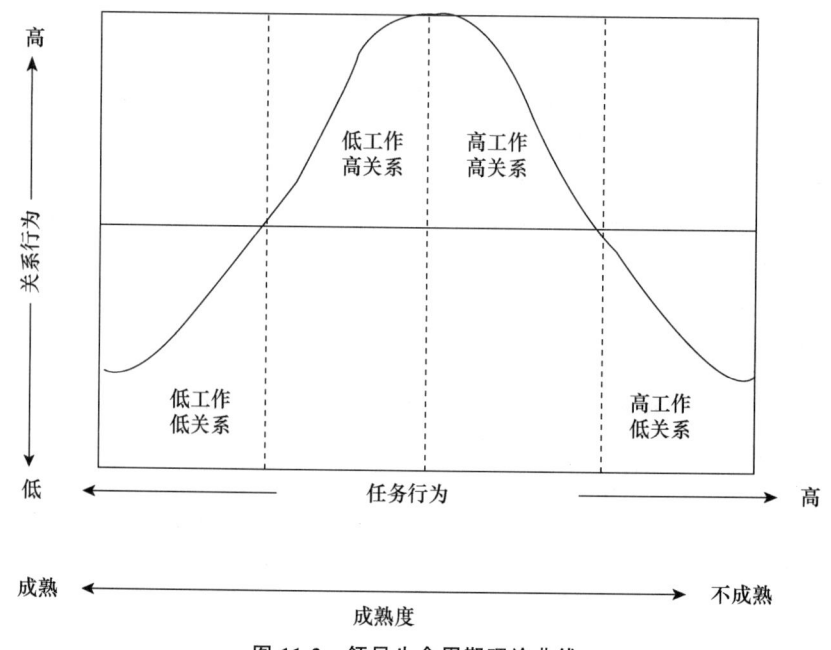

图 11-2 领导生命周期理论曲线

第五节 领导理论的发展

20 世纪以来,西方领导理论研究可以分为三个阶段:第一阶段是 20 世纪初至 80 年代,涌现出领导特质理论、领导行为理论和领导权变理论等经典领导理论;第二阶段是 20 世纪 80 年代以来,出现了魅力型领导、变革型领导和愿景型领导等新领导理论;第三阶段是 21 世纪以来,产生了现代领导理论丛林。

一、20 世纪 80 年代以来领导理论研究发展

20 世纪 80 年代以来,经济的不断发展和企业的不断增加促使越来越多的学者及实践工作者从其他角度研究领导行为,推动了领导理论的发展,形成了新领导理论。原来的领导行为只包括关注生产、关注员工,现在的高层领导者还要制定战略、发起变革、关注创新、甄选高层团队成员、灌输价值观等。[1] 具有代表性的领导理论主要有以下几种[2]:

---

[1] 孟建平,霍国庆. 领导理论丛林与领导学科的发展[J]. 科学学与科学技术管理,2008,3:163.
[2] 胡剑影,蒋勤峰,赵兰琪. 国外领导理论研究评述[J]. 中国人力资源开发,2008,11:94—95.

1. 魅力型领导理论

魅力型领导理论最早来自沃顿商学院教授罗伯特·豪斯(Robert House)提出,领导要素中的个人特征就是对信念的执着和对前途与目标的丰富想象力。在豪斯看来,魅力型领导使下属非常相信领导者的想法和观点,无条件地接受领导,对领导者有情感上的依赖,结果是心甘情愿地服从领导。[①] 魅力型领导理论认为,"领导"是领导者通过自身的卓越才能和超凡魅力影响下属,从而使既定目标得以实现。罗伯特·豪斯认为,魅力型领导拥有非常大的权力,其中部分来自他对影响其他人的一种需求,因此他应该具备强烈的自信心、强大的支配力及对于信念和道德的坚定性,以便使下属确认跟随他是正确的。豪斯还指出,魅力型领导能提出一个富有想象力的、更远大的目标,从而赢得追随者的支持。这样的领导者还应该精心地创造一个成功且力能胜任的形象,并以自己的榜样表达他所坚持的价值观,使追随者确信能实现领导者的期望。[②]

2. 交易—变革型领导理论

政治社会学家伯恩斯(James M.Burns)在1978年提出经典观点,将政治领袖的领导风格划分为两种类型——变革型领导和交易型领导,这两种领导风格被视为一个连续体相反的两端。巴斯(Robert Bass)把变革型领导和交易型领导模式看作互补的结构而非两级结构,承认两种风格对于期望目标的达成有关系而将两者合二为一。交易型领导带有强烈的目的性,重视上下级之间的社会性交易,通过鉴别下属的需求来实施管理,然后给予报酬满足这些需求以换取一定的绩效,对不合乎标准的施以处罚。变革型领导以理想和道德价值观或目的感、对成就的兴奋感为契机激励下属,为下属勾勒出一幅组织愿景,激励他们去挖掘自身的潜能,为组织的利益而投入工作中。

巴斯是最早在组织情境下明确区分交易型领导和变革型领导的学者,他更关注变革型领导本质和要素的具体表现形式。巴斯认为,变革型领导者与交易型领导者的行为方式有着本质区别。交易型行为聚焦于领导的管理方面,是指绩效监控、纠正错误和奖励成绩这样的行为;而变革型领导者能够把追随者从自我中心的个体变成忠于群体的成员,激发追随者取得超预期的成绩。

3. 愿景型领导理论

本尼斯(Warren Bennis)和纳努斯(Burt Nanus)对美国60位成功的企业首席执行官及30位杰出的公共组织领导者进行了非结构性的、开放的深度采访,这些领导者因成功变革组织而声名远扬。根据访谈结果,他们总结出变革型组织中领导者常用的四种策略。与巴斯的理论相比,该理论的重点不在于领导者对追随者的关怀与支持,而强调领导者如何在了解员工的前提下勾画组织共同奋斗的愿景,因此被命名为愿景型领导理论。该理论阐释了愿景型领导者的有效行为和重要特质,还以大量篇幅描述他们所担当的"组织设计师"角色,指出领导者行为不仅旨在激发追随者动机,还在于构建组织文化目的。

---

① Robert J. House. A 1976 theory of charismatic leadership [A]. in J. G. Hunt and L. L. Larson (eds). Leadership:The Cutting Edge[C]. Carbondale,Illinois: Southern Illinois University Press,1977.

② Robert J. House. Charismatic leadership in service-producing organizations[J]. International Journal of Service Industry Management,1992,3(2):5—16.

二、21世纪初领导理论研究进展[①]

在领导理论的演进过程中,经历了从交易型领导到变革型领导,再到有机领导两次重要的研究范式转换。新领导理论流派的兴起标志着领导理论研究的重大转向:从交易型领导转向变革型领导,真正将领导与管理区别开。随着组织从机械型转变为有机型,学术界对领导的认识再次发生突变,研究者比较一致地认为,组织有效性不再取决于英雄式领导者,而依靠于植根有机系统互动关系的领导生成。领导理论研究范式由此开始转向与知识经济时代的有机组织相适应的有机领导范式。它预设组织成员具有从组织利益出发进行决策、解决问题的动机与能力,搁置关于科层、控制和秩序的传统观念,代之以信任、接纳混沌和持续变革。

1. 新领导理论流派继续保持主流地位

新领导理论流派在多年的发展历程中建立起比较成熟的理论框架,在此基础上,当代研究者一方面不断深化传统主题研究,另一方面积极探索与新兴领导理论融合。研究者关注的领域包括魅力的概念、魅力型领导的效应、在团队领导中发展变革型领导、变革型领导与魅力型领导的伦理维度、各种新领导理论的整合等。新领导理论流派尤其是魅力型领导理论主流地位的保持,使得曾长期边缘化的领导者特质研究重新受到重视。

相对于传统理论,新领导理论流派关注对整个组织的领导,高层领导者自然成为重要的研究对象,但20世纪很少有人从战略领导的角度进行研究,因为当时学术界还处在致力于区分领导和管理的阶段。进入21世纪后,战略领导受到广泛关注,是产出成果最丰富的领域之一。这类研究考察组织顶层的领导现象,分析高层领导者如何影响组织绩效,研究主题包括影响战略领导需求的条件、领导继任、战略领导层梯队、高管的局限等。

2. 系统的视角与方法在领导理论研究中得以彰显

针对20世纪的研究忽视情境、团队及组织整体影响的不足,当代研究者致力于在组织的各个层面研究领导理论,使得系统的视角与方法得以彰显。在发达经济体组织实践中,一个不断增强的趋势是更多的决策权和责任被赋予各种团队,与组织实践同步,团队领导理论成为领导理论研究中最受重视和发展最快的领域之一。研究者主要从两个角度理解团队领导:一种是把领导看作一种投入,研究团队领导者及其对团队过程和结果产生的影响,这是较早出现的一种研究视角;另一种研究视角是把领导看作团队过程的结果,是对前一种视角的补充。

团队领导理论研究之外,不少研究者还致力于探究领导情境因素的各个方面,形成了聚焦情境的领导理论、复杂领导理论、社会网络领导理论和整合领导理论等。聚焦情境的领导理论研究包括特定情境当中的领导有效性(如军队领导、教育领导、医院领导等)、情境变量(如组织发展的不同阶段)和环境特征等对领导实践的影响。复杂领导理论运用复杂自适应系统(CAS)的基本分析单位解释领导,提醒人们关注导致变化发生和系统演化的情境与机制,不要过分重视各种显性变量。

[①] 文茂伟. 21世纪以来国际学术界领导理论研究评析[J]. 理论探索,2015,4:88—90.

3. 对领导者—追随者关系的研究取得较大进展

当代研究者依然比较重视领导者—追随者垂直双向关系,在弥补传统研究不足的基础上,不断融入新的方法和视角,推动领导者—追随者关系研究取得进展。领导者—成员交换理论是这类研究的基础,但当代领导者—成员交换理论不再局限于研究组织成员与正式上司的关系,而侧重于研究向上、向下和水平的领导关系如何为协商型"角色制作"服务,如何创造新的角色和关系,开启了关系研究的重要视角。对领导者—追随者相互作用关系的重视,使领导理论研究进一步走出以领导者为中心的局限。一些研究者选取以追随者为中心的视角,主要考察与领导过程相关的追随者个性和行为特征(如身份认同、动机和价值观)、领导者—追随者互动过程中追随者的积极作用、追随的效果、追随者对领导者品质的评价与需求等。随着有机组织的日益增长,"自我领导"受到重视,研究者积极探讨自我领导者的内涵与成长路径。

4. 重视领导伦理和道德研究

20 世纪末,一些大型组织高管层和政治人物的道德丑闻引发了对领导伦理的关注,侧重伦理维度的领导理论受到越来越多研究者的重视。关于领导伦理和道德的研究有一个共同焦点——利他行为。这类研究考察领导者的道德排序,包括领导伦理导向是如何形成的、合乎伦理的领导方式的重要性、道德领导的效果及其维持。真实领导、道德领导、仆从型领导和精神领导理论是这类研究的代表。

❏ 重要概念

惩罚权	管理方格理论	领导方式连续统一体理论	领导行为四分图理论
费德勒权变理论	合法权		路径—目标理论
感召权	奖励权	领导风格理论	职位权力
个人权力	领导	领导生命周期理论	专长权

❏ 本章概要

领导是凭借影响力率领并引导一群个体实现共同目标的过程。领导者是实施领导的人,必须具备三要素:有追随者、有影响力、目的是影响下属以达到组织目标。领导的作用包括指挥、协调和激励。

领导与管理既有区别又有联系。首先,管理是建立在合法的有报酬的和强制性权力的基础上命令下属的行为。领导是建立在个人影响力的基础上;其次,管理是为组织活动选择方法、建立秩序、维持运转等活动,领导在组织中的作用表现在为组织活动指出方向、设置目标、创造态势、开拓局面等方面;最后,领导和管理联系紧密,领导具有战略性、较强的综合性,贯穿于管理的各个阶段。

领导的影响力其实就是领导者的权力,这种权力是促使下级服从的一种力量。领导的权力和影响力主要来自两个方面：一是职位权力；二是个人权力。惩罚权、奖励权和合法权属于职位权力，专长权和感召权属于个人权力。从领导者自身的行为方式来看，领导者运用权力的方式有三种，即说服、示范和命令。从被领导者所承受的结果来看，领导方式可以分为奖赏和惩罚。在权力使用上有三种典型的使用效果，即承诺、服从和抵制。

20世纪以来，西方领导理论研究可以分为三个阶段：第一阶段是20世纪初至80年代，涌现出领导特质理论、领导行为理论和领导权变理论等经典领导理论；第二阶段是20世纪80年代以来，出现了魅力型领导、变革型领导和愿景型领导等新领导理论；第三阶段是21世纪以来，产生了现代领导理论丛林。

20世纪初至80年代，西方经典领导理论研究经历了三个发展时期：首先是领导者特质研究时期，研究重点在于认定领导者的素质或特性，从而了解究竟何种人才适合担任领导者；其次是领导行为研究时期，研究内容在于描述领导者行为或领导方式，了解作为一位领导者应该做些什么以及如何做好，包括三种极端领导风格理论、领导方式连续统一体理论、领导行为四分图理论、管理方格理论等；最后是领导权变理论研究时期，研究目的在于探究领导方式与团体组织效能的关系，包括费德勒权变理论、路径—目标理论、领导生命周期理论。

☐ 思考题

1. 什么是领导和领导者？领导者应具备哪些要素？
2. 领导的作用有哪些？
3. 什么是领导的自然属性和社会属性？领导的自然属性和社会属性是什么关系？
4. 领导和管理的区别与联系是什么？
5. 简述领导权力的来源。
6. 比较三种权力使用效果。
7. 简述传统领导特质理论和现代领导特质理论。
8. 比较三种极端领导风格的特点。
9. 简要说明管理方格理论。
10. 简述费德勒权变理论、路径—目标理论和领导生命周期理论。

☐ 实训题

实训项目：校园模拟指挥

实训目的：通过实训，培养现场指挥能力和应变能力。

实训指导：指导教师主要给予学生两个方面的指导：一是领导相关基础知识要点；二是指导学生深入学生生活或处理过较大危机的组织，获取相关资料。

实训组织：

1. 设置一定的管理情境，由学生即时进行决策或指挥。

2. 管理情境：晚上 11 时多，男生宿舍三楼的卫生间上水管突然爆裂，此时楼门和校门已经关闭，人们沉睡在梦中，只有邻近几个学生宿舍的学生惊醒。水不断地从卫生间顺着东西走廊涌出，情况非常紧急，假如你身处其中，如何利用指挥能力化险为夷。

3. 课下先进行分组讨论，然后各小组分别表述本组的应急方案，比较哪项方案最好。

实训考核：实训结束后，每位学生必须当场编撰并完成实训报告，实训指导教师给予点评。实训报告要求语言流畅、文字简练、条理清晰。实训报告构件主要包括实训报告封面（实训日期、实训人姓名、专业、班级等信息）、实训项目名称、实训目的、实训内容、实训资料（实训所依据的原始资料和使用的工具、材料等）、实训过程（实训采用的方法、步骤等）、实训结果或结论、收获与体会、实训指导教师评价意见等。

实训成绩按优秀、良好、中等、及格和不及格五级计分法评定。

❑ 案例分析

"闲可钓鱼"与"无暇吃鱼"[①]

一、"闲可钓鱼"的王业震

新港船厂是中国船舶工业总公司下属一家较大型的企业，1982 年 11 月，46 岁的高级工程师王业震出任厂长。当时，该厂有职工 6 500 人，固定资产 1.2 亿元，技术和管理借鉴日本三井造船厂、大阪造船厂等企业的经验，锐意改革。

企业内部管理体制设为两大系统：直线指挥系统和职能系统。

在日常工作中，上级不可越级指挥，但可越级调查；下级不可越级请示，但可越级投诉。明确每个人只有一个直接上级，而每个上级直接管辖的下属为 3—9 人。厂长王业震本人直接领导的只有 9 人；此外，专设 3 个"厂长信箱"，随时了解职工的意见和建议。一次，某车间工人来信反映某代理工段长不称职，王震业第二天收阅后即批转有关部门查处，经调查属实随即进行人事调整，前后仅 5 天时间。

"一个厂长不时时想到为工人服务，就没有资格当厂长。"一次，中国香港和美国的两艘货轮在渤海湾相撞，由该厂承担抢修业务。在夜以继日的抢修中，王厂长让后勤部门将馒头、香肠、鸡蛋送到现场。任务提前完成后，盈利 80 万元。王业震和厂领导班子决定破例发给参加抢修的职工加班费及误餐补助费 8 600 元。

新领导班子改革了会议制度。全厂必须召开的 15 个例会，时间、地点、出席人员都通过制度固定下来。一般会议不超过 2 个小时，每人发言不超过 15 分钟。王业震本人每周仅召集 2 次会议——厂长办公会和总调度会。

王业震基本上按时上下班，很少加班加点。每逢出差外出，他就委托一位副厂长代行职权。厂里曾经委派一位中层管理人员去日本监造主机，行前明确授权让他一并购买主机控制台用的配件。那位管理人员到日本后，却接连就价格、手续、归期等事项挂国际长途电话向厂里请示。王业震的答复是："将在外，君命有所不受。你是厂里的全权代表，可以

---

① 百度网。

做主,不用遇事请示。那里的事你相机定夺嘛。今后再挂电话来,电话费由你自己付。"

仅仅一年光景,新班子和王业震初试锋芒即见成效。1983年新港船厂造船4艘、修船137艘,工业总产值、利润和全体劳动生产率分别比上年增长25.6%、116%和20%。

二、"无暇吃鱼"的步鑫生

海盐衬衫总厂坐落在浙江海盐县武原镇,前身是成立于1956年的红星成衣社,一家仅有30多名职工的合作社性质的小厂。自1976年起,该厂由以门市加工为主的综合性服装加工转为专业生产衬衫;此后,该厂陆续开发了"双燕"牌男女衬衫、"三毛"牌儿童衬衫和"唐人"牌高级衬衫等产品。1983年,该厂已拥有固定资产净值107万元、600多名职工,当年工业总产值1028万元,实现利润52.8万元。

容易却艰辛。步鑫生为厂里大大小小的事情操心,可谓"殚精竭虑""废寝忘食",他性喜吃鱼。却忙得连吃鱼也顾不上了。有一次,食堂里没有别的菜,只有鱼。鱼颇鲜美,正合口味,可是他只吃了几口,因为太浪费时间,张口将未及咀嚼的鱼连肉带刺吐了出来,两三口饭下肚,急匆匆地走了。他每天工作十五六个小时、从不午睡;每次出差,都是利用旅途小憩,到达目的地立即投入工作。

步鑫生常对厂里的职工说:"上班要拿出打老虎的劲头。慢吞吞、磨蹭蹭,办不好工厂,干不成事业。"他主持制定的本厂劳动管理制度规定:不准迟到早退,违者重罚。有位副厂长从外地出差回来,第二天上班迟到了3分钟,也被按规定扣发了工资。以1983年计,全厂迟到者仅34人次。步鑫生本人开会,分秒必争,今天要办的事决不拖到明天。在他的带动下,全厂上下形成了雷厉风行的作风。只要厂内广播一通知开会,两分钟内,全厂30多名中层以下干部凡是在厂的全都到齐,而开会的时间一般不超过15分钟。

进入1984年,中国刮起了"西装热"的风潮。步鑫生先是不为所动,继而办起了一个领带车间,最后终于做出了兴办西装分厂的决策。在与上级主管部门来人的一次谈话中,前后不过2个小时,步生鑫就做出了这一重大决策。副厂长小沈闻讯提出异议:"不能这样匆忙决定,得搞出一个可行性研究方案。"然而,这一意见被步厂长一句"你懂什么,老三老四"否定了。一份年产8万套西装、18万美元的估算和外汇额度的申请报告送到省主管部门,在那里又扩大了倍数,8万套成了30万套、18万美元成了80万美元,层层报批、核准,6 000平方米西装制衣大楼迅速进入施工,耗资200万元。

无奈好景不长。宏观经济过热急剧降温,银根紧缩,国家开始压缩基建规模。海盐衬衫总厂的西装制衣大楼也被迫停工。与此同时,市场上一度十分抢手的西装出现了滞销迹象。步鑫生是靠衬衫起家的,年产120万件的产量和"唐人""三毛""双燕"三大品牌的衬衫令他引以为自豪;但代表本厂水平的"唐人"牌高级衬衫在全国同行业产品评比中落选了。

1985年入秋,步鑫生被选送浙江大学管理系深造。他并未因此而稍有解脱,企业严峻的经营状态令他放心不下。他频频奔波于厂校两地,在厂的日子远多于在校。半年以后,他退学回厂,决心以3年时间挽回企业的颓势。

仍然是精明强干的步鑫生,他的助手多数也很能干,只是当他从早到晚忙着处理厂里大事小事时,他的助手似乎插不上手,步鑫生备尝创业的艰辛,终因企业濒临破产而被免去厂长之职。

"我没有预感到会有这样的结局。"步鑫生这样说。他进而补充了一句:"我是全心全意扑在事业上的。"副厂长小刘也不讳言:"到现在为止,我敢说步鑫生仍是厂里工作热情最高的人。"

讨论题

1. 王业震与步鑫生的领导方式与管理措施有何不同?
2. 致使步鑫生的时间被无效利用的主要原因有哪些?

第十二章 激 励

【内容提要】

激励是领导工作的重要职能,组织中的员工各具特点,他们的需要也多种多样,面对多样化的员工,如何对他们进行有效的激励,是管理艺术性的体现。自从行为科学诞生后,管理学家在人的心理与行为关系方面进行了大量的研究,取得了丰富的研究成果,形成了各种激励理论。首先,本章介绍激励的一般原理,重点阐述人的行为模式和激励与人性假设;其次,介绍几种重要的激励理论,包括内容激励理论和过程激励理论;最后,探讨管理实践中的激励问题。

【学习目标】

1. 掌握激励的概念,了解人的行为模式,理解激励与人性假设。
2. 熟练掌握和运用内容激励理论、过程激励理论。
3. 掌握目标激励、工作激励、参与和授权激励、薪酬激励、员工持股计划与股票期权、组织文化激励的原理与方法。

引例

渔夫·蛇·青蛙

一个周末,渔夫的目光越过船舷看到一条蛇咬着一只青蛙。渔夫很为青蛙难过,他就靠近蛇,轻轻地将青蛙从蛇的口中拽了下来,把青蛙给救了。但他又为这条饥饿的蛇难过,没有食物,他就取出一瓶威士忌,向蛇嘴里倒了几滴。蛇愉快地游走了,青蛙也显得很幸福。渔夫为自己做了这样的好事而高兴,一切都是那么美好!可几分钟后,他听见有东西正撞击他的船舷,低头一看,简直不敢相信:那条蛇又游回来了,嘴里还咬着两只青蛙。

思考:谈谈渔夫的本意,渔夫对蛇的激励和蛇对激励的反应。

渔夫得到了自己所希望和祈求的结果了吗?

赵女士为何不满？

赵女士是东南大学会计学学士，在接受了许多公司的面试后，她选择了著名的会计公司的一个职位，并被派到南京办事处。赵女士对所得到的一切很满意，名声显赫的大公司中一份有挑战性的工作，获得经验的良好机会，3 800元月薪。但她认为自己是班上最出色的学生，获得良好的报酬是预料之中的。一年之后，工作仍然像她希望的那样具有挑战性，上级对她的工作很满意，刚刚得到了600元的加薪。

但是赵女士最近几周的工作积极性急速下降，原因是办事处刚刚雇用了南京审计大学的一名毕业生，与赵女士相比，此人缺少实践经验，工资却是每月4 500元，比赵女士还多100元。除了愤怒，用其他任何语言都无法描述她现在的心情，她甚至不想干了，威胁要另找一份工作。

思考：赵女士的工作积极性为何会下降？

人是组织中最重要也是最活跃的因素，组织目标的实现必须依靠人来完成。激励组织中的员工为实现组织目标而努力工作是领导职能的重要内容。有效的管理者能够使员工尽最大的努力去工作，他们知道怎样激励和为什么要激励这些员工，因而选取了适当的激励手段来满足员工的需要和愿望。激励和回报员工是管理者最重要、最具挑战性的一项实践。为了使员工尽最大的努力工作，管理者需要知道：员工是怎样受到激励的，为什么会受到激励。本章探讨与激励相关的动机和努力背后的理论，以及领导者通过强化和奖励的手段加强激励的方式。

第一节　激励原理

一、激励的概念与对象

激励（motivation）本来是心理学的概念，从词义上看，激励是指"激起动机""行动的诱因""激发鼓励"之意。

所谓激励，是指采取各种有效的方法激发人的内在需要或动机，从而引导、强化或改变人的行为，使之朝着组织或领导者所期望的目标前进的过程。简言之，激励就是激发人的需求、引导人的行为、调动人的积极性的过程。

这一定义包含以下内容：

（1）激励的对象是组织中的成员；

（2）激励是针对人的动机而进行的工作，出发点是满足组织成员的需求和愿望；

（3）激励的手段包括采取各种有效的方法（如赞赏、表扬、荣誉、晋升、薪酬、"胡萝卜加大棒"等），激励的作用是激发人的动机，调动组织成员的积极性，增强组织的凝聚力；

（4）激励是一种过程，信息沟通贯穿于激励工作的始终，激励制度的设计和实施需要组织成员的参与及信息交流；

（5）激励的目的是满足组织成员个体某些需要的同时，最终实现组织预期的目标，即达到个人目标与组织目标在客观上的统一。

二、人的行为模式

从激励的概念可知,激励的对象是人,是针对人的行为动机而进行的工作。管理者要影响人的行为,就必须对人的基本行为模式有所了解。

从心理学角度分析,人的行为是由动机支配的,动机是由需求引起的,动机引起行为、维持行为并指引行动去满足某种需求,是驱使人产生某种行为的内在力量。

需求是指人们对某种目标的渴求,即客观的刺激作用于人的大脑所引起的个体缺乏某种东西的状态。这里所说的客观刺激包括身体内部的刺激(如饥饿),也包括身体外部的刺激(如食物的香味、电视广告等)。个人缺乏的某种东西可能是维持个体生理作用的物质因素(如水、食物等),也可能是社会环境中的心理因素(如爱情、友谊、尊重、声誉等)。当个人非常想得到这些东西但不能得到满足时,其生理或心理就会失去平衡,出现紧张和不安的状态,感到不舒服,就会寻求满足需求的办法。因此,这种紧张与不安就成为一种内在的驱动力,促使个体采取某种行动。未满足的需求是形成人的行为动机的根本原因,一个人的行为总是直接或间接、自觉或不自觉地为了满足某种需求。当然,一个人可能同时存在多种需求,不同时期的需求也会不同,人的行为产生和变化随着需求的变化而变化,只有当人的欲望达到一定的强度时,动机才会形成。人的动机是个体与环境相互作用的结果,因时、因地、因情及因个人身心状况的不同而表现出不同的反应。从动机到行为和结果应具备两个前提条件:一是客观的刺激;二是人的内在需求和愿望。人的行为模式如图 12-1 所示。

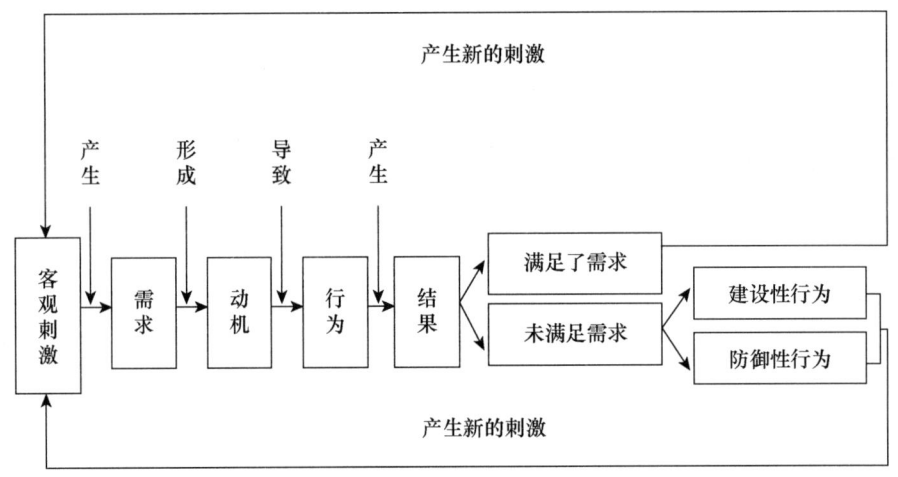

图 12-1 人的行为模式

从图 12-1 可以看出,客观刺激诱发人的需求,需求激发人的动机——引起满足需求的欲望,这种欲望会使人产生有目的的行为,而人的行为导致结果(需求满足的状态)。行为的结果可能有两种情况:第一,满足了需求,实现了目的,但在新的刺激下,又会产生新的需求;第二,未满足需求,受到了挫折。这时可能产生两种行为:一是采取建设性行为,以继续实现目的;二是采取防御性行为,放弃原有目的。

这一模式表明,在人力资源管理中,如果管理者能够通过一定的方式诱发员工的需求,并使他们看到满足需求的可能性,那么就可以激励员工的行为,调动其工作的积极性和主动性。激励就是一种使员工产生行为动机的过程。一方面,激励可以使员工产生有目的的行为,实现组织的目标;另一方面,激励又可以减少防御性行为,增加建设性行为。

美国哈佛大学的威廉·詹姆斯(William James)通过行为科学实验得出结论:当人们未受到任何激励时,其潜力仅能发挥20%—30%;当人们受到恰当的激励时,其潜力发挥水平会上升到80%—90%。因此,可组织中激励的最主要作用在于调动员工的积极性,使工作更有效率。

三、激励产生的原因

如何对组织中的员工进行激励?这应该建立在对人的心理运动规律的认识的基础上。人不是孤立存在的,其生活在特定的自然环境和社会环境(政治、经济和文化等)中,外界环境对人的影响是客观存在的。因此,激励产生的原因可分为内因和外因。内因是由人的认知知识构成的,外因则是人所处的环境,人的行为可看成人自身特点及其所处环境的函数。[①]

$$B = F[E \cdot P]$$

式中,B 代表人的行为,E 代表环境,P 代表人的个性。[②] 显然,激励的有效性在于对内因和外因的深刻理解,并使两者达成一致。

对应于激励产生的内因和外因,激励可以分为内在激励和外在激励。内在激励(intrinsic reward)是指人在完成某种特定行为的过程中所获得的满足感。例如,员工完成了工作中一项艰巨和复杂的任务或解决了工作中的一项难题,这可以使其体验到一种愉悦的成就感。外在激励(extrinsic reward)是由他人(组织中的管理者或领导者)给予的激励,包括提升和加薪。外在激励来自外部,是取悦他人的结果。内在激励和外在激励对不同员工或即使对同一位员工、但在不同的时间阶段可能会产生不同的影响。虽然外在激励也很重要,但是优秀的管理者努力帮助人们实现内在激励。现在,管理者发现,仅仅通过金钱和福利待遇甚至包括表演和荣誉这些手段,已经很难激励那些最有才干的创新型员工;相反,他们追求的是来自工作的满足感。[③]

激励的重要性表现在:它能够激发员工的工作积极性,导致高绩效水平的行为。研究发现,高水平的员工激励能够给组织带来优良的绩效和高额的利润。因此,对激励的研究可以帮助管理者理解:什么因素促使员工主动采取行动?影响选择的因素有哪些?员工为什么持续坚持采取某种行动?为了引导员工的行为达到激励的目的,管理者既可以在了解员工需求的基础上,创造条件满足他们的需求;也可以采取措施,改变员工个人的行动的环境,保证员工在各种组织环境中都能够愉快地工作,并保持较高的劳动生产效率。

[①] 周三多,陈传明. 管理学(第3版)[M]. 北京:高等教育出版社,2010.
[②] 葛红光,刘晓鹰. 管理学[M]. 长春:东北师范大学出版社,2011.
[③] 〔美〕理查德·L.达夫特,多萝西·马西克. 管理学原理(第5版)[M]. 高增安等译. 北京:机械工业出版社,2009.

四、激励与人性假设

激励是针对人而言的,管理者要有效地进行激励,就必须对人的本质有所认识。马克思说:"人的本质不是单个人所固有的抽象物,在现实性上,它是一切社会关系的总和"。① 因此,对人的认识应该是对人本身特性和人们所处的环境特性的综合认识,这些认识便构成了所谓人性假设。

人性假设是管理活动的基础,更是开展每项管理活动的核心和灵魂。每一位管理者在进行一项管理活动之前都必须进行合理的人性假设。正如美国学者道格拉斯·麦格雷戈(Douglas McGregor)所指出的,在每一个管理决策或每一项管理措施的背后,都必有某些关于人性本质及人性行为的假设。

在如何看待人性的问题上,近代西方学者从不同的视角提出了多种人性假设理论,并构建了相应的管理模式,其中最主要并对管理学产生了重大影响的有经济人假设、社会人假设、自我实现人假设和复杂人假设等。在这四种人性假设理论的演变过程中,每一阶段的人性假设各有特色并与当时的社会经济发展阶段及管理思想相符合,因此具有一定的时代特点。

管理者根据不同人员的人性提出不同的人性假设。只有这样,在管理活动的实践中,从不同的人性假设出发才能得到不同的管理理念,不同的管理方法才能取得不一样的实践成效。

1. 经济人假设

经济人(economic man)又称理性—经济人(rational-economic man),其理论来源是英国古典经济学家亚当·斯密的劳动交换理论,是西方经济学研究最基本的前提假设。古典管理学家弗雷德里克·W.泰勒将该理论假设运用到管理学领域中,认为人都是经济人。

美国工业心理学家道格拉斯·麦格雷戈(Douglas McGregor)在其著作《企业的人性面》中提出了两种对立的人性假设,即 X 理论与 Y 理论。X 理论就是对经济人假设的概括,其基本观点如下:

(1) 多数人天性是好逸恶劳的,他们总是想方设法逃避工作;

(2) 多数人没有雄心大志,不愿负任何责任,而宁愿被别人指挥,对安全的需求高于一切;

(3) 多数人的个人目标是与组织目标相矛盾的,必须用强迫、控制和惩罚的方法,才能迫使他们为组织目标而工作;

(4) 人是非理性的,本质上不能自律,易受他人的影响;

(5) 一般人是为了满足自己的生理需求和安全需求而参加工作的,只有金钱和其他物质利益才能激励他们去努力工作。

经济人假设对人性认识最基本的观点在于:人是经济诱因引发工作动机的,人努力

---

① 马克思恩格斯选集(第 2 版第 1 卷). 北京:人民出版社,1995.

工作的目的在于获得最大的经济利益。因此,在经济人假设下,管理方式的基本特点如下:

(1) 以利润为出发点考虑对人、财、物等诸要素的运用;

(2) 对员工的工作进行高指导、强控制并纠正其不适当的行为,使之符合组织的需要;

(3) 视人为物,并以管理物的方式管理人;

(4) 将金钱或物质激励作为激发员工积极性的主要手段,不考虑人的自身特点和精神需求;

(5) 通过严格的管理制度、领导者的权威及严密的监督来控制员工的行为,保证组织目标的实现。

综合上述分析,建立在经济人假设基础上的管理理论是古典管理理论,基于这种假设的管理可以归结为"胡萝卜+大棒"方式。

经济人假设理论所阐述的上述观点,主要是工作动机的经济诱因及相应的管理职能。与以往的经验管理相比,在劳动和工作仍是人们主要谋生手段以及社会化大生产的历史条件下,利用人的这一基本动机来刺激、引导和管理员工的行为,提高组织的劳动生产率,无疑有其合理的一面,具有一定的进步意义。然而,经济人假设一味强调人的基本动机和行为,忽视或无视人们在物质和经济需求之外的需求与动机,必然导致管理实践对人的地位和作用的贬低及忽视,容易造成管理对象的消极和反感的抵触心理;也必然将管理者和被管理者置于对立的两极,造成两者关系的紧张态势。当然,由于每个个体特性的差异性和人的需求的多元性,不排除经济人假设对部分个体的适用性。

2. 社会人假设

20世纪初美国哈佛大学教授梅奥(Elton Mayo)等人通过著名的霍桑实验,提出了社会人(social man)假设理论学说。该实验最大的贡献在于:它使人注意到社会性需求的满足往往比经济报酬更能激励人。社会人假设的基本观点如下:

(1) 人是由社会需求引起工作动机的,并且通过与同事的关系而获得认同感。员工的行为并不只是单纯追求金钱的动机,还有社会和心理等方面的需求——追求人与人之间的友情、安全感、归属感和受人尊敬等,且后者更为重要。因此,管理者必须从社会、心理方面鼓励员工提高劳动生产率。

(2) 工业革命与工业合理化的结果,使工作本身失去了意义,因此只能从工作中的社会关系去寻求意义。员工对管理所做出的反应程度取决于管理者为员工所接受的程度。

(3) 员工对同事的社会影响力,要比对管理者所给予的经济诱因及控制更为重视。

(4) 员工的满意度是决定劳动生产率诸多因素中的首要因素。高的满意度来自员工个人需求的有效满足程度,不仅包括物质需求,还包括精神需求。员工的工作效率随着上司满足其社会需求的程度而改变,领导能力在于提高工人的满意度。

社会人人性假设,标志着西方管理理论由经济人假设过渡到一个新的发展阶段,使科学管理从以物为中心转变到以人为中心的阶段。它告诉人们,管理者在从事一项管理活动时:首先要关心人本身,满足员工的社会需求,不能只是一味地强调物质经济利益的激励,应该更注重社会关系的满足状况;不仅要关心工作的效率,更要关心员工的心理情感;不应只重视对员工的指挥和监督,更应重视员工之间的关系;除了对员工个人的奖励,还应当重视对集体的奖励。

但是,社会人假设过分强调人的社会需求对管理的作用,过分注重人际关系、非正式群体和管理行为在提高工作效率上的作用,却在一定程度上忽视了人的行为的经济动因,显然具有一定的局限性。

3. 自我实现人假设

自我实现人(self-actualizing man)是20世纪40年代,美国心理学家马斯洛(A. H. Maslow)在社会人假设的基础上,研究人类需求的特点时提出的。自我实现是指"人都需要发挥自己的潜力、表现自己的才能,只有人的潜力充分发挥出来,人的才能才能充分表现出来,人才会感到最大的满足"。这就是说,人除了上述的社会需求,还有一种充分利用自己的各种能力、发挥自己潜力的欲望。

麦格雷戈总结归纳了马斯洛与其他类似的观点,相对于X理论,提出了Y理论,即自我实现人假设理论。这种假设建立在:一般人是勤奋的;控制和惩罚不是实现组织目标的唯一手段,人在执行任务中能够自我指导和自我控制;在适当的条件下,一般人不仅会接受某种职责,还会主动寻求职责;在解决问题时,多数人能发挥高度的想象力、聪明才智和创造性等。

自我实现人假设的基本观点如下:

(1) 人所产生的动机归根结底是人们多种动机组成的一个层次组合,根据马斯洛的"金字塔"式需求层次理论,自我实现层次的需求是最高层次的,是指人们在自我能力最大的范围里,最大限度地满足自身的一种需求。当基本需求得到满足时,人们往往会追求更高层次的需求并期望得到满足,这时他们便会转移精力到更高层次的需求上。

(2) 人的行为主要是由自身激励和控制的,倘若由他人或外界来刺激和控制就会成为一种威胁,久而久之便会将人变成不成熟的个体。

(3) 人的自我实现与组织的业绩并不矛盾,处理恰当,自我实现和组织目标可以很好地结合。因此,管理就是要给被管理者创造一个能发挥其才能的工作环境,以工作本身的挑战性的激发被管理者的潜力,使人们在完成组织目标的同时也能实现自己的目标。

自我实现人假设继承了社会人假设的心理需求,并在此基础上进一步发挥,得到了更好的发展,它所引发的一系列管理措施及思想政策对西方的管理思想产生了一定的引导作用。一方面,在一切可能的情况下,尊重人的自我发展,强调人的主动精神,鼓励员工参与组织决策与组织发展规划,并在工作过程中对员工进行最大限度的授权,为执行者(被管理者)创造了许多合适的工作条件;另一方面,注重对人的内在激励和促进员工自我实现,力图建立一种使人的潜能得到充分发挥的人伦关系,而这种人伦关系又是建立在人对人的充分信任的基础上的。这种人性假设对于组织功能的充分发挥无疑具有重要的意义,较好地弥补了社会人假设的不足。但是,这种理论对人性的设定抛开了个人的社会性本质和人的个体特性的差异性,以抽象的、理想化的、脱离社会的人性设定代替现实世界里"现实的个人",忽视了个人自我实现所形成的社会制约性,忽视对经济利益的关注和经济动机的激励,显然仍存在一定的局限性。

4. 复杂人假设

复杂人（complicated man）假设是20世纪60年代末埃德加·沙因（Edgar H. Schein）等人提出的一种体现权变思想的人性假设理论。这种假设发展了自我实现人假设中人的需求，主张人是复杂的，人性特征因人而异，而且同一个人在不同的年龄、地点、时期会有不同的表现；人的需求随着各种变化而改变，人与人的关系也会改变；强调个体需求的动态性和多变性，并将人的需求看作一个历史的发展过程。西方管理学家在复杂人假设前提下提出了超Y理论与权变理论。

（1）超Y理论认为：① 现实组织中人的需求是多种多样的，而且这些需求会随着人的发展和生活条件的变化而改变；每个人的需求各不相同，需求的层次也因人而异。② 人在同一时期内会有各种需求和动机，它们相互作用并整合为统一的整体，形成复杂的动机模式。③ 由于组织中的工作和生活条件的变化，人会产生新的需求和动机。④ 人在不同单位或同一单位的不同部门工作时，会产生不同的需求。⑤ 由于人的需求不同、能力各异，对不同的管理方式会有不同的反应。因此，没有一套适合于任何组织、任何时间、任何个人的统一且行之有效的管理方法。

（2）权变理论（contingency theory）是20世纪60年代末70年代初在经验主义学派基础上进一步发展起来的，权变是指"随具体情境而变"或"依具体情境而定"。权变理论主张管理者在管理中采取的激励措施和管理策略应因人而异、因时而异、因事而异、随机应变，因环境的不同而有所区别，不能千篇一律。

复杂人假设所提出的因人、因事、因时和因环境而异的权变管理思想，在一定程度上弥补了之前三种人性假设的不足，充分考虑了人性在不同层次和不同情境下的需求，体现出管理与伦理的相互渗透与结合，是较为客观、全面的一种人性假设理论。这种不再以单一假设分析人的行为的管理假设，使得人性的复杂性得到充分的展现，管理理论进入了一个新的阶段。这一阶段的管理模式将人的种种因素合理地考虑进来，实现了管理史上的主客观统一。但是，这种人性假设理论仍然存在一定的局限性：内容显得过于空泛，无法把握具体的人性；重视表象、重视人与人之间的差异，但忽略了人类不同于一般动物的最根本属性；没有将人的个性真正地体现在管理活动中，人的价值观并没有得到充分的展现等。

总之，上述四种人性假设的演变体现出西方学者对人的需求和动机的认识的不断深化，即人的需求和动机从单一化向多元化、从简单向复杂、从静态向动态发展，凸显了人性假设的结构化趋势。所谓结构化，就是不再用单一假设分析人的行为、探求人的行为的结构化影响因素。随着生产力不断发展，人是目的和观念会越来越多地影响管理活动，个体的目标和需求也会受到更多的重视。

第二节　激励理论

自行为科学诞生以后，人们在运用心理学和社会学知识探讨如何激发人的动机、满足人的需求、调动人的积极性方面，做了大量的工作，提出了许多激励理论。激励理论是关于如何满足人的各种需求、调动人的积极性的原则和方法的概括总结。

激励理论根据研究要素的不同分为内容激励理论、过程激励理论等。内容激励理论主要研究激发动机的诱因,关注构成过程起点的人的需求;过程激励理论主要研究从动机的产生到采取行动的心理过程,着重于需求导致行为的过程本身。

一、内容激励理论

内容激励理论主要包括马斯洛的需求层次理论、赫茨伯格的双因素理论、奥尔德弗的 ERG 理论和麦克莱兰的成就需要激励理论等。

1. 马斯洛的需求层次理论

对于人的需求种类及其一般规律,许多人做过研究,影响最大的是美国心理学家亚伯拉罕·马斯洛在 1943 年出版的《人类动机论》一书中提出的需求层次理论,因而也称为马斯洛需求层次理论。

该理论认为,人会受到多种需求的激励,这些需求由低到高可大致分为五大类(见图 12-2):生理需求、安全需求、社交需求、尊重需求和自我实现需求。

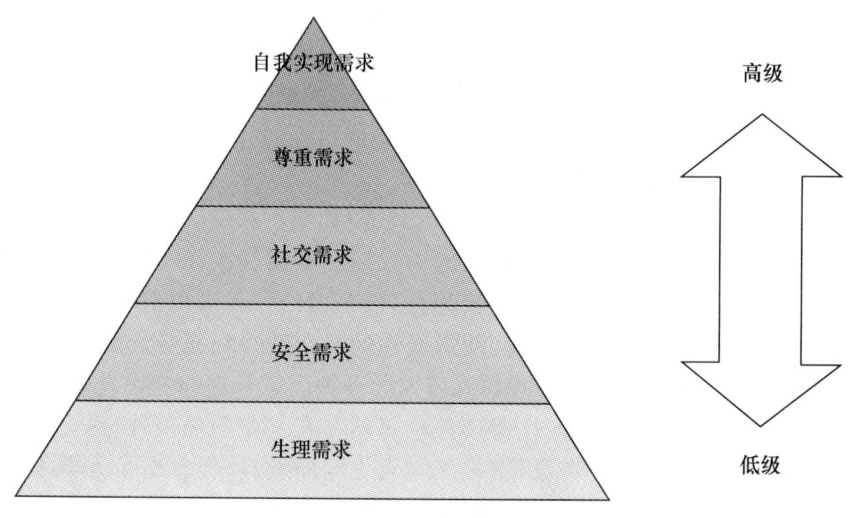

图 12-2 马斯洛的需求层次理论

(1) 生理需求(physiological needs),这是人们最基本的需求,如衣、食、住、行、性等。在经济欠发达的社会,人们必须首先研究并满足这方面的需求。

(2) 安全需求(safety needs),保护自己免受身体和情感伤害方面的需求。在组织环境中,安全需求体现为人们对人身安全、工作安全、经济保障等方面的需求。

(3) 社交需求(social needs),是指人们对情感与社会交流的需求,反映了人们渴望被他人或团体接纳的心理需求,如爱情、归属、接纳和友谊等。

(4) 尊重需求(esteem needs),是指希望获得他人关注、认可、欣赏和重视。它又可分为内部尊重和外部尊重,内部尊重因素包括自尊、自主及成就感等,外部尊重因素包括地位、认可和关注等。

(5) 自我实现需求(self-actualization needs),是指人们渴望成长、发展、实现理想和愿望的需求,这是人们最高层次的需求。

马斯洛强调,当一种需求得到满足之后,另一种较高层次的需求就会占据主导地位,个体需求是从低到高一层一层地逐渐上升,具有"满足—上升"的特点。马斯洛认为人的需求是有层次性的,并把五种需求区分为较低层次和较高层次。生理需求和安全需求属于较低的层次,而归属需求、尊重需求和自我实现需求则属于较高的层次。

该理论还指出,一旦某种需求得到较大的满足之后,如果继续满足这种需求,个体就不会受到激励了即已经满足的需求不再起激励作用。人的需求虽然是多种多样的,但特定的人在特定的时期,总有一种或一些相对特别需求而又尚未得到满足的需求,这就是所谓的主导需求(也称优势需求、当前需求等)。主导需求是人们动机和行为的主要根源,能够影响人的行为,因而也最具激励作用。

不同的人或同一个人在不同的时期或场合,具有不同的需求,包括不同的需求种类、不同的主导需求、不同的需求层次及不同的需求结构等。

人的需求的特点对管理者的启示:认真研究、把握、激发和引导激励对象的需求是激励的前提性工作;必须理解人的需求已经满足到哪个层次,从而重点考虑满足该层次及以上层次的需求;把握激励对象的主导需求是有效激励的关键;注意激励形式的多样性、灵活性与动态性。

马斯洛的需求层次理论得到了普遍的认可,尤其是实践中的管理者,其流行可能归功于该理论具有内在的逻辑性和易于理解。但是,马斯洛的需求层次理论缺乏实证基础,也没有注意到人类需求层次的高低具有相对性。总体上,尽管高层次需求的满足滞后于低层次需求的满足,但这只是一种相对的过程。实际上,人类需求具有多样性、层次性、潜在性和可变性等特征。也就是说,一个人在不同时期可能有多种不同的需求,即使在同一时期也可能存在多种程度不同、作用不同的需求;需求的层次应该由其迫切性决定,而不是绝对地由低到高的排列。因此,只有在认识需求类型及其特征的基础上,管理者才能根据不同员工的不同需求进行相应的有效激励。

2. 奥尔德弗的 ERG 理论

耶鲁大学的克莱顿·奥尔德弗(Clayton Alderfer)对马斯洛的需求层次理论进行了修改和简化,提出了人的需求的 ERG 理论,将人的需求归结为以下三种类型:

(1) 生存需求(existence needs),与人们基本的物质生存需求有关,包括马斯洛提出的生理需求和安全需求;

(2) 关系需求(relatedness needs),指人们对于保持重要的人际关系的需求,与马斯洛的社交需求和尊重需求的外在部分是对应的;

(3) 成长需求(growth needs),也称成长发展需求,指个人谋求发展和成就的内在需求,包括马斯洛的尊重需求的内在部分和自我实现需求所包含的内容。

奥尔德弗的 ERG 理论与马斯洛的需求层次理论很相似:两者都认为人的需求不仅是多样的,更是有层次的,并随着层级结构逐级上升,表现出"满足—上升"的规律。不同的是,奥尔德弗的 ERG 理论将人的需求层次减少为三层。ERG 理论指出需求沿层级结构上升的过程是十分复杂的,并表现出"挫折—倒退"原则,即当较高层次的需求未被满足时,那么满足低层次的愿望会更加强烈,即便低层次的需求已经得到满足。例如,一名未能实现个人发展需求的员工可能会重新回到低层次的需求上,并将精力集中在追逐更多的金钱方面。ERG理论与马斯洛的需求层次理论的本质差异并不是以三个需求代替五个需求,而是ERG理论证实不同类型的需求可以同时起作用。马斯洛认为自我实现需求只有在其他需求都得到满足之后才显出重要性,奥尔德弗则认为人的生存需求和发展需求可以同时被激励并得到发展。

显然,奥尔德弗的ERG理论较马斯洛的需求层次理论得到更多的科学支持,更切合人们生活的实际,从而更具灵活性。

3. 赫茨伯格的双因素理论

双因素理论(two-factor theory)也称保健—激励理论,是美国心理学家弗雷德里克·赫茨伯格(Frederick Herzberg)及其助手于20世纪50年代后期提出的。他们进行了一项研究,在匹兹堡地区的11个工商业机构中,向2 000多名工程师和会计师进行了一项调查,请他们列举在工作中哪些是使他们愉快的项目、哪些是使他们不愉快的项目。综合分析调查结果后,赫茨伯格发现:引起人们不满意的因素往往是工作中的一些外在因素,大多与工作条件和环境有关;能给人们带来满意的因素,通常是工作内在的,是由工作本身所决定的。

赫茨伯格指出,影响人们行为的因素主要有两类:保健因素和激励因素。保健因素是指那些与人们的不满情绪有关的因素,如工作环境、薪资、公司政策、管理和监督、人际关系等。保健因素处理得不好,会引发员工对工作的不满情绪;处理得好,可以预防或消除这种不满。但这类因素并不能对员工起激励作用,只能起到保持员工的积极性、维持工作现状的作用,所以保健因素又称维持因素。

激励因素是指那些与人们的满意情绪有关的因素,影响员工对工作的满意度,是高层次的需求,包括工作本身、成就、责任、赏识、晋升、成长等。赫茨伯格认为,当缺乏激励因素时,员工对工作持无所谓的态度;一旦具备了激励因素,员工则会感到强大的激励力量并产生对工作的满意感。这两类因素与员工对工作的满意度的关系如图12-3所示。

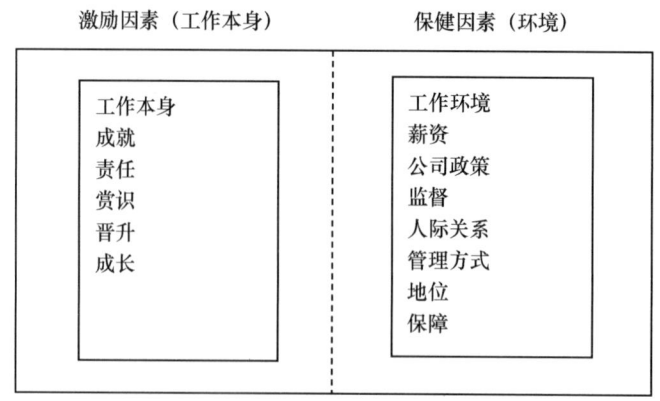

图12-3 赫茨伯格的双因素理论

这个理论对管理的启示在于,管理者或领导者在激励下属的过程中,必须认识到保健因素不可缺少,以免引起员工对工作不满。要想真正激励员工努力工作,就必须重视激励因素,只有这些因素才会提升员工的工作满意感。

双因素理论与马斯洛的需求层次理论存在一定的对应关系。保健因素对应于需求层次中的低层次需求,而激励因素则可对应于需求层次理论中的高层次需求。双因素理论提出后,有人表示质疑,认为人是复杂的,若调查仅仅以满意或不满意作为指标,没有进一步证实满意感与生产率之间的关系,则这种调查结果的可信度是值得怀疑的。[①]

4. 麦克莱兰的成就需求理论

在马斯洛等人研究的基础上,美国心理学家戴维·麦克莱兰(David McClelland)等人着重研究了人类三种较高层次的需求——成就需求、归属需求和权力需求,被称为成就需求理论或三种需求理论。

(1) 成就需求(need for achievement),是指人们挑战困难、追求卓越、争取成功的欲望和需求,类似于马斯洛所说的自我实现需求和奥尔德弗所说的成长需求。

(2) 归属需求(need for affiliation),是指建立友好和亲密的人际关系的渴望,类似于马斯洛所说的社交需求和奥尔德弗所说的关系需求。

(3) 权力需求(need for power),是指人们影响和控制他人或对他人行使权力的欲望。

麦克莱兰认为,上述需求并不是与生俱来的,而是人们后天习得的,即个人的生活经历特别是早期的生活经历,决定了人们是否产生这些需求。例如,如果一个人在孩提时代就被鼓励自己动手做力所能及的事情,那他就会习得成就需求;倘若他建立和谐人际关系的努力得到强化,则会发展归属需求;假使他自小就从控制他人的体验中获得满足感,就会习得权力需求。

在二十多年的时间里,麦克莱兰研究了人类的需求及其对管理的意义。那些成就需求水平较高的人往往是企业家,渴望超越竞争对手且不惧怕冒高风险。有强烈归属需求的人大多是交际家或社会活动家,是成功的人际关系协调者,对组织内部或组织之间和谐关系的建立往往起着重大的作用。而权力欲强的人总是与组织中的高位联系在一起,因为权力需求的满足只有通过爬到高位、得到支配他人的权力才能实现。

该理论还告诉我们,驱动人们努力工作的因素不是只有通常人们所认为的"钱"和"权",除了这两个方面,成就、归属的需求也是驱动人们努力工作的重要因素。

总之,内容激励理论强调人的潜在需求,并识别出那些对人的行为有激励作用的特定需求。需求层次理论、ERG理论、双因素理论和成就需求理论都能帮助管理者了解对人的行为有激励作用的因素。据此,管理者的工作设计就可以围绕发现、激发及满足员工的相关需求展开,进而引发员工适当的、能够导致最终成功的工作行为。

二、过程激励理论

过程激励理论主要包括公平理论、期望理论和强化理论。

1. 公平理论

公平理论(Equity Theory)是美国心理学家斯达西·亚当斯(J. S. Adams)在1965

[①] 杨文士等. 管理学(第3版)[M]. 北京:中国人民大学出版社,2009.

年出版的《社会交换中的不公平》一书中提出的激励理论,也称社会比较理论。这种理论侧重研究报酬分配的合理性、公平性及其对员工工作积极性的影响。

公平理论认为,人是社会人,员工的工作动机不仅受到所得的绝对报酬的影响,还受到相对报酬的影响。也就是说,员工不但关心自己所得报酬的绝对值(实际收入),而且关心自己收入的相对值(自己收入与他人收入的比值)。一般情况下,员工会以同事、同行、亲友、邻居或自己以前的情况作为参考依据,评价自己是否得到了公平的待遇。员工会把自己所得报酬与付出劳动的比率同其他人的比率进行横向比较,也会把自己现在的投入报酬比率同过去的状况进行纵向比较,并且根据比较的结果决定今后的行动。

当员工发现自己的投入报酬比率与他人的投入报酬比率相等,或者现在的投入报酬比率与过去的投入报酬比率相等时,便认为是应该的、正常的,因而会心情舒畅并努力工作。但当他发现不相等时,内心就会感到紧张不安,产生不公平感和不满情绪。

当员工觉得自己受到了不公平对待时,为了消除由此产生的紧张不安和不满情绪,他们往往会采取以下种种办法:

(1) 改变自己的付出或所得。例如,以减业绩、罢工、旷工等相威胁,要求增加工资报酬;或者以怠工、推卸工作等减少劳动投入。

(2) 改变他人的付出或所得。例如,降低他人的收入,"自己拿不到,干脆谁也甭拿";或者增加他人的支出,"谁拿得多,谁去干",由此消除认知失调。

(3) 曲解自己或他人的付出或所得,选择其他的参照对象,以寻求自我安慰。

(4) 在无法改变不公平现象时,员工可能采取发牢骚、制造人际矛盾、放弃工作、跳槽等行为。员工采取的上述种种行为,对组织生产率、产品或服务的质量、缺勤率、离职率等均有一定的影响。

公平理论提出的基本观点是客观存在的,但公平本身是一个复杂的问题,因为它与员工个人的主观判断、与组织绩效的评定及其评定人员有关。当然,公平不是绝对的,不同的人对公平的敏感程度也不同。

公平理论对组织中的管理者来说,应该注意员工实际工作绩效与报酬之间的合理性,重点关注员工有关公平与不公平的社会比较过程,从而不断地改变激励模式并保证其有效性。首先,应公平地对待每一位员工;其次,制定一套科学合理的工资薪酬分配制度,让员工积极参与,体现分配的公平性、合理性;最后,对感觉不公平的员工进行心理疏导。由于人们总是倾向于过高估计自我的付出,而过低估计自己所得的报酬,对他人的估计则刚好相反,所以应对这些员工进行心理疏导。

2. 期望理论

组织中经常会出现这样一种情况,即面对同一需求及满足同一种需求的活动。为什么不同的组织成员会有不同的反映?有些人情绪高昂,有些人却无动于衷呢?这些问题是激励需求难以回答的,美国心理学家维克托·弗鲁姆(V. H. Vroom)在20世纪60年代中期提出的期望理论(Expectancy Theory)给出了自己的解释。

期望理论的基本观点是:只有当人们预期到某一行为能够给他们带来有吸引力的结果时,他们才会采取特定的行动。根据该理论的研究,员工对待工作的态度依赖于对三种关系的判断。

(1) 努力—绩效期望值,指员工感觉到通过一定程度的努力达到工作绩效的可能性(概率大小)。

(2) 绩效—奖赏回报期望值,指员工对于达到一定工作绩效后即可获得理想的奖赏回报的信任程度。

(3) 奖赏—个人目标的关系(奖赏回报对员工的吸引力),指员工对工作可能获得的潜在奖赏回报对个体的重要性程度的评估,评估结果取决于个体的目标和需求。

该理论认为,员工在一项工作中受到的激励程度(激励力 M),取决于经努力后取得成果的价值(效价 V)与他对实现目标的可能性的估计(期望值或期望率 E)的乘积,公式为:

$$M = V \times E$$

从公式中可以看出,如果员工对达到某一目标漠不关心时,效价为零。而当员工宁可不要达到这一目标时,那就是负的效价,结果当然是毫无动力。如果员工越是认为一项工作及其结果能够给自己带来满足度,其效价就越高。如果员工越是认为自己能够顺利完成某项工作,其期望值也就越高。较高的激励力是效价和期望值共同作用的结果。在高激励的条件下,员工会很有信心地努力工作。

期望理论关注的不是员工需求的类型,而是员工用来获取报酬的思维方式。该理论的基础是自我利益,假设每一位员工都在寻求最大的自我满足。期望理论的核心是双向期望,即管理者期望员工的行为,而员工期望组织(管理者)的奖赏回报。期望激励的前提是管理者应该知道什么对员工最具吸引力。

期望理论对管理者的启示是:管理者的责任是帮助员工满足需求,同时实现组织目标。管理者必须发现员工在技能和能力方面与工作要求的对称性。为了提高激励程度,管理者应该了解员工个体的需求,详细说明组织所能提供的奖赏和回报,并确保每一位员工都具有实现预期成果所需的能力和支持。

3. 强化理论

强化理论主张对激励进行针对性的刺激,只看员工的行为及其结果之间的关系,而非突出激励的内容和过程。强化理论(Reinforement Theory)是美国心理学和行为学家斯金纳(B. F. Skinner)首先提出的,又称行为修正理论。

强化理论认为,人的行为是其所获刺激的函数。如果刺激对他有利,则这种行为就会重复出现;如果刺激对他不利,则这种行为就会减弱,直至消逝。因此,管理者应采取各种强化方式,营造一种有利于组织目标实现的环境和氛围,使员工的行为符合组织目标。具体来说,可以采取正强化、负强化、惩罚和忽视这四种方式修正人们的行为。

(1) 正强化,是指奖励那些符合组织目标的行为,以便使这些行为得到进一步强化,从而有利于组织目标的实现。正强化的手段包括运用工资、奖金、晋升、表彰等人们乐于接受的物质和精神"工具"作为强化物。

(2) 负强化又称消极强化或规避,是指员工改变自己的行为以规避不愉快的结果。负强化是事前规避,通常表现为组织规定所形成的约束力。员工为了规避组织不希望的结果而努力克服某种行为,即员工对自己行为的约束。这种规避、约束的作用会使组织成员的行为趋向于符合要求的、比较规范的状态,是一种非正面的、对所希望行为的强化。

（3）惩罚，负强化的一种典型方式，是指对于不希望的行为采取惩罚措施，使之不再出现。惩罚的手段包括经济方面的（如减薪、扣发奖金或处以罚款）和非经济方面的（如批评、处分、降级、撤职或免除其他可能得到的好处等）。

（4）忽视，是指对已出现的、不符合要求的行为进行"冷处理"，达到"无为而治"的效果。与惩罚一样，忽视也可能使组织或管理者所不希望的行为弱化，但因为这种行为的弱化过程并不需要管理者的干预，所以常称之为自然消退。

根据强化理论，一旦员工做出了预期的行为就应当给予强化，终止了对某一行为的强化会使员工认为该行为已不再重要。当员工采取了某种理想的行为而得到奖励时，他们最有可能重复这种行为。如果某种行为没有得到奖励或者受到了惩罚，那么这种行为重复的可能性就会大大降低。

强化理论认为，管理者影响和改变员工的行为应将重点放在积极的强化上，而非简单的惩罚上。虽然惩罚在表面上会产生较快的效果，但其作用通常是暂时的，而且对员工的心理易产生不良的副作用。管理者也不应该轻视负强化和忽视对员工行为的影响作用。四种行为强化方式应该配合起来使用，即奖罚结合，以奖为主，以罚为辅，及时正确地奖惩，奖人所需。

强化理论只讨论外部因素或外部环境刺激对人的行为的影响，忽视了诸如目标、期望、需求等个体要素，即忽略了人的内在因素和主观能动性对环境的反映，仅仅注重当人们采取某种行动时会产生什么后果。因此，强化并不是员工工作积极性存在差异的唯一解释。

第三节 管理实践中的激励问题

上述关于激励的各种理论，突出不同激励环节的结果。在管理实践中，孤立地看待和应用它们都是错误的做法。在实践中，激励和绩效并不是简单的因果关系。要使激励产生预期的结果，就必须考虑到奖励内容、奖励制度、组织分工、目标设置、公平考核等一系列的综合因素，并注重个人满意程度在努力中的反馈。另外，需要注意的是，激励理论都是一般而言的，而每位员工都有自己的特性，他们的需求、个性、期望、目标等个体变量各不相同。因此，领导者在根据激励理论处理激励实务时，应该针对员工的不同特性采取不同的方法。在实践过程中，管理者运用激励理论创造出一系列技术和有效的实施方案，既丰富了激励理论，又给管理学中的激励问题带来了新的发展动力。

一、目标激励

管理学家德鲁克的目标管理理论（MBO）和心理学家洛克（Edwin Locke）的目标设定理论（Goal-setting Theory）都有一个共同基础：一个为员工所接受的清楚的目标，可以使员工受到激励。所以，目标激励是一种重要的激励手段。

目标激励是指组织设立绩效目标，激励员工和明晰员工角色认知的过程。目标是组织或个体试图转化为现实的未来期望，目标设定强化了角色认知并明晰了员工的努力方向。目标设定将组织的战略计划与员工的个体激励紧密联系在一起。当有效运转时,目标设定也能增强努力的程度和持久度。它通过提高员工个人目标期望的水平,能够激发更高层次的动因。

实践表明,当目标明确且具有挑战性时,能更有效地激励个体或团队行动。目标管理理论将目标的具体性、参与决策、明确时间规定、绩效反馈作为目标激励的四个组成部分。当员工参与的目标确定时,士气会更高,也会产生更大的责任感来完成目标。对员工的行动给予准确的反馈,可以帮助他们调整工作方法,鼓舞他们为实现目标而坚持不懈地努力。

组织绩效目标设定的 SMART 原则具体为:
(1) Strategic,即战略性的、与组织战略相适应的;
(2) Measurable,即可衡量的、可测定的;
(3) Ambitious,即富有挑战性和激励意义的;
(4) Realistic,即现实的、可实现的;
(5) Time-bounded,即有时间限定的。

目标设定需要相当的管理技术。更具体的、有挑战性的、可实现的目标总是在某些具体条件下更有效;在群体之中,当成员之间的相互协作对群体的绩效至关重要时,个体的绩效目标就可能是无效的。因为追求个体绩效目标可能会削弱合作,所以绩效目标应根据群体的需要设定,管理者不断延伸目标会进一步激发员工产生更大的积极性和更高的绩效。

二、工作激励

传统管理依靠的是外在的激励手段,即对高绩效员工的奖励来自企业、管理者或他人;现代企业管理实践也注重内在激励的力量,即来自工作本身的驱动力。内在激励是创造性激励的基础。管理者赋予员工具挑战性的问题、创造新事物的机会,工作本身就能鼓励人们在工作中投入时间和精力,让员工自由地做最感兴趣的工作等。

工作激励是指设计或分配适当的工作(工作设计),激发员工内在的工作热情。激励导向的工作设计(motivation-oriented job design)可以让员工体验到工作本身的乐趣与意义,增强员工工作的成就感,充分发挥员工的能力与专长,能够带来高激励、高绩效和高满意度,并减少旷工和降低员工流失率。

工作设计主要包括工作简单化、工作轮换、工作扩大化和工作丰富化等方法。许多公司已经借助工作丰富化手段,提高员工激励水平和工作满意度。因为工作丰富化不仅仅是改变工作任务的数量和频率,还包括将高效的激励因素(如工作责任、赏识、发展机遇、学习机会及成就感等)融入工作中。

当员工认为自己所做的工作是有价值的、得到组织的认可时,他们的工作满意度就会更高,也就不太可能跳槽。如果员工的工作经验和能力与所从事工作的要求非常匹配,员工的满意度和工作积极性就会更高。如果组织能够建立一套科学合理的、明确的和完善的工作绩效评估体系,会有利于激发员工的工作积极性和提升员工的参与度。

由于员工的需求不同,个性、技术、能力、兴趣和态度等存在差异,管理者应该灵活地予以考虑和处理。例如,有关研究表明男性比女性更看重工作的独立性,而女性则比男性更看重学习机会、方便和机动的工作时间以及良好的人际关系。管理者应认识到,对于一名有两个未成年孩子、靠从事全日制工作维持家庭生活的单身母亲来说,激励她工作的动力,与一名单身且从事兼职工作的员工或者一名只是为了补充退休后收入的老员工是完全不同的。因此,组织应该采用多种协调工作与生活的方案,以适应多样化员工队伍的各种需要。此外,许多组织采用弹性工作制(包括压缩工作日、任务中心制、灵活工作时间、工作分享制、远程办公等)以适应员工的不同需要。

三、参与和授权激励

现代管理实践突出了员工参与对员工绩效的激励意义,员工参与已成为企业的普遍形式。管理者鼓励员工参与是基于这样的理念:员工参与企业的管理工作,可以增强员工的自主性、提高员工的责任感、加强员工之间和员工与管理者之间的联系,他们的成就感、归属需求和权力需求得到满足,从而使员工的积极性更高、对组织更忠诚、对工作更满意。

授权是组织为了在更大程度上激励员工的积极性和参与度而采用的一种方式。授权通常是组织为了完成某项流程、行动或任务,授权组织内部的个体承担责任和义务的过程。[①] 员工享有的权力越大,越有助于提高他们完成工作任务的激励水平,因为员工一旦拥有了更多的权力,就能提高自己的工作效率,选择最适宜的工作方法,并充分发挥自己的创造力。也就是说,授权能满足员工较高层次的需求,进而产生强有力的激励效果。当然,使用授权这一方式的假设前提是,管理者相信员工会尽全力工作以帮助组织实现整体目标。

授权具有以下四个维度[②]:

(1)自主性。授权让员工感受到他们在工作活动中是自由、独立和自主的。

(2)工作意义。感受到自己被授予权力的员工会关注工作,并相信工作是重要的。

(3)能力。被授权的员工将提升自己的能力以顺利完成工作,并且具有随着新挑战而成长的能力。

(4)影响力。被授权的员工将自己作为组织的积极参与者,认为自己的决策和行为会影响公司的绩效。

目前,许多组织采用了授权这一激励方式,但是对员工授权的程度是不一样的。在一些公司,授权的意思是鼓励员工提出各种建议,但最后的决定权还是在管理者手中;在另一些公司,授权意味着员工几乎拥有绝对的决策自由与权力,可以充分施展自己的创造性和想象力。

无论是让员工更多地参与管理还是采取其他授权方式,员工参与度高对组织是有益的。研究表明,那些员工参与度较高的公司,通常会有更好的财务表现、更低的员工流失

---

① 〔美〕兰杰·古拉蒂等. 管理学[M]. 杨斌等译. 北京:机械工业出版社,2014.
② 〔美〕查尔斯·W.L.希尔,〔澳〕史蒂文·L.麦克沙恩. 管理学[M]. 李维安,周建等译. 北京:机械工业出版社,2009.

率和更高的员工道德水平。

四、薪酬激励

获得薪酬是许多员工参与企业活动的基本目的。薪酬制度的建立和完善是管理激励的基本工作内容。薪酬是外在报酬的一种重要形式,工资和津贴是劳动关系中最重要的两个特征。薪金可以说是建立劳动关系的代价,还传递了地位、成就、自尊和权力的信息。财务报酬主要依据四项具体内容:员工资格和资历、工作职位、能力和绩效。

西方企业除与基本工作对应的基本工资外,提出了一系列形式新颖的、根据员工工作绩效支付报酬的激励计划,以某种绩效标准为基础向员工支付报酬。这些激励计划主要包括绩效工资、分红、总奖金、知识工资和灵活福利计划等。

(1) 绩效工资。它是以企业员工绩效的有效考核为基础,是对员工贡献绩效的奖励,所以也称绩效加薪、奖励工资或与评估挂钩的工资。绩效工资实际上是激励的期望理论和强化理论的逻辑结果,因为增加工资是与工作行为及其考核结果挂钩的。

(2) 分红。分红也称利润分享,是分配红利的简称。它指员工和管理人员在特定的单位中,当单位绩效突破预先确定的绩效目标时,可获得奖金的一种激励计划。

(3) 总奖金。它是以绩效为基础的一次性现金支付计划。这种计划在员工感到奖金真正地反映了公司的繁荣时才有效;不然,会适得其反。

(4) 知识工资。它是一种将薪资与知识和技能联系起来、按照员工掌握的与工作有关的知识和技能确定其工资的一种工资制度,又称知识报酬。当员工成功地获得与工作相关的知识和技能并产生有利于工作效率提高的行为时,企业应予以奖励。美国《商业周刊》有关技能工资的使用情况和效果的调查研究表明,知识工资已在全美30%以上的企业中得到了运用,并带来了员工特别是知识工作者更高的绩效和满意度;此外,它还大大有助于提高企业的劳动生产率和产品质量,降低员工的缺勤率。

(5) 灵活福利计划。它是指容许员工从企业设立的各种福利中选择他们所喜欢的福利计划。

依据期望理论,薪酬激励的有效性在相当大的程度上取决于员工感知的薪酬吸引力。当员工的个人财富较少时,薪酬往往具有较大的吸引力,能发挥较好的激励作用。而随着员工所获薪酬的攀升,薪酬将由激励因素转变为保健因素,薪酬的激励作用开始下降。

五、员工持股计划与股票期权

员工持股计划(employee stock ownership plan,ESOP)也称员工受益计划,是指给予员工部分企业股权,使他们成为企业股权所有者而从中受益的一种激励制度。与其他员工受益计划不同,员工持股计划的独特性在于允许劳动者和资本所有者这两种角色在员工身上合而为一,从而使资本与劳动这两种关键性要素得到有机结合,使员工能分享企业利润并共担企业风险,使员工与其所在企业拥有相对一致的利益诉求。员工持股计划是通过员工持股方式最大化员工的主人翁感及组织承诺,属于长期激励的一种。例如,华为公司实施全员持股,明确员工持股的目的是将员工利益与企业长期利益结合在一起形成利益共同体。

股票期权是指给予企业员工（高管人员或技术骨干）在未来一定期限内、以一个事先约定的价格购买一定数量企业股票的权利。在发达国家，股票期权已经成为奖励企业高级管理人员和技术骨干的重要手段。对美国规模最大的前10家企业CEO的调查表明，以股票期权为主的长期收益激励占其报酬结构的96%以上。股票期权是应用较为广泛的前瞻性激励机制，只有当企业的市场价值上升的时候，享有股票期权的人才能得益。股票期权使权利人认识到自己的工作表现直接影响到股票的价值，从而与自己的利益直接挂钩，因此这是一种风险与机会并存的激励机制。

六、组织文化激励

任何组织都是由人组成的集合体，管理应以人为中心。人是物质力量和精神力量的统一体，既有物质需求也有精神需求。组织对员工的激励可分为物质激励和精神激励。物质激励通常是通过满足员工的物质需求来实施的，如薪酬激励、股票期权等。而精神激励通常是通过满足员工的精神需求来实施的，与物质激励相比具有明显的优势。这物质激励达到一定的程度就会出现边际递减效应，而来自精神的激励则更持久、更有效。组织文化是组织的生活方式，是组织成员共有的价值观、信仰和习惯体系，该体系与正式的组织结构相互作用而形成行为规范。

组织文化的激励作用是指组织文化本身所具有的通过各组成要素激发员工动机与潜在能力的作用，属于精神激励的范畴。具体来说，组织文化能够满足员工的精神需求，调动员工的精神力量，使他们产生归属感、自尊感和成就感，从而充分发挥其巨大潜力。关键在于员工对组织文化的理解和认同程度，一旦员工对组织文化产生了强烈的共鸣，那么组织文化的激励功能就具有了持久性、整体性和全员性的特点及优势。随着社会的发展和人性层次的不断提高，组织文化越来越被证明是一种行之有效的激励方式，并代表着未来的激励趋势。

除了上述六种激励方式，还有诸如成果激励、批评激励、培训激励等。在管理实践中，管理者应根据激励对象的不同特点，采取多通道、多层次、多周期及"套餐"和"自助餐"式的激励制度。

❑ 重要概念

参与和授权激励	公平理论	强化理论	薪酬激励
超Y理论	股票期权	权变理论	需求
成就需求理论	激励	人的行为模式	需求层次理论
动机	经济人假设	社会人假设	员工持股计划
ERG理论	目标激励	双因素理论	自我实现人假设
复杂人假设	期望理论	X理论	组织文化激励
工作激励			

❏ 本章概要

激励是指采取各种有效的方法激发人的内在需要或动机,从而引导、强化或改变人的行为,使之朝着组织或领导者所期望的目标前进的过程。简言之,激励就是激发人的需求、引导人的行为、调动人的积极性的过程。

人的行为是由动机支配的,动机是由需求引起的,动机引起行为、维持行为并指引行动去满足某种需求。

动机是驱使人产生某种行为的内在力量。

需求是指人们对某种目标的渴求,即客观的刺激作用于人的大脑所引起的个体缺乏某种东西的状态。

激励产生的原因可分为内因和外因。内因是由人的认知知识构成,外因则是人所处的环境,人的行为可看成人自身特点及其所处环境的函数。

近代西方学者从不同的视角提出了多种人性假设理论,并构建了相应的管理模式,其中最主要并对管理学产生了重大影响的有经济人假设、社会人假设、自我实现人假设和复杂人假设等。

马斯洛的需求层次理论认为,人会受到多种需求的激励,这些需求由低到高可大致分为五大类:生理需求、安全需求、社交需求、尊重需求和自我实现需求。

克莱顿·奥尔德弗的ERG理论将人的需求归结为三种类型:生存需求、关系需求和成长需求。

赫茨伯格的双因素理论也称保健—激励理论,认为影响人们行为的因素主要有两类:保健因素和激励因素。保健因素是指那些与人们的不满情绪有关的因素;激励因素是指那些与人们的满意情绪有关的因素。

麦克莱兰的成就需求理论着重研究了人类三种较高层次的需求,即成就需求、归属需求和权力需求。

公平理论侧重研究报酬分配的合理性、公平性及其对员工工作积极性的影响,认为人是社会人,员工的工作动机不仅受到所得的绝对报酬的影响,还受到相对报酬的影响。

期望理论的基本观点是:只有当人们预期到某一行为能够给他们带来有吸引力的结果时,他们才会采取特定的行动。在管理实践中,管理者孤立地看待和应用它们都是错误的做法。

强化理论认为,人的行为是其所获刺激的函数。如果刺激对他有利,则这种行为就会重复出现;如果刺激对他不利,则这种行为就会减弱,直至消逝。

在实践中,激励和绩效并不是简单的因果关系。要使激励产生预期的结果,就必须考虑到奖励内容、奖励制度、组织分工、目标设置、公平考核等一系列的综合因素,并注重个人满意程度在努力中的反馈。现实管理中的激励方法包括目标激励、工作激励、参与和授权激励、薪酬激励、员工持股计划、股票期权、组织文化激励等。

❑ 思考题

1. 什么是激励？什么是动机？
2. 谈谈你对西方四种人性假设的理解。
3. 谈谈管理者与执行者的区别。
4. 阐述马斯洛需求层次理论的主要观点。
5. 介绍克莱顿·奥尔德弗的 ERG 理论。
6. 在管理实践中，如何应用赫茨伯格的双因素理论？
7. 什么是公平理论？在管理中如何运用该理论？
8. 什么是强化理论？在实践中如何运用该理论？
9. 如果你是一名管理者，在管理实践中会采取哪些激励措施？

❑ 实训题

1. 组成一个 3—5 人的小组，到当地一家企业调研并完成以下任务：
(1) 员工的需求有哪些？男性员工与女性员工的需求有何不同？
(2) 该企业对员工的激励方法有哪些？
(3) 员工对企业的激励方法是否满意？若不满意，有哪些改进的建议？

2. 从网络、报刊、上市公司年报等收集一家公司激励与支持员工的措施。基于你的调查，该公司侧重于哪一种奖励标准（如资格/资历、工作职位、能力及绩效）？哪种类型最易被忽视？

❑ 案例分析

西门子公司的员工激励[①]

员工不满意什么？

分析各激励因素对员工的作用，建立规范的激励制度，从而激发员工的积极性，才能保证较高的工作绩效。

西门子公司对通信、电子行业中的销售和研发部门的普通员工进行了一次问卷调查，列举了与工作有关的因素和描述，让员工首先对此进行评价，找出员工满意什么及不满意什么。销售部门员工看重的 15 个因素（从高到低排序）是什么？研发部门员工看重的 15 个因素（从高到低排序）是什么？在此基础上，公司得出以下结论：

两部门员工共同看重的因素有成长的机会、专业技能的培训、员工在团队中的重要性、个人能力得到施展的程度、工作挑战性、工作的反馈程度、薪酬和福利等。

---

① 2006-02-28，http://www.hroot.com/contents/42/20280.html

在看重程度不同的因素中,销售人员看重良好的人际关系、个人素质的培训、提升的机会、薪酬分配制度、权力需求满足程度;研发人员看重工作兴趣、工作成就感、学习新的知识、自尊需求满足程度。

一般来讲,符合程度是反映满意度的主要指标,但实际上,员工认为各因素的重要程度不同,对满意度的评定会产生影响。因此,满意度应是对各因素的加权评定。

销售部门员工对各因素的满意程度是多少?按得分顺序列出前后各10个。

研发部门员工对各因素的满意程度是多少?按得分顺序列出前后各10个。

由此可得出以下结论:

满意程度接近的因素包括薪酬福利、保险、工作环境、公司文化、吸引力方面、发展前途、工作中能学到许多知识、工作关系融洽等。不满意的因素包括奖励措施、住房补贴等。

满意程度不同的因素包括:销售人员对个人素质的培训、良好的人际关系、员工参与和决策、薪酬分配制度、权力需求等的满意程度低于研发人员;而研发人员对工作成就感、学习新的知识、自尊需求满足程度等的满意程度低于销售人员。

怎样提高员工的满意度?通过上述调查统计和阐述,公司明晰了问题所在,从而进一步设计出员工的激励措施。

员工共同的激励措施如下:

(1)富有挑战性的工作。公司为员工提供富有挑战性的工作机会,一方面可以保持本公司的技术领先性;另一方面员工得到了锻炼,公司的凝聚力也得到了增强。

(2)与业绩挂钩并随市场调整的薪酬。最优良的业绩、最突出的员工才应得到最好的报酬。如果公司不能提供有竞争力的薪酬,则可以选择其他激励方式。例如,公司可以向员工提供更多的晋升机会或培训。

(3)可信赖的领导。可信赖的领导应当是具备技术背景又超脱于技术之外的管理者,拥有敏锐的商业嗅觉,在公司内部倡导冒险和创新的氛围。

(4)灵活性和信任感。公司员工希望灵活地安排工作时间和地点,只要他们能完成任务,公司就应当充分信任员工能很好地平衡个人生活和工作,授予员工自治权,尊重并认可他们的工作成绩等。

(5)培训和职业发展机会。培训能使公司在行业中获得竞争优势,促进公司提高销售额和利润。公司可为员工提供学习新知识、新技能的机会,如部门岗位轮换、灵活的工作任务等。

(6)沟通。管理者往往自认为了解员工的需求,但员工往往不这么想。公司员工希望不断地与管理者交流沟通,希望自己的贡献能被认可,更乐于与公司内的其他员工打交道。

(7)愉快的工作环境。公司员工期望一个愉快的工作环境,如便装、优良的办公设备、舒适的就餐和体育锻炼空间等,公司可选择向员工提供免费饮料和午餐。

(8)灵活的福利计划。"自助餐"式的福利计划使员工可以从一系列的福利中选择最佳方式。公司可以为每位员工提供同样的基本福利计划(如医疗保险和休假等),但允许专业技术人员选择附加的福利(例如,每年他们可自主选择参加一次专业会议,费用由公司承担),或者更多的休假时间以及周末旅游的优惠券等。

两部门各自的激励措施如下：

(1) 销售部门员工激励方式。使业绩优秀的员工拥有出头的机会,当发现员工表现卓越时,公司应当立刻奖赏他们,方式有晋升、给予激励、额外报酬、红利、更高头衔等。实现开放沟通,与表现优良的员工进行正式的、一对一的沟通,这样的讨论方式会让公司员工体会到参与感,并受到激励。

(2) 研发部门员工激励方式。在设计奖励措施时,研发人员的工作性质使他们更倾向于获得更多的成长空间与机会,因此可以采取提供高级技术培训、参加高级技术论坛的机会等奖励方式。

厘清影响员工积极性方方面面的因素后,就能提出合理的激励方案。

(1) 奖励制度的设计。奖励的基本目的是提高员工的生产效率,从而获得更有竞争力的优势。为了做到这点,奖励手段必须以员工的需求和公司的经营目标为中心。

奖励制度设计应注意以下几个方面：奖励的价值和数量、奖励的时间、奖励的公平性和对奖励的喜爱。奖励的公平性由公平的考核制度解决。一般来说,公司对员工上年度的出色业绩应及时地予以奖励。

奖励制度设计内容包括晋资、奖金和福利待遇。在晋资程序设计中,根据上年度考核的绩效和公司的晋资指标,确定晋资名单。

福利制度设计内容包括健康安全类、日常服务类、带薪休假类和住房类福利项目。健康安全类福利包括公司依据国家法规为员工购买的社会养老保险、社会医疗保险和失业保险；日常服务类福利包括法定节假日和年度休假,按职位等级递增；住房类福利包括住房公积金、住房补贴和住房补偿款,按员工在公司的工作年限递增。

(2) 职位系列设计。为了避免晋升途径单一化,晋升采用行政管理职位系列和专业技术职位系列。

申请行政管理职位的员工包括高级管理人员、各级经理、市场研究人员、销售人员、财务人员、物资采购人员、质量检验人员、行政管理及支持人员等。公司每年在年终考核结束后,根据公司总体规划和一定的比例,确定主任职员及以下各级行政管理职位晋升比例和名额。

申请专业技术职位的专业技术人员包括工程部门技术人员、研究和发展部门技术人员及其他部门的技术人员。公司每年在年终考核结束后,根据公司总体战略和一定的比例,确定各级技术专业职称晋升比例和名额。公司新聘用的有工作经验的行政管理或专业技术人员在试用期满后,根据具体情况并参照职位标准,确定其职位级别。

(3) 员工参与管理、提出合理化建议的制度,以提出问题的方式让员工参与决策过程。公司可以经常组织员工会谈、会议,开放式地讨论问题或具体事务,对于员工提出的管理建议,由公司、部门经理或战略研究中心主任直接确认并给予奖励；保证提议渠道的畅通,每位员工都可以书面或电子邮件形式直接向战略研究中心提交合理化建议方案。总经理对上述每一项提案有追加奖励权。

对于技术和产品等开发类的建议,能被量化评估其价值的,公司将成立专门的创新评估小组,对其价值评估并给予奖励。凡经创新评估机构评估后确认可行并付诸实施的技术和产品等开发方案,依其预计一年内为公司创造的效益额或减少的成本额的5%—10%作为提案人的物质奖励。

第十三章 沟 通

【内容提要】

本章概括性地介绍沟通的概念及过程、沟通的分类、沟通在管理中的作用、人际沟通的内涵及特点、人际沟通的常见方式、正式沟通网络类型、非正式沟通网络等基本问题，同时介绍沟通过程中经常遇到的障碍，以及克服这些障碍、实现有效沟通的途径和方法。

【学习目标】

1. 理解沟通的概念和过程。掌握人际沟通的基本方法及其区别。
2. 理解沟通的内涵及要素，了解人际沟通的基本类型及优缺点，了解正式沟通与非正式沟通的差异，掌握有效沟通的途径和方法。
3. 了解正式沟通和非正式沟通的区别。
4. 了解影响有效沟通的障碍。

引例

英国首相如何说"不"

你求别人一件事但对方不肯，这时最令你难堪的往往不是事情没办成，而是自己遭到拒绝，失了面子。别人求你一件事而你不好意思拒绝，主要原因也往往是怕伤了他人的自尊。历史上很多成功的领导人都精通拒绝的艺术，在说"不"的同时，还能给足对方面子。19世纪英国首相狄斯雷利就是一例。

有个野心勃勃的军官一再请求狄斯雷利加封他为男爵。首相知道此人才能超群，也很想跟他搞好关系。但军官不够加封条件，狄斯雷利无法满足他的要求。一天，首相把军官单独请到办公室，对他说："亲爱的朋友，很抱歉我不能给你男爵的封号，但我可以给你一件更好的东西。"

狄斯雷利放低声音说："我会告诉所有人，我曾多次请你接受男爵的封号，但都被你拒绝了。"

这个消息一传出，众人都称赞军官谦虚无私、淡泊名利，对他的礼遇和尊敬远超过任何一位男爵。军官由衷感激狄斯雷利，后来成了他最忠实的伙伴和军事后盾。

首相的聪明就在于,他明白军官真正需要的不是一个男爵头衔,而是封爵之后的巨大荣耀。狄斯雷利虽然拒绝了加封的请求,但送了个军官一个更大的面子。

我们从案例中可以发现,首相狄斯雷利了解军官的真正需要,通过与军官面对面的沟通,使他欣然接受自己的决定,既拒绝了军官的请求,又使军官得到了自己想要的。良好的沟通者应该比对方更加了解对方,采用适合于对方的方式去打动对方。

思考:在沟通过程中良好的沟通理念和技巧重要吗?

第一节 沟通概述

沟通对于每位管理者来说,如影随形、无处不在,是管理者职业生涯中最重要的组成部分。有效的沟通也是高效组织的基本特征,是提高群体士气、组织决策力、组织绩效不可忽视的影响因素。巴纳德曾说过,在任何一种彻底的组织理论中,沟通都占有中心的地位。西蒙曾概述,行政过程被咨询的问题总是:如何影响个人的决策?若无沟通,则答案必定经常为"一点影响力也没有"。美国管理学家斯通纳也说过,沟通对于管理人员是非常重要的。因为在管理的过程中,沟通是不可缺少的。计划、组织、领导、决策、监督、协调、考核的成功达成,都必须以有效的沟通为前提。

一、沟通的概念

沟通一词来自英语的 communication,翻译过来就是信息交流、意见沟通。哈罗德·拉氏韦尔认为,沟通就是"什么人说什么,经由什么路线传至什么人,达到什么效果。"赫伯特·西蒙认为,沟通"可视为任何一种程序,借此程序,组织中的每一位成员,将其决定的意见或前提传送给其他有关成员"。组织行为学领域大师斯蒂芬·P.罗宾斯认为"沟通就是信息的传递和理解"。

沟通是信息的交流,是信息通过一定的方式由发送者传递至接受者并为接受者所理解的过程。信息交换不是沟通的最终目的,只是作为沟通的媒介。沟通要达到的终极目标是意义的理解,即通过信息所要传达的内容,发送者的意义被接受者理解并反馈给发送者,因此沟通包括意义的传递和理解。关于这个概念可以从以下几个方面把握:

1. 沟通涉及至少两个主体

沟通的过程是信息发送者和接受者相互交换信息的过程,也就是沟通必须至少有两个主体——一个发送者和一个接受者。在一个组织中,发送者和接受者既可以是组织中的个人,也可以是一个群体甚至组织本身。同时,发送者和接受者的角色也不是一成不变的,随着沟通的进行,接受者可能需要向发送者反馈信息,这时沟通的两个主体的角色就会发生改变。

2. 沟通的内容是信息

正如罗宾斯所说,沟通就是信息的传递和理解。因此,沟通双方的目的就是传递和理解信息。需要指出的是,这里所说的"信息"有多种内涵,既包括对客观事物、客观事件的直觉,也包括知识、情感、态度、价值观、行动意向,还包括语言、故事、信仰、理论等。因此,要使沟通具有效果,沟通双方必须预先掌握相应的背景知识,要言之有物,接受者要善解人意。

3. 沟通的效率取决于能否准确地传递与理解信息

有效的沟通就是能够准确地传递和理解信息。换句话说,如果信息能够毫无损失地从发送者到达接受者,并被接受者精确地理解,那么这次沟通就是一次成功的、有效的沟通。在现实生活中,一种观点认为有效的沟通必须能够使沟通双方的观点达成一致。这种观点是对沟通的苛求。在组织中,要想劝服他人或者使双方意见达成一致,除了要进行充分、有效的沟通,还要看双方的需求是否一致、价值观是否一致。

二、沟通在管理中的作用

无论是在平时的日常生活中,还是在组织的管理中,沟通无处不在、无时不起作用。我们任何时候都可以感受到它的重要性。其实沟通不能只从表面上理解为交流,有时候一些动作、眼神等都可以成为一种沟通。而在组织管理工作中,沟通则是组织的生命线,管理的过程就是沟通的过程。通过了解客户的需求,整合各种资源,创造出好的产品和服务来满足客户,从而为组织和社会创造价值与财富。因此,沟通是尤为重要的,是组织生命有机体的血管,通过流动给组织系统提供养分,实现有机体的良性循环,是管理工作的核心内容和实质。

1. 沟通能使决策更加正确、科学、合理

在管理过程中,经常有或大或小的各种决策需要定夺或确定方向,而沟通有助于改进决策。领导者可以从组织内部的沟通中获取大量的信息情报来提升判断力,然后进行决策。下属人员也可以主动与上级管理人员沟通,提出自己的建议,供领导者做决策时参考。因此,组织内部的沟通使决策更加正确、科学、合理。

2. 沟通促使组织员工协调、有效地工作

在日常工作中,工作目标、工作进程、工作方式方法、工作要求等因素只有通过沟通达成共识,才能使工作不折不扣地完成。没有适当的沟通,上下级之间、各部门之间的了解就不充分,甚至可能出现错误的理解,使工作任务不能正确、圆满地完成。

3. 沟通有利于领导者激励员工

在实际生活和工作中,每位员工都有得到他人尊重和自我价值实现的需求,都会要求对自己的工作能力有一个恰当的评价。如果领导的表扬、认可或者满意能够通过各种渠道及时传递给员工,就会激励员工,激发他们的工作热情和潜力,从而充分发挥其积极性、创造性与智慧,为企业做出更大的贡献。

4. 通过与外界的沟通交流,塑造良好的外部形象

对现代企业来说,与外界交流是一个必然趋势,仅仅闷头做好组织内部工作是远远不够的,还要不断地加大外部沟通力度,使组织在社会上不断取得声誉。组织应密切联系社会,加大与政府部门、其他组织及媒体单位的沟通交流,从而塑造良好的外部形象,营建有利于组织发展的外部环境。

三、沟通的过程

沟通在发生以前,必须有一个意图,我们称之为"信息源"(需要传递的信息),在发送者与接受者之间传递。这一信息先被编码,然后通过渠道(媒介)传送至接受者,再由接受者将收到的信息解码转译回来。这样,信息的意义就从一个人那里传给了另一个人。

图 13-1 描述了沟通过程模型,包括九个要素,即信息源、编码、渠道、接收、解码、客体/接受者、反馈、噪声、情境。

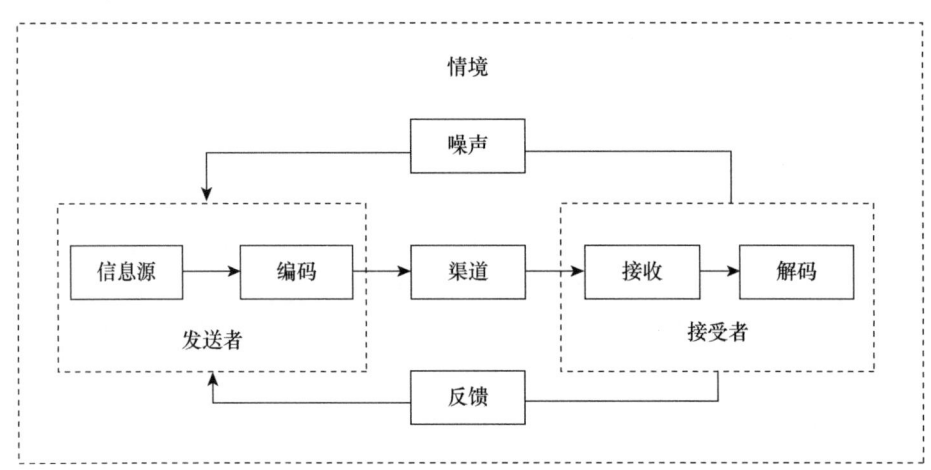

图 13-1　沟通过程模型

(1) 信息源,即发送者(主体)、沟通发起者,这是沟通的起点。

(2) 编码,即组织信息,把信息、思想与情感等内容以相应的语言、文字、图形或其他非语言形式表达出来就构成了编码过程。

(3) 渠道,即媒介、信息的传递载体,除了语言面对面的交流,还可借助电话、传真、电子邮件、手机短信、微信等媒介传递信息。

(4) 接收,即信息的接收(客体)。

(5) 解码,即译码,接受者对所获取的信息(包括中性信息、思想与情感)的理解过程。

(6) 客体/接受者,即信息接受者、信息达到的客体、信息受众。

(7) 反馈,接受者获得信息后会有一系列的反应——对信息的理解和态度,接受者向发送者传送回去的那部分反应即反馈。

(8) 噪声,沟通过程不可避免地会遇到各种各样的干扰,统称噪声,它存在于沟通过程的各个环节,并有可能造成信息损耗或失真。

(9) 情境,即沟通过程所处的背景环境,同样的一次沟通在不同的时空背景下达到的沟通效果是不一样的,正是因为沟通双方的人际关系是动态变化的,使得彼此之间的沟通效果也是动态变化的。

四、沟通的类型

1. 正式沟通与非正式沟通

正式沟通是指在组织或群体中,按照明文规定的渠道进行的、与工作相关的信息的传递和交流。例如,组织内部上级命令的下发、下级情况的上报,组织内部的文件传达、召开会议、发通知、报告等。正式沟通通常与组织或群体的机构和层级有关。

正式沟通有其自身的优点,它有较强的约束力,比较严肃,保密性很好,让沟通有章可循,能使沟通具有一定的权威性。但是组织明文规定的正式沟通也存在诸多缺点,如沟通速度慢、刻板、不灵活等。因此,组织还得考虑使用非正式沟通来弥补正式沟通的不足。

非正式沟通是指组织或群体中除正式沟通外一切信息的传递和交流。非正式沟通与组织结构和层级没有关系,它以社会关系为基础,不受组织的影响,是正式沟通的有力补充。

非正式沟通的优点是范围广、弹性大、直接明了、速度快、方式灵活,能获得正式沟通无法获得的信息,真实地反映员工的思想、态度、动机。它的重要作用主要表现在:第一,满足成员的情感需求;第二,弥补正式沟通的不足;第三,了解成员的真实情况;第四,密切上下级联系。同时,非正式沟通也具有一些缺点:非正式沟通是自发形成的,因此信息遭受歪曲或发生错误的可能性很大,真实性值得怀疑;非正式沟通一般与成员个人密切相关,易形成谣言和小道消息;非正式沟通以社会关系为基础,易形成小集体,当它们与组织目标不符时对组织或群体会造成威胁。

小道消息是伴随非正式沟通过程而产生的,具有良好的贴近性和高失真度,是组织信息的重要组成部分。小道消息得以存在的原因:情况对人们具有重要性、现实情况令人"丈二和尚摸不着头脑"、现实情况令人焦虑等。

小道消息具有以下特点:(1) 不一定都不可靠;(2) 失真度高;(3) 传播速度非常快;(4) 具有良好的贴近性;(5) 根源无从查实;(6) 是正式组织信息的有力补充。小道消息在组织沟通中扮演着重要角色,管理者必须予以高度重视。

2. 单向沟通和双向沟通

单向沟通是指组织或群体成员在进行沟通时,一方发出信息,另一方接收信息,接受者不再向发出者反馈信息,如通知、报告、演讲、命令等。

双向沟通是指组织或群体成员在进行沟通时,信息发送者和接受者的位置不断交换,信息接受者收到发送者的信息之后对其进行反馈,反馈可以是多次的,直到双方理解和满意为止,如协商、谈判、交谈等。

单向沟通和双向沟通各有利弊:首先,单向沟通比双向沟通快;其次,双向沟通在信息和理解的准确度上比单向沟通高;再次,双向沟通比单向沟通的满意度高;最后,双向沟通较单向沟通噪声大。

3. 上行沟通、下行沟通和平行沟通

上行沟通是指沟通时信息从组织或群体低级流向组织上级,往往是用于下级向上级报告情况和存在的问题或者下级向上级反馈情况。上行沟通的目的就是要有一条让上级管理者听取下级意见、想法和建议的通路。同时,上行沟通也可以达到管理控制的目的。

下行沟通是指信息从组织或群体上级流向组织下级,往往用于上级对下级发号施令、布置工作、下达指示、宣读组织或群体政策等。下行沟通的目的是控制、指示、激励及评价。

平行沟通是指信息在组织或群体的同级之间、相同层级的群体与群体之间、相同管理层级之间的流动和传播,如员工之间的沟通、管理者之间的沟通。平行沟通可以促进成员之间的感情,加强团结;可以克服本位主义和本部门主义的产生;可以满足成员的情感需求等。但是,平行沟通的信息量太大、头绪乱,也是小道消息传播的一条途径。

上行沟通、下行沟通和平行沟通如图13-2所示。

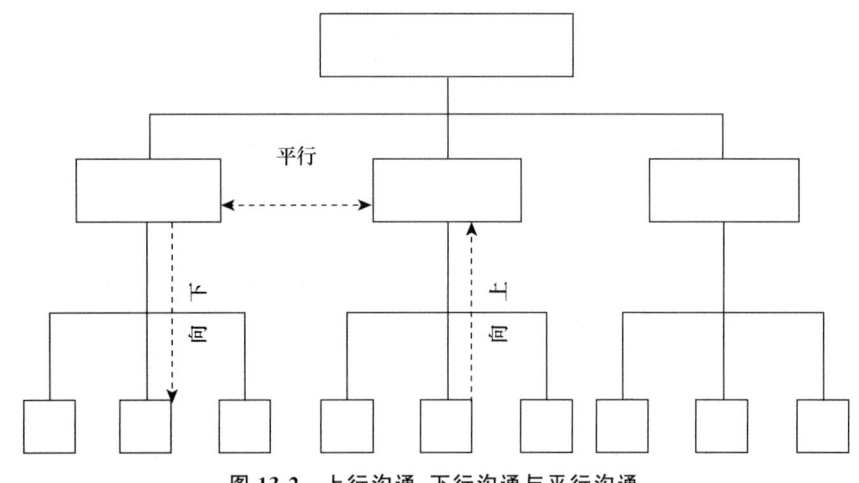

图 13-2　上行沟通、下行沟通与平行沟通

4. 语言沟通和非语言沟通

如图13-3所示,按照沟通的媒介,沟通可分为语言沟通和非语言沟通。

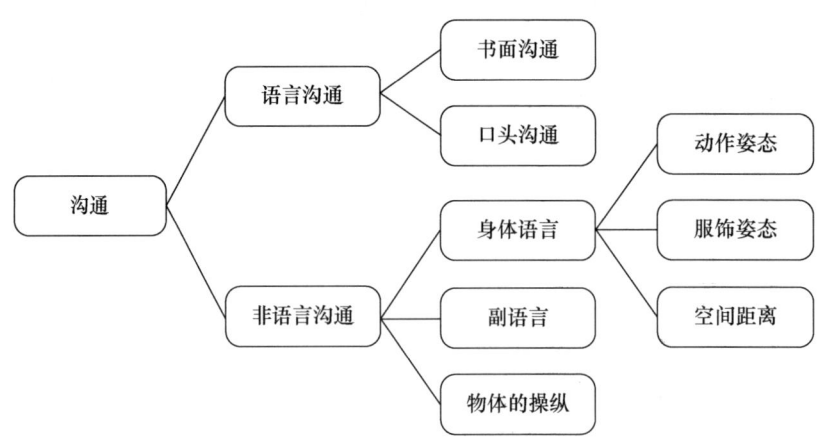

图 13-3　语言沟通与非语言沟通

语言沟通是指使用正式语言符号进行的沟通,又可分为口头沟通和书面沟通。口头沟通是指借助语言进行的信息传递与交流,如访谈、讨论会、电话、广播、对话等。书面沟通是指借助文字进行的信息传递与交流,如通知、文件、备忘录、书面总结等。

非语言沟通是指通过身体动作、体态、表情、衣着打扮、语气语调、空间距离等方式进行的沟通。美国心理学家艾伯特·梅瑞宾认为,一条信息的表达＝7％的语言＋38％的声音＋55％的人体动作。

第二节　人际沟通

人际沟通能力在某种程度上决定职业生涯,有效沟通能力往往是决定某个人能否得到提升的一个关键的性格特征。普林斯顿大学在对10 000份人事档案进行分析后发现:智慧、专业技术、经验三者只占成功因素的25％,其余75％取决于良好的人际沟通。哈佛大学的调查结果显示,在500名被解雇的员工中,因人际沟通不良而导致工作不称职者占82％。

一、人际沟通的内涵及特点

1. 人际沟通的内涵

人际沟通是一种特殊的信息沟通,是个人与周围人之间的心理沟通,是人与人之间的情感情绪、态度兴趣、思想和人格特点的相互交流、相互感应的过程。通过人际沟通,个人可以收集到他人的心理等信息,同时也对他人发出关于自己心理特征的某些信息。因此,人际沟通不同于一般的信息沟通。

2. 人际沟通的特点

(1) 沟通双方应有共同的沟通动机。动机是指推动人们从事某种活动、指引活动以满足一定需求的意图、愿望和信念等,是人们进行沟通行为的直接原因。

(2) 沟通双方都是积极的参与者。也就是说,人际沟通过程的每一位参与者都要求自己的伙伴富有积极性,而不是把对方看作某种客体。在向对方传送信息时,必须分析对方的可能动机、目的、需求等,并且预料对方可能做出的回答,以此获取对方的新信息。例如,四个朋友谈话,各方都要顾及对方的情绪、情感、态度、兴趣,并根据对方的反应,对谈话的内容和方式做出相应的改变。由此可见,人际沟通不是简单的"传递信息",而是一种信息的积极交流。

(3) 沟通过程会使沟通双方产生相互影响。人际沟通是以改变对方的思想、行为为目的的一种沟通行为,其结果是使沟通者之间原来的关系发生变化。例如,在与他人见面和谈话时,自己的行为和心理状态会有所变化,对方也是如此。这是"纯粹"的信息交流过程所没有的。

(4) 沟通双方要有相通的沟通能力。沟通能力主要指人们进行沟通所需的知识和经验,人们只有在相通的知识和经验范围内才能沟通。成语"心领神会",就是指信息接受者能理解信息传送者在简单信息中所包含的全部信息含义,这说明他们的知识、经验较接近,因而能进行有效的沟通。相反,如果双方没有共同的能力区,就无法进行有效的沟通。例如,一方不懂外语,就无法接收对方以外语传送过来的信息。如果一位社会学家不懂原子科学知识,他就无法与自然科学家进行"裂变反应和聚合反应"的信息沟通。可见,只有拥有共同的或相通的沟通能力,才会有"共同的语言",才能成为沟通主体。

(5) 在人际沟通过程中,有可能产生完全特殊的沟通障碍。"完全特殊"意指这种障碍与沟通渠道无关,也与使用的符号无关,而是由社会、心理或文化因素造成的。由社会因素引起的沟通障碍,主要来自交流双方对交往情境缺乏统一的理解。由心理因素造成的沟通障碍,主要是由个体心理特征差异决定的。而由文化因素引起的交流障碍,往往是因为交流双方的文化特征(风俗习惯、宗教信仰、民族观念等)不统一。

二、人际沟通的方式

人际沟通方式有语言沟通和非语言沟通,其中语言沟通又分为口头沟通和书面沟通。

1. 语言沟通

(1) 口头沟通。口头沟通是以口语传递信息的沟通,主要包括面谈、电话交谈、开会、讲座、讨论会、演说等。口头沟通是人们最常使用的信息传递方式。

口头沟通的优点包括用途广泛、灵活自由、交流迅速、反馈及时。在面对面交换信息的过程中,双方不但可以传递信息,而且可以传递感情、态度,特别是可以借助手势、表情等体态语言增强沟通的效果,即刻得到对方的反应,具有双向沟通的好处,且富有弹性、可随机应变。同时,由于是面对面的交流,双方有身临其境之感,比起看书面文字的东西要深刻,掌握的信息既丰富又准确。

口头沟通的缺点为对信息发送者的口头表达能力要求较高。如果信息发送者口齿不清或语言表达能力不强,就无法使信息接受者理解和把握其要表达的真实意图;口头沟通具有时效性,一过即逝、事后无据;如果接受者一时没听清楚,就没有办法弥补,不便再回头重新沟通。口头沟通还潜存很大的信息失真的可能性,尤其是在逐级的信息传递过程中,每个人都可以按自己的方式解释信息,当传到终点时,信息可能已"面目全非"。

(2) 书面沟通。书面沟通是以文字为媒体的信息传递,主要包括文件、报告、书面合同、备忘录、通知、内部刊物、公司手册、信函等。

书面沟通的优点包括:比较规范、信息传递准确度高、传递范围广、有据可查、便于保存。

书面沟通的缺点包括:比较呆板,不易随客观情况的改变而及时修正,不能像口头沟通那样随机应变,也不能得到及时反馈;沟通效果受到接受者文化水平的限制,阅读能力差的人往往理解不了;费时较长,花费 1 个小时写的东西可能只需 10—15 分钟就能说完。

2. 非语言沟通

非语言沟通是指以非口头和非书面形式进行的沟通,如刺耳的警笛,十字路口的红绿灯,谈话的语调、动作、表情等都是非语言沟通。体态语言和语调是日常沟通中使用最广泛的非语言沟通形式,如手势、面部表情和身体姿势等。作为一种辅助的沟通方式,非语言沟通非常有助于加强信息的传递。研究表明,在面对面的沟通中,信息的55%来自面部表情和身体语言,38%来自语调,只有7%真正来自词汇。恰当地使用非语言沟通形式可以提高沟通的效果。

对接受者来说,留意沟通中的非语言信息是十分重要的。在倾听信息发送者发出的语言意义的同时,还应注意非语言线索,尤其要注意两者的矛盾之处。例如,老板可能告诉你他有时间听你谈谈你的追求,但你所得到非语言信息却可能告诉你此时并不是讨论这一主题的有利时机。再如,无论一个人怎么说,如果他不停地看表就意味着他希望结束交谈。如果我们通过语言表达一种信任的情感,而非语言中却传递了相互矛盾的信息(如"我不信任你"),无疑就会使人产生误解。这些矛盾信息常常意味着"行动比语言更响亮"。一位成功的沟通者在强化语言沟通的同时,必须懂得非语言信息,而且尽可能地了解它的意义,磨炼非语言沟通的技巧,注意"察言观色"。

当然,非语言沟通也存在一些缺陷:它可能会泄露我们的秘密,内心世界往往难以掩饰;它很容易使人产生误解,因为每个人的风格不同;它们的含义也因不同的文化背景而不同,如在一些国家点头表示同意,另一些国家则相反;它们可能需要更长时间地重复进行才能被人理解。另外,非语言沟通的范围有限,往往只是在面对面范围内使用。

第三节　组织沟通

我们在上节讨论了人际沟通的话题,本节把主题放在组织沟通上,关注正式沟通网络、非正式沟通网络及电子媒介沟通等内容。

沟通网络是指信息流动的通道。这种通道有两种情况,即正式沟通网络和非正式沟通网络。正式沟通网络一般是垂直的,它遵循权力系统,并且只进行与工作相关的信息沟通;非正式沟通网络常常被称为小道消息的传播,它可以自由地向任何方向运动并跳过权力等级,在促进任务完成的同时,满足群体成员的社会需要。

一、正式沟通网络

正式沟通网络有五种类型:链形、Y形、星形、环形和全通道形。在组织中,正式沟通网络可以十分复杂,可能包括上百名员工和六七级以上的层级。为了简化讨论,我们把这些网络减缩为由五名成员组成的网络,如图13-4所示。

1. 链形网络

这是一个线性的网络,在这个网络中,相关层次非常清楚,信息由上至下或由下至上逐级传递,但沟通双方是单线联系,团体中心人物只和两名成员交换信息,再由他们与相近的成员进行沟通。链形团体网络,还可以是双链或多链结构。在链形网络中,每名成员只能向上或向下两个方向进行沟通,沟通的自由度和范围都比较小,信息层层传递、筛选,容易失真,各个信息传递者所接收的信息差异很大,平均满意度有较大的差距。

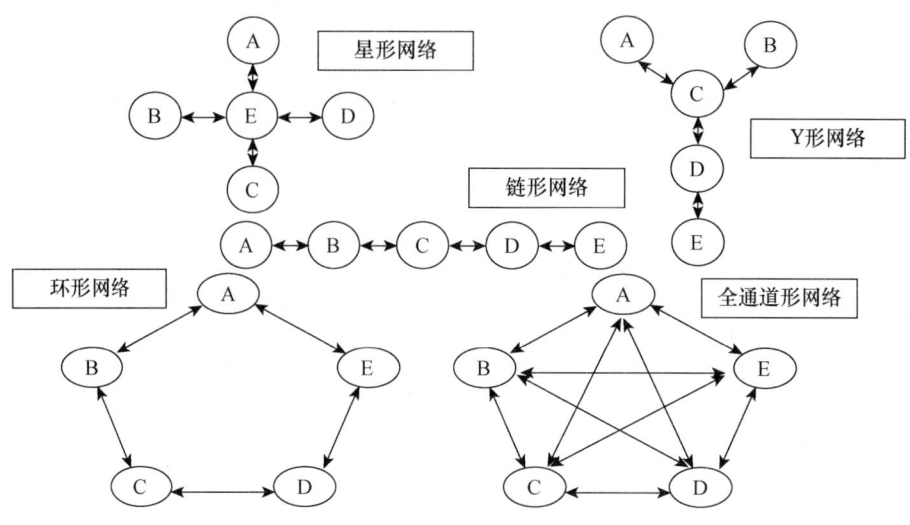

图 13-4　正式沟通网络类型

2. Y 形网络

这是一个纵向沟通网络,只有一名成员位于沟通的中心,被称为沟通的媒介。在组织中,这一网络大体相当于组织的高层领导者通过秘书班子再到下级主管人员的纵向关系。Y 形网络的集中化程度高,除中心人员外,组织成员的平均满意度较低。

3. 星形网络

星形网络属于控制型网络,只有一名成员是各种信息的汇集点与传递中心。在组织中,这一网络大体相当于一位主管领导者直接管理几个部门的权威控制系统。星形网络的集中化程度高,解决问题的速度快,组织成员的满意度较低。

4. 环形网络

环形网络形态可以看成链式形态的一个封闭式结构,在此结构中,成员之间的沟通较为自主和自由,相互之间形成一个封闭的环,每名成员都与其他成员直接或间接地发生关系或进行沟通。在环形网络中,组织的集中化程度较低,团体表现出平等关系,员工处于协商互助的状态,组织中成员具有比较一致的满意度。

5. 全通道形网络

这是一个开放式的网络系统,任何两名成员之间都处于平等的地位,可以直接沟通,每名成员都有完全的沟通自由。全通道形网络的信息沟通速度较快,是一种全方位的沟通结构,集中化程度较低。由于沟通渠道多,组织成员的平均满意度高且差异小,因此士气高昂,合作气氛浓厚。但是,由于这种网络渠道太多,易造成混乱,且费时、影响工作效率。

各种沟通网络的特点如表 13-1 所示。

表 13-1　五种正式沟通网络的比较

评价标准	链形网络	Y 形网络	星形网络	环形网络	全通道形网络
集中性	适中	较高	高	低	很低
速度	适中	快	快(简单任务) 慢(复杂任务)	慢	快
正确性	高	较高	高(简单任务) 低(复杂任务)	低	适中
领导能力	适中	高	很高	低	很低
全体成员满意度	适中	较低	低	高	很高
示例	命令链	领导任务繁重	主管对四名部属	工作任务小组	非正式沟通

二、非正式沟通网络

非正式沟通网络建立在组织成员的社会关系之上,即组织成员的社会—交互行为。非正式沟通网络与成员的专长、嗜好、习惯和兴趣有关,无一定规则可循,信息传递较为快速,并且一般是在无意识状态下进行。如果说正式沟通网络是按组织内部的层级划分而确定的渠道进行沟通,那么非正式沟通网络则是在正式沟通网络之外进行的信息交流。从手段来看,非正式沟通多采取口头的方式;从内容来看,非正式沟通虽然也涉及工作信息的交流,但更多的是感情、态度等心理信息甚至小道消息的交流。在组织中,有些消息往往是通过非正式渠道传播的,即组织中存在小道消息流通网。管理者应该了解本组织内部的各种非正式沟通网络,在必要的时候可以利用传播中的特殊人物(如小道消息的发布者),借用或抑制各种非正式沟通网络。如图 13-5 所示,常见的非正式沟通网络的结构形式有单线式、集束式、流言式和偶然式。

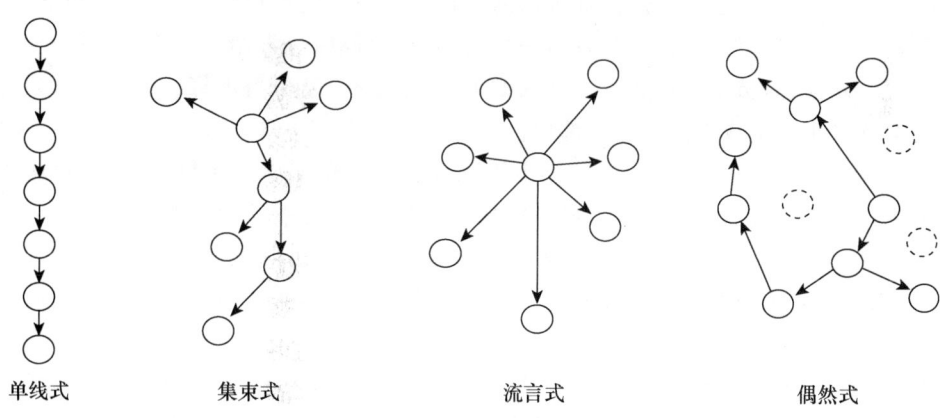

单线式　　　集束式　　　流言式　　　偶然式

图 13-5　非正式沟通网络的结构

1. 单线式

单线式是指信息由一个人传递给另一个人,通过一长串的人际关系来传递,而这一长串的人之间并不一定存在正规的组织关系。

2. 集束式

集束式是指信息发送者有选择地寻找一批信息传播对象,这些对象大多是与其亲近的人,而这些对象获得信息后又传递给自己的亲近者。因此,集束式是一种选择性很高的沟通形式,它把小道消息有选择地传递给自己的朋友或有关的人。

3. 流言式

流言式是指信息发送者主动寻找机会,通过闲聊等方式向其他人散布信息。

4. 偶然式

偶然式也称机遇式沟通,是在偶然的机会下把小道消息传播给他人,这些人又随时传播给其他人。偶然式沟通没有一定的路线,也不强调人们的有意传播,如道听途说。

三、信息技术辅助沟通

信息技术的出现,使得组织的沟通手段更丰富,沟通内容也更广泛,包括电子邮件、即时通信、内部网和外部网的联系及电话会议。

1. 电子邮件

电子邮件通过互联网收发文本和文件,发展速度极为惊人。事实上,美国有超过1亿成年人经常使用电子邮件(至少一天一次)。据估计,全世界每天发出的电子邮件近10 000亿封。这些邮件中很大一部分(高达70%,取决于垃圾邮件过滤器的质量)是垃圾邮件(他人主动发的电子广告或其他无用的信息)和网络钓鱼电子邮件(利用欺骗性电子邮件信息进行网络诈骗)。然而,对于多数人来说,之所以会忍受垃圾邮件是因为电子邮件是一种不可缺少的沟通方式。

作为沟通工具,电子邮件的好处可以列出很长一串。它可以快速书写、编辑和储存;点击鼠标,发送者就可以把信息分发给一个人,还可以同时分发给上千人;它可以使接受者在方便时阅读;向员工发送正式电子邮件信息的成本,仅相当于打印、复印、分发相同内容的信件或小册子成本的很小一部分。

当然,电子邮件也有缺点。当员工出于私人目的而使用电子邮件时,他们就无法集中精力工作。它还会减弱对顾客或同事的特别关注,这并不是个别现象。英国最富有的企业界大亨之一、Caudwell集团的首席执行官约翰·考德韦尔认为,电子邮件太容易使人分心,因此禁止员工在工作中使用电子邮件。他要求,总部和商店的管理人员与员工被限制使用电子邮件……虽然员工对禁令的反应各不相同,但考德韦尔声称顾客服务得到了改善。实际上,我们并不知道考德韦尔所说的"顾客服务的改善"是否由于取消了电子邮件。但是,最近的一项研究表明,来自顾客的大部分电子邮件会被忽视。在这项研究中,研究人员以顾客的身份、采用电子邮件的方式、向147家不同行业的零售企业提出购买产品或服务的要求,但51%的企业没有回复。或许正如考德韦尔所说的,电子邮件不利于顾客服务。

2. 即时通信

即时通信不再是十几岁青少年的专宠了。在青少年中流行了十多年的即时通信,现在正迅速进入商业活动。

即时通信本质上是实时电子邮件。员工建立一个他们与之沟通的同事和朋友名单，然后只需在电脑屏幕上的一个小窗口点击所显示的名字，键入信息，信息就会立刻传到接收人的屏幕上。人们越来越多地使用掌上即时通信设备，如手机、黑莓掌上电脑等。

即时通信是管理人员与员工以及员工之间保持联系的一种快捷且廉价的通信手段。家具零售商 Jennifer Convertibles 采用即时通信方式与遍布全美的 200 多家店的管理人员进行沟通。杰夫·温格是税务软件公司 Tax Technologies 的副总裁，他也采用即时通信方式管理遍布各地的软件开发人员及测试人员。温格说，即时通信把他日常的电话时间从 3 个小时减少到不足 30 分钟。但即时通信不会取代电子邮件，电子邮件仍然可能是传递需要保存的、篇幅较长的信息的更好工具。即时通信更适合传送一两行信息，在电子邮箱中，这样的信息会显得散乱。不过，即时通信的使用者发现，它存在技术性干扰和转移注意力的问题，因为即时通信的持续在线使得员工很难集中注意力。管理人员也表达了他们的顾虑：员工会使用即时通信和朋友或同事聊些与工作无关的问题。最后，由于即时通信很容易被入侵，很多组织也担心它的安全问题。

3. 内部网和外部网

内部网是组织范围内的专用信息网络，它看起来和用起来与互联网没有差别，但只有组织内部的人员才可以进入。内部网迅速成为一种令人喜爱的手段，公司内部员工可以相互交流。IBM 使用一种被称为 WorldJam 的内部网，公司 52 000 名员工能够在线上交流。通过使用内部网络，分散在世界各地的 IBM 员工可以就每一件事交换看法：如何留住员工，如何在不影响质量的前提下加快工作速度。

内部网的最新发展是采用高速无线网络接口（Wi-Fi）的形式，在组织内部进行电话联系。基于 Wi-Fi 的语音传输，员工可以通过相同的无线宽带网（组织的互联网接口）打电话和接电话。例如，BJ（美国的一家仓储俱乐部）的批发商俱乐部就在使用基于 Wi-Fi 的语音传输方式。这使得员工和管理人员之间、员工与顾客和供应商之间的交流变得更加容易。在占地面积超过 100 000 平方英尺的商店里，基于 Wi-Fi 的语音传输方式也让 BJ 的员工可以在店里的任何地方都能很容易收到信息。

另外，组织还建立了外部网，使内部员工与确定的供应商、顾客和战略合作伙伴保持联系。外部网能使通用汽车的员工向钢铁和橡胶供应商发出电子信息，同时也能使他们与代理商保持联系。同样，沃尔玛的供货商都与其外部网系统建立联系，从而使购买者可以很容易与其进行沟通；供货商还可以利用外部网监控沃尔玛产品的库存状况。

4. 电话会议

电话会议是一种内部网或外部网系统的延伸，使得组织中的员工可以和处于不同地点的人们一起开会。现场的音频和视频形象可以使成员之间相互看到、听到并进行交谈。实际上，电话会议技术使得员工完全可以不必亲自赶往同一会议地点参加会议。

20 世纪 90 年代末，电话会议基本上还需要在一间装有摄像头设备的特殊屋子里进行。随着在个人电脑中配备摄像头和微型电话，人们可以不用离开办公桌参加电话会议了。由于技术成本的大幅下降，电话会议很可能成为取代昂贵且耗时的商务旅行的方案。

第四节 有效沟通

一、有效沟通的内涵及特征

1. 有效沟通的内涵

有效沟通是指通过听、说、读、写等思维载体,以及演讲、会见、对话、讨论和信件等方式准确、恰当地表达出来,以促使对方接受。有效沟通主要指组织内人员的沟通,尤其是管理者与被管理者之间的沟通。

达成有效沟通必须具备两个必要条件:首先,信息发送者应清晰地表达信息的内涵,以便信息接受者能确切理解;其次,信息发送者应重视信息接受者的反应,并根据其反应及时修正信息的传递,免除不必要的误解。有效沟通能否成立,关键在于信息的有效性。信息的有效程度决定了沟通的有效程度。

2. 有效沟通的特征

(1) 沟通及时。及时就是不得提前或延后。沟通及时包括传送及时、反馈及时和利用及时三个部分。传送及时是指信息发送者应及时把信息发给信息接受者。反馈及时是指信息接受者在收到信息发送者发出的信息之后,应及时把情况告知信息发送者。再好的信息如果没有被及时利用就没有价值。利用及时是指信息接受者在收到并反馈信息之后,及时地利用了信息。

(2) 信息充分。充分就是足够、尽量的意思。信息充分要求信息发送者在发出信息时应全面、适量,发出的信息既不能以偏概全,也不能过量,而应做到恰到好处。以偏概全容易曲解信息的含义,一叶障目;过量的信息又会造成信息拥堵,接受者难以找到有用的信息。这就对信息发送者在选择拟发出的信息上提出了较高的要求。

(3) 信息不失真。信息失真是指信息失去本意或本来面貌,与原来的有出入。信息是否失真,是评价一个信息系统的运行质量与可靠程度的重要标准。只有不失真的信息,才能充分反映发送者的意愿,接受者才能正确理解信息,也才能取得预期效果。

二、有效沟通的障碍

有效沟通是指能够进行准确、及时和有效率的沟通,但任何信息在沟通过程中都可能被有意或无意扭曲、遗漏,从而使其准确性和完整性受到影响,出现失真现象。显然,这种沟通障碍不利于沟通的有效性。具体而言,沟通障碍既可能来自信息发送者,也可能来自信息接受者;既可能来自信息的输出过程,也可能来自信息的反馈过程;既可能来自编码的问题,也可能来自解码(译码)的失误;既可能是由于媒体选择与运用不当,也可能是由于时机把握不准。阻碍有效沟通的因素可以分为两个方面:沟通者(内部)的因素和沟通环境(外部)的因素。

1. 沟通者的障碍

(1) 过滤。过滤是指故意操纵信息,使信息更容易获得接受。我们身边最常见的过滤现象就是"报喜不报忧"现象,下级在向上级汇报工作的时候,故意投其所好,对事实进行加工,主要汇报取得的成绩,回避问题和过失。过滤的程度与组织的层级数目和文化有关。在组织中,纵向层级越多,过滤的可能性就越大,每一层级的管理者都故意截留部分信息或去掉对自己不利的信息。组织文化通过奖励系统,对这类过滤行为起到鼓励或抑制的作用。组织中的奖励越注重形式和外表,管理者越会有意识地按照对方的品味调整和改变信息。

(2) 选择性知觉。选择性知觉是指人们根据自己的兴趣、经验和态度而有选择地解释所看或听到的信息。在沟通过程中,接受者会根据自己的需要、动机、经验、背景及其他个人特点有选择地查看或收听信息。在解码过程中,接受者还会把自己的兴趣和期望带进信息中。例如,当一位经理认为某位下属工作表现一向很好的时候,他就很可能忽视那些能够证明该下属表现不佳的证据。

(3) 情绪。每个人常常会从工作中体验到喜、怒、哀、惧等不同情绪,这些情绪会使沟通双方在编码和解码过程中不由自主地带上情绪的色彩。不同的情绪体验会使人们采取不同的说话方式,也会使人们对同一信息的解释截然不同,极端的情绪更可能阻碍有效的沟通。这种状态常常使人们无法进行客观而理性的思维活动,而让一种情绪性的判断取而代之。因此,最好避免在很沮丧的时候对一信息做出反应,因为此时你已经无法清晰地进行思考了。

(4) 防卫。当人们感到自己受到某种威胁时,通常会以一种防卫的方式做出反应。这种防卫降低了取得相互理解的可能,这就是人们常说的"以暴制暴往往难以达到妥协的目标"。人们对威胁的防卫通常会表现在对对方进行言语攻击、讽刺挖苦、评头论足,以及怀疑对方的动机等行为上。当一方将另一方的意思理解为威胁时,他会很轻易地以有碍有效沟通的方式做出反应。

(5) 语言障碍。语言沟通是组织中人际沟通的主要形式,因此语言是沟通的一个核心问题。造成语言障碍的原因具体分为三种:一是语音差异,不同的地区有着各自的方言,不同民族、不同地区的人在交流时就往往会产生障碍;二是同样的词汇对不同的人来说含义是不一样的,词汇的意义不存在于词汇中,而存在于我们这些使用者中,不同地域、年龄、教育和文化背景的人对同一词汇的理解不尽相同;三是专业术语或行话,专业术语是同一领域的专业人员进行快速沟通的方式,如人力资源管理专业的学生把"工作分析"简称为 JA(job analysis),把"在职培训"简称为 OJT(on the job training),这些专业词汇对从来没有学过人力资源管理的人来说简直不知所云。

(6) 个体差异。个体差异是个体心理学的一个概念。在心理学上,人与人的差别主要包括个性心理特征差异(能力、气质和性格)和个性倾向性差异(需求、动机、爱好、兴趣、态度和价值观等)。中国人有一句俗语叫"酒逢知己千杯少,话不投机半句多",实际上就说明了个体差异对人际沟通具有很大的影响。个性开朗、外向、坦诚的人易于沟通,而与个性内敛、内向、含蓄的人沟通则比较困难,这是由人们之间的个性特征差异造成的。我们还发现,相近年龄的同性之间总是有很多话说,相同职业或兴趣爱好的人碰到一起不会担心没有话题,这是因为他们的个性倾向比较接近。个体性别的差异有时候也会导致沟通障碍。研究表明,男性用谈话强调状态,而女性通过谈话建立联系。也就说,男性的听和说表达一种状态与独立,而女性的听和说表示一种亲密与联系。因此,对大多数男性来说,谈话主要是在等级社会保持独立和地位的一种方式;而对女性而言,谈话是获得支持和肯定的一种谈判方式。

2. 沟通环境的障碍

(1) 沟通距离。沟通双方占有一定的空间,并且需要保持一定的沟通距离。沟通距离一般可分为物理距离和心理距离。在一般情况下,物理距离能够反映心理距离。美国学者爱德华·霍尔(Edward T. Hall)研究了美国人人际沟通中物理距离与心理距离的关系,发现美国人的沟通距离可以分为四种:亲密距离(1.5 英寸)、个人距离(1.5—4 英寸)、社会距离(4—12 英寸)和公共距离(12 英寸以上)。如果某个组织想要促进员工个体间的关系,就应该在物理空间上将员工安排得紧密一些。一般地说,近距离的员工拥有更多的接触机会,易形成较持久的关系,所进行的沟通也就越多。需要指出的是,不同文化下的沟通距离具有特别重要的意义。例如,英国人与人交谈时希望保持一个手臂的距离,阿拉伯人与人交谈时却几乎可以感觉到对方的鼻息,而日本人在大笑的时候总要捂住嘴以免口气触及对方。

(2) 沟通渠道选择。组织中的沟通渠道多种多样,每种沟通渠道能够承载的信息各不相同,选择什么样的沟通渠道,应综合考虑沟通的目的、沟通对象的特点和技术条件等。沟通渠道障碍主要有以下几个方面:① 选择沟通媒介不当。例如,对于重要事情而言,口头传达效果较差,因为接受者会认为"口说无凭""随便说说"而不加以重视。② 几种媒介相互冲突。当信息以几种形式传送时,如果相互之间不协调,就会使接受者难以理解信息内容。例如当领导表扬下属时,其面部表情很严肃甚至皱着眉头,就会让下属感到迷惑。③ 沟通渠道过长。组织机构庞大、内部层级多,从最高层传递信息到最低层,或者从低层汇总情况到最高层,如果中间环节太多,就容易使信息损失较大。④ 外部干扰。信息沟通过程经常会受到自然界各种物理噪声、机器故障的影响或为其他事务干扰所打扰,也会因双方距离太远而沟通不便,从而影响沟通效果。

(3) 信息超载。每个人在有限时间里处理信息的能力是有限的,当面对的信息量超过我们能够处理的信息量时,就会出现信息超载,而信息超载会严重地降低沟通效率。伴随着接收电子邮件、电话、传真及参加会议和阅读专业资料的需要,形成了如此巨大的数据,以致人们无力处理和传送这些信息。面对信息超载的情况,人们倾向于筛掉、轻视、忽略或遗忘某些信息,这样必然会降低沟通效率。因此,管理者必须学会管理时间,科学安排自己的时间,抓住信息的重点内容,避免信息超载而引发的沟通不畅。

(4) 文化差异。随着全球化的到来和跨国公司的发展,许多组织出现了不同文化背景的雇员一起工作的现象,跨文化进一步增大了沟通的难度。不同文化背景下的人,其沟通方式也是不同的。以倡导个人主义的美国和强调集体主义的日本为例。在美国,沟通类型倾向于以个人为中心,而且语义明确。美国的管理者喜欢用备忘录、通报、职务报告及其他正式的沟通手段阐明他对某一问题的看法。而在日本,相互之间的互动关系更多,而且人际间的接触更倾向于非正式的。日本的管理者在有关问题上更多是先以口头协商方式与下属沟通,然后起草一份正式的文件说明已达成的共识。

三、有效沟通的途径

为了减少或克服人际沟通过程中的障碍和干扰,提高沟通的有效性,我们可以从以下几个方面入手:

(1) 调整信息流。信息超载会造成管理者顾此失彼,为了减轻信息超载,组织有必要建立例外管理制度,以确保传到管理者那里的是重要的信息,并使更重要的信息优先送达。这种方法要求调整信息的数量与质量;同时,由于组织中不同的人对信息的要求也不同,还要根据受众调整信息。对基层主管来说非常重要的东西对中层管理者并不是同样重要的。员工需要的信息类型十分不同,获得信息最有效的途径也不相同,管理者应该认识到这一点,并相应地设计沟通方案。

(2) 利用反馈。很多沟通问题是由误解或理解不准确造成的。如果管理者在沟通过程中使用反馈回路,就会减少这类问题的发生。这里的反馈可以是语言的,也可以是非语言的。当一位管理者问部下:"您听懂我的话了吗?"部下的回答就是一种语言反馈。语言反馈还可以使用更加巧妙的方法,如通过综合评价使管理者了解接受者对信息的反应。而绩效评价、调整薪资、晋升等是组织中非语言反馈的重要手段和方法。

(3) 简化用语。由于语言可能成为沟通的障碍,因此管理者应选择好措辞并注意表达的逻辑,使发送的信息清楚明确,易于接受者理解。在人际沟通中,正确的语言表达应做到:① 语义明确,切忌模棱两可、拖泥带水;② 措辞得当,通俗易懂,切忌滥用词藻,如空话、大话、套话,尽量少用专业术语;③ 言之有据,条理清晰,富有逻辑性;④ 尽量使用短句。

(4) 积极倾听。由于信息在沟通中会出现失真,因此有效的沟通要求积极倾听。所谓积极倾听是指不带有先入为主的判断或解释地接受信息的完整意义,因此它要求听者全神贯注。一般而言,人们说话的速度是平均150个字/分钟,而倾听的速度可以达到或超过400个字/分种,两者的差值显然为大脑提供了神游四方的机会。美国学者罗宾斯提出积极倾听的几种方法:不要多说、共情(让自己处于发送者的位置)、目光接触、赞许性地点头及恰当的面部表情、提问、避免分心的举动或手势、复述、避免中途打断说话者。

(5) 控制情绪。管理者并不总是能以完全理性的方式进行沟通的,不良的情绪会严重阻碍信息的传递,使信息失真。因此,当沟通双方中的一方情绪失控时,最简单的办法就是暂停进一步的沟通,直至其恢复平静。

(6) 营造良好的沟通氛围。人际沟通常常受到沟通双方个体差异的影响。营造合适的沟通环境有利于消除这种个体间的差异性,会对信息的发送方和接受方的情绪产生积极的影响。对于个体差异性较大的人际沟通,营造积极的沟通氛围更容易取得好的沟通效果。例如,在与专业技术人员进行沟通时,如果能够熟练使用专业语言并积极营造一种技术交流氛围,就会很容易得到他们的认同,从而取得期望的沟通效果。

☐ 重要概念

非语言沟通	链形沟通	书面沟通	Y形沟通
非正式沟通	平行沟通	下行沟通	有效沟通
沟通	全通道形沟通	信息技术辅助沟通	语言沟通
沟通网络	人际沟通	星形沟通	正式沟通
环形沟通	上行沟通		

☐ 本章概要

沟通是信息的交流,是信息通过一定的方式由发送者传递至接受者并为接受者所理解的过程。

沟通过程模型包括九个要素,即信息源、编码、渠道、接收、解码、客体/接受者、反馈、噪声、情境。

正式沟通是指在组织或群体中,按照明文规定的渠道进行的、与工作相关的信息的传递和交流。

非正式沟通是指组织或群体中除正式沟通外一切信息的传递和交流。非正式沟通与组织结构和层级没有关系,它以社会关系为基础。

上行沟通是指沟通时信息从组织或群体下级流向组织上级。

下行沟通是指信息从组织或群体上级流向组织下级。

平行沟通是指信息在组织或群体的同级之间、相同层级的群体与群体之间、相同管理层级之间的流动和传播。

人际沟通有一种基本方式:语言沟通与非语言沟通。

语言沟通是指使用正式语言符号进行的沟通,包括口头沟通和书面沟通。

非语言沟通是指通过身体动作、体态、表情、衣着打扮、语气语调、空间距离等方式进行的沟通。

正式沟通网络有五种类型:链形、Y形、星形、环形和全通道形。

非正式沟通网络常见的结构形式有四种:单线式、集束式、流言式和偶然式。

由于信息技术的出现,使得组织的沟通手段更丰富,沟通内容也更广泛,包括电子邮件、即时通信、内部网和外部网的联系及电话会议。

有效沟通是指通过听、说、读、写等思维载体,以及演讲、会见、对话、讨论和信件等方式准确、恰当地表达出来,以促使对方接受。

阻碍有效沟通的因素分为两个方面:沟通者(内部)的因素和沟通环境(外部)的因素。

思考题

1. 沟通的概念是什么？如何理解这个概念？
2. 试述沟通在管理中的作用。
3. 谈谈沟通的过程。这一过程包括哪些要素？
4. 比较正式沟通与非正式沟通。
5. 按照沟通方向，沟通分为哪几种？请举例说明。
6. 非语言沟通包括哪些方式？
7. 简述人际沟通的概念及特征。
8. 人际沟通常见的方式有哪些？
9. 正式沟通的网络有哪几种？这些网络有何不同？
10. 信息技术辅助沟通有哪些方式？你最常用哪一种方式，试述其优缺点。
11. 阻碍有效沟通的障碍有哪些？哪些障碍是来自沟通者自身的？哪些障碍是来自沟通环境的？
12. 论述克服有效沟通障碍的途径和方法。

实训题：情境模拟

假设你碰到以下几件比较麻烦的事情。我们把这些事情的发生看作一个情境，当你面临这样的情境时，如何通过恰当的沟通方式去解决？

讨论要求：根据下面描述的每个情境，组织模拟一次沟通以解决面临的问题。具体步骤为：

1. 由你和小组中另一位同学（或几位同学，可根据设计安排）承担下面情境中的对应角色，可以简要商量如何沟通的思路，但以即兴为主来准备沟通；
2. 正式进入角色，进行情境模拟；
3. 请小组内其余同学对模拟的沟通过程进行评述，指出其中的优点和不足；
4. 小组4—5位成员再共同讨论解决这些问题的方法；
5. 对照个人的思考、情境模拟和小组讨论，总结出以后处理这些情境的可操作性方案。

情境一：如何处理上级领导的越级管理问题

我是公司里负责某项工作的经办人员。因为此项工作对公司来说十分重要，公司主管副总黄炯很重视，经常越过我的直接领导——部门经理王永明，亲自向我布置任务。王永明是职级观念比较强的人，为避免王经理有不满情绪，我主动向他汇报工作进度，再由王经理向黄副总汇报。由于任务很复杂，需要不断修正完善，而王经理对情况不熟悉，当王经理向黄副总汇报时，常常出现信息传递迟滞或表达不清等问题。黄副总很不满，就把我叫去，要我直接对他负责，下次直接向他汇报并没有就这个事情与王经理沟通。几天之后，当王经理问我工作进度时，我变得很为难：我应该如何向王经理说明今后将由我直接向黄副总汇报？

情境二：如何做好与资格较老同事的配合

在这个部门里，我与老王做相同的工作。因为老王资格较老，又一直没有得到提升，心态不太好，工作积极性始终不高，有任务下来就总是推给我做，还美其名曰"他给我做好后续的把关工作"。由于老王从事本工作的时间较长，有一定的经验，当我向直接领导反映"工作任务分配不均导致工作效率不高"时，领导就说："他是老同志，年轻人应该多做点、多学点，有些工作可以让老王事先指导一下，免得走弯路。"这完全违背了我原来希望与领导沟通关于工作量分配不均的初衷。

情境三：如何与这样的上司相处

张敏的上司是一位管理细致的领导，每次布置任务，对非常具体的细节都有所要求，完全按照他的思路和模式处理每一项工作，员工没有任何的创新空间。有几次，张敏就某个方案、根据自己的观念做了创新，而没有完全按照上司的思路设计，事后也向上司陈述了自己的理由，她解释说按照这样的思路可以更快、更好地完成此项工作。但上司还是认为，这是不按规矩办事，予以否决。张敏觉得非常不满，工作积极性大大受挫。但目前，张敏对于公司氛围、所从事专业及收入还比较满意，不想因为不适应上司的工作特点而调换部门或跳槽。于是，张敏不得不考虑：如何做好与上司的沟通，使自己能在工作中发挥创造性和主动性。

案例分析

来自著名广告设计师卡特赖尼·洛佩斯的声音

无论何时，当着手一个新项目时，我们应该从分析听众入手。我们正在和谁谈话？他是什么人？是男性还是女性？他们的年龄有多大？他们的成长环境是怎样的？他们的家庭及经济状况如何？掌握以上信息有助于我们形成一个针对消费者的大体目标。

一旦确定了目标听众，我们就能考虑怎样才能影响他们。如果未来的目标听众没见过产品，现场交货就没有任何意义。电视节目会影响这些听众吗？如果不能，有其他方法可以影响他们吗？是印刷品、电视还是广播？最主要的是这些媒体的预算是多少？

当得到以上所有问题的答案后，我们就可以形成一个有创意的归纳。消费者的"受益处"总是讨论的主要问题。既然已经知道目标听众是谁，你怎样"创造"一些能够吸引他们的信息呢？你怎样使用相应的方法使他们了解产品带来的利益呢？真诚地与听众接洽是一个良好的开端，构想出广告所说明的问题并为之努力。请记住：要简洁明了。

什么是好的创意？这一直是并将继续成为一个有意义的话题。好的创意并不是告诉人们一些看不见的东西，而是向他们展示他们想看的东西。这个答案一直就摆在我们面前。感觉很简单，其实不然。

我们中的一些人靠运气做到了这一点。相当少的一些人的确很出色，但大多数人是付出了很大努力才达到的。试想你的听众是谁，然后进行换位思考。这要花费大量的时间并付出不少的努力。任何人都会制作广告，但很少人能够制作有效的广告。

制作有效的广告需要信息,这类信息必须在人与人之间、部门与部门之间进行沟通。因此,良好的沟通技巧是必要的——尤其在当今电子时代,面对面的交流日益减少。某个机构所收集的信息,如果不能清楚地传递给相关人士就是无用的。清晰地沟通远比广告本身有用,而要成为沟通专家,我们讲的任何话、写的任何东西都必须尽可能地清楚表达。

讨论题

1. 沟通的本质是什么?
2. 结合案例说明如何激发受众的兴趣?有哪些策略?
3. 什么是有效沟通?有效沟通有哪些特征?

第十四章 团队管理

【内容提要】

本章概括性地介绍团队的概念、特征及发展阶段,团队管理,团队绩效测评与团队激励,以及团队的冲突管理等基本问题,同时探讨了对于不同类型团队冲突的管理策略与艺术。

【学习目标】

1. 掌握团队的定义,了解团队的特征与类型,了解团队的发展阶段。
2. 理解团队建设的任务。
3. 熟练掌握团队绩效测评的过程,了解团队激励的模式和原则。
4. 理解并掌握如何进行团队冲突管理。

引例

波音公司的设计团队

世界500强之一的波音飞机制造公司(以下简称"波音公司")在飞机设计工作中采用了能够自我调节、相互约束的工作团队模式。在此之前,波音公司的设计与生产顺序为:首先,由设计人员提出设计建议;其次,由生产人员提出修改意见;最后,由客户服务人员提出用户反馈。这种"滚雪球"式的工作方式,导致了低效率和高成本。波音公司将团队的工作方式用于新型波音777双引擎飞机的设计与开发。这种新的工作方式使得许多员工参与到飞机的设计与开发工作中,包括设计人员、生产专家、维修人员、客户服务人员、财务人员,甚至顾客。波音公司把每8—10人组成一支小团队,由这些小团队从头到尾地负责飞机的设计以及生产的各个环节。在这一过程中,波音公司的客户代表提出了上千条设计建议,维修人员也提出了近百条建议,使得波音777飞机的价格更便宜、质量更高。

实行团队工作方式之前的波音777飞机的设计有一大不足:有的客户愿意使用传统的直翼飞机,不愿订购折叠式翼尾飞机。波音公司对此声明,尽最大的努力满足所有顾客的需求——提供固定和折叠机翼两用的飞机。为了实现这一承诺,波音公司的设计人员与生产人员密切合作,创造出一种新的生产方式——"工作团队"模式,使生产人员能够利用同一套工具制造直翼和折翼,比较容易地解决了固定和折翼两用飞机的生产工艺问题,由此满足了不同顾客的需求。

第一节 团队概述

一、团队的概念与构成

1. 团队的定义

在管理学范畴中,学者们关于团队的解释大同小异。美国管理学家斯蒂芬·P.罗宾斯认为,团队是指为了实现某一目标而由相互协作的个体所组成的正式群体。国内学者普遍认为,团队是由员工和管理层组成的共同体。该共同体合理利用每一名成员的技能和知识协同工作,解决问题,达到共同的目标。总的来说,团队就是由两个或两个以上的成员按照一定规则组成的群体,团队成员之间相互合作、相互依赖,彼此紧密联系并承诺共同工作以达成某一特定的工作目标。

然而,并非所有共同工作或紧密联系的人都属于一支团队。也就是说,一群人在一起构不成一支团队,一群人在一起共同做一件事情也构不成一支团队。团队需要明晰的组织结构和明确的目标,每名成员有明确的职责。简单地说,团队就是为了达到的目标而在一起工作且具有高度组织性的一群人。构成团队的人在信息、资源和技能方面是相互依赖的,他们积极协作、共同努力以达到一个共同的目标,而且共同达成的绩效水平远大于个人绩效的总和。

工作团队不同于工作群体(见表14-1)。所谓群体,是指为了实现某个特定的目标,有两个或两个以上个体的组成的整体组织。在优秀的工作群体中,成员之间有着一种相互作用的机制,他们共享信息,做出决策,帮助在其中的其他成员更好地完成任务。这其实蕴含着一些团队的精神。但是,在工作群体中的成员,不存在积极的协同机制,因而群体是不能够使他们整体的绩效水平大于个人绩效之和的。

表14-1 工作群体与工作团队的对比

区别	工作群体	工作团队
领导	明确的领导者	分担
目标	由组织设定并分配	可自发形成
协同程度	中性(有时消极)	积极
责任分担	个体化	个体的并且是共同的
技能	随机或不同的	相互补充
结果	个人产品	集体产品
结构形式	分散的点状分布	协同的网络化分布

资料来源:〔美〕斯蒂芬·P.罗宾斯.组织行为学(第7版)[M].北京:中国人民大学出版社,1997.

2. 团队的重要性

如何有效地调动企业员工的工作积极性和创造性并持续提高其工作绩效水平是管理工作的核心。随着知识经济时代的到来和全球一体化趋势的发展,企业面临的竞争越来越激烈,外部市场环境越来越复杂多变,企业工作任务之间的相互依赖性和技术复杂性不断提高,企业内部的工作方式、组织结构也应当相应地变化。企业要想在激烈的竞争中站稳脚跟,获取和保持竞争优势,实现企业战略目标,就需要更为灵活和高效的组织形态。

利用团队就是有效的方法之一(Scott,1999)。团队的优势在于富有效率和灵活性,能够最大限度地发挥员工的专长,能够同时应对多个项目并降低错误发生的概率,简化操作流程,有助于提高产品质量、服务品质、团队成员满意度及顾客满意度。此外,基于团队的工作系统之所以受到各类组织的欢迎,是因为其可以灵活应对工作性质的变化。总之,团队对组织达成期望的结果有着十分重要的意义。调查显示,目前68%的美国小型制造企业采用团队方式进行生产管理,而几乎所有的高科技企业在新产品设计和应用、新产品推广和营销中采用项目团队的组织形态。例如,微软公司就是采用团队方式完成了大量软件开发设计项目。

3. 团队的构成

团队由五个重要因素构成,简称"5P"。

(1) 目标(purpose)。每个团队都应该拥有一个既定的目标,为团队成员导航,使他们知道自己将要去往何处。没有目标的团队是没有存在意义的。

(2) 人员(people)。个人是组成团队的细胞,一般而言,两人以上才可构成团队。团队目标是通过其成员来实现的,因此人员的选择在团队建设与管理中是极其重要的。

(3) 团队定位(position)。团队的定位包含两方面含义:一是团队整体的定位,包括团队在组织中处于什么位置,由谁选择和决定团队的成员构成,团队最终应当对谁负责、由谁监督,以及团队采取何种方式激励成员等;二是团队中每个人的定位,包括成员在团队中扮演什么角色。

(4) 职权(power)。团队的职权取决于两个方面:一是整个团队在组织中拥有什么样的地位及决定权;二是组织的基本特征,如组织的规模、业务范围等。

(5) 计划(plan)。从团队的角度来看,计划包含两层含义:一是由于目标的最终实现需要一系列具体的行动方案,因此可以把计划理解成目标的具体工作程序;二是按计划进行可以保证团队工作的顺利完成。只有在计划的规范下,团队才能一步步贴近目标,进而实现目标。

二、团队的特征与类型

1. 团队的特征

与一般的工作群体相比,团队有五项关键的决定性特征。

(1) 存在是为了达成共同的目标。团队存在的意义在于达成共同的目标。简单地说,团队是要做事情的,团队成员要为团队的成果承担集体责任,并获得某种形式的集体回报。

（2）职责明确。团队对每位成员的工作职责范围划分得很明确，并且规定了信息的出口和入口，具有严格的工作流程；而一般群体中每位成员的具体工作往往由部门经理随意安排。

（3）相互依赖程度高。相互依赖是团队合作的标志，是指团队成员必须依靠彼此的协作达成共同的目标。相互依赖也分若干种，如团队成员依靠他人获取信息、专业技术、资源等。而工作群体则是大家聚在一起工作，彼此间的依赖程度不高。

（4）成员都有决策权。由于团队成员要对自己的岗位负责，因此他们一般会拥有一定的决策权，可以直接向组织决策层反映意见。而在一般群体中，成员往往听从本部门管理者的工作安排，成员有意见也往往只能反映到部门经理，很难到达决策层。

（5）信息沟通充分。由于团队的组织结构是网络状的，各个结点之间可以相互沟通。因此在团队中，信息沟通的方向往往是平行的。而一般群体的信息沟通则依据组织的层级结构，按"自下而上"再"自上而下"的垂直方向进行。

2. 团队的类型

（1）问题解决型团队。在团队出现的早期，大多数团队的组建只是单纯地为了解决问题。这些团队由同一个部门的若干名员工临时聚集而组成，一起讨论如何进行工作安排、改进质量、提高生产效率、加强客户服务及改善员工工作环境等。但是，这些团队对自己的讨论结果所形成的意见和建议，并不具备单方面采取行动的决策权。

（2）自我管理型团队。在自我管理型团队中，团队领导者负责确立团队的总体目标，但团队可以自行选择实现目标的方式。自我管理型团队被赋予了更多的自主权，因而常常能振奋员工士气，具有较高的积极主动性，也有利于降低员工缺勤率与减少人员流失。这个模式的缺点在于团队领导者对工作流程及产品的控制权被削弱，很难评估工作进度。

（3）自我设计型团队。自我设计型团队由负责完成目标的成员自行确定目标与实施路径，团队管理者仅仅负责团队与其所属组织的信息联络。自我设计型团队的创新潜力巨大，可以增强成员努力实现目标的积极性，并为组织学习与工作改进提供了可能性。但是自我设计型团队极其耗时，成员之间的协调难度较大，组建成本很高，而且很难监督其工作流程。自我设计型团队尤其适合那些复杂、难以定义的问题及未来规划。

（4）虚拟型团队。随着通信技术的普遍应用，一种新型的团队形式应运而生，这就是所谓的虚拟型团队。虚拟型团队是一种以虚拟组织形式出现的新兴工作组织模式，是一些人因拥有共同理想、共同目标或共同利益，结合在一起所组成的团队。虚拟型团队只需通过电话、网络、传真或可视图文来沟通协调、共同讨论、交换文档，便可以分工完成一份事先拟好的工作。换句话说，虚拟型团队是在虚拟的工作环境下，由处理实际工作的真实的团队成员所组成，并能够在虚拟组织内各成员的相互协作下提供更好的产品和服务。

各种团队模式各有利弊，管理者在组建团队时有必要了解各种模式的利弊，以及促使它们有效运作的基本条件。

三、团队的发展阶段

团队是由员工和管理层组成的一个生命共同体,该共同体合理利用每一名成员的知识和技能来协调工作、解决问题,以达成共同的目标。一般来说,一支团队从组建成立到发展壮大,再到最后调整或消亡经历了创建期、震荡期、规范期、成熟期和调整期五个阶段。

1. 创建期

在团队的创建期,团队领导者面临两项工作任务:一是构建团队内部的结构框架;二是建立团队与外界的初步联系。

第一,团队管理者应对团队组建进行深度思考,这些问题包括:(1)创建者要确定团队的目标和任务,并思考创建一个什么样的团队,即团队的类型及功能;(2)本团队应该控制在多少人的规模;(3)团队成员各自的角色是什么;(4)团队适合采用什么样的组织形式。对于这些问题,创建者必须拿出一个明确的规划。如果规划不明确,在选择团队成员的时候就会出现匹配不当的问题。

第二,建立团队与外界的初步联系,可以通过以下几个步骤来实现:(1)建立团队与企业的联系;(2)确定团队的权限;(3)建立团队与外部的联系及协调关系;(4)获得资源,利用授权。

这一时期的表现将奠定团队领导者的威望和影响力。因此,团队领导者应重点做好三个方面的工作:一是宣布企业和管理者对团队的期望,明确团队存在的意义和使命,增强团队成员的责任感和使命感;二是与团队成员一起明晰团队的愿景和奋斗目标,引导团队成员将自我实现与团队的目标有机地结合起来;三是提供团队所需的信息,并创造条件帮助团队成员加强对彼此的认知和了解。

2. 震荡期

团队创建之后,成员们彼此的性格特征和行为风格上的差异会逐渐暴露出来,隐藏的问题也逐渐显现。例如,一些成员对团队的愿景和目标产生怀疑,内部冲突开始出现并随时有加剧的可能;一些成员对团队的规则产生抵触,对其他成员开始指责、抱怨,人际关系变得微妙复杂。这是团队管理最关键、最危险的阶段,也是对团队领导者的考验最严峻的阶段。

产生震荡的原因可以归结为以下三个方面:(1)成员与成员之间的冲突,来自成员之间固有价值观、知识结构、思维方式、经验、行为等方面的差异;(2)成员与环境之间的冲突,表现为团队成员不适应团队的工作环境、操作流程等,团队成员与团队的规范、制度之间常常发生冲突,团队成员与企业其他部门之间的关系不顺畅等;(3)不同观念与行为之间的冲突,主要表现在新团队的理念、价值观和行为规范与成员自身固有的观念、行为之间的摩擦。

此时,团队的管理者应适时调整团队工作。首要面临的任务就是安抚人心,这是保障团队顺利度过震荡阶段的首要问题。管理者应细心观察成员之间的关系演变,适时地调节团队成员之间、成员与环境之间的摩擦和冲突。如何在认识到冲突的基础上妥善处理冲突,这需要管理者向团队成员耐心解释所遇到的问题、疑惑及困难,并鼓励团队成员对有争议的问题发表自己的看法,积极进行有效的沟通。然后是建立工作规范,适度向团队授权,鼓励团队成员参与重大问题的决策。

3. 规范期

螺旋式上升是任何事物变化发展的必然趋势和显著特征。在团队经过一段时间的震荡之后,团队内部成员之间的沟通之门打开,彼此的信赖程度加强,人际关系由分散、矛盾逐步走向凝聚、合作。同时,团队的组织结构也趋于稳定,工作流程和规范逐步形成,各项活动也有序地开展起来,我们可以称之为规范期。在这一时期,团队成员之间形成较为紧密的关系,彼此之间保持积极理解的态度,注意力开始转移到团队的工作任务和目标上,并就团队未来的发展进行建设性的探讨。同时,团队成员相互之间的默契与配合已经形成,随着对团队内外环境、设施、规范的熟悉及适应,大家的工作得心应手,工作效率大大提高。

然而,团队在发展的同时,也会遇到一些问题。例如,在工作的实施过程中,成员怀有挫折感和焦虑感,对目标能否完成失去信心,或者团队成员因为害怕遇到更多的冲突而不愿提出更多的建议等。在这一时期,团队成员的士气也可能出现一些波动。

4. 成熟期

在经过震荡和快速发展之后,团队趋于稳定和成熟,团队的共同价值观逐步形成。在共同价值观和团队精神的指引下,团队成员能顺利地化解工作中的冲突,人际关系十分融洽。团队的工作特色逐渐形成,团队成员的工作技能和工作效率也大大得到提升并趋于稳定,他们有了一定的决策权,能够自由分享组织内的信息,收获了完成任务的使命感和荣誉感。此时,团队处于高产出、高效率、高凝聚力的鼎盛时期,也是团队结构最为稳定的时期。

团队领导者相对轻松,但并不意味着可以高枕无忧,他要对团队可能出现的骄傲自满、固步自封的情绪保持高度的警觉。首先,领导者自己不能自满与自负,要有更高的目标和追求,努力探寻如何保持团队高产、高效的路径和方法;其次,领导者应与团队成员一同树立问题意识,不断改进团队工作的流程,挖掘人力、物力的最大潜能;再次,领导者应促进团队成员做出更高、更强的目标承诺,提出更富有挑战性的目标,让大家在奋斗中实现自我;最后,领导者应鼓励冒险,容忍失误,宽容失败,以制度创新刺激所有成员的创新激情。

5. 调整期

随着工作任务的完成和团队目标的实现,很多团队会进入调整期,而且不同的团队在调整期有着不同的遭遇。对于那些为了解决某个特定问题而组建的团队来说,伴随着任务的完成,它们可能面临终止或解散。此时,团队管理者应善始善终,做好各项收尾工作,处理好各种遗留问题,尤其是团队成员的待遇和归队后的工作安置问题。有的团队会暂时中止,修整一段时间后继续工作。例如,一些实行人员轮岗制的工作团队,在一定的工作周期结束之后,既可能面临原来的部分成员退出,也可能发展新成员。有的团队会整顿或变革。当高速发展的团队遭遇瓶颈,抑或团队业绩不佳、管理混乱时,可以暂时进入整顿状态。在这种情形下,团队领导者应带领团队成员进行反思,找出问题及差距,提出今后努力的方向及变革措施等。

在团队的中止阶段,应当对团队的活动规范进行分析,总结经验。首先,要明确团队已经形成的工作规范,尤其是那些起着消极作用的规范;其次,绘制"规范剖面图",掌握与规范有差距的内容;最后,优化团队规范并制度化,经过充分的民主讨论,制订系统的改革方案,实施改革措施并跟踪评价。在这一阶段,团队成员的反应差别比较大,有的沉浸于团队的成就中,有的则很失落,为团队中融洽的合作关系不能继续而惋惜。作为团队的管理者,必须关心团队成员的情绪反应,做好善后工作。

第二节 团队的建设与管理

一、团队管理

团队管理(team management)是指在一个组织中根据团队成员的工作性质、能力组成各种小组,参与组织各项决定和问题解决等事务,以提高组织生产力和达成组织目标。团队管理是利用成员的专长,鼓励成员参与及相互合作,致力于组织发展,是一种合作式管理,也是一种参与式管理。

随着组织工作的复杂性日益增大,很多工作很难依靠个人独立完成,必须有赖团队合作才能发挥力量,所以团队管理具有时代需求性。组织若能善用团队管理,则对于激发成员潜能、协助问题解决、增进成员的组织认同、提升组织的效率与效能具有一定的帮助。团队管理需要管理者制定相关的规章制度,建立共同的团队目标,营造良好的工作氛围,激发团队成员的潜能,以达到提高工作效率的目的。

团队管理的基础在于团队,其成员可从2人至25人之间,理想上控制在12人以内为宜。若成员在能力上具有互补性,形成异质性团队,则效果较佳。因为这便于成员们从不同的角度思考或讨论问题,激发更有创意或独特的问题解决方式。团队建立适当与否,直接影响团队管理的成效。在管理实践中,经验丰富的管理者大多认为自己的成功在很大程度上取决于有效地建立并维护了一支运转良好的团队,并且保证团队在较长时间内表现优异。

1. 优秀团队的基本特征

21世纪是团队运作的时代,未来的组织形式是充满活力的团队。随着学习型、智能型组织理念和实践的兴起,许多国际大企业纷纷把团队工作方式引入生产经营过程中。美国《财富》杂志最新的统计资料表明,在世界500强企业中,80%以上在倡导团队工作方式。由此可见,团队工作方式已经成为企业和其他组织生存与发展的一种必要手段。那么,能否打造出一支高凝聚、高绩效的团队,是展现企业领导者管理水平高低的试金石。一般来说,一支高效的团队应该具备以下十个基本特征。

(1) 明确的目标。团队目标已经分解成个人目标,团队成员能够清楚地了解所要达到的目标,以及目标所包含的重大现实意义。每名成员的角色和任务都十分明确,并且能够自觉将团队目标的实现与个人价值的实现联系起来。

（2）具备相关的技能。每支团队的构建都是将一系列互补的知识和技能结合起来的过程。因此，团队成员应当具备实现目标所需的基本技能，并能够良好合作。

（3）相互间的信任、支持、鼓励。每个人对团队内其他成员的品行和能力确信不疑，成员之间彼此信任、相互理解、相互尊重，能够接受不同的意见和批评。在遇到困难时，团队成员相互鼓励、相互帮助，关系融洽。

（4）共同的诺言。这是团队成员对完成目标的奉献精神。团队成员对于共同制定的规则和规范都能够自觉遵守、步调一致。

（5）良好的沟通。团队成员之间拥有畅通的信息交流，愿意开诚布公地表达自己的想法。不同的意见和观点都会得到团队领导者的重视，成员们也能够积极主动地聆听其他成员的意见。

（6）谈判的技能。在一支高效的团队内部，成员之间的角色是经常发生变化的，这要求团队成员拥有充分的谈判技能。

（7）合适的领导者。高效团队的领导者往往担任的是教练的角色或者起着后盾的作用，他们对团队提供指导和支持，而不是试图去控制下属。

（8）内部与外部的支持。这既包括团队内部较为合理的组织结构，也包括外部提供的必要资源条件。

（9）弹性工作。团队成员能够自我调节，如果团队任务要求变化，他们会表现出一种弹性和灵活性。当某一个角色出现空缺时，会有人主动补位，完成任务。成员们共享一定的领导权力和决策权力，分担团队管理过程中的责任。

（10）最佳生产力。团队成员重视自我时间管理，每个人的产出效率及产出质量都很高，而且创新能力较强。

2. 团队建设任务

围绕以上十个高绩效团队的共同特征，团队管理者要想尽快带领团队达到一个高效的水平，应当重视团队合作，尊重团队成员的意见和建议，为团队提供各种资源，扫除障碍，掌控工作进程。具体来说，管理者应注重从以下六个方面开展团队建设工作。

（1）明确团队目标。正如马斯洛所言，杰出团队的显著特征是具有共同的目标。一项调查显示，70%以上的团队成员希望团队领导者能够指明目标或方向，80%以上的领导者则希望团队成员朝着既定的共同目标前进。因此，确定团队目标是团队建设的第一步。

为了追求团队的共同目标，每一名团队成员必须求同存异，并对团队目标有深刻的一致性了解。我们要形成团队共享目标，可以从以下几个方面着手：

第一，进行深度访谈。与团队成员就团队的整体目标进行深度访谈，一方面可以让成员参与进来，使他们觉得这是与自己有关的目标；另一方面可以了解成员对目标的认识，发现和确认他们对团队目标的实现有多大把握。

第二，确定目标和行动计划。在通过深度访谈、收集到相关信息之后，团队领导者应思考成员提出的各种观点，理清团队目标的基本思路，并整理出目标的实现路径或者行动计划大纲。

第三,对目标进行阶段性分解。领导者应将团队的大目标分解成阶段性的、里程碑式的小目标,在各个小目标达成时予以鼓励,使大家满怀信心地一步步完成最终的整体目标。

第四,落实目标承诺与责任。建立目标责任是团队取得成功的关键,团队领导者要获得每一名成员对目标的承诺。

一个完整的团队目标包括以下问题:① 团队要完成什么工作;② 团队拥有多大的权力来管理自己的工作;③ 团队工作的核心是什么。在很大程度上,团队要完成的工作的性质,决定了什么样的团队行为和结构能够行之有效。有的团队研发或生产产品,有的团队则提供服务,有的团队制定决策,还有的团队提供建议或咨询意见。工作性质给团队设计设定了限制条件。

(2) 建立团队规则。团队规则是团队成员在工作中与他人相处时必须遵守的行为准则,对于团队的运作是非常重要的。管理专家指出,最有价值的团队规则包括支持规则、沟通规则、协调规则、反馈规则、监控规则、团队领导规则、团队导向规则等。团队规则的内容大体上包括四个方面:第一,团队任务的战略或业务内容;第二,团队的具体目标、预期结果及完成期限;第三,团队必须考虑的基础规则或约束;第四,团队成员的资格及角色。① 在制定团队规则时,关键在于使团队成员就规则达成共识;同时,一定要注意其在具体操作中的可行性,使项目团队成员便于了解和接受。规则一旦形成,就必须在团队范围内严格实施。

(3) 设计团队结构。团队型组织通常以自我管理团队(Self-managed Team,SMT)作为基本的构成单位。所谓自我管理团队,是以响应特定的顾客需求为目的,掌握必要的资源和能力,在组织平台的支持下实施自主管理的单元。一个个战略单位经过自由组合,挑选自己的成员、领导,确定其操作系统和工具,并利用信息技术确定他们认为最好的工作方法。惠普、施乐、通用汽车等国际知名企业均采取这种组织方式。团队型组织的自我管理团队常常以扁平式团队结构为主。

(4) 建立合理的成员能力结构。一般说来,团队人员的能力至少要有三种:技术能力、任务管理与决策能力、人际关系能力。② 要想有效运作,一支团队需要三种不同技能的人:拥有技术专长的人,拥有解决问题和决策技能的人,以及善于聆听、反馈和拥有人际关系技能的人。此外,有的学者从性格特征方面提出,团队成员必须包含好奇、耐心、有条理、挑剔、敏感、负责、叛逆、性急这八种个性。

但是,如何从团队成员本身的性格、处事方式及具备的能力上决定与安排其在团队中的角色呢?梅雷迪恩·贝尔宾博士认为,一支成功的团队通常需要以下角色的存在:主席/协调人、塑造者、种植者、监测评估者、资源调查者、实施者、团队协作者、捕鱼人等。

一是主席/协调人:与其说他们是专家型或者具有创造性,不如说他们纪律严明、轻重分明、能力均衡。其职责是挑选人才,倾听其意见建议并予以激励,付出凝聚和协调员工的努力。

---

① 孟汉青,郭小龙. 团队建设操作实务[M]. 郑州:河南人民出版社,2002.
② 〔美〕利·汤普森. 创建团队[M]. 方海萍等译. 北京:中国人民大学出版社,2007.

二是塑造者：他们是项目领导，特征是性情外向，能有力地推动任务的进展；其力量来自个人动机和对任务的激情。

三是种植者：他们是原创思想和建议的来源，是团队中最富创造性和最聪明的成员，但可能对细节不很关心；他们需要激励和引导，这样其才能才能够发挥到极致。

四是监测评估者：他们是检查工作并指出论证中缺陷之处的人，擅长分析甚于创造。

五是资源调查者：他们是让团队与周围世界保持联系的联络人。受这一职责吸引的人趋于外向，并很受人欢迎。

六是实施者：他们是把思想具体转化为行动时间表的实践组织者和管理者。

七是团队协作者：他们受人喜欢和欢迎，通过鼓励、理解和支持并让每个人保持前进。

八是捕鱼人：没有他们的话，团队可能永远不会按时完成任务。对任务的严密追踪是很重要的，但不总受人欢迎。

在团队中，特别是规模足够大的团队，担任哪一种角色通常是由员工的性格特征和一定的后天训练决定的。因此，在确定团队成员时，领导者应考虑哪些人员可以承担团队中的哪个或者哪些角色；如果暂时缺少部分合适人选，哪些人员可以被培养为那些暂缺的角色。

（5）团队成员的招聘任用。团队成员的人格特质各不同。调查表明，若团队成员的工作性质与其性格特点相匹配，则其绩效水平就很容易提高。就团队成员在工作团队中的位置和任务分配来说，团队有不同的人员需求。因此，在挑选团队成员时应当以员工的人格特点、个人偏好及其能力特长为基础。

团队成员的招募一般可分为内部挑选和外部招聘。如果是在整个组织内部挑选成员，就涉及组织内部的协调和沟通问题，尤其是与人力资源部门的配合问题，任何一点小的失误都会影响创建的热情、改变创建的初衷。因此，我们要明确谁是本团队的直接裁定者，并且争取得到他的有力支持。如果是外部招聘，除了要考虑应聘者是否具备工作所需的技术才能，还要考虑他们是否具备人际交往技能和其他才能。

同时，在招聘任用新员工时应注意两个方面。第一，让原有团队成员参与进来。管理者应当事先告知原有团队成员团队将增加新人，并征求他们的意见。如果原有成员认为他们在挑选团队成员中发挥了重要作用，就会更容易接受、认同新成员，并帮助他们更迅速地适应团队生活。第二，考虑对现有团队进行改组。是否有人开始懈怠？是否有成员在超负荷工作？当这些问题出现的时候，我们就应当考虑对现有团队进行改组，这时可以利用新加入成员来调整其他人的角色，重新分配任务和责任，促使新成员尽快融入团队中，直至团队变得更加和谐、高效。

（6）团队成员的培训。在当今世界，为了适应不断变化的新环境，不仅需要一致接受过技术培训的团队，而且要求团队成员能够分析和解决与工作有关的问题，卓有成效地在团队中工作，灵活善变，迅速适应工作转换。在团队管理中，团队成员对新知识和信息的接受至关重要，而且促进团队成员和整个团队的共同成长是一个长期性的任务。因此，不论是团队的新成员还是团队的领导者，都应当成为团队培训的直接对象。培训已经不是传统意义上集中时段的训练，而应该是全方位、随时性的学习。要让团队成员感觉到学习的紧迫性,并把每个学习机会转变为交流和合作的机会。为此,我们必须制订周密的培训计划。

一般来说,团队培训包含三方面的内容:第一,对团队价值观的培训,即向团队成员灌输团队价值观,统一整个团队的思想,这是团队培训的首要内容;第二,业务技能的培训,一方面使得新成员或现有成员学习和掌握完成本职工作所需的专业技术与技能。另一方面也能让团队成员对其同伴的知识、技能、专业术语等具有足够的了解,利于成员之间的相互理解和默契配合;第三,其他方面的培训,包括解决问题的技能、沟通技能、团队合作技能以及学习组织文化,强化员工对组织的奉献精神等。①

团队培训大多是以在职方式进行的,但是一些技能性的培训较为复杂,需要在工作场所以外进行。概括来说,常用的团队培训方法包括讲授法、角色扮演法、一对一指导法、案例研究法、游戏活动法、团队训练法等(见表14-2)。团队应根据成员的知识结构、接受能力及培训内容选择适合的培训方法。

表 14-2　团队对不同培训方法的使用频率　　　　　　　　单位:%

培训方法	频率	培训方法	频率
录像	95	计算机培训	58
讲座	93	录音	54
一对一指导	76	自我评估/自我测验	53
角色扮演	63	案例分析	52
游戏活动	58		

资料来源:〔美〕斯蒂芬·P.罗宾斯:组织行为学(第7版)[M].孙健敏等译.北京:中国人民大学出版社,1997.

二、团队管理面临的挑战

在团队管理实践中存在许多误区,使得团队管理面临一系列的挑战。这里的误区主要是指在团队管理中对团队的发展产生负面影响的行为,这些行为严重的时候可能会颠覆一支团队。

常见的团队管理误区包括:(1)团队缺少关键技能和知识及解决办法;(2)所实行的团队体制不合理,具有破坏组织结构的倾向;(3)团队总是追求短期目标;(4)团队的计划不连贯;(5)团队分工不清,人员责任不明;(6)团队成员产生傲慢情绪,不能求同存异;(7)社会惰化效应和"搭便车"问题;(8)团队领导者对团队成员强加过多的控制或者放任自流;(9)团队领导者对团队建设不愿付出成本,不提供组织支持;(10)团队领导者对团队成员的期望过高;(11)存在沟通障碍,协调困难;(12)存在道德风险。

---

① 姚裕群,许晓青,景立人.团队建设与管理[M].北京:首都经济贸易大学出版社,2006.

第三节 团队绩效测评与激励

一、团队绩效测评

团队绩效是指团队对预定目标的实现程度及结果,即团队对既定目标的达成情况如何,表现为团队实现的生产力水平、团队成员的满意度水平、团队成员继续协作的意愿等。

团队绩效测评的目的是客观评价团队中每名成员对组织绩效、组织目标实现的贡献程度。对团队绩效进行测评一方面要反映团队对组织的贡献,另一方面要客观评价团队成员对组织做出的贡献。因此,团队的绩效测评需要考虑以下几个方面:一是测评的内容既包括工作过程,也包括工作结果;二是测评的对象既包括团队成员的个人绩效,也包括团队的整体绩效;三是测评的方式既包括管理层评估,也包括相关业务伙伴评估。

1. 影响团队绩效的因素

影响团队绩效的因素通常有以下几种:

(1)团队规模。关于团队的合理规模,斯蒂芬·P.罗宾斯认为,好的团队规模一般比较小,不宜超过12人。一般地,少于12人的团队规模与团队绩效成正比;超过12人后,团队规模的继续扩大将不利于团队绩效的提升。

(2)团队成员的异质性。异质性是指个性、性别、态度、背景或经验因素的混合物。研究表明,异质性组织更有可能获得成功;当然不能一概而论。

(3)团队成员的熟悉度。关于团队成员熟悉度的看法也不一致,一般认为,由相互熟悉的人员组成的团队更为有效。但也有一些团队,在成立两三年后,群体资历和成员间的熟悉度提高,反而不利于提高团队绩效。

(4)团队的激励机制。建立适当的激励机制,一方面有助于减轻团队成员的机会主义行为,另一方面能够激发成员的工作积极性,提高团队绩效。

(5)其他因素。诸如团队的氛围、团队的外部环境、领导者能力等也会影响团队绩效。

2. 团队绩效测评的原则

团队作为一种临时性组织,现代管理学认为,团队与其他工作群体相比主要具备目的性、动态性、强调团队精神等特性。鉴于团队的以上特征,在对团队成员进行绩效测评时,管理者应坚持以下原则:(1)静态与动态相结合;(2)直接与间接相结合;(3)系统与环境相结合;(4)显性与隐性相结合;(5)主要与次要相结合;(6)品行与业务相结合;(7)定性与定量相结合。

3. 团队绩效测评的过程

团队绩效测评工作依赖于一定的执行程序。具体来说,团队绩效测评可以遵循以下几个步骤:

(1)确定绩效测评目标并进行目标分解。在进行绩效测评之前,要明确团队的绩效测评目标。不同的管理层级和工作岗位对员工的能力要求是不同的,而每个人对团队工作的贡献也是不尽相同。建立绩效目标应遵循以下三项原则:其一,导向原则,以公司总体绩效目标设立团队绩效目标,再根据团队绩效目标确定个人绩效目标;其二,SMART原则,即符合具体的、可衡量的、可达到的、相关的、基于时间的五项标准;其三,承诺原则,上下级共同制定绩效测评标准并形成承诺。

要达到总绩效目标,我们应该分析在项目过程中要取得哪些阶段性结果。第二层目标是对如何达成第一层目标的清晰解释,第二层目标的设立一般是根据项目模块或项目分水岭进行划分的。我们将项目的总目标分解成分目标,绩效测评就可以分段执行,在每一个分目标完成之后就可以进行,而无须等到项目总目标完成以后。这样不仅可以及时进行绩效测评,也有利于控制项目的进度,真正做到绩效管理和项目管理的有效结合。

(2)确定绩效测评指标。绩效测评应当是全方位的,不仅包括对团队工作成果的测评,还包括对个人工作表现的测评。因此,在绩效测评指标的设计上,既要有团队绩效指标,又要有个人绩效指标。首先,对团队的工作任务进行分解,逐步形成团队整体的绩效指标;其次,分析工作流程,确定成员个体的绩效指标;最后,平衡团队整体指标与成员个体指标,确定最终的指标体系。

绩效测评指标的具体内容大致经历了基于结果、基于行为及基于能力的评估发展过程。基于结果的绩效测评在组织所下达的目标非常清晰的情况下是最为有效的。而基于行为的绩效测评是过去三十多年中使用最为普遍的一种,主要通过观察个体在完成某项工作过程中的相关角色行为来完成。基于胜任力的绩效测评体系,即评估个体拥有的完成某项工作所必需的知识和能力的方式。

总的来说,一套完善的绩效测评指标体系不仅涉及结果,还必须同时着眼于行为和能力。这种分类方法不仅能够反映出测评是否全面,还能提高绩效测评效率。因此,我们可以从结果、行为和能力入手,分别对团队层面和个体层面的绩效测评维度进行分解(见表14-3)。

表 14-3 绩效测评维度

团队层面绩效测评维度	
行为	清晰的目标导向 坚持以团队任务为中心 明确的危机处理程序 建立知识共享体系 成员之间高度协作、密切配合 团队内部领导风格
能力	团队凝聚力 保持团队内外积极互动的能力 团队成员能够随时获得帮助和支持 能够识别出沟通、协作障碍
结果	根据自我管理型团队的具体任务分解得到

(续表)

	个体层面绩效测评维度
行为	管理自己的工作,明确目标导向 获得反馈信息,对自己的工作加以改进 帮助他人,互相促进 能够接受他人的批评和建议 成为团队领导,能够起到表率作用 成为团队领导,能够做出正确的决策
能力	较强的沟通能力 较强的协调能力 创新能力、风险承担能力 角色适应与转换能力 自我控制和管理绩效的能力
结果	根据自我管理型团队的具体业务流程分解得到

(3) 确定绩效测评指标的权重和测评参与人。权重用来衡量各项绩效维度的相对重要程度。一般地,管理者应根据各项业绩对组织的重要性分配权重。权重的设计包括两方面的内容:一是各项指标之间权重的分配,二是考核主体之间权重的分配。绩效测评指标权重的设定是整个绩效测评过程中最有难度的一个环节,具有非常重要的作用。如果权重设计有偏误,将直接导致最后的测评结果失去可靠性和有效性。

测评过程中谁参与测评以及如何进行测评将直接影响员工对绩效测评的公平感。有研究发现,在进行绩效测评的时候,如果被测评的客体本身就是一个绩效优秀者,自我测评在此时就会显得比较有用。然而,如果是针对一个绩效较差者,选择自我测评的方式就会显得非常不恰当,因为此时他们往往会有意夸大自己本来较差的绩效。但是很多时候,我们还必须让员工参与对自己的测评过程,尤其是在调整测评结果的过程中,更应该鼓励被测评人员参与。

(4) 实施绩效测评体系。设计一个适合本企业特点的绩效测评体系仅仅是一个开始,更关键的是如何有效地实施绩效测评。在确定了测评指标的权重及测评参与人之后,企业就应当通过绩效测评体系,对员工实施客观、真实的评估。一般地,由选取的考核主体在相应的测评周期内,根据不同测评对象对应的绩效测评维度进行打分,并由人力资源部门统计结果。在综合各项测评维度得分的基础上,得出测评结论,并对测评结果进行分析,特别是要检查测评中有无不实之处和不负责任的评价,检验测评结论的有效程度。在绩效测评的过程中,发现问题,及时改进,以求得绩效测评的真实有效。

(5) 公布测评结果,交流改进意见。测评责任人应当将绩效测评结果及时通知被测评者,使本人了解组织对其能力的评价以及对其所做贡献的认可程度,认识到组织的期望目标和自己的不足之处,从而确定今后的改进方向。如果被测评者认为测评中存在不公平或者不全面之处,有权进行申辩或补充。针对绩效测评结果,管理者应与团队成员进行沟通、总结经验、找出不足,让他们在理解绩效测评的基础上加以改善,并为下一周期绩效计划的制订提出建议。最后,团队领导者可以根据测评结果,对团队成员做出职位晋升、人员调动、人员培训、薪酬、激励等决策。

二、团队激励

实际上,团队管理的日常工作过程就是激励团队成员实现团队目标的过程。从这个意义上来说,激励下属的能力是团队管理者的基本功,也是衡量团队管理者领导才能的一个重要标准。

然而,在我国企业的团队实践中,能够有效实施团队管理、充分发挥团队功能的并不多。究其原因,最主要的一点就是团队激励问题没有得到很好的解决。由于旧的管理体制和分配方式及工作方法的影响,团队工作不但缺乏有效实施的组织制度的支持,而且团队成员的工作方式与之前并没有本质的区别,造成了大多数团队面临激励不足的境况,使得团队运作的优点难以得到充分的发挥。在日趋激烈的竞争压力下,我国企业采用团队运作模式是势在必行的。因此,研究和解决团队激励问题显得尤为重要。

1. 激励的定义

激励是指为激发人的动机,鼓励人们形成行为、从事某种活动而采取措施的过程,是整个管理活动中至关重要的一项内容。当一个人被激励时,他会努力工作。

2. 激励的作用

激励是人力资源开发的有效手段,是激发员工发挥潜能的基本措施,其作用主要表现在以下几个方面:

(1) 挖掘员工潜力。哈佛大学威廉·詹姆斯教授发现,部门员工在一般工作中只需发挥出20%—30%的个人能力就足以保住饭碗而不被解雇;如果受到充分的激励,其工作能力能发挥出80%—90%,其中50%—60%的差距是激励作用所致。因此,当团队工作遇到困难而影响任务的完成时,除了选择改善现有设备和环境条件,还可以充分运用激励手段来鼓舞员工的士气。

(2) 提高员工素质。激励就像一个杠杆,可以控制和调节人的行为趋向。恰当的激励手段会给员工的学习、实践和进步带来巨大的动力,进而促进员工素质的不断提高。

(3) 增强团队凝聚力。行为学研究表明,对某种个体行为的激励,会导致或消除某种群体行为的产生。也就是说,激励不仅直接作用于一个人,还直接或间接地影响周围所有的人。激励有助于形成一种竞争氛围,对团队凝聚力的建设有着至关重要的影响。

3. 激励的类型

不同的激励类型对员工的行为过程会产生不同程度的影响,所以选择适当的激励类型是做好团队激励工作的先决条件。

(1) 物质激励和精神激励。从激励的内容上看,可以将激励分为物质激励和精神激励。物质激励和精神激励有着不同的内涵,可以满足不同个人的需要以及同一个人不同方面的需要。例如,奖金可以满足人们的物质需要,但不能满足人们的荣誉感需求;而职位晋升可以满足员工的成就感需求,但不能满足人们的物质需要。

(2) 正向激励和负向激励。从激励的作用上看,可以将激励分为正向激励和负向激励。正向激励就是当一个人的行为符合组织的需要时,通过奖赏等方式鼓励这种行为,以达到持续和发扬这种行为的目的。例如,通过建立积极有效的报酬体系、采取恰当的目标设置方法、团队培训和学习等方法,调动团队成员的积极性、提升他们的能力、满足团队成员的需求,从而增加团队的产出、取得良好的业绩。而负向激励则是采取措施抑制或改变某种动机,以达到减少或消除某种不良行为的目的。负向激励也是一种激励,是通过影响人们的动机来影响行为,使人们从想做某件事转变为不想做某件事。

（3）他人激励和自我激励。从激励的对象上看,可以将激励分为他人激励和自我激励。对他人激励是调整他人动机,而自我激励是对自己进行激励,调整自己的动机。自我激励也应该从需要、目标着手,分析自己的需要,选择合理的目标并实现这些目标。在大多数激励过程中,被激励者是受到外在力量控制的,即必须接受他人的控制或鼓励。很显然,在这样的情形下,要使受激励者产生持续的积极性,就必须不断地施加激励措施。然而,这种依赖不断激励而产生的积极性,与员工的自觉性相比,无疑有它的局限性。实际上,真正的动力绝不是来自外部,而是依靠自身——自我激励。

（4）外附激励和内滋激励。从激励的产生原因上看,可以将激励分为外附激励和内滋激励。美国管理学家道格拉斯·麦格雷戈把激励分为外附激励和内滋激励。外附激励是指掌握在管理者手中、由管理者运用,对被激励者来说是一种外附的激励,主要包括赞许、奖赏、竞赛。内滋激励是指被激励者自身产生的一种发自内心的激励力量,包括学习新的知识和技能、责任感、使命感、成就感等。内滋激励有助于员工开发自我,使自己始终保持一种良好的舞台激情。

4. 团队激励模式

团队激励是指对团队及团队成员进行有效的激励,使团队成员紧密协作,形成一种积极的协同效应,从而使团队的总体绩效大于个体绩效之和。一般来说,团队激励模式包括三种,分别是基于团队整体的激励模式、基于团队成员个体的激励模式和综合激励模式。

基于团队整体的激励模式是以团队组织作为对象进行激励的,目的是通过合作来实现组织的目标,主要表现在:(1)建立清晰明确、有挑战性的团队目标体系;(2)提供完善的组织支持;(3)给予团队集体荣誉;(4)建立团队绩效管理制度;(5)建立规范的团队规则等。这些可以提升团队的整体地位和工作水平。

而基于团队成员个体的激励模式是以员工个人作为对象进行激励的,其激励效果可以通过以下几个方面实现:(1)加强团队培训;(2)设计与整体绩效相关的报酬机制;(3)拟定团队成员的个人发展计划;(4)授权,让员工参与决策;(5)股权激励计划等。这些可以有效地激发团队成员的主观能动性,提高其工作的积极性。

团队激励是一项系统工程,是多种有效激励模式共同作用的结果,不同激励模式在不同方面会产生不同的激励效果。但是每种激励模式不是万能的,在发挥积极的激励作用的同时也存在消极的负面影响,因而在团队管理中要结合具体团队的特点,综合运用多种激励模式,从不同的角度和方面激励团队,才能发挥出最佳的激励效果。

5. 团队激励的基本原则

激励原则是团队设计、选择激励模式和方法的出发点与依据,遵循这些原则可以保证激励效果的实现。

(1) 团队目标与个人目标相结合原则。这一原则是心理学家 V. 弗罗姆提出的。他认为,要想建立有效的激励机制,设置目标是一个关键。目标设置必须体现团队目标的要求,否则激励将偏离团队的整体目标方向;同时还必须满足员工的需要,否则无法提高员工的目标效价,达不到满意的激励强度。这就是说,只有使团队的整体目标和个人目标很好地结合——团队目标中包括较多的个人目标,那么实现个人目标就是在为实现团队目标而努力,这样才会收到良好的激励效果。

(2) 物质激励与精神激励相结合原则。社会心理学家亚伯拉罕·马斯洛把人的需求由低到高分为五个层次,即生理需求、安全需求、社交需求、受尊重需求及自我实现需求。其中,生理需求主要对应物质方面,后四种需求则主要对应精神方面。马斯洛需求层次理论还告诉我们,物质利益的需求是较低层次的,因而其作用是表面的、有限的。随着生产力水平和员工素质的提高,应当把激励重心转移至满足较高层次的需求——社交、受尊重和自我实现等精神需求。更具体地说,物质激励是第一位的,是基础;而精神激励是根本;在结合两者的基础上,应逐步把重心转移至精神激励上。

(3) 外在激励与内在激励相结合原则。根据学者赫兹伯格的双因素理论,在激励中可以区分两种因素,即保健因素和激励因素。凡是满足员工生存、安全和社会需求的因素都属于保健因素,其作用是消除员工的不满情绪,但并不会产生满意。这类因素如公司政策、管理措施、监督、人际关系、工作条件、工资、奖金、福利等属于工作关系及工作环境方面,也叫作外在激励因素。与之相对的是激励因素,也称内在激励因素,主要指那些满足员工自尊和自我实现需求的因素。具体有使员工从工作本身获得巨大的满足感;工作中充满了乐趣和新鲜感、挑战性;工作本身意义重大、崇高,激发出光荣感和自豪感;从工作中取得成就、发挥个人潜力、实现个人价值所涌现的成就感和自我实现感。内在激励因素最具激发力量,可以产生满意,使员工更积极地工作。外在激励和内在激励共同对员工的个体行为产生影响。内在激励是根本、是核心;外在激励是必要的补充。在实际工作中,管理者应善于将两者结合起来,力求事半功倍。

(4) 正向激励与负向激励相结合原则。根据心理学家斯金纳的强化理论,可以将强化分为正强化和负强化。正强化即正向激励,主要表现为对员工的符合团队目标的行为进行奖励,以激发这种行为更多地出现,从而提高员工的积极性。负强化即负向激励,主要表现为对员工的违背团队目标的非期望行为进行惩罚,使得这种行为不再发生,从而引导犯错误的员工弃恶从善,积极地向正方向转移。正向激励与负向激励都是必要的和有效的,不仅作用于当事人,还会间接影响其他人。但是由于负向激励具有一定的消极作用,容易产生挫折心理和行为,应当谨慎使用。因此,在激励员工时,应当把正向激励和负向激励结合起来,坚持以正向激励为主、负向激励为辅的原则。

(5) 差异化与多样化的原则。差异化就是针对不同的个人采取不同的激励方式;而多样化就是不拘泥于一种方式,应视具体情况,灵活运用多种激励方法。激励的起点是满足员工的需求。值得注意的是,员工的需求往往因人而异、因时而异,因此这一原则是从激励的本质出发的。既然激励的本质就是满足个人的需求,而人的需求又是多种多样、不断发展变化的,存在个体差异和动态性,激励方式也就应当是多种多样、因人而异、因时而异的。团队领导者必须深入地调查研究,不断了解员工的需求层次和需求结构的变化趋势,针对性地采取激励措施,才能收到实效。事实证明,在激励工作中只有坚持差异化和多样化的原则,才能保证激励的有效性。

(6) 公平与公正原则。美国心理学家亚当斯于 1965 年首次提出公平理论,也称社会比较理论,主要讨论报酬的公平性对人们工作积极性的影响。人们是需要公平的,而公平是在比较中获得的,包括横向比较和纵向比较。横向比较是指与本单位或者其他单位从事相同或相近工作的人进行收入方面的比较;纵向比较是指本人目前的工作业绩和努力程度所得报酬与以前的工作业绩和努力程度所得报酬相比较。如果员工比较的结果是自己的付出获得了满意的回报,就会激励他更加努力地工作;反之,则可能降低努力程度和业绩以使自己获得平衡。人们在比较时不但注重所得的绝对量,而且注重所得的相对量。因此,管理者应充分考虑团队内部及团队外部相关人员的激励的公平性。

第四节　团队冲突管理

团队冲突是团队管理者最担心的问题之一。冲突管理不善易导致成员互怀敌意、绩效水平下降,甚至会导致团队的瓦解。然而,团队冲突并非百害而无一利。如果管理得当的话,冲突也可能为团队带来正面的反馈,比如增大团队创新的可能性,或者易于构建融合多家观点的解决方案。

一、团队冲突的概述

1. 团队冲突的定义

冲突被定义为人们所感知的观点上的分歧或者人与人之间的相容。冲突可分为自我冲突、人际冲突、群体间冲突、组织冲突、社会冲突等。从总体上看,冲突是指个人或团队对同一事物持有不同的态度与处理方法而产生的矛盾,而且这种矛盾为冲突双方所感知。

美国学者刘易斯·科赛在《社会冲突的功能》一书中指出,没有任何团体是能够完全和谐的。在团体中,个人之间的冲突在一定程度上是存在的,因为人与人在价值观、信仰、思维方式、行为等方面必然存在差异。差异必然导致分歧,而分歧积聚到一定程度就会产生冲突。因此,冲突是客观存在的,是不以人的意志为转移的。应该说,冲突是团队生活中无法避免的特色之一。

2. 团队冲突的分类

人们对冲突的认识有一个过程,从开始认为冲突是完全负面的,到逐渐认识到冲突的双面性。不同类型的冲突对团队绩效具有不同的影响。

(1) 关系型冲突和任务型冲突。按冲突内容的不同,可分为关系型冲突和任务型冲突。

关系型冲突与情感有关,也称情感冲突,是指团队成员之间的人际关系的不和谐,包括团队成员中存在的关系紧张、生气、厌恶等。这类冲突起因于个体与个体之间的怀疑或不信任,致使团队成员对他人行为进行恶意归因,可能导致相互对立或者冲突的升级。关系冲突对团队的工作绩效有很大的负面影响:一方面削弱了团队成员对团队目标的关注程度,影响了他们的认知能力;另一方面增大了团队成员的压力和焦虑,限制了他们的信息处理能力,从而降低了决策质量。

任务型冲突是与任务有关,也称认知冲突,起因于人们对任务目标及完成方法在认识上的不一致,包括在观点、想法和意见上的分歧。这类冲突侧重在如何最好地完成共同目标的判断上的差异。相对于关系型冲突,任务型冲突对团队管理的影响比较复杂。任务型冲突意味着团队成员能够识别和讨论不同的观点与意见,充分利用团队成员思想的多样性,获得充分的信息,以便对各种决策的利弊做出权衡,有助于团队发展新的创见和方法。此外,任务型冲突还有利于对决策方案进行批评性评价,防止团队成员迫于压力同意他人的观点,从而避免出现群体思维。但不可否认的是,任务型冲突同样会造成团队内部关系紧张、产生敌意,乃至继续合作意愿的下降。

任务型冲突和关系型冲突往往相伴而生,两者存在很强的相关性。

(2)建设性冲突和破坏性冲突。按冲突影响的不同,可分为建设性冲突和破坏性冲突。

建设性冲突是指冲突各方的目标一致,但实现目标的途径手段不同而产生的冲突。建设性冲突可以使组织中存在的不良功能和问题充分暴露出来,防止事态的进一步恶化;可以促进不同意见的交流和对自身弱点的检讨,有利于促进良性竞争;还可以激发组织内员工的创造力,使组织适应不断变化的外界环境。若对建设性冲突进行有效引导和管理,不仅可以协调好企业内部员工之间、部门之间、员工与组织之间的人际关系,还可以促进各成员业务水平的提高和整体管理水平的提升,最终实现组织效率的最优化。

破坏性冲突又称非建设性冲突,是指认识上的不一致及组织资源和利益分配方面的矛盾,引发员工发生相互抵触、争执甚至攻击等行为,从而导致组织效率下降,并最终影响到组织的发展。破坏性冲突对组织和团队的发展起着消极破坏作用,使得士气涣散,破坏组织的协调统一,阻碍组织或团队目标的实现。

3. 团队冲突量表

关于团队内部的冲突程度,可以采用团队冲突量表(ICS)[1][2]测量。该量表共包含九个题项,其中五个题项用来测量关系型冲突,四个题项用来测量任务型冲突,具体如表14-4所示。

---

[1] Jehn, K. A. A multimethod examination of the benefits and detriments of intragroup conflict[J]. Administrative Science Quarterly, 1995, 40(2): 256—282.

[2] Jehn, K. A. Enhancing effectiveness: An investigation of advantages and disadvantages of value-based intragroup conflict[J]. International Journal of Conflict Management, 1994, 5: 223—238.

表 14-4　团队冲突量表

冲突类型	题项
关系型冲突	个人间摩擦的程度有多大 团队内成员间出现情感上的不愉快有多少 是否经常出现因情绪而导致的紧张关系 因个人性格差异引起的矛盾程度有多大 在团队成员间存在的情绪上的冲突有多少
任务型冲突	团队在观点上的差异程度如何 团队工作的冲突程度如何 有关工作上的观点出现冲突的频率如何 在工作中,有关决策内容方面存在的差异程度如何

二、团队冲突的管理

美国管理协会进行的一项针对中层和高层管理人员的调查表明,管理者平均要花费 20% 的时间处理冲突,团队冲突是团队发展过程中客观存在的普遍现象。因此,团队管理者必须直面团队中存在的冲突,不可回避甚至无视,采取有效措施解决冲突问题对于团队的发展是至关重要的。当团队发生冲突时,管理者首先要对冲突的性质进行全面、细致的分析。如前所述,任务型冲突对团队绩效是有一定的建设性意义的。因此,管理者要针对不同性质的冲突,采取有效的技术,才能有针对性地解决问题。

1. 建设性冲突管理策略

团队管理者要想有效激发团队内部的建设性冲突,发挥其在团队及企业中的积极作用,就应该从以下几方面入手:

(1) 打破传统的冲突思维模式,营造冲突环境。人们往往倾向于接受表扬与认可,对批评却敬而远之;组织同样如此。例如,企业通常会招聘或提拔有较强执行力的员工,却对敢于挑战权威、特立独行的员工进行打击和排斥,久而久之,企业内部只剩下一个声音,反应迟钝、目光短浅、跟风严重,不利于企业的长远发展。实际上,很多批评与建议是真正有益于个人的思维拓展及组织的发展进步的。因此,团队作为组织内部的小单元,更需要打破传统的冲突思维模式,营造一个鼓励冲突的团队文化环境,大力倡导良性冲突,引入良性冲突机制,采用晋升、加薪等正向激励措施鼓励团队成员提出新观念与新想法,引导团队成员独立思考并向现状提出挑战;同时,重视那些少数群体的不同意见,不能轻易地批评与嘲笑,而应冷静地分析,在综合评估后,选择最合理的意见与想法。

(2) 淡化等级观念,建立通畅的沟通渠道。组织通常倡导内部的上通下达,发挥每名成员的主观能动性,鼓励全员参与集体决策、进行全面管理,但是不完善的沟通机制和不健全的沟通平台会阻碍组织持续发展的脚步。同时,一些组织内部实行严格的等级制度,导致员工表现出较强的服从性,使得员工的诉求无法得到满足,有些建设性的意见与想法也因层级而被打消或者搁置,无法及时传递给上级领导者,从而影响组织绩效。因此,组织要想发挥全员力量、整合整体思维,就需要在日常工作中有意识地淡化等级观念,营造平等的工作氛围,建立通畅的沟通渠道,大力鼓励员工发表个人意见,激发员工的组织归属感。当员工愿意将自己列入组织的一分子时,就会积极地承担组织任务,为组织目标而努力。

(3) 利用"鲶鱼效应"引入竞争,激发冲突。鲶鱼效应是指在鱼类群体中,由于鲶鱼这种以鱼为主要猎食对象的个体的加入,对群体起到促竞争作用,激发了内部冲突。通常来讲,竞争可以激发建设性冲突,而这种冲突在可控范围内又会提高组织绩效。如果组织成员在长时间内对于同样的事件都是相同的声音和统一的想法,没有独立的想法和差别化的认知,就不利于组织的长期发展。因此,对于团队来说,挖掘和培养"鲶鱼型"成员就显得非常必要,其加入将带来知识和意见的碰撞,引发相互间的良性冲突,带动团队管理能力的提升。同时,团队还可以采取分解组织目标、奖励超额完成任务的工作小组、建立合理的晋升机制、拉开层级岗位间的收入分配档次等方式,激发内部的良性竞争冲突,促进团队绩效的提升。

(4) 利用知识性冲突加快团队创新。在知识经济时代,知识的影响越来越超乎人的想象,组织内的知识结构日趋多元化,相互间的知识水平和思维能力也产生了很大的差异。随着组织内员工的成长,彼此之间的知识碰撞也与日俱增,而这种碰撞有利于新思想的产生和学习氛围的营造。如今,这种知识差异化已经成为现代管理团队的重要特征,如果团队能够合理利用这种建设性冲突,就会较快地引发团队内部工作的创新性与差异性,从而形成员工间的合作与竞争。同时,员工主动参与学习的过程,也为团队不断打造成为优秀团队和持续提高团队绩效给予了保证。

2. 破坏性冲突管理策略

研究表明,对于破坏性冲突,宜采用合作型冲突管理策略。合作型冲突管理是指在宽敞轻松的沟通环境下,引导冲突主体以合作的态度、互相敞开心扉、坦诚交流各自的观点和意见,从而共同寻求冲突解决方案的过程。这是一种长期、有效、双赢的冲突管理方式,能够为组织进行持续性冲突管理提供有效指导。其主要表现为以下特征:

(1) 求同存异、统一目标。由于团队成员的个体差异导致其分别从各自的立场看待问题,持有不同的意见和看法,从而导致冲突。在此过程中,个体只重点关注个人利益和彼此间的差异,往往会忽略共同目标和彼此关系。因此,管理者要对破坏性冲突进行合作型管理,就必须统一冲突主体的思想与意识,暂时忽略各自意见的差异,共同寻找利益共通点,这是冲突主体进一步合作的前提与基础。

(2) 坦诚交流、换位思考。要对破坏性冲突进行合作型管理,冲突主体就必须正视冲突的存在,有化解冲突的意愿,期待彼此间的面谈和沟通。冲突主体通过坦诚地交流,相互发表各自的看法和意见,耐心倾听对方的主张与立场,有助于建立较好的信任关系,引导冲突主体从对方视角审视和面对冲突问题,共同找到冲突解决策略。

(3) 积极面对、共同提高。组织冲突并不一定引起破坏性作用,有时会激发组织变革。团队成员通过合作型冲突管理,加深了对冲突的认识,以积极的心态去面对冲突,发现自身的不足,探讨冲突改进的方法和途径,营造集体学习氛围以丰富个人知识与提高能力,促进团队的创新和持续发展。

(4) 共同商议、集体决策。合作型冲突管理的最终目的是寻求最佳解决方案。冲突主体经过长时间的协调沟通后会形成不同的决策方案,此时团队应根据具体情况,整合出最佳解决方案。这一方案或许不能使集体满意,却是冲突主体共同商议的较具可行性的,最大限度地满足了各方的利益诉求,为各方所接受。

3. 团队冲突管理艺术

在管理活动中,艺术的处理方法往往比生硬的制度规范更加有效。在平时的团队管理过程中,管理者就应该从以下4个方面培养自身的管理技能,并引导员工也从这4个角度进行自我约束与提升。

(1) 培养高效沟通的能力。冲突通常是个体在相互沟通交流的过程中因言语的误会、表达的失误等造成的。研究发现,组织内部沟通渠道的建设不够全面和完善,也是导致冲突频繁出现的主要因素。因此,要想进行有效的冲突管理,建立通畅的沟通渠道是重要的一步。

(2) 养成自我情绪管理的习惯。冲突是组织中普遍存在的现象,无论员工在此过程中遭遇的是任务型冲突还是关系型冲突都会产生各种情绪,从而影响员工自身行为的选择。此前很多学者提出,冲突对个人情绪具有较大的影响,使得个体存在敌对、焦虑和恐惧等消极情绪,影响个体的理智决策,造成负面的冲突应对策略。因此,情绪管理是实施冲突管理的重要手段。对情绪的管理就是对沟通交流过程中的消极情绪进行转移化解、对积极情绪进行激发利用的过程。

❑ 重要概念

负向激励	破坏性冲突	团队管理	团队建设任务
关系型冲突	任务型冲突	团队管理误区	外附激励
建设性冲突	团队	团队绩效测评	正向激励
内滋激励	团队冲突量表	团队激励	自我管理团队

❑ 本章概要

团队就是由两个或两个以上的成员按照一定规则组成的群体,团队成员之间相互合作、相互依赖,彼此紧密联系并承诺共同工作以达成某一特定的工作目标。

团队由五个重要因素构成,简称"5P":目标(purpose)、人员(people)、团队定位(position)、职权(power)和计划(plan)。

一般来说,一支团队从组建成立到发展壮大,再到最后调整或消亡经历了创建期、震荡期、规范期、成熟期和调整期五个阶段。

团队建设一般要完成六个方面的任务:明确团队目标;建立团队规则;设计团队结构;建立合理的成员能力结构;团队成员的招聘任用;团队成员的培训。

自我管理团队,是以响应特定的顾客需求为目的,掌握必要的资源和能力,在组织平台的支持下实施自主管理的单元。

影响团队绩效的因素主要有团队规模、团队成员的异质性、团队成员的熟悉度、团队的激励机制等。

在对团队成员进行绩效测评时,管理者应坚持以下原则:静态与动态相结合;直接与间接相结合;系统与环境相结合;显性与隐性相结合;主要与次要相结合;品行与业务相结合;定性与定量相结合。

团队绩效测评工作依赖于一定的执行程序。具体来说,团队绩效测评可以遵循以下几个步骤:(1)确定绩效测评目标并进行目标分解;(2)确定绩效测评指标;(3)确定绩效测评指标的权重和测评参与人;(4)实施绩效测评体系;(5)公布测评结果,交流改进意见。

正向激励就是当一个人的行为符合组织的需要时,通过奖赏等方式鼓励这种行为,以达到持续和发扬这种行为的目的。

负向激励则是采取措施抑制或改变某种动机,以达到减少或消除某种不良行为的目的。

外附激励是指掌握在管理者手中、由管理者运用,对被激励者来说是一种外附的激励,包括赞许、奖赏、竞赛等。

内滋激励是指被激励者自身产生的一种发自内心的激励力量,包括学习新的知识和技能、责任感、使命感、成就感等。

团队激励是指对团队及团队成员进行有效的激励,使团队成员紧密协作,形成一种积极的协同效应,从而使团队的总体绩效大于个体绩效之和。一般来说,团队激励模式包括三种,分别是基于团队整体的激励模式、基于团队成员个体的激励模式和综合激励模式。

冲突是指个人或团队对同一事物持有不同的态度与处理方法而产生的矛盾,而且这种矛盾为冲突双方所感知。

❑ 思考题

1. 团队类型有哪些?
2. 谈谈你对团队发展阶段的认识。
3. 团队管理的任务是什么?
4. 如何进行团队绩效测评?
5. 建立绩效目标应遵循哪些原则?
6. 团队绩效测评的维度有哪些?
7. 谈谈团队激励有哪些基本原则。
8. 如何衡量团队内部冲突程度?
9. 试述建设性冲突管理策略和破坏性冲突管理策略。
10. 什么是团队冲突管理艺术?

❑ 实训题

1. 从新闻中找到一个有关团队的报道,针对这支团队进行案例研究,记录你对下述问题的回答。

(1) 识别团队成员。

(2) 识别团队类型。

(3) 描述团队是如何被领导的。

(4) 描述团队是如何实施激励的。

(5) 举例说明团队如何解决团队冲突。

2. 基于案例研究中得到的信息,建立一个可以描述该团队运作方式的可视化模型。

❑ 案例分析

你的管理,为何难带出优秀的团队?[①]

关于建设团队,我们有很多方面的思考和做法,也很明确地知道影响团队的因素无非就是目标、角色、沟通、价值观、归属感、执行力、激励制度、授权等,但管理者要真正地带好一支团队实在是一个很大的考验。

任何一支团队都不会是完美的,团队在建设的过程中必须不断地调整。这一过程或许会不断地产生问题,但我们要学会接受这种不完美,并在这种不完美中成长,尤其它还是一个开放系统,随时可能面临人员流动等问题。那么,管理者在新接手一支团队或者正在管理一支团队时,有没有思考过,一支好的团队应该是怎样的?你想把自己的团队打造成什么样子?你该如何结合自身的实际情况打造它?作为"管人"的重要内容,我们应该看一名管理者怎样"带队"。一支团队的发展问题,最终会归咎到团队的管理。当团队存在比较大的问题或者不够优秀的时候,我们应当认真思考团队的问题。

作为管理者、团队的核心人物,只有角色定位准确,对自己的工作摆正心态,客观地认识团队成员,才能充分发挥他们的价值。在此基础上,你才能告别单打独斗的日子,才能让自己拥有进一步的发展空间,才能让自己成为真正的管理者或创业者。

一支优秀的团队的凝聚力很强,而团队的凝聚力与大家是否志同道合、企业文化、管理、制度等都有很大的关系!为什么团队齐心齐力如此重要呢?因为任何一支团队都不是依靠个人的。个人能力再强、积极性再高,团队缺乏凝聚力的话也只会被损耗,不能很好地发挥团队力量!

团队缺乏能动性

任何一支团队的建成,适宜的团队制度是一个必备的基础,而何为适宜就要探究公司基因、公司架构等因素;但团队要想做到真正的合作从而发挥力量并非制度能解决的

---

① 李北水. 品途商业评论,2016.12.27.

问题。制度只是一种行为规范,但在团队管理中不难发现这样的一个难题:规范员工外在的行为和行动并不困难,但要整合员工内在的思想和心态却极为困难。我们发现在社会不同形态的团队中,只有两种类型的团队能比较好地解决这样的困难。一种是军队,只要是战士都能明白"生"与"死"的哲学,也正是这种对生命的渴望促使他们必定做到团结和合作,因为死去的人无法再计较所失或所得;另一种是宗教团队,共同的信仰决定他们必须遵守共同的戒律,凡是信徒谁也不敢违抗这种强大的力量。

团队决策缺乏良好闭环

团队决策是团队发展的一个关键因素,很多传统公司与优秀互联网公司的区别就在于没有在这一方面形成很好的闭环!团队群策群力才能更好地发挥团队的力量!这一点在不同的公司会清晰地看到不同的状态,优秀的广告设计公司会为每一个广告而仔细讨论,互联网创业公司会为营销、程序或者一个产品而进行激烈的头脑风暴,杜蕾斯公司会在每一个热点出来之后第一时间做出创意的回应,从而达到每次令人赞叹的热点营销。真正的团队决策过程不应该是走形式的开会,而更应该是一次团队力量及团队价值的体现,从而使一支团队得到统一,最终直接影响团队效率。团队的创造力也是团队效率的一个直接体现!

惯性管理人模式影响了团队发展

领导风格是管理者在领导团队的过程中习惯化的行为方式。根据"情商之父"戈尔曼的研究,一共存在六种领导风格,分别为命令型、权威型、亲和型、民主型、模范型和教练型。团队的成长会形成一种管理人模式,即你的成长认知造就了你对团队的成长认知,与团队无关,同时你的认知也决定了最终结果。不难发现,领导者的管理风格会直接影响团队风格。如果习惯带领中层管理团队的领导者进行基层管理,就会遇到非常的"不适",总会出现执行力问题,于是拿执行力"开刀",结果难免带来团队的埋怨和不和谐!如果领导者要变级管理,一定注意避免思维惯性管理人模式!

吴春波在管理高峰论坛中谈及很多公司,实际上是将"大灰狼"变成了"喜羊羊"。刚毕业的学生,满腔热血,想大展身手,然而环境、条件、机制、评价体系等使他们最终都变成"喜羊羊"了。因此,最可怕的就是这种基因变异。一群"喜羊羊"是没法与"大灰狼"竞争的,结局很清晰。管理的任务就是怎么改变、怎么影响这一群热血青年。其实,我们只需思考一个问题和想办法解决一个问题:如何让年轻人拼命地干并发挥他们的创造力,像"大灰狼"一般的拼和猛,而不是变成"喜羊羊"!无论过去、现在、未来,在任何时间段、任何环境下,企业想要发展,必要条件就是团结和凝聚。我们需要的,是一种信仰!一种为自己负责的信仰,一种去做正确事情的信仰,一种渴望成功的信仰。

讨论题

1. 影响团队建设的因素主要有哪些?
2. 在团队管理中,如何对待团队成员之间的差异性问题?

第五篇
控制篇

第十五章　控制基础
第十六章　控制方法

第十五章 控制基础

【内容提要】

本章概括地介绍了控制的概念及主要内容、控制系统的概念及其构成、控制过程、控制标准及其制定方法、控制方式的分类、组织绩效的概念、组织绩效的影响因素、组织绩效控制的工具和方法等基本问题。

【学习目标】

1. 理解并掌握控制的概念,了解控制的重要性和必要性,掌握控制的原理、概念和主要内容。
2. 熟悉控制的基本过程,掌握控制系统的定义和主要内容。
3. 区分主要的控制类型,了解组织绩效控制的方法。

引例

亚细亚商场的辉煌与陨落

亚细亚商场是河南省建设银行租赁公司和中原不动产公司共同出资 200 万元设立的股份制公司,1989 年 5 月在郑州市正式开业,王遂舟出任总经理。

1989 年以前,郑州市商业市场基本上是郑州市百货大楼和紫荆山百货大楼两家平分秋色,但随着亚细亚商场的开业,郑州商界不再平静,一场以"二七广场"为中心,以"瓜分"市场、争夺顾客为焦点的商业大战就此爆发。亚细亚商场一举打破传统商场环境恶劣的状态,在全国第一个设立迎宾小姐、电梯小姐,第一个设立琴台,第一个创立自己的仪仗队,第一个在中央电视台做广告。

亚细亚商场成立七个月后,销售额一跃位列全国大型商场第35,是上升最快的一匹黑马,王遂舟堪称中国零售业的一位英雄。一时间,全国掀起一股亚细亚冲击波,各地争学亚细亚。

但是亚细亚从一开始,辉煌的表面下就隐藏着可怕的危机。首先,董事会形同虚设,凡事由总经理王遂舟一人拍板。其次,缺乏内部监督,董事会中没有设立任何监督机构,自开业以来没有进行过一次全面、彻底的审计。另外,1993 年起,亚细亚大举发展连锁霸业,触角伸向了全国各地的省会城市,平均每四个月开业一家大型连锁店。很快,在河南省内与全国(如北京、上海、广州、成都、西安等城市)共建立和购买连锁网点15家,以资本金4 000万元扩张为近20亿元的资产投资。正如许多急剧快速扩张的连锁企业一样,亚细亚也未能幸免经营管理不善与巨额债务导致的资金链断裂。

亚细亚的辉煌之路最终没能走下去,在全国各地的分店一家接一家地关门、倒闭,1998年5月,亚细亚五彩购物广场停业;2000年9月,在多家债权人的起诉下,郑州市中院依法裁定其破产还债。到2005年,亚细亚大本营也宣告失守。

思考:请思考亚细亚商场为什么会出现这样的结局。

第一节 控制的概念与意义

一、控制的概念

"控制"一词源自希腊语义"掌舵术",是指领航者发号施令,将偏离航线的船只引导到正确的航线上。因此,使船只维持朝向目的地的正确行动路线和航向,是控制概念的核心内容。

从管理学的角度来讲,控制包含两层含义:一是按照既定的计划、标准和方法对各项工作进行对照检查、测量与评价,并在出现偏差时分析原因,采取相应措施进行纠正调节,以防偏差继续发展或者再度发生;二是根据组织内、外环境的变化和组织发展的需要,在计划执行的过程中对原计划进行修订或制订新的计划,并调整相应的管理工作,以确保组织目标的实现。

关于控制的概念,法约尔和孔茨给过定义如下:

法约尔认为,在一家企业中,控制就是核实发生的每件事是否符合所规定的计划、所发布的指示以及所确定的原则,其目的就是指出计划实施过程中的缺点和错误,以便加以纠正和防止重犯。控制对每件事、每个人、每项行动、每个组织的成效均起作用。

孔茨则指出,控制工作就意味着确定标准、执行标准、衡量执行情况,并采取措施努力纠正偏差的一系列活动。

我们可以从以下几个方面进一步理解控制的含义:

(1)控制是有目的的管理活动。控制这项管理职能使得组织管理系统按照符合组织目标需要的方式运行,使它更可靠、更便利、更经济,确保计划的执行和组织目标的达成。

(2)控制是发现、分析和解决问题的全过程。受内、外环境变化和解决问题能力的限制等种种因素,往往造成实际执行和计划不可能完全一致,控制职能就是针对这一问题,通过监督、测评来发现和预测偏差,制定措施并及时纠偏的全过程(见图15-1)。

(3)控制是通过监督和纠偏来实现的。控制职能的基本手段是监督和纠偏,监督与衡量实际成效和预期成效,找出偏差,继而制定纠正措施,从而实现组织既定目标。

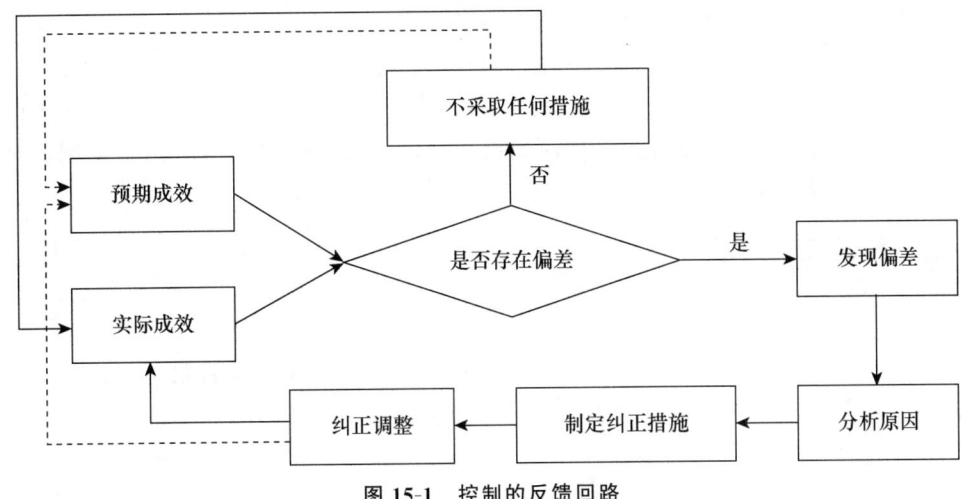

图 15-1　控制的反馈回路

二、控制的必要性

控制既是一种很重要的管理方法,也是一种非常重要的管理职能。管理学家斯蒂芬·P.罗宾斯曾这样描述管理对控制的需要:尽管计划可以制订出来、组织结构可以调整得非常有效、员工的积极性也可以调动起来,但是这仍然不能保证所有行动按计划执行,也不能保证管理者追求的目标一定能达到。组织内、外环境的不断变化、组织成员素质差异对计划执行的影响和组织活动的复杂性等原因要求组织目标的实现必须通过控制来实现。

控制的必要性可以从以下两个方面进行分析[①]:

1. 控制与计划、组织和领导职能之间的关系

计划是控制的基础和依据,控制要根据计划所确定的标准进行,对比分析实际结果和预期计划,确定两者是否存在偏差。如果存在偏差,就要及时分析原因并制定纠正措施,使两者相符合。同时,控制又为计划提供反馈信息。如果计划与实际之间的偏差是外部环境变化所致,那么我们就应该及时调整计划方案本身。

组织职能为组织计划的贯彻执行提供了合适的组织结构框架,还为控制职能的发挥提供了人员配备和组织机构;同时,组织结构的确定也规定了组织中信息联系的渠道,为组织的控制提供了信息系统。此外,控制职能分析计划执行过程中产生偏差的原因,对组织职能原因造成的偏差采取措施进行纠正,如调整组织结构,重新确定组织中的权责关系和工作关系。

领导职能的发挥影响到组织控制系统的建立和控制工作的质量;相应地,控制职能的发挥又有利于改进领导者的领导工作,提高领导者的工作效率。

控制职能使管理过程成为一个完整的过程,控制职能的发挥是其他各项职能的再运用过程,与其他职能是交错重叠的。

---

① 周三多. 管理学:原理与方法(第 6 版)[M]. 上海:复旦大学出版社,2014.

2. 控制职能在管理职能体系中拥有自己独有的功能

计划职能对未来进行预测和分析，制定目标，拟定方案，属预测决策性职能；组织职能设置部门，划分职权，配备人员，落实任务，属执行性职能；领导职能则通过领导者的影响力来引导组织成员为实现组织目标而做出积极的努力，属激励性职能；控制职能可以发现、纠正工作中的偏差，保证计划的正常执行，属保障性职能。

三、管理控制的基本特点

1. 目的性

与其他管理工作一样，控制也具有明确的目的性特征。无论是着眼于纠正和调整执行中的偏差，还是适应内、外环境的变化，都是为了促使组织目标的有效实现。

2. 整体性

管理控制的整体性特点体现在两个方面：一是强调全员参与，即控制组织全体成员；二是进行全方位、全面控制，即控制的对象覆盖组织活动的各个方面，包括人、财、物、时间、信息等各种资源。

3. 动态性

随着组织外部环境和内部条件的变化，控制标准和方法不可能固定不变，而应及时调整。

4. 人性

管理控制本质上是由人来执行，而且主要是针对人的行为的一种控制。管理控制应该成为提高员工工作能力的工具。控制不仅是监督，更重要的是指导和帮助。

四、控制的主要内容

按照管理学家斯蒂芬·罗宾斯的观点，控制内容主要包括以下六个方面：

1. 人员控制

管理者是通过他人的工作来实现目标的。因此，为了实现组织的目标，管理者必须依靠下属员工，并确保员工按其所期望的方式工作，即对人员进行控制。常见的人员控制方式有两种：一是直接巡视，及时发现问题，随时予以纠正；二是评估员工的工作表现，有针对性地予以奖罚，同时采取相应措施，纠正出现的行为偏差。

2. 财务控制

任何组织要生存发展，投入和产出之间必须实现一种平衡关系，而要实现投入和产出之间的平衡关系就要依赖对组织财务的控制。也就是说，在既定的组织目标下，关于资产购置、资本融通和经营中现金流量以及利润分配的控制和管理，包括财务预算、审计和财务报表分析的控制。

预算作为财务控制内容属于事前控制，是为完成组织计划和实现组织目标，对财务方面所提出的需求。

财务、会计和审计作为财务控制内容属于事后控制，是事后对财务和会计计划进行检查,寻找其中存在的问题。

财务报表是财务信息的主要载体,是对组织一定时期内生产经营及财务状况的综合反映。财务报表主要包括:反映组织某一特定时点的资产、负债与权益状况的资产负债表;反映组织某一时期内的利润实现及分配情况的利润表;反映一定时期内营运资金或现金流量变动状况的现金流量表或财务状况变动表。财务报表分析是运用一定的分析方法、以财务报表为分析对象,从中找出存在的问题,判断组织经营状况的一种财务控制方法。

3. 作业控制

作业控制是指从劳动力、原材料等原始资源到产成品或服务的转换过程。一个组织的成功与否,在很大程度上取决于它在生产产品或提供服务能力上的效率和效果,因此作业控制也是管理控制的重要内容,常见的如生产控制、采购控制、质量控制、库存控制和成本控制等。

4. 信息控制

信息是一种重要的资源,管理者需要及时和准确的信息,以制定决策并实现组织目标,而不精确的、不完整的、不及时的信息会严重阻碍管理者的行动,降低组织的效率。因此,组织应该开发和建立管理信息系统,以解决组织内部对各类信息的获取、加工、传递和存储的需求。当前很多研究表明,对信息的有效控制和利用是形成企业核心能力的重要保障。

5. 流程控制

流程是计划规范、管理标准、管理系统,是过程管理和结果管理的结合。流程控制是控制活动过程的合理性和结果,使用流程进行管理控制是非常有效的。

管理者在对流程进行计划和控制时,应遵循以下准则:

(1) 确保流程的计划性。流程控制的目的是实现组织(而不是个别部门)计划和目标,流程控制本身也要纳入计划中,因此应保证流程的计划性。

(2) 使流程精减到最低限度。对管理者来说,最重要的准则就是限制所用流程的数量。流程控制存在一些固有的缺点,比如压抑人们的创造性,对改变了的情况如果没有备用方案就不能及时做出反应等。此外,管理者必须权衡在实现目标前提下的灵活性和增加的控制费用之间的得失利弊,这些都是有关主管人员在拟定程序之前要反复考虑的。在实现目标的前提下,精减流程,消除缺点和减少费用。

(3) 从更大的流程控制系统中把握具体的流程控制系统。任何一个流程,无论是客户需求、信息收集、工资发放、材料采购、成本核算还是新产品开发等,其本身都是包含许多活动的系统。任何一个流程控制系统都是一个更大的流程控制系统的子系统,我们应该从更大的流程控制系统中把握具体的流程控制系统,追求整体的最优化而非局部的最优化。

(4) 强化流程控制的执行力。流程能否发挥应有的作用,一方面取决于其设计的合理性,另一方面取决于对流程的执行力。流程要求人们按标准的方式行事,但人们往往惯性地按照自己习惯的方式或随意性的方式处理事务,这样会失去流程控制的意义。强化流程控制的执行力,一方面要求加强绩效考核,另一方面要求对流程的执行过程进行督查。

流程的内容包括信息流、物流、人流和资金流。

管理流程分析的理论依据是管理原理,现实依据是实现管理目标所必需的管理过程。管理流程分析的方式主要有文字说明、格式说明和业务流程图。

流程确定的结果是流程图,它是利用具有特定含义的符号和文字说明,形象而具体地描述系统的流程,非常直观,便于记忆和分析对比。它不但可以用来确定管理流程,而且是分析管理流程的主要工具。

6. 组织绩效控制

组织绩效是组织上层管理者的控制对象,是反映组织效能的一系列指标体系。由于组织目标的达成与否均要从这里反映出来的,因此不论是组织内部的管理者还是组织外部的相关人员与机构,对此都高度关注,并为如何科学衡量组织绩效做着不懈的努力。

五、控制的原则

设计控制应遵循以下五条具体原则:

1. 相互制约原则

相互制约原则是指一项完整的经济业务活动,必须分配给具有互相制约关系的两个或两个以上的职位分别完成。在横向关系上,至少要由彼此独立的两个部门或人员办理,以便该部门或人员的工作接受另一个部门或人员的检查和制约;在纵向关系上,控制至少要经过互不隶属的两个或两个以上的岗位和环节,以便下级受上级监督,上级受下级制约。其理论根据是在相互制约的关系下,几个人发生同一错弊而不被发现的概率,是每个人发生该项错弊的概率的连乘积,从而能够降低误差率。

2. 协调配合原则

协调配合原则是指在各项经营管理活动中,各部门或人员必须相互配合,各岗位和环节应协调同步,各项业务程序和办理手续应该紧密衔接,从而避免扯皮和脱节现象,减少矛盾和内耗,保证经营管理活动的连续性和有效性。协调配合原则,是对相互制约原则的深化和补充。贯彻这一原则,尤其要求避免只管制约错弊而不顾办事效率的机械做法,而必须做到既相互制约又相互协调,从而在保证质量、提高效率的前提下完成经营任务。

3. 岗位匹配原则

岗位匹配原则是指企业单位应该根据各岗位的业务性质和人员要求,相应地赋予作业任务和职责权限,规定操作规程和处理手续,明确纪律规则和检查标准,以使职、责、权、利相结合。岗位工作程序化,要求做到事事有人管、人人有专职、办事有标准、工作有检查、以此定奖罚,从而增强每个人的事业心和责任感,提高工作质量和效率。

4. 成本效益原则

贯彻成本效益原则,要求企业力争以最小的控制成本取得最大的控制效果。因此,在实行内部控制所花费的成本和由此产生的经济效益之间要保持适当的比例,即因实行内部控制所花费的代价不能超过由此获得的效益;否则,应舍弃该控制措施。

5. 整体控制原则

企业内部控制系统必须覆盖各项业务和部门,各部门的子控制系统必须成为企业内部控制系统的一部分,这就要求各子系统的具体控制目标必须对应整体控制系统的一般目标。

第二节 控制系统与控制过程

每个组织系统都是一个控制系统,具有一个预定的稳定状态(组织的计划目标)。通过信息传递系统,控制系统会随着内、外环境的变化而不断地调整,以实现动态平衡。

一、控制系统的构成

一个组织的控制系统是由控制主体、控制客体和控制手段组成的、具有自身目标和功能的管理系统。为了使被控制对象达到某种需要的稳定状态,组织可以通过控制系统来解决为什么控制、谁来控制、控制什么和如何控制的问题。图 15-2 就是一个组织的控制系统的主要组成部分。

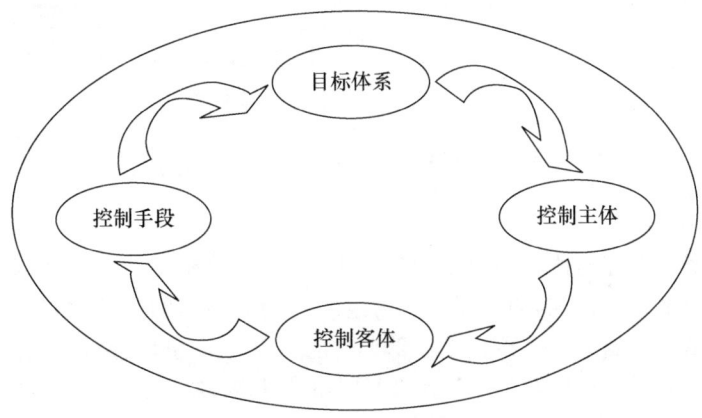

图 15-2 组织控制系统

1. 控制的目标体系

组织控制工作的最终目的是实现组织目标,因此控制系统需要明确的控制目标。控制目标可以是单个目标也可以是一个目标体系,即根据组织总目标进行目标分解,形成一个一个的分目标,继而分目标再进行分解,又可以形成若干个子目标,这些子目标加上允许的偏差范围就成了控制标准(如各种制度、规定、规范、流程、指标等),这些标准就是控制的准绳。从组织总目标一步一步分解到各种具体标准的过程是一个从抽象到具体的过程。控制的目标体系如图 15-3 所示。

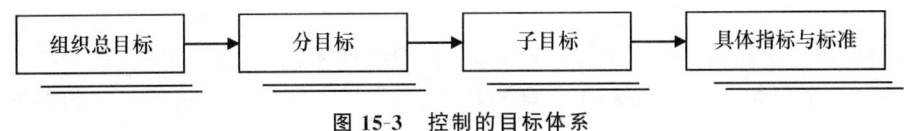

图 15-3 控制的目标体系

2. 控制主体

一个组织控制体系的控制主体就是谁来控制、谁来承担控制的职责问题。组织控制系统的控制主体包括各级管理人员及所在的职能部门,按照管理人员所处组织层级的不同又可以分为高层管理者、中层管理者和基层管理者。不同层级管理者所进行的控制工作是不同的(见图15-4)。例如,高层管理者主要负责战略目标的制定、把握发展方向和资源分配等工作的控制与管理;中层管理者主要负责执行重大决策、监督和协调基层管理人员的工作活动,以及具体工作的规划和参谋等工作的控制与管理;基层管理者则主要控制和监管实际作业人员的工作,依据组织设计的职责完成各自相应的控制工作。

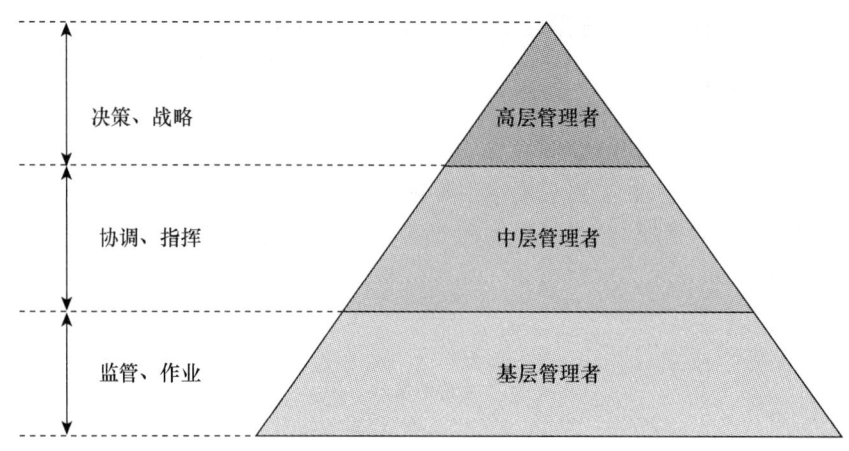

图15-4　各层级管理者的控制与管理的主要内容

3. 控制客体

控制客体即组织控制体系的控制对象和内容,包括整个组织的全部活动。从横向的组织资源要素角度来讲,控制的主要对象为组织内的人、财、物、时间和信息等资源要素;从纵向的组织结构上划分,子公司、事业部、职能部门、生产单位、岗位等各个管理层级及各个部门是控制的对象和内容;从控制的不同阶段来讲,组织的研、供、产、销、发等不同工作阶段、环节与工作内容是控制的对象和内容;从组织活动的内容上划分,能力、观念、行为、权力、责任与绩效是控制的对象和内容。

组织目标的实现是组织整体活动的表现,组织的控制是组织的全面控制,但实际的控制往往是针对关键点和关键目标的。所谓关键控制点也称战略控制点,是组织营运过程中最为关键性的控制要点,或者是经营活动中的限制性因素,或者是明显有利的因素。选择关键点进行控制是确保控制有效性的一项比较重要的控制原则。

4. 控制手段

控制的宗旨就是以较少的人力、财力、物力、时间和信息等资源投入,使组织的各项活动处于可控制状态;一旦发生偏差,能够及时予以纠正,并且将损失降至最低限度。因此,组织控制必须凭借一定的控制手段和方法才能实现对目标的控制。控制机构包括纵向的不同控制层次和横向的不同专业控制部门,借助计算机、网络等工具,按照既定的任务与职责、程序与规则,在充分利用信息的基础上,根据不同的目标选择不同的控制手段和方法。

二、有效控制系统的原则

1. 反映计划的要求

控制的目的是实现组织计划,计划则是控制所采用的绩效衡量标准的主要依据。在管理工作中,控制和计划的联系最为紧密。因此,管理者在制订计划时应考虑相关的控制标准和控制因素。计划越明确、越全面完整,所涉及的控制系统越能反映这样的计划,控制工作也就越有成效。当然,不同工作的特点不同,为保证控制系统的有效性,在设计管理控制的标准、过程、手段、主体等方面的内容时,组织应根据不同的计划和工作特点,做到具体情况具体分析。

2. 与组织结构相适应

组织结构明确了组织内部的权责关系和层级关系,组织结构没有好坏之分,只有是否合适。根据不同组织的不同情况选择适合的组织结构,可以明确组织内成员的职责,提高工作信息传递的效率。否则,一旦出现偏差,控制功能就难以实现。同时,控制系统还应考虑管理者的管理风格和特点,这是因为控制系统和控制信息是为了协助每位管理者履行其控制职能的。如果所设计的控制系统不能为管理者所理解、信任和使用时,那么设计好的控制系统就难以有效运行。

3. 强调突出重点和例外管理

关键点原则和例外原则是管理工作的基本原则。

所谓关键点原则,是指突出重点和关键环节,不能强调面面俱到,眉毛胡子一把抓,而要针对重要的、关键的因素和工作实施重点管理。事实上,组织活动往往错综复杂,管理者本人的精力也是有限的,根本无法实施完全控制,应该且只能将注意力集中在一些关键影响因素上。因此,在设计控制系统时,要首先找出工作中的关键因素并施以重点控制,这是一种有效的控制方法。

所谓例外原则,是指管理者把例行的一般事务授权给下级管理人员处理,自己只保留对例外事项或突发事项的决策权,如重大的企业战略问题和重要的人员更替问题等。强调例外原则可使管理者把精力集中在他们关注和应该关注的问题上。但是,值得注意的是,强调例外原则并不是要求管理者对所有的例外事项平等对待,而是要考虑客观实际情况,找出关键偏差所在。

4. 强调及时性

信息是控制的基础,为了提高控制系统的有效性,必须及时收集信息并及时传递;否则,组织就会因为控制信息滞后而造成不可弥补的损失。时滞现象是反馈控制系统一个难以克服的困难。较好的解决办法就是采用前馈控制,使管理者尽早发现或预测到偏差的产生,从而采取预防性措施,使工作的开展在最初阶段就能够沿着目标方向进行。即使发生了偏差,也能及时纠正,把损失降到最低限度。

5. 具有客观性

控制工作的客观性要求控制系统尽可能地提供和使用无偏见的、详细的、可以被证实与理解的信息,还要求必须具有客观的、准确的和适当的控制标准。在整个控制过程中,主观判断不仅可能使绩效的衡量得不出明确的结论,还可能难以把握纠正偏差的力度,从而使现实工作更加混乱。为了保证控制系统的客观性,就要求尽可能地量化衡量标准。量化程度越高,控制越规范。

6. 具有准确性

现实中,人们往往受各种因素的影响,会将不准确信息输入控制系统,有时可能是因为衡量绩效的工具精准度不够,使衡量结果的误差过大;有时则可能是工作人员出于个人利益,人为地虚报数据。一个提供不准确信息的控制系统会误导管理者决策,使整个组织蒙受损失。因此,管理者应该选择适用的、精确的绩效衡量方法和工具,避免产生误差;同时,还要采取预防措施,运用先进的管理技能,避免出现弄虚作假行为。

7. 具有灵活性

随着技术的快速发展,顾客需求也在不断变化,组织所处内、外部环境中的干扰性、复杂性越来越大。如果组织的控制系统对这些变化或不确定性不能准确地预测或反映,不能适应各种不利的环境变化或利用各种新的机会,组织就不能针对这些变化进行控制调整,组织就很难继续生存下去。因此,一个行之有效的控制系统应具有足够的灵活性,能在计划变化及发生未曾预见事项的情形下继续发挥作用。

8. 具有经济性

任何管理工作都需要经费,控制工作也不例外。如何衡量是否进行控制、控制到什么程度,可通过比较控制工作所需投入的成本与实施控制后所带来的预期收益的差额来衡量;当通过控制所获价值大于它所需费用时,才有必要实施控制。所以,从经济性的角度看,控制系统并不是越复杂越好,控制力度也不是越大越好。控制系统越复杂、控制工作力度越大,意味着控制的投入也越多。而且在许多情况下,这种投入的增加并不一定会导致计划更顺利地实现。管理者应尝试使用能产生期望结果的最少量的控制。如果控制能够以最少费用或最小代价实现预期的控制目的,那么这种控制系统就是最有效的。

三、控制过程

管理中的任何活动都可以且应当予以控制,控制的基本过程一般包括以下三个步骤:

1. 制定控制标准

标准是衡量实际工作绩效的依据和准绳,因此制定控制标准是控制过程的第一步。控制标准的制定对计划工作和控制工作起着承上启下的连接作用。虽然计划是控制的依据,但由于计划只是对工作目标及行动方案的总体规划和安排,不可能十分详尽具体,因此管理者实施控制的第一个步骤就是以计划为基础,制定出控制工作所需的标准。

从不同的角度,控制标准可以有多种分类方法:

(1) 定量标准与定性标准。定量标准就是可以用数字量化的标准。定量标准便于度量和比较,是控制标准的主要表现形式。定量标准主要包括时间标准、生产力标准、消耗标准、质量标准和成本标准等。

在制定控制标准时,最好做到标准是定量的、能量化的;但对于有些不容易量化的指标(如工作作风、态度等),可以考虑定性化。尽管定性标准具有非定量性质,但在实际工作中,为了便于掌握这些方面的工作绩效,也应尽可能地采用一些可度量的方法。例如,可通过顾客对产品或服务的评分来衡量顾客满意度,这就是对产品或服务质量的一种间接衡量。

(2)实物标准与价值标准。实物标准是一种非货币化的标准,用于反映定量的工作成果,如单位产量工时、单位台时产量、每日门诊人数等。实物标准也可以反映质量,如轴承面硬度、纺织品的耐久性等。实物标准普遍适用于基层生产单位,从这个意义上说,实物标准是计划工作的基石,也是控制的基本标准。

价值标准是用货币度量的标准,具体又分为费用标准、资金标准和收入标准。费用标准是采用货币形式衡量消耗的指标,如单位产品人工费用、材料费用等。费用标准也是一种普遍应用于基层生产单位的控制标准。资金标准是费用标准的变种,是以货币计量实物项目的一种标准,如投资项目的投资回收率等。收入标准则是以货币形式衡量销售额的指标,如单位产品销售收入等。

在设定组织的控制标准时,必须考虑该标准能够全面、准确地反映执行计划和实现计划目标的切实要求。建立的标准能够保证组织目标的实现,尽量做到通俗易懂、简明适用,标准之间不可相互冲突、可行且易操作、具前瞻性。确定标准的方法有三种,针对不同的标准制定,应该采用不同的方法。

(1)统计分析法。它是以企业的历史数据资料或与同类企业对比的水平为基础,运用统计方法分析,据以确定现在的控制标准。标准可选择统计平均数,也可选择高于或低于平均数的某个数值。这种方法能较好地反映过去的平均或一般水平或状态,为预期的未来行为提供依据。当被控制对象波动较大时,这种方法就不够准确,因为它忽视了新的情况,特别是未来可能出现的变化。

(2)经验估计法。它是在缺乏充分资料数据的情况下,由有经验的管理者以过去的经验和判断为基础进行估计评价,以确定控制标准。以这种方法制定的标准实质上是一种价值判断,管理者对目标的期望及某个人的价值判断起着决定作用。这种方法更重视新的情况,有利于发挥管理者的主观技能,特别是在没有历史资料的情况下,更显示该方法的长处。相比统计分析法,这种方法的不足之处是缺乏一些关于历史状况或趋势的精确分析。

(3)技术分析法。它是以定量分析为基础制定的准确技术参数和实测数据作为控制标准,主要应用于测量生产者个人或群体的产出定额标准。这种方法订立的标准,一般是更科学、更可靠的,因为它是以实际测量为基础的。但这种方法也有一定的局限性,即有些实际工作测量的难度是很大的,而且现在的实际也难以反映未来的可能变化。

2. 测量业绩与界定偏差

对照标准衡量实际工作成绩是控制过程的第二步,具体分为两个小步骤:一是测定或预测实际工作成绩;二是比较实绩与标准。当然,在管理工作中,如果在工作开始之前就能预测出所有可能发生的偏差和问题,预先采取必要的措施予以解决,这是最理想的状况。但是限于种种原因,并非所有的偏差均能在工作开始之前被预测到,而通常是在偏差产生之后被发现,继而采取相应的纠偏措施。这就要求我们定期或不定期地对实际工作情况进行测量,及时发现是否存在偏差。

测定或预测实绩时,测定什么是管理者面临的首要的问题。通常情况下,管理者应注意选择对目标实现有着重要影响的指标或项目进行衡量,表15-1列出了在企业运营过程中经常衡量的指标和项目。

表 15-1 各职能领域的绩效衡量

各职能领域的绩效衡量			
生产	销售	人事管理	财务与会计
数量	销售额	劳资关系	资本支出
质量	销售收入	离职率	库存
成本	广告支出	缺勤率	资本流
个人工作绩效	个人销售额		
	个人业绩		

资料来源:Hal B. Pickle and Royee L. Abrahamson, Small Business Management[M]. New York: Wiley, 1990.

在衡量这些指标和项目时,我们应注意确保实绩信息收集、加工和传递的准确性、及时性、可靠性和适用性。在实际工作中,可通过观察、抽样调查、召开会议、统计报告、口头汇报或书面报告获取所需信息。在此基础上,我们对实绩与标准比较如下:

(1) 实际与计划之间有无偏差?
(2) 如果有偏差,是什么性质的偏差?正偏差或负偏差?
(3) 偏差是否超出了允许的范围?
(4) 引发偏差的原因是什么?

值得注意的一点是,在衡量绩效的过程中,不能把实际工作简单地理解为某项工作或某个项目的最后结果,有时它可能是中间过程或状态本身。控制不是为了简单地衡量绩效,而是为了衡量与检查是否达到了预定的绩效。因此,我们在控制过程中应预测可能出现的偏差,以便控制未来的绩效。

3. 采取纠偏措施

对实际工作成效加以衡量并与标准进行对比后,就能辨别是否存在偏差。如果没有偏差,也应分析控制标准是否客观、先进、准确。在认定标准水平合适的情形下,可将实际工作成效作为成功经验予以分析总结并用于指导今后或其他方面的工作。如果存在偏差,则要分析造成偏差的原因并采取相应的矫正措施。由于偏差来自实绩与标准的差距,因此纠正偏差的方法主要有以下三种:

(1) 对于由工作失误造成的偏差,管理者应采取纠正行动,努力提高工作绩效,加强管理、监督,确保工作与目标接近或吻合。

(2) 如果是组织运行环境出现了重大的、未曾预料的变化,致使计划不能满足实际环境需要而产生偏差时,那么相应的控制措施就应修正原来的计划或在必要时重新制订新计划。

(3) 如果是计划或标准不切合实际，即使其他因素均发挥正常，偏差也再所难免，此时控制工作主要是按照实际情况修改计划、目标或标准。

并不是任何偏差都需要采取更正行动，也不是任何人都能采取更正行动，而是在偏差较大又影响到组织目标的实现时才需要采取更正行动，也只有被授予权者才能采取更正行动。产生偏差的原因是复杂的、多样的，所以在更正行动之前必须仔细分析，找准原因才能对症下药地更正。

控制的基本过程如图 15-5 所示。

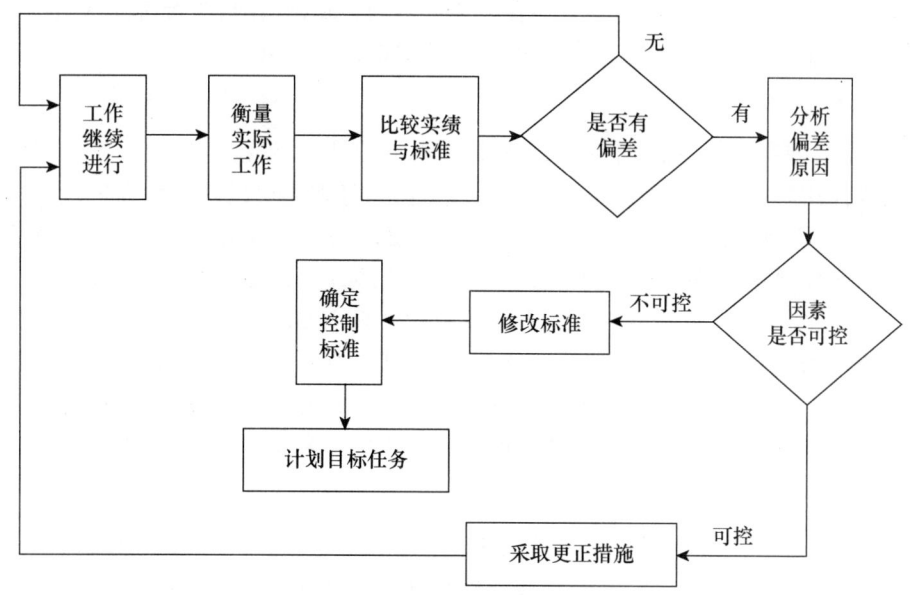

图 15-5 控制的基本过程

第三节 控制方式

按照不同的标准，可以将控制方式划分为不同的类型。

一、按照控制的时点与位置分类

1. 前馈控制

前馈控制也称预先控制、事前控制，是指在工作或活动开始之前，借助以往积累的经验、收集的信息、社会调查等，预测计划实施中可能出现的偏差并提出预防措施。前馈控制的着眼点是防患于未然：首先，防止不符合标准的资源投入，避免因资源投入不当而造成工作偏差；其次，通过有关工作，引导人们采取必要的预防措施，防止问题的发生。也就是说，前馈控制是控制原因，而不是控制行动结果。例如，组织中的原材料入库检验制度、职工培训上岗制度等。显然，前馈控制是控制的最高境界，是管理者最渴望采取的控制类型。

前馈控制是一种预防性控制，只能且必须建立在对整个系统和计划透彻分析的基础

上。因此,组织要实施有效的前馈控制,必须满足以下几个必要条件:

第一,必须对计划和控制系统进行透彻、仔细的分析,确定重要的输入变量,包括有哪些变量、计划对变量的要求是什么、变量波动的可能性有多大等;

第二,必须建立清晰的前馈控制系统模型,明确系统输入量与输出结果的关系;

第三,注意保持模型的动态性,经常检查模型以了解所确定的输入变量及其相互关系是否仍然反映实际情况;

第四,必须经常收集系统输入变量的数据并输入控制系统;

第五,必须定期评估实际输入量与计划输入量的差异,并评估其对最终结果的影响;

第六,必须采取行动,不仅要指出问题,还要采取措施予以解决。

2. 实时控制

实时控制也称现场控制、过程控制或事中控制,是指对正在进行的工作进行监督和指导,以保证活动按照既定的政策、程序和方法进行,管理者可以在重大损失发生之前及时纠正问题。实时控制一般在工作现场进行,主要由基层管理者承担,其主要方式有两种:一是驾驭控制,随时根据出现的情况采取应急措施;二是关卡控制,对计划执行中的偏差程度加以限制并采取相应措施。实时控制的效果主要取决于控制者的个人素质、个人作风、指导的表达方式以及下属的理解程度等,其中控制者的"言传身教"至关重要。

由于实时控制是一种管理者与被管理者面对面进行的控制活动,容易造成下属的心理压力,导致两者发生矛盾和对立,如生产过程中的质量检验、5S 管理等。

3. 反馈控制

反馈控制也称事后控制,是指对活动结果(包括最终结果和中间结果)进行的控制,主要为下一步计划的实施总结经验。反馈控制并不是最好的控制方式,但它是一种最主要也是最传统的控制方式。这是因为许多工作现在还没有有效的预测方法,而且受主观、客观条件的限制,人们在执行计划的过程中常常会出现失误。

反馈控制具有稳定系统、跟踪目标和抗干扰的特性,这使得它可以用于改善管理控制工作、提高工作效率,因而反馈控制在现实生活中的应用十分普遍。但反馈控制存在一个重大的缺陷,即在实施控制时,整个活动已经结束,活动中出现的偏差已在系统内造成损害,已无法弥补或避免。也就是说,反馈控制只能在事后发挥作用,类似于"亡羊补牢"。

二、按照控制活动的性质分类

根据控制活动的性质,可将管理控制分为调适控制、纠偏控制、校正控制和创新控制。此类控制是对实际工作绩效与控制标准之间的偏差进行评估,以确定采取何种纠正措施。

1. 调适控制

调适控制是在预测可能存在偏差的情况下,事先对计划或目标进行适当调整,从而使得计划方案更加客观与现实的控制行为,是一种主动控制。

2. 纠偏控制

当偏差较大且超出允许的范围时,必须分析偏差原因,及时采取措施纠正偏差。这种情况往往是被动控制。

3. 校正控制

工作中的偏差也可能来自不合理的标准,如果标准定得过高或过低,或者原有的标准随着时间的推移不再适应新的情况,在这种情况下需要调整的是标准而不是实际工作。此时组织应重新校正计划或调整目标,称为校正控制。

4. 创新控制

管理的权变性决定了控制的创新性。创新控制体现着革故鼎新、破旧立新、除旧布新、吐故纳新的精神。创新控制可以是依据情况与条件的变化更新原计划方案,也可以是委派新职务或进一步明确职责以强化管理控制,还可以改善领导方式或运用激励政策提升管理绩效等。

三、按照控制的内容分类

1. 预算控制

预算控制是用数字编制未来某一个时期的计划,即用财务数字(也在财务预算和投资预算中)或非财务数字(如在生产预算中)表明预期的结果。预算有以下几种:

(1) 刚性预算与弹性预算。刚性预算是指在执行过程中没有变动余地或者变动余地很小的预算。弹性预算是指预算指标留有一定的调整余地,有关当事人可以在一定的范围内灵活执行预算确定的各项目标和要求。

(2) 收入预算与支出预算。收入预算是指对组织活动未来货币收入进行的预算。支出预算是指对组织活动未来支出进行的预算,是企业预算中最重要的。

(3) 总预算与部门预算。总预算是指以组织整体为对象,涉及组织收入或者支出项目总额的预算。部门预算是指各部门在保证总预算的前提下,根据本部门的实际情况安排的预算。总预算与部门预算不是简单的整体与部分的关系,两者相互支持、相互补充。

2. 质量控制

质量控制包括产品质量控制和工作质量控制。在质量控制的过程中,强调实行全员参与、全方位、全过程监控的全面质量管理。企业部门的全体员工参与企业产品质量和工作质量过程中,把企业的经营管理理念、专业操作和开发技术、各种统计与会计手段等方法结合起来,在企业中普遍建立从研究开发、新产品设计、外购原材料、生产加工到产品销售和售后服务等环节,贯穿企业生产经营活动全过程的质量管理体系。

3. 人力资源管理控制

人力资源管理是指根据企业发展战略的要求,有计划地对人力资源进行合理配置,通过员工的招聘、培训、使用、考核、激励、调整等一系列过程,调动员工的积极性,发挥员工的潜能,为企业创造价值,给企业带来效益。确保企业战略目标的实现,是企业一系列人力资源政策及其相应的管理活动。对企业人力资源管理的控制主要包括人事相符、岗位设置和评价、员工工作态度、工作能力考核等方面内容的控制,以提高组织的人事管理效率。

4. 库存控制

对制造业或服务业生产和经营全过程的各种物品、产成品及其他资源进行管理与控制,使物料储备保持适当的数量水平,在保证生产销售的前提下,尽可能降低成本、减少损耗、加速资金周转。

5. 进度控制

进度控制是指将工程建设项目各个阶段的工作、工作程序、持续时间及其相互衔接关系,根据进度总目标及优化资源的原则编制进度计划,并将该计划付诸实施的活动。

6. 成本控制

企业根据一定时期预先建立的成本管理目标,由成本控制主体在其职权范围内,在生产耗费发生以前和成本控制的过程中,对影响成本的各种因素和条件采取的一系列预防与调节措施,以保证成本管理目标实现的管理行为。

7. 风险控制

总有些事情是不能控制的,风险总是存在的。作为管理者必须采取各种措施减小风险事件发生的可能性,或者把可能损失控制在一定的范围内,避免在风险事件发生时产生的难以承担的损失。

四、按照控制源类型分类

按照控制来源可以将控制分为三种类型:正式组织控制、群体控制和自我控制。

1. 正式组织控制

正式组织控制是管理者设计和建立起来的机构或规定以进行控制,规划、预算和审计部门就是正式组织控制的典型例子。组织可以通过规划指导组织成员的活动,通过预算控制消费,通过审计检查各部门或各个人是否按照规定行动,并提出更正措施。例如,按照规定对在禁止吸烟的地方抽烟的员工进行罚款,以及对违反操作规程者给予纪律处分等,都属于正式组织控制的范畴。在大多数组织中,普遍实行的正式组织控制的内容有以下几方面:

(1)实施标准化。依靠管理者的设计和监督,制定标准的工作程序及生产作业计划等。

(2)保护组织的财产不受侵犯。比如防止偷盗、浪费或错误地使用组织资源,包括设备使用记录、审计作业程序及责任分派等。

(3)质量标准化。它包括产品或服务的质量,主要采取的措施如对职工培训、工作检查、统计质量控制及激励系统等。

(4)防止滥用权力。这可以通过明确的权力和责任制度、工作说明、指导性政策、规则及财务方面的要求来完成。

(5) 对职工的工作进行指导和测量。这可以通过评价系统、产品报告、废品损耗、直接观察和指导等方式来完成。

正式组织控制还有其他的用途,如确保组织获利,继续生存与发展等。

2. 群体控制

群体控制是基于群体成员的价值观念和行为准则、由非正式组织发展和维持的。非正式组织有自己的一套行为规范。尽管这些规范并没有明文规定,但非正式组织的成员都十分清楚这些规范的内容,知道如果自己遵循这些规范就会得到奖励。这种奖励可能是其他成员的认可,也可能是强化了自己在非正式组织中的地位。如果违反这些行为规范就可能遭到惩罚,这种惩罚可能是遭受排挤、讽刺,甚至被驱逐出该组织。例如,建议一名新来的员工自动把产量限制在一个群体可接受的水平,就是群体控制的一个表现。群体控制在某种程度上左右着员工的行为,处理得好有利于达成组织目标,如果处理不好就会给组织带来很大危害。

3. 自我控制

个人自我控制是个人有意识地按某一行为规范进行活动。例如,一名员工不愿意把公家的东西据为己有,可能是由于他具有诚实、廉洁的品质,而不单单是怕被抓住遭惩罚。这是有意识的个人自我控制。

自我控制能力取决于个人本身的素质。具有良好修养的人一般自我控制能力较强,顾全大局的人比仅看重自己局部利益的人有较强的自我控制能力,具有较高层次需求的人比具有较低层次需求的人有较强的自我控制能力。

五、按照控制过程是否存在信息反馈分类

按照控制过程可以将控制分为开环控制和闭环控制。开环控制是指控制主体与被控对象之间只有顺向作用而没有反馈的控制。闭环控制是指控制装置与被控对象之间既有顺向作用又有反馈的控制。

管理控制中存在大量的闭环控制。例如,用户对商品质量信息反馈给设计部门或生产部门,使这些部门提高了商品的设计质量和生产质量,从而完成产品质量控制。这就是闭环控制。如果这类信息不能反馈给生产部门,生产部门就只能仅仅依据产品设计要求在生产部门内部完成质量控制。这就是开环控制。

第四节 组织绩效控制

一、组织绩效的定义

简单地说,绩效就是一项活动的最终结果。所谓组织绩效,是指在某一时期内组织任务完成的数量、质量、效率和盈利状况,即所有工作流程和活动的最终累积结果。定期或不定期地对组织绩效进行衡量和评价是组织的一项重要管理工作。只有通过对组织绩效进行衡量,管理者才能了解和掌握影响组织绩效的因素,才能更好地管理组织资产的获取、管理、更新和处置,并增强提供顾客价值的能力,影响组织的名誉度(见图15-6)。

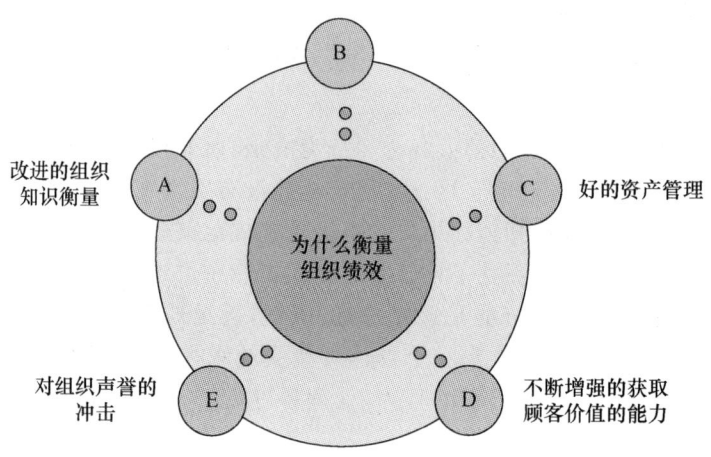

图 15-6　衡量组织绩效的原因

二、组织绩效的影响因素

1. 战略取向

组织的战略取向决定了组织的经营范围、所服务的顾客群体以及所采用的竞争战略,这些将在宏观层面上影响组织的绩效,而组织的战略取向变化又会影响微观层面的组织结构。在战略取向方面,成功的企业通常注重满足顾客的需求、对问题和机遇能够做出迅速的反应、具有明确可持续的重点和目标。

2. 高层管理者

高层管理者的心智及领导方式对组织绩效具有重要的影响。领导者行为可以从领袖魅力、提供愿景两个方面测量,组织气候可以从组织的有效性、创新的意愿和沟通水平三个方面衡量;财务绩效的衡量使用两个变量——净利润和可控制成本。研究表明,领导方式与组织绩效具有密切的联系,具有领袖魅力的变革型领导者行为相对于结构维度和关怀维度领导者行为而言,对组织财务绩效和组织气候产生更大的作用。具有领袖魅力的变革型领导者行为,不仅可以提高员工的满意度和生产率,还能提高组织的有效性,加强组织成员间的沟通,激发员工的创新意愿,从而使他们具有更强的责任感、努力提高工作质量,促进组织财务绩效的提高。

3. 组织结构

Decanio et al. (2000)[①]等人认为,组织结构能影响组织绩效。他们主要研究组织结构和组织绩效的经济测量。这里,绩效被定义为组织采用能带来利润的创新所实现的净现值。研究的基本思路是组织的适应力取决于组织成员采用的能带来利润的创新活动。

---

① Decanio, S. J., C. Dibble and K. Amiratefi. The importance of organizational structure for the adoption of innovations[J]. Management Science. 2000, 46(10): 1285—1299.

此外，构成组织但与个体特征无关的因素（如收益、成本等）也会系统地影响不平等的程度。

4. 组织变革

组织权变理论认为，组织结构必须进行变革，以保证组织获得高绩效水平。只有不断地变革组织和改善组织适应力，组织才会保持高绩效水平并获得持续成长。Donaldson(2000)[①]则认为，当商业周期持续低落、使得组织绩效低于满意水平时，会引发适应性的组织变革；当竞争对手具有良好的组织适应力时，组织的低绩效会驱动组织的适应性变革；负债会促进组织适应性的变革，因为必须经常支付利息，所以管理者会不断提高组织绩效以达到满意水平；部门风险也会引发组织变革，如"明星"部门具有较高的部门风险，使得该部门经常处于不适应状态而引发经常性的适应性变革。

5. 组织内部的信任关系

组织内部长期有效的信任关系直接影响组织成员"履约"的愿望，信任与组织绩效密切相关。对员工的结构性授权能带来明显的益处，但对组织也会产生道德困境和剩余索取权的潜在风险，因此必须对授权实施适当的控制。组织制度和信任有利于对个体的授权，应结合标准化的过程和信任机制以实现组织目标。

三、组织绩效控制的工具和方法

管理者可以采取的组织绩效控制的工具包括财务控制、信息控制、平衡计分卡方法和最佳实践的标杆比较。

1. 财务控制

为了追求利润最大化，每家企业的管理者都会在企业内部进行相关的财务控制，即通过一个或几个财务比率指标，为管理者提供一个比较与衡量支出的定量标准，以此判断企业的财务状况和经营水平。经常用到的财务比率有流动性比率、杠杆比率、活动性、收益率、经济附加值和市场附加值等。

(1) 流动性比率是最常用的财务指标，主要用于测量企业偿还短期债务的能力。计算数据来自资产负债表，计算公式为：流动性比率＝流动资产÷流动负债。一般来说，流动性比率越高，企业偿还短期债务的能力越强；但也不是越高越好。例如，存货积压、产品滞销、应收账款已经过期等虽然提高了流动比率，但并不反映企业拥有较高的偿债能力。因此，考察流动性比率必须同时注意企业流动资产的构成及其长期负债所占份额的状况。

(2) 杠杆比率是企业还债财务能力比率，主要衡量企业举债与平常运营收入的对比情况，反映企业履行债务的能力。

(3) 活动性是指组织运用其资产的效率程度。

(4) 收益率是指投资的回报率，即企业运用资产产生利润的效率和效果程度。该比率一般以年度百分比表达，根据当时市场价格、面值、息票利率以及距离到期日时间计

---

① Donaldon, L. Organizational portfolio theory: Performance-driven organizational change[J]. Contemporary Economic Policy. 2000, 18(4): 152—165.

算。对企业而言,收益率指净利润占使用平均资本的百分比。

（5）经济附加值是指从税后净营业利润中扣除包括股权和债务的全部投入资本成本后的所得。资本投入是有成本的,企业盈利只有高于其资本成本（包括股权成本和债务成本）才会为股东创造价值。经济附加值衡量一家企业对它的资产使用创造了多少经济价值减去企业对它的资本中所付出的投资。

（6）市场附加值衡量了股市对一家企业过去或预期的资本投资项目价值的评价。如果企业的市场价值（股票价值减去企业的负债）比所有投入企业的资本大,就产生一个正的市场附加值,表明企业已经创造了财富。如果企业的市场价值比所有投入企业的资本少,市场附加值就是一个负值,表明管理者损耗了财富。

2. 信息控制

随着人类社会进入信息时代,信息已成为管理者在工作和决策时最重要的对象之一,在企业运营中发挥着越来越大的作用。因此,很有必要在企业内部建立一整套有效的管理信息系统,解决组织内部对各类信息的获取、加工、传递和存储的要求,达到提高组织绩效的目的。建立有效的管理信息系统也是衡量管理控制系统的标志之一。

相比于传统的管理信息系统,现代管理信息系统是计算机技术和管理技术的集成,是根据组织的业务流程和信息需求综合构成的。它以解决组织面临的问题为目标,使基层办公人员提高工作效率,并能向各级管理部门提供所需的信息,据此做出决策,增强管理人员的决策水平和快速反应能力。

3. 平衡计分卡方法

平衡计分卡方法打破了传统的只注重财务指标的业绩管理方法。传统的财务会计模式只能衡量过去发生的事情（落后的结果因素）,无法评估组织前瞻性的投资（领先的驱动因素）。但在当今的信息社会里,传统的业绩管理方法并不全面,组织必须投资于客户、供应商、员工、组织流程、技术和革新等方面,获得持续发展的动力。正是基于这样的认识,平衡计分卡方法认为,企业应关注财务、顾客、外在过程和人力/改革/资产增长这四个领域。根据这种方法,管理者需要在四个领域中的每一个发展一个目标,并通过衡量来确定这些目标是否达到。例如,一家企业可能把现金流动、季度销售增长、投资回报作为财务领域成功的衡量指标,或者可以将来自新产品的销售百分比作为顾客目标的衡量标准。平衡计分卡的意图就是强调所有这些领域对组织的成功都很重要,并且强调它们之间必须保持平衡。

4. 最佳实践的标杆比较

这是指从竞争者和非竞争者中寻找成功者,并详细分析他们成功的原因,与组织自身进行比较,从而确定具体的绩效差距和潜在的需要提高的领域。作为一种监控和管理组织绩效的工具,标杆比较用于确定具体的绩效差距和潜在的需要提高的领域。但是管理者不应该仅仅关注外在组织以获得最佳实践,寻找可以共享的内在最佳实践同样重要。

❏ 重要概念

财务控制	纠偏控制	控制主体	校正控制
成本控制	控制	库存控制	信息控制
创新控制	控制的目标体系	平衡计分卡	预算控制
调适控制	控制客体	前馈控制	质量控制
反馈控制	控制手段	人力资源管理控制	组织绩效
风险控制	控制系统	实时控制	最佳实践的标杆比较
进度控制			

❏ 本章概要

控制包含两层含义：一是按照既定的计划、标准和方法对各项工作进行对照检查、测量与评价，并在出现偏差时分析原因，采取相应措施进行纠正调节，以防偏差继续发展或者再度发生；二是根据组织内、外环境的变化和组织发展的需要，在计划执行的过程中对原计划进行修订或制订新的计划，并调整相应的管理工作，以确保组织目标的实现。管理控制具有目的性、整体性、动态性和人性的特点。

管理控制的内容包括人员控制、财务控制、作业控制、信息控制、流程控制和组织绩效控制。

每个组织系统都是一个控制系统，具有一个预定的稳定状态（组织的计划目标）。一个组织的控制系统是由控制主体、控制客体和控制手段组成的，具有自身目标和功能的管理系统。

按照控制的时点与位置，可将控制分为前馈控制、实时控制和反馈控制；按照控制活动的性质分为调适控制、纠偏控制、校正控制和创新控制；按照控制的内容分为预算控制、质量控制、人力资源管理控制、库存控制、进度控制、成本控制和风险控制。

组织绩效是指在某一时期内组织任务完成的数量、质量、效率和盈利状况，即所有工作流程和活动的最终累积结果。影响组织绩效的因素有战略取向、高层管理者、组织结构、组织变革和组织内部的信任关系。

常用的组织绩效控制工具和方法包括财务控制、信息控制、平衡计分卡方法和最佳实践的标杆比较。

❏ 思考题

1. 为什么现代组织要加强控制管理？
2. 控制的概念、主要内容及特点分别是什么？
3. 控制的过程是什么？请举例说明。
4. 常见的控制类型有哪些？

5. 什么是组织绩效？为什么要衡量组织绩效？

6. 组织绩效控制的方法有哪些？请举例说明。

❏ 实训题

1. 实训项目

查阅本章开篇案例中亚细亚商场的相关资料，分析其从辉煌走向陨落的原因。

2. 实训目的

(1) 了解亚细亚商场的发展历史，对其管理和控制过程有初步的认识。

(2) "中原之行哪里去？郑州亚细亚！"这句显赫一时的广告词很多人也许还记忆犹新。但历时16年后，亚细亚商场从辉煌到终结，其中的原因何在？通过该实训，试分析亚细亚商场从开始的家喻户晓到最后没落的原因。

(3) 通过对亚细亚商场发展历史的进一步分析，试为其设计改进控制方案，找出关键控制点。

3. 实训要求

根据所学的理论知识，分析亚细亚商场管理控制的特点，为其设计一套科学合理的管理控制方案。

4. 实训组织

每6人一组，分别查阅相关资料后讨论、分工、设计方案。

5. 实训考核

一周后收齐亚细亚商场案例的分析总结报告，小组代表为大家讲解报告要点，教师为其打分。

❏ 案例分析

戴尔公司与电脑显示屏供应商

戴尔公司创建于1984年，是美国一家以直销方式经销个人电脑的电子计算机制造商，其经营规模已迅速发展至当前120多亿美元销售额的水平。戴尔公司是以网络型组织形式来运作的，连接了许多为其供应计算机硬件和软件的厂商，其中一家供应厂商的电脑显示屏做得非常好。戴尔公司先是花很大的力气和投资使这家供应商做到每百万件产品中只能有1000件瑕疵品，并通过绩效评估确信这家供应商达到要求的水准后，戴尔公司就完全放心地让其产品直接打上"Dell"商标，并取消了对这种供应品的验收、库存。类似的做法也发生在戴尔公司其他外购零部件的供应中。

通常情况下，供应商将供应的零部件运送到买方那里，经过开箱、触摸、检验、重新包装，经验收合格后，产品组装商便将其存放在仓库中备用。为了确保供货不出现脱节，公司往往要储备未来一段时间内可能需要的各种零部件。这是一般的商业惯例。因此，当戴尔公司对这家电脑显示屏供应商要求"这种型号显示屏我们今年会购买400万—500

万台,贵公司为什么不干脆让我们的人随时需要、随时提货"的时候,商界人士无不感到惊讶,甚至以为戴尔公司疯了。戴尔公司的经理们则这样认为,开箱验货和库存零部件只是传统的做法,并不是现代公司运营所必要的步骤,遂取消了这些"多余的"环节。

戴尔公司的做法就是,当物流部门从电子数据库得知公司某日将从自己的组装厂提出某型号电脑xx部时,便在早上向这家供应商发出配领多少数量显示屏的指令信息,这样等到当天傍晚时分,一组组电脑便可打包完毕分送到顾客手中。如此,不但可以节约了检验和库存成本,而且加快了发货速度,提高了服务质量。

讨论题

1. 戴尔公司对电脑显示屏供应厂商是否完全放弃和取消了控制?如果是,戴尔公司的经营业绩来自哪里?如果不是,那么它所采取的控制方式与传统方式有何切实的不同?

2. 戴尔公司的做法适用于中国公司吗?为什么?

第十六章 控制方法

【内容提要】

要对整个组织的活动实施全面控制,组织必须借助各种不同的控制方法。本章介绍预算控制、生产控制、财务控制所涉及的各种方法的基本原理,比较不同控制方法的优劣性,分析其适用的场合。

【学习目标】

1. 掌握各种常见控制方法的内容、特征、优势与不足。

2. 能够说明预算控制和生产控制的基本原理,能够理解现代预算编制方法区别于传统方法的要点,能够解释全面质量管理的循环机理,能够理解经济采购批量模型的预测原理,能够结合财务知识进一步解释比率分析的经济意义,能够比较三种审计控制的优缺点。

3. 清楚各种控制方法的特点和适用场合,掌握现代控制方法的要领,并能根据组织活动的具体控制需要选择适当的控制方式和方法。

引例

6σ 计划

大量的实践表明,生产前发现质量问题并加以纠正,所需成本只有 0.003 美元;生产过程中发现质量问题并加以解决,则需要 30 美元;如果产品售出后才发现并加以改正,却要花费 300 美元。为此,GE 公司开展了六个西格玛(6σ)质量标准活动。6σ 是以数据为基础的质量管理活动,是指如果将误差控制在 6σ 之内,次品的概率就能缩小到百万分之三点四以下。不同西格玛水平对应的差错率为:

6σ=3.4 次失误/百万机会;

5σ=230 次失误/百万机会;

4σ=6 210 次失误/百万机会;

3σ=66 800 次失误/百万机会;

2σ=308 000 次失误/百万机会;

1σ＝690 000 次失误/百万机会；

GE 公司从 1995 年开始对 200 个项目实施 6σ 计划,1996 年扩大到 3 000 个项目,1997 年增加到 6 000 个项目。韦尔奇先生说道,6σ 计划就像野火一样燃遍了整个公司,它正在改变他们所做的一切。

GE 公司通过严格的质量控制手段,提高了公司的业务质量、速度和效率,同时在很大程度上削减了企业的质量管理成本,更获得顾客对 GE 产品的支持与信任。可以说,6σ 控制技术的有效使用,是 GE 公司成功的关键因素之一。实际上,企业可以运用的控制方法并不局限于质量管理层面,本章系统介绍预算控制、生产控制、财务控制等常用的控制手段与方法(见图 16-1)。

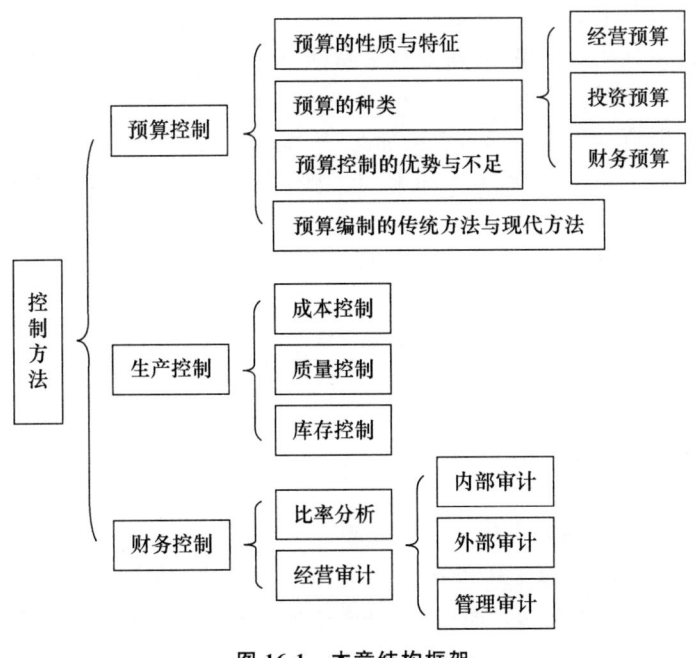

图 16-1　本章结构框架

第一节　预算控制

预算控制清楚地表明了计划与控制的紧密联系,是管理控制中使用最为广泛的一种控制方法,企业中几乎所有的活动均可以利用它进行控制。迪斯尼公司一直为其电影拍摄工作编制预算。但在 20 世纪 90 年代,在《狮子王》之类的电影为公司赚取了上千万美元的利润时,迪斯尼公司的管理层并不要求拍摄部门严格遵守预算。但是,随着《亚特兰蒂斯:失落的帝国》和《金银岛》等几部动画片的失败,公司对预算的控制变得异常严格了。

一、预算控制概述

预算是根据计划目标和实施方案具体筹划与确定资源的分配、使用及相应行动预期结果的数字化形式。预算常被看作"数字化"或"货币化"的计划。它预估了企业在未来时期的经营收入和现金流量，也为各部门或各项活动规定了在资金、劳动力、材料、能源等方面的支出额度。实际上，预算既是计划的工具，又是控制的工具。当预算表示将计划目标与计划方案数字化的时候，它就成为计划的一种形式；而当预算作为标定合理使用资源的界限、衡量实际与计划偏差的工具时，它就成为控制的一种形式。

预算控制就是组织为了保证在完成既定目标、实现利润的过程中对经营资源的合理利用，根据预算规定的收入与支出标准监控实际执行情况，并在必要时做出调整的组织活动。① 预算控制是各种组织、各类管理者所使用的最基本的控制工具之一。无论是工商企业还是政府、文化组织，都要借助预算对系统的运行实施控制。

预算通常以财务术语表述，但偶尔也可能用产出、时间或其他数量指标表述。当然，无论是使用利润指标还是产出、时间等数量指标，都体现了预算的突出特点——数字化。数字化的预算可以把组织目标准确、详尽地表示出来，并能清楚地反映所采取的各种行动的资源(人力、财力、物力及时间)消耗情况，从而使计划的实施与控制建立在更可靠的基础上。由于其数字特征，预算为不同部门、组织的不同层级和不同时期的绩效衡量提供了依据。

一般来说，有效的预算控制能够实现四个主要目的：一是帮助管理者协调资源与项目(因为它们使用同一个标准，通常是用货币衡量)；二是有助于阐述已经确立的控制标准；三是为组织的资源和项目提供指导路线；四是使组织能够评估管理者和组织单位的绩效。

二、预算的性质与特征

1. 预算主要是一种控制手段

预算是未来需要达到的工作指标的数量标准。因此，制定预算构成了控制的第一步——制定控制标准。与其他控制标准相比，预算具有更明确、更具体、操作性更强的特点。由于预算是以数字化的方式表明管理工作的标准，本身就具有考核性，因此有利于根据标准来评定工作成效，找出偏差(控制过程的第二步)，并采取措施消除偏差(控制过程的第三步)。由此看来，预算为控制提供了基础，预算控制构成了组织控制工作的重要内容。

2. 预算是有时间期限的

预算期的长短视具体活动的不同性质而定。现金的预算期可能是一个星期或一个月，业务的预算期则可能是一个月或一年，固定资产的投资预算甚至可能长达数年。总体来看，预算期越长，就越需要经常加以审查和修正。

3. 预算是数字化的计划

预算的主要内容是各种数字化的计划，其关键在于"量化"。如果不对一项活动的主

---

① 〔美〕哈罗德·科兹纳. 项目管理：计划、进度和控制的系统方法(第10版)[M]. 杨爱华等译. 北京：电子工业出版社，2010.

要因素进行量化,就很难对此项活动加以评价和控制。预算不仅要明确最终的考核指标,还要说明资源投入的数量和时间。

作为一种特殊的计划,预算应着重解决以下问题:

(1)"是多少"。预算首先规定了在未来一段时间内组织收入或者支出的总额。例如,企业在未来一年中销售收入应当达到的数额、需要支出的成本和费用、预期能够获得的利润等。

(2)"为什么"。对目标数字进行必要的解释,说明一项数字化计划为什么是这样而不是其他的数额或者结构。

(3)"何时"。预算必须明确说明何时开始、到何时结束。

(4)"结构如何"。由于预算总额是由不同的内容相互加减而得,因此只有一个整体的预算数额还远远不够,还必须确定每一部分的数额或者各部分的相对数额。

4. 预算是一种预测

预算是对未来计划,不论是在历史数据基础上进行必要调整后得到的还是根据主观经验推测得到的数据,无一例外地暗含了对未来的估计。因此,正是在对未来各种环境和条件做出科学预测的基础上,才开始编制预算。

5. 预算通常由专门的职能部门负责编制并收集反馈信息

预算一般是由专门的职能部门负责编制、预算委员会(高层管理者和部分专家所组成)负责审定的。预算委员会根据组织目标和计划,对各项预算进行审定,然后提交组织首脑或董事会审批。预算一旦确定,就要保持其严肃性,除非发生特殊情况,否则一般不会更改。在预算执行环节,相关信息通常由财务部门负责收集反馈。财务部门在预算控制中占有重要地位,它应严格按照预算控制资金的运用,监督预算的执行情况。

三、预算的种类

大多数组织会开发和利用三种类型的预算——经营预算、投资预算和财务预算。其中,经营预算是与业务管理相关的预算,投资预算是与资本支出相关的预算,财务预算是与财务活动相关的预算。

1. 经营预算

经营预算(operational budget)是企业日常发生的各项基本经营活动的预算,主要包括销售预算、生产预算、直接材料采购预算、直接人工预算、制造费用预算、单位生产成本预算、营销及管理费用预算等。

经营预算中最基本和最关键的是销售预算,它是关于销售预测的正式、详细的说明。由于销售预测是计划的基础,加之企业主要依靠销售产品和提供服务所获取的收入来维持经营费用的支出并获利的,因而销售预算也就成为预算控制的基础。

生产预算是根据销售预算中的预计销售量,按产品品种、数量分别编制的。生产预算编好后,还应根据分季度的预计销售量,通过对生产能力的平衡,排出分季度的生产进度日程表,或称为生产计划大纲。在生产预算和生产进度日程表的基础上,企业可以编制直接材料采购预算、直接人工预算和制造费用预算。这三项预算构成对企业生产成本的统计。对于实行标准成本控制的企业,还要编制单位生产成本预算。营销及管理费用预算包括制造业务范围以外预计发生的各种费用明细项目,如销售费用、广告费、运输费等。

2. 投资预算

投资预算(investment budget)是对企业固定资产的购置、扩建、改造、更新等在可行性研究基础上编制的预算。它具体反映在何时进行投资、投资多少、资金从何处取得、何时可获得收益、每年的现金净流量为多少、需要多长时间回收全部投资等。为了预测资本投资对现金流量和盈利能力的影响,投资预算不仅要包括资本投资金额,还必须评估预期的投资回报率是否切实可行,从而帮助管理者判断项目投资的价值。

由于投资的资金来源往往是企业的限定因素之一,而对厂房和设备等固定资产的投资一般又需要很长时间才能收回。因此,投资预算应当力求与企业的战略及其长期计划紧密联系在一起。

3. 财务预算

财务预算(financial budget)是反映企业在计划期内有关预计现金收支、经营成果和财务状况的预算,主要包括现金预算、预计利润表和预计资产负债表。

现金预算主要反映计划期内预计现金收支的详细情况。组织的现金来源通常包括销售收入、短期和长期贷款、出售资产及发行新股。现金预算显示组织在未来时期希望从哪里获得现金,以及如何利用这些现金以求得现金收支的平衡,并为管理人员利用可用的现金余量制订盈利性投资计划提供所需信息。为了有计划地安排和筹措资金,现金预算的编制期越短越好。西方国家的不少企业以周为单位,逐周编制预算,甚至还有按天编制的。

预计利润表主要用于预测收入、支出及利润,综合反映企业在计划期内生产经营的财务状况,并作为预计企业经营活动最终成果的重要依据,是企业财务预算中最主要的预算表之一。

预计资产负债表预测资产、债务和权益,主要用于反映企业在计划期末预计的财务状况。它的编制必须以计划期内开始日的资产负债表为基础,然后根据计划期内各项预算的有关资料进行必要的调整。因为资产负债表中项目的变化是由各种其他预算引起的,所以资产负债表也能起到衡量所有其他预算的精确度的作用。

需要指出的是,前述各种经营预算和投资预算中的资料,均可以折算成金额反映在财务预算内。这样,财务预算就成为各项经营业务和投资的整体计划,从中可以看到销售额、成本、利润、资本的运用和投资利润率及其相互关系,可用于公司的全面业绩控制,故也称总预算。

总预算的编制应以组织目标和业务计划为依据,其基本编制过程为:第一步,编制业务计划,如估计企业销售品种、销售数量和销售时间,编制销售计划;第二步,根据业务计划编制生产计划,如根据销售计划确定生产数量及产成品的存储量;第三步,根据生产计划编制成本计划,计算出直接材料、直接人工、制造费用和经营费用;第四步,根据成本和费用估计数,预测现金流量对其他账户的影响;第五步,结合固定资产投资和资金筹集计划,编制预计的资产负债表、利润表和现金流量表。

在现实经济生活中,企业预算往往同时包括经营预算、投资预算和财务预算,是由各种不同的个别预算所组成的预算体系。图16-2描述了企业预算体系中各种主要预算的内在联系。

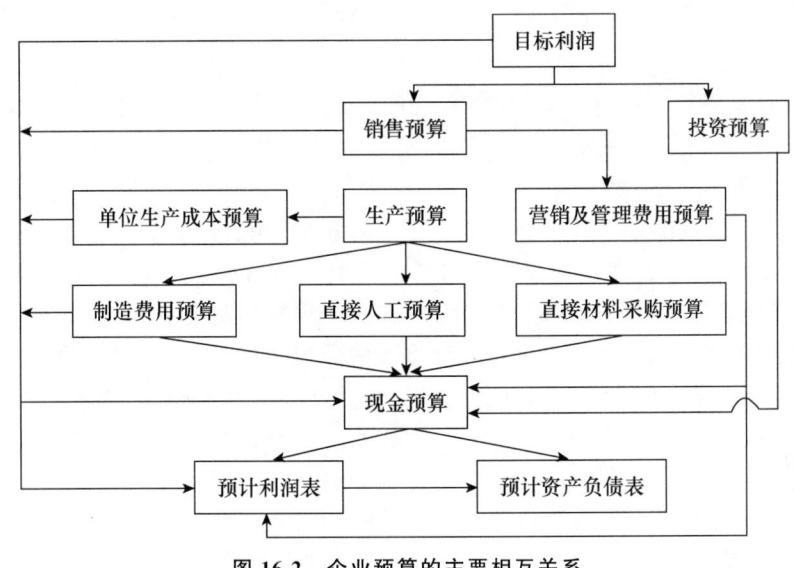

图 16-2　企业预算的主要相互关系

四、预算控制的优势与不足

预算具有很多优点,它可以使管理控制的目标更加明确,让人们清楚了解所拥有的资源和开支范围,使工作更有成效。但如果预算的编制或执行方法不当,或者组织过分地依赖预算,也会在一定程度上给组织带来危害。①

1. 预算控制的优势

(1) 目标明确,便于控制。预算的实质是以统一的货币单位为企业各部门的各项活动编制计划。因此,编制预算有助于改进计划工作,更有效地确定目标和拟定标准。由于对预期结果的偏离更容易被查明和评定,预算也为控制工作中的纠偏措施奠定了基础。

(2) 建立衡量绩效的标准,为部门间以及不同时期间的比较提供依据。编制预算是为企业的各项活动确定财务标准,以数量形式的预算标准对照企业活动的实际效果,大大方便了控制过程中的绩效衡量工作,也使之更加客观可靠。预算还使得企业在不同时期的活动效果和不同部门的经营绩效具有可比性,可以使管理者了解企业经营状况的变化方向和组织中的优势部门与问题部门,从而为调整企业活动指明了方向。

(3) 协调资源和项目,促进跨职能沟通。预算的价值还在于它有助于改进协调和控制工作。不同职能部门的预算需要彼此的协调和统筹规划,当组织的各个职能部门均编

---

① 〔美〕海因茨·韦里克等. 管理学(第12版)[M]. 马春光译. 北京:经济科学出版社,2008.

制了预算时,预算还为跨部门的沟通提供了一种联系纽带。

(4) 便于授权。预算的编制是将各种计划缩略为一些确切的数字的过程。这不但有助于主管人员,而且有助于各部门清楚地看到这些资金将由谁使用,由哪些部门使用,哪些部门涉及哪些费用开支计划、收入计划,或者以实物表示的投入和产出计划。这样,主管人员就可以放手地授权,部门或下属则可以在预算限度内实施计划。

2. 预算控制中存在的一些危险倾向

尽管预算是一种普遍使用的、行之有效的计划和控制方法,但在预算编制和执行的过程中,仍存在一些危险倾向,会对预算的实际功效产生不利影响。这些危险倾向主要表现在以下几方面[①]:

(1) 预算过繁过细。预算过于烦琐会产生两方面的问题:一是由于详细地列出了细枝末节的费用,剥夺了管理者管理本部门所必需的自由,以至于当实际情况与预算设想不相符时,管理者无法进行灵活调整。例如,在一个预算编制过细的企业中,一个部门的负责人可能因差旅费超支而无法进行一项重要的促销工作,尽管该部门的总支出没有超出预算,甚至还有富余资金去购买办公用品。因此,预算究竟应当细微到什么程度,应联系授权的程度进行认真酌定,过繁过细的预算会导致授权的名存实亡。二是花费过多的时间、精力和资金进行预算编制,使预算工作成了负担,得不偿失。

(2) 错把手段当目标。预算具有严肃性;但与此同时,作为管理和实现组织目标的一种手段,预算不应凌驾于组织目标之上。预算工作中一个常见的误区就是,把预算目标置于组织目标之上,借口维护预算的严肃性而不惜损害组织目标的实现。有些管理者热衷于使自己部门的费用不超过预算,却忘记了自己的首要职责是实现组织目标。例如,某企业的销售部门为了不突破产品样本的印刷费预算,在全国性的订货会上只向部分参会单位提供产品样本,从而丧失了大量的潜在用户,失去了可能的订单。为了确保费用支出不超预算而使一笔符合组织目标的盈利无法实现,这显然是一个失误。因此,当预算目标与组织目标不一致时,管理者就要适时地调整预算目标。

(3) 预算依据不足。在编制预算时,人们常有按过去的情况进行增减的习惯。预算的编制固然要参考过去,但"昨天"毕竟不同于"明天"。预算是为了"明天",除非确有证据表明"明天"与"昨天"一样,否则仅限于"昨天"的资料显然依据不足。另外,考虑到在预算审批过程中申请数额会被层层削减,有些管理者故意加大预算基数;有时则为了使预算得以通过、项目得以确立,故意减少各项预算基数,待项目上马后再迫使上级为避免"前功尽弃"而追加款项。在这些情况下的预算编制均脱离了实际,使预算失去了应有的作用。

(4) 预算缺乏灵活性。缺乏灵活性也许是预算面临的最大隐患。即使预算未被用来取代管理工作,把计划缩略成数字后也会造成数字确切无疑的错觉。事态的进展完全有可能证明,这种人工费用或那种原材料费用应多些,而另外的费用则应少些;或者证明,实际销售额将超过或低于预测的销售额。这种实际与预测的差距会使一项预算很快过时。在这种情况下,如果主管人员还必须受原有预算约束的话,预算的有效性就会削弱

---

① 章显中. 企业预算控制[M]. 北京:中国人民大学出版社,2009.

或消失,在编制长期预算时更是如此。因此,要保证预算的有效性就必须使预算是可变的、灵活的,对费用项目进行分析,确定哪些是不变的、哪些是部分可变的、哪些是完全可变的,使用弹性预算法、零基预算法、项目预算法等现代编制方法降低预算的刚性,提高预算的灵活性。

五、编制预算的传统方法与现代方法

组织一旦设立之后并运转起来,就会有年复一年的预算。一般认为,随着组织的发展壮大,其收入与支出应逐年增长。这是客观事物发展规律的一种体现。历史是连续的客观体,这一命题构成了传统预算的理论基础。诚然,传统的预算编制方法具有一定的科学性,使得编制预算的工作量较小,并且以历史资料为参考,便于评价。但这种预算编制方法同时存在一些缺陷。例如,各部门支出水平的增长固定化,一旦支出的增长超越了收入的增长,就会产生预算赤字;助长预算编制人员不负责任、马虎草率的工作作风,从而使预算控制失去意义。传统预算编制方法的不合理之处,促使一些现代化的预算编制方法逐渐发展起来,赋予了预算这种传统控制手段新的活力。

1. 固定预算与弹性预算

在编制预算时,按照业务量是否可以进行调整,可分为固定预算和弹性预算。

固定预算又称静态预算,是根据预算期内正常的、可实现的某一业务量(如生产量、销售量)水平而编制的预算。其基本特点为:一是不考虑预算期内业务量水平可能发生的变动,只按照某一确定的业务量水平为基础预计其相应数额;二是将预算的实际执行结果与根据计划所确定的预算数进行比较分析,并据此进行业绩评价、业绩考核。固定预算用于考核非营利性组织或业务量水平较为稳定的企业比较合适。如果企业的业务量水平经常变动,用固定预算衡量其耗费与成果则明显不妥。

弹性预算又称可变预算,是固定预算的对称。弹性预算是在按照性质进行成本分类的基础上,以业务量、成本和利润之间的相互关系为依据,按照预算期内可能实现的各种业务水平编制的有伸缩性的预算。其基本思想是根据固定成本(在一定范围内不随产量变动的费用)和变动成本(随产量大小变化而变动的费用),分别编制固定预算和可变预算,以确保预算的灵活性。由于这种预算随业务量水平的变动进行机动调整,其本身具有弹性,故称为弹性预算。

与固定预算相比,弹性预算具有三个显著特点:一是预算范围宽,弹性预算是按预算期内一定范围内可预见的多种业务量水平确定不同的预算额,从而扩大了预算的适用范围,便于预算指标的调整;二是可比性强,弹性预算是按成本的不同分类列示的,便于在预算期终了时,将实际指标与实际业务量相应的预算额进行对比,使预算执行情况的评价与考核建立在更加客观和可比的基础上、更好地发挥预算的控制作用;三是便于实时调整,弹性预算在制定预算时就考虑了未来事项的不可预知性,只确定了行为的基本原则或范围,实际执行时可以根据具体情况进行调整,灵活性强。弹性预算的缺点在于可控性差、约束力度不强。[1]

---

[1] 芮明杰. 管理学:现代的观点[M]. 上海:上海人民出版社,1999.

2. 增量预算与零基预算

在编制预算时,按照预算数依据的基础,可分为增量预算和零基预算。

增量预算又称基线预算法,一般是以基期成本费用水平为出发点,结合预算期业务量水平及相关的成本控制措施,调整有关费用项目而编制预算。这种方法的基本假定为:一是企业现有的各项业务活动是企业不断发展所必需的;二是现有的费用开支水平是合理且必需的;三是增加费用预算是值得的。这种预算方法比较简单,工作量较小,应用较为广泛,目前我国各级政府的财政预算基本上采用该方法。但增量预算以过去的水平为基础,实际上承认了过去是合理的,无须改进。这样一方面可能使原来不合理的费用开支继续存在,造成预算的浪费;另一方面可能造成预算的不足。

零基预算是指在编制预算时,对预算支出均以 0 为基底,从实际需要与可能出发,逐项审议各项费用开支的必要性、合理性及开支数额的大小,从而确定预算成本。这种费用预算的编制方法由美国德州仪器公司于 20 世纪 70 年代创建,目前已被西方国家广泛采用。美国一些州政府还将该方法推广应用于部门的设立,称为"日落法"。也就是说,每年年终,现有各部门特别是一些临时设立的部门,就像太阳落山一样将宣告结束。当新的一年开始时,各部门必须向专门的审议机构(在美国是州议会)证明自己确有存在的必要,才能像"旭日东升"那样重新投入运营。

与传统增量预算不同的是,零基预算不是以现有费用水平为基础,而是一切以 0 为起点,规划预算期内的业务活动及其费用开支标准。零基预算具有以下优点:一是可以合理、有效地分配资源,将有限的经费用在关键之处;二是可以充分发挥各级管理者的积极性和创造性,促进各预算部门精打细算、量力而行,合理使用资金,提高资金的利用效果;三是特别适用于产出较难辨认的服务性部门预算的编制与控制,如学校等事业单位预算。然而,由于一切支出均以 0 为起点重新分析,因而编制零基预算的工作量较大、费用高昂;同时,在安排项目的优先次序上难免存在一定程度的主观性。该方法比较适用于事业单位、政府机关,以及企业组织内的营销、研发、人事、财务等行政部门和辅助部门,对于具有明显的投入—产出关系的制造部门则不太适合。①

3. 定期预算与滚动预算

在编制预算时,根据预算期的差异,可分为定期预算和滚动预算。

定期预算是指定期编制(一般是每年编制一次)的预算。政府的财政收支预算、企业的经营预算和财务预算通常是一年编制一次的定期预算。定期预算的优点是与会计年度相吻合,便于考核与评价预算执行结果。但是,定期预算存在一定的缺陷:一是定期预算多在其执行年度开始前的两三个月编制,在编制阶段难以预测预算期的全貌,特别是对预算期的后半阶段,往往只能提出一个较为笼统的预算,从而给预算的执行带来种种困难。二是预算所规划的各种活动或费用在预算期内往往发生变化,而定期预算却不能及时调整,从而使原有的预算显得不合时宜。三是在预算执行的过程中,受预算期的限制,主管人员的决策视野常常局限于剩余预算期内的活动,从而不利于企业的长远发展。

---

① 〔荷〕约翰·C.奥瑞克等.企业基因重组[M].高远洋等译.北京:电子工业出版社,2003.

滚动预算又称永续预算,其特点是预算期连续不断,始终保持一定期限(一般是一年)。滚动预算在执行过程中自动延展,当原预算执行了一个季度后,还剩下三个季度的预算数,此时会把下一季度的预算补上,从而使预算始终保持一年的预算期。如果是以月为滚动时间间隔,预算期将永远保持为12个月。

滚动预算优于传统定期预算之处在于:一是可以保持预算的连续性与完整性,使相关人员能从动态的预算中把握组织的未来;二是可以根据前期预算的执行结果,结合各种新的变化信息,不断调整或修订预算,从而使预算与实际情况更相符,充分发挥预算的指导和控制作用;三是可以使各级主管始终保持对未来12个月甚至更长期活动的全盘规划,有利于组织各项工作有条不紊地开展。采用滚动预算法的不足之处是编制预算的工作量较大。

第二节 生产控制

组织的生产经营活动是一个动态过程,从投入原材料、零部件、劳动力等开始,经过组织系统的转换和运营,直至生产出有形的产品或无形的服务。在这一过程中,为了达到组织的预定目标,有必要对各项组织活动实施控制。事实上,控制活动贯穿于整个生产过程。管理人员需要对原材料、零部件、劳动力等投入进行控制,需要对组织系统的转换和运行进行控制,还需要对有形的产品或无形的服务进行控制。因此,生产控制是在企业生产计划的执行过程中,对作业活动、产品数量和生产速度进行的控制,其中较为重要的控制工作包括成本控制、质量控制和库存控制。

一、成本控制

目前,成本领先已成为企业的关键竞争战略之一。无论企业采取何种改革、激励措施,都替代不了强化成本管理这一工作,它是导致企业成功的重要因素,也是企业利润的源头。多年来,零售巨头沃尔玛一直不停地削减成本。20世纪70年代以前,沃尔玛控制成本的方法主要依赖于山姆·沃尔顿个人的节约意识。他规定采购人员进货时,费用必须低于采购成本的1%,这导致许多高级经理出差时住最便宜的旅馆,甚至在深夜或凌晨与供货商见面,以便节约住宿费。到了70年代,沃尔玛的节约理念已发展成为利用信息技术实现流程管理的科学化。计算机数字管理系统、卫星通信系统和物流远程控制系统所采用的尖端信息技术极大地降低了沃尔玛的成本。进入80年代后,沃尔玛的主要竞争对手——同样作为世界最大零售商之一的凯玛特,其1美元的销售额要花费5美分(当时零售业的平均水平)的配货费用;而通过有效的成本控制,沃尔玛的此项费用只有不到2美分。

成本控制是指使用成本核算方法,确定成本总水平指标值、可比产品成本降低率及相关责任等,实现对成本的有效控制。

1. 成本控制的相关概念

(1)成本管理。成本管理是为履行各部门、各单位管理者的成本责任,提高管理者的成本意识,确定成本目标,并通过一系列活动提高成本效率的管理工作。

成本管理的对象不是成本和成本项目,而是成本管理者及其承担的成本责任。成本管理的主体是负有成本责任的各级、各部门的管理者。成本管理的手段是确定成本目标,其目的是履行成本责任以提高成本效率。成本管理的核心是管理者的成本意识。

(2)成本意识。成本意识是指管理者拥有的、自觉地将生产经营活动与成本、收益挂钩考虑的习惯,能够比较准确地判断成本效率的能力,提高成本效率积极性的综合表现。成本意识可谓是一种问题意识或改革意识。

(3)成本责任。成本责任是指各部门、各个管理者必须承担的职务责任,是根据他们的职务和组织地位,授予他们在一定范围内选择和使用资源的权力,即为了提高成本效率而赋予他们在选择成本水平上的权力,这种权力同时意味着责任。一些组织采用成本中心法控制成本,各部门、分厂或车间都可以被当作独立的成本中心,其主管人员对产品负有成本责任。

2. 成本控制方法

成本管理的中心是成本控制,使经营活动的各环节、各方面实现目标成本,甚至低于目标成本。成本控制的具体方法如下[①]:

(1)确定目标成本,确定具体控制标准。成本控制的关键是确定控制标准。一般组织可以采用预算成本或标准成本作为成本控制的标准。预算成本是采用财务核算方法规定各部门或各项活动在资金、劳动力、材料和能源等方面支出的额度。标准成本则是根据组织一段时间内各成本项目的实际耗费情况确定的。当合理的目标成本确定后,企业会根据目标成本层层分解指标,为各项活动确定具体的控制标准。

(2)根据原始记录、统计资料进行成本核算。成本统计所用的数据是反映核算期人力、物力、财力等支出的全部原始记录,是进行成本核算和控制的基本依据。需要进行的成本核算包括可比产品总成本、可比产品单位成本、商品产品成本、主要产品单位成本、可比产品成本降低率等。管理者通过成本核算,了解实际成本,为分析改进提供数据资料。

(3)差异分析。差异分析就是通过比较,找出实际成本与目标成本的差异,分析发展趋势,找到控制和降低成本的措施。差异分析的主要内容包括直接材料费用分析、直接人工费用分析、管理费用分析和销售费用分析。

(4)采取措施,降低成本。一旦发现实际成本高于目标成本,企业就应积极采取措施,控制成本的上升趋势。经常采用的方法包括价值工程、严格投入管理、防止跑冒漏滴、改进产品设计或生产工艺、精简机构等。

为了使成本控制措施发挥实效,必须建立、健全有关的基础性工作,主要是建立分级控制和归口控制的责任制度、费用审批制度,加强和完善流程管理工作,发动员工开展各种降低成本的活动。

---

① 王德敏. 成本费用控制精细化管理全案[M]. 北京:人民邮电出版社,2009.

二、质量控制

1. 质量控制的相关概念

（1）质量。质量有广义和狭义之分。狭义的质量是指产品的质量；而广义的质量除涵盖产品质量外，还包括工作质量。产品质量主要指产品的使用价值，满足消费者所需的功能和性质。这些功能和性质可以具体化为五个方面：性能、寿命、安全性、可靠性和经济性。工作质量主要指在生产过程中，围绕保障产品质量而进行的质量管理工作的水平。产品质量和工作质量既相互联系，又相互区别。产品质量是工作质量的体现，工作质量是产品质量的基础和保证。

（2）质量控制。质量控制是指监控作业系统的全过程，确保产品质量满足预先确定的标准。企业的质量控制既包括对企业物质产品或服务产品的质量控制，还包括对企业各项工作质量的控制。

（3）产品质量控制。产品质量控制是企业为生产合格产品、提供顾客满意的服务和减少无效劳动而进行的控制工作。在计划经济条件下，产品的质量控制主要是指努力使产品的质量达到国家计划规定的性能指标要求。在市场经济条件下，产品的质量控制还要求以更低的成本生产出符合质量标准的产品。这两个要求相辅相成：产品符合质量标准是产品为市场所接受的必要条件，而只有在低于社会平均劳动时间条件下生产出的合格产品才具有竞争力。

（4）工作质量控制。工作质量控制是指企业为保证和提高产品质量，对经营管理和生产技术工作进行的水平控制。工作质量的好坏，能够通过企业内部各单位、各部门及每一位员工的工作态度、工作绩效等反映出来。工作质量是产品质量的保证。对产品质量的检验毕竟是一种事后工作，而对产品质量的事前控制必须通过控制工作质量来实现，因为产品在生产出来之前是不存在质量问题的，存在的只是为了产品的诞生而做的一系列准备工作。因此，在现代质量管理中，工作质量控制已占据重要地位，企业越来越将质量控制的重心放在工作过程上。

2. 质量控制中的决策要点

质量控制工作必须做好以下决策工作[1]：

一是管理者应明确对产品是采用全数检测的方法还是采用抽样检测的方法。

二是管理者应该确定何时、何地检测。在制造业中，检测主要用于以下方面：当供应商生产外协件时在现场检测；从供应商处收货时进行检测；在高成本或不可逆转的工序之前检测；依次在生产工序、完工产品、装运之前检测。在条件允许的情况下，应尽量采用源头检测的方法，即在有可能产生缺陷之前检测。

三是管理者应考虑是采用计数值检测还是采用计量值检测。前者是将产品简单地分成合格品和不合格品，不标出缺陷的程度；后者则需要设置一个可接受的偏差范围，然后衡量诸如重量、速度、尺寸或强度等指标，看是否落入可接受的范围之内。

---

[1] 许国才. 企业内部控制流程手册[M]. 北京：人民邮电出版社，2010.

3. 全面质量管理

迄今为止,质量管理和控制经历了三个阶段:质量检验阶段、统计质量管理阶段和全面质量管理(total quality management,TQM)阶段。

质量检验阶段大约发生在20世纪20—40年代,工作重点在于产品生产出来之后的质量检查。统计质量管理阶段发生在20世纪40—50年代,管理人员主要以统计方法作为工具,对生产过程加强控制,提高产品的质量。从20世纪50年代开始的全面质量管理是以保证产品质量和工作质量为中心,企业全体员工参与的质量管理体系,具有多指标、全过程、多环节和综合性的特征。全面质量管理主要通过组织的战略承诺、员工参与、技术和物料、方法等步骤实现,同时注重使用一些特定的工具和技术提高质量。比较常见的有增值分析、设立标杆、外包、缩短周转时间以及统计质量控制。[1] 表16-1概括了全面质量管理的特点与要领。如今,全面质量管理已经形成了一整套成熟的管理理念,风靡全球。

表16-1 全面质量管理

永远进取	全面质量管理认为没有最好,只有更好
提高质量	全面质量管理采用最广泛的质量定义,不但指最终的产品,而且覆盖与最终产品有关的一切
精确衡量	全面质量管理运用数理统计方法衡量实绩,比较标准,纠正偏差
放权员工	全面质量管理授权生产线上的工人和技术管理人员,动员和鼓励他们参与质量管理工作

全面质量管理以分权控制哲学为基础,把质量观念渗透到企业的各项活动中,以实现持续的改进。全面质量管理具有以下四大特征:

(1) 全过程的质量管理。质量管理不仅关注生产过程,更应"始于市场,终于市场",从产品设计开始直至产品进入市场及售后服务等,质量管理应贯穿其中。

(2) 全企业的质量管理。质量管理不仅是质量管理部门的事情,它与全企业各部门均休戚相关,因产品质量是做出来的而不是检验出来的,故每项工作都与质量相关。

(3) 全员的质量管理。各个部门的工作质量,取决于部门内每位员工的工作质量,每位员工都要保证质量,为此由员工成立了很多质量小组,专门研究在部门或工段的质量问题。

(4) 全面科学的质量管理方法。以统计分析方法为基础,综合运用各种质量管理方法,工作步骤按"计划—执行—检查—处理"四步循环进行。

4. 质量环

质量环(PDCA循环)由美国统计学家戴明博士提出,又称质量环、戴明环,它是提高产品质量、改善企业经营管理的重要方法,是质量保证体系运转的基本方式。[2] PDCA循

---

[1] 〔美〕詹姆斯·R.埃文斯,威廉·M.林赛. 质量管理与质量控制(第7版)[M]. 焦叔斌主译. 北京:中国人民大学出版社,2010.

[2] 〔美〕哈罗德·孔茨,海因茨·韦里克. 管理学[M]. 马春光译. 北京:中国社会科学出版社,2006.

环反映了质量管理活动的规律,其中 P(plan)表示计划、D(do)表示执行、C(check)表示检查、A(act)表示处理。PDCA 循环就是按照这样的顺序进行质量管理,并且循环不止地进行下去的科学程序。

计划,包括方针和目标的确定,以及活动规划的确定。

执行,根据已知的信息,设计具体的方法、方案和计划布局;再根据设计和布局进行具体运作,实现计划中的内容。

检查,总结执行计划的结果,分清哪些是对的、哪些是错的,明确效果,找出问题。

修正,对检查的结果进行处理,对成功的经验加以肯定并予以标准化。对于失败的教训也要总结,引起重视;对于没有解决的问题,则应提交给下一个 PDCA 循环去解决。

PDCA 循环是全面质量管理应遵循的科学程序。全面质量管理活动的全部过程,就是质量计划的制订和组织实现的过程。这一过程按照 PDCA 循环,周而复始地运转,其主要步骤如图 16-3 所示。

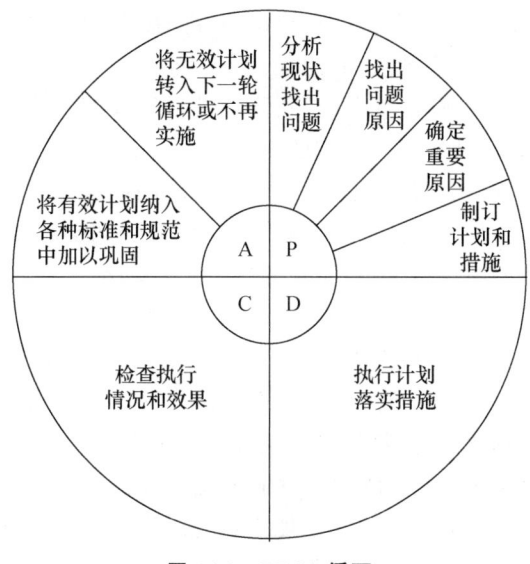

图 16-3 PDCA 循环

PDCA 循环使我们的思想方法与工作步骤更加条理化、系统化、图像化和科学化。它的特点可归纳如下:

(1) 大环套小环、小环保大环、推动大循环。PDCA 循环作为质量管理的基本方法,不仅适用于整个工程项目,也适用于整个企业和企业内的科室、工段、班组及个人。各级部门根据企业的方针目标均有自己的 PDCA 循环,形成大环套小环、小环里面再套更小的环。大环是小环的母体和依据,小环是大环的分解和保证。各级部门的小环围绕企业的总目标朝着同一方向转动。通过循环把企业上下或工程项目的各项工作有机联系起来,彼此协同、相互促进。

(2) 不断前进、持续提升。PDCA 循环就像爬楼梯一样,一个循环运转终结,生产质量就会提高一步;然后再制定下一个循环,再运转、再提高;从而不断前进、不断提高。

（3）螺旋式上升。PDCA 循环不是在同一水平上循环，每循环一次就解决一部分问题，取得一部分成果，工作就前进一步，水平就提高一步。每通过一次 PDCA 循环均要进行总结，提出新目标，再进行第二次 PDCA 循环，使品质治理的车轮滚滚向前。

三、库存控制

对于企业来说，如果库存量过大，不仅会增大仓库面积和增加库存保管费用，造成产成品和原材料的有形损耗与无形损耗，还会占用大量资金，影响资金的时间价值和机会收益。如果库存量过小，又容易造成生产系统原材料或其他物料供应不足，影响生产过程的均衡性和装配时的成套性，进而影响销售利润和企业信誉；同时，过小的库存量也意味着过短的订货间隔期和过频的订货次数，使订货成本高企。可见，通过有效的库存控制保持合理的库存水平，对于企业的均衡生产和成本控制是十分必要的。

1. 库存控制的相关概念

（1）库存。库存是以支持生产、维护、操作和客户服务为目的而存储的各种物料，包括原材料、在制品、维修件、生产消耗品、成品和备件等。

（2）库存控制。库存控制，是对生产、经营全过程的各种物品、产成品及其他资源进行管理和控制，使其储备保持在经济合理的水平上。

库存控制的价值在于：在保证企业生产、经营需求的前提下，使库存量经常保持在合理的水平上；掌握库存量动态，适时、适量提出订货，避免超储或缺货；减少库存空间占用，降低库存总费用；控制库存资金占用，加速资金周转。

（3）订购成本。订购成本是指与订购和接收存货相关的成本，包括从需求的确认到最终收货过程中发生的通信、文件处理、差旅、行政管理、检验货品的成本等。

（4）保管成本。保管成本是指为保持库存而发生的成本，包括库存占用资金应付的利息，以及使用仓库、保管货物、货物损坏变质等产生的各项费用。

（5）缺货成本。缺货成本是指因存货供应不足造成供应中断而产生的损失，如失去销售机会的损失、停工待料的损失，以及不能履行合同而缴纳的罚款等。

2. ABC 分类法

库存控制包括对原材料库存、在制品库存、制成品库存和备件库存的控制。由于不同物料的库存目的、用途和存储方式存在差异，控制方法也不尽相同，因此许多企业借助 ABC 分类法确定不同库存物资的重要程度，从而选择适宜的库存控制方法。

ABC 分类法就是以某类库存物资品种数占物资总品种数的百分比和该类物资金额占库存物资总金额的百分比为标准，将库存物资分为 A、B、C 三类进行分级管理。

ABC 分类法的基本原理：对企业库存（物料、在制品、产成品）按其重要程度、价值高低、资金占用或消耗数量等进行分类、排序，一般 A 类物资数量占全部库存物资的 10% 左右，金额占总金额的 70% 左右；B 类物资数量占全部库存物资的 20% 左右，金额占总金额的 20% 左右；C 类物资数量占全部库存物资的 70% 左右，而金额仅占总金额的 10% 左右。

A、B、C 三类库存物资的具体管理要点如下：

A 类库存物资的管理：包括进货要勤；发料要勤；与用户密切联系，及时了解用户需求的动向；恰当选择安全系统，使安全库存量尽可能降低；与供应商密切联系。

B 类库存物资：介于 A 类和 C 类物料之间，可采用以定量订货为主、定期订货为辅的方式，并按经济采购批量进行订货。

C 类库存物资：对于 C 类物料，一般采取比较粗放的定量控制方式，可以采用较大的订货批量或经济采购批量进行订货。

3. 经济采购批量

经济采购批量（economic order quantity，EOQ）也称最优进货批量，是一种被广泛应用的库存控制方法，是指在一定时期内进货总量不变的条件下，使订购成本和保管成本总和最小的采购批量。

经济采购批量模型考虑三种成本：一是每次订货所需的费用，即订购成本；二是储存原材料或零部件所需的费用，即保管成本；三是总成本，即订购成本和保管成本之和。

当企业在一定期间内的总需求量或订购量一定时，如果每次订购的量越大，则订购次数越少；如果每次订购的量越小，则订购次数越多。对于第一种情况而言，订购成本较低，但保管成本较高；对于第二种情况而言，订购成本较高，但保管成本较低。通过经济订购批量模型，可以计算出订购量多大时总成本最小。为经济采购批量如图 16-4 所示。

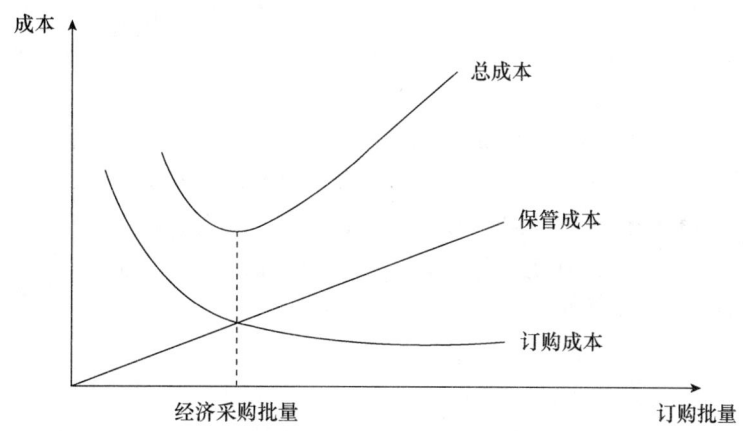

图 16-4　经济采购批量

假定企业在一定时期内的总采购需求量为 D，单次订购所需的费用为 C_1，单位产品的保管成本为 C_2，则最优订购批量 Q 为：

$$Q = \sqrt{\frac{2DC_1}{C_2}}$$

举例说明。A 公司以 30 元/件的价格购入某种产品 6 000 件，处理订单和组织送货需要 125 元，每件产品的存储成本核算为 6 元，则该产品的最优订购批量为：

$$Q = \sqrt{\frac{2 \times 6\,000 \times 125}{6}} = 500（件）$$

经济采购批量模型的有效性取决于企业是否符合以下基本情况：采购需求量应当均

衡稳定,计划期(如一年)的采购总量是一定的,并且是已知的;货源充足,库存量不允许发生短缺;货品单价和运费率固定,不受采购批量大小的影响;每次的采购费用和每单位货品的存储费用均为常数;仓储和资金条件等不受限制。[1]

从适用条件来看,经济采购批量模型适用于那些需求相对稳定的物料的采购。如果需求量持续波动,即使采取经济采购批量法仍会造成库存时而短缺、时而积压。为了解决这个问题,人们找到了另一种更为有效的库存控制方法——准时制库存系统。

4. 准时制库存系统

一般来说,企业除了最优订购批量,为了应对突发性大量订货、交货期突然延期、临时用量增加、交货误期等不确定性问题,还会保留额外的储存量,这个储存量被称为安全库存。然而,日本丰田公司在20世纪60年代发明了一种准时制库存系统(just-in-time inventory method,JIT),其目标是实现零库存。准时制库存系统的基本思路是,将必要的零件、以必要的数量、在必要的时间送到生产线,并且只将所需的零件、只以所需的数量、只在正好需要的时间送到生产线。因此,准时制库存系统的别称或者与之相似的方法还可以叫做零库存(zero inventory)或无库存生产(stockless production)。1973年后,这种方式为丰田公司度过第一次能源危机起到了突出作用,引起其他国家生产企业的重视,并逐渐在欧洲和美国的日资企业及当地企业中推行开来。

准时制库存系统的具体做法如下:企业收到供应商送来的、装有原材料的集装箱,卸下其中的原材料用于生产装配,同时把箱中的"看板"(Kanban,日语,指卡片或标牌)交回给供应商;供应商接到"看板"后立即安排生产,并将新生产出来的原材料再送来。如果双方衔接得足够好,那么此时,上次的原材料刚好用完。

准时制库存系统不仅在许多场合下降低了库存成本,还有助于最大限度地利用空间,提高产品质量。但这种方法也对供应商提出了相当高的要求:

一是供应商必须在规定的时间,按照规定的质量和数量,将原材料或零部件生产出来,并且准确无误地运送到规定的地点。这往往要求供应商拥有良好的物流基础,如便利的交通、适时的计算机管理系统等。

二是零件必须是高质量的,不能出现残次品。

三是企业与供应商能够保持长期、融洽的战略合作关系。许多研究者指出,准时制库存系统事实上是将库存及其带来的风险转嫁给了供应商,供应商所能做的是自己消化或再次转嫁给那些为自己供货的供应商。[2]

第三节 财务控制

财务控制是指按照一定的程序与方法,确保企业及其内部机构和人员全面落实与实现财务预算的过程,通常分为比率分析和经营审计。

---

[1] 周三多. 管理学(第3版)[M]. 北京:高等教育出版社,2010.
[2] 〔美〕斯蒂芬·P. 罗宾斯等. 管理学:原理与实践(第7版)[M]. 毛蕴诗译. 北京:机械工业出版社,2010.

一、比率分析

如果单个地考虑反映经营成果的某个数据,往往不能说明任何问题。例如,企业本年度盈利100万元,某车间本期生产了5 000件产品,或者本期人工支出费用为85万元,这些数据本身意义不大,只有根据它们之间的内在关系,相互对照分析才能说明问题。比率分析就是将企业资产负债表和利润表上的相关项目进行对比,形成比率,从中分析与评价企业的经营成果和财务状况。利用财务报表提供的数据,我们可以列出许多比率,常用的有两种类型:财务比率和经营比率。

1. 财务比率

财务比率及其分析可以帮助我们了解企业的偿债能力和营利能力等财务状况。主要的财务比率包括流动比率、速动比率、资产负债比率和盈利比率。

（1）流动比率公式为:

$$流动比率 = \frac{流动资产合计}{流动负债合计} \times 100\%$$

流动比率能够反映企业偿还需要付现的流动债务的能力。公司能否偿还短期债务,要看债务规模及可变现偿债的资产。通常,资产若以现金形式表现,其流动性最强。流动资产越多、短期债务越少,则偿债能力越强。如果用流动资产偿还全部流动负债,余额就是营运资本。营运资本越多,说明不能偿还债务的风险越小。因此,营运资本的多少可以反映企业偿还短期债务的能力。但是,营运资本是流动资产与流动负债的差额,是个绝对数,如果企业之间的规模相差很大,绝对数相比的意义就很有限。而流动比率是流动资产和流动负债的比值,是个相对数,排除了企业规模不同的影响,更适合企业间以及本企业不同历史时期的比较。

一般来说,企业的流动比率越高,其短期偿债能力就越强,并表明企业拥有充足的营运资本;反之,则表明企业短期偿债能力越弱,营运资本不充足。一家财务稳健的企业,其流动资产应高于流动负债,一般认为流动比率大于2较为合适。但对于企业和股东而言,这一比率并非越高越好。流动比率过高,意味着财务资源的闲置,一般认为流动比率超过5就意味着企业资产未得到充分利用。因此,应警惕为追求过强的流动性而导致的财务资源闲置。

（2）速动比率公式为:

$$速动比率 = \frac{流动资产合计 - 存货合计}{流动负债合计} \times 100\%$$

速动比率衡量企业流动资产中可以立即变现用于偿还流动负债的能力。如果企业的流动比率较高,但流动资产的流动性却很弱,则企业的短期偿债能力仍然不高。流动资产中的有价证券一般可以立刻在证券市场上出售,转化为现金;应收账款、应收票据、预付账款等项目,也可以在短时期内变现;而存货的变现时间较长,特别是存货很可能发生积压、滞销、残次、冷背等情况,其流动性较差。因此,流动比率较高的企业,其偿还短期债务的能力并不一定很强,而速动比率就避免了这种情况的发生。

分析速动比率,可以获知企业在不出售存货的情况下满足清偿要求的能力。一般认为,速动比率的底限为0.5;如果能保持在1左右,则流动负债的安全性较有保障。当速动比率为1时,即使企业资金周转发生困难,也不致影响其即时偿债能力。当企业拥有大量存货且这些存货的周转率很低时,速动比率比流动比率更能精确地反映客观情况。

(3) 资产负债比率公式为:

$$资产负债比率 = \frac{负债合计}{资产合计} \times 100\%$$

资产负债比率也叫负债比率,是企业总负债与总资产之比,反映了企业所有者提供的资金与外部债权人提供的资金的比率关系,还可以衡量企业在清算时保护债权人利益的程度。一般情况下,资产负债比率越小,表明企业的长期偿债能力越强;但该指标也并非越小越好。国际上通常认为,资产负债比率为60%左右较为适当。只要企业全部资金的利润率高于借入资金的利息,且外部资金不能从根本上威胁企业所有权的行使,企业就可以充分地向债权人借入资金以获取额外利润。因此,一般来说,在经济迅速发展期,资产负债比率可以略高。

(4) 盈利比率。盈利比率是企业利润与销售额或全部资金等相关因素的比值关系,反映了企业在一定时期内从事某种经营活动的盈利程度及其变化状况,常用的有销售收入利润率和资金利润率。

$$销售收入利润率 = \frac{利润总额}{销售收入总额} \times 100\%$$

销售收入利润率反映企业能否从一定时期的产品销售中获得足够的利润。将企业不同产品、不同经营单位在不同时期的销售收入利润率进行比较分析,能为经营控制提供更多的信息。

$$资金利润率 = \frac{利润总额}{固定资产平均总额 + 定额流动资金平均占用额} \times 100\%$$

资金利润率又称资产报酬率,是衡量企业资金利用效果的一个重要指标,反映了企业能否从全部投入资金的利用中实现足够的净利润。同样一笔资金,投入企业营运后的净利润收入,至少不应低于其他投资形式(比如购买短期或长期债券)的收益。

2. 经营比率

经营比率也称活力比率,是与资源利用有关的比例关系,反映了企业经营效率的高低和各种资源是否得到了充分利用。反映经营能力的比率主要有库存周转率、固定资产周转率和销售费用率。

(1) 库存周转率公式为:

$$库存周转率 = \frac{销售收入总额}{平均库存价值} \times 100\%$$

库存周转率反映了与销售收入相比的库存数量的合理性,表明了投入库存的流动资金的使用情况。存货的目的在于销售并实现利润,因而企业的存货与销货之间,必须保持合理的比率。存货周转率正是衡量企业销货能力强弱和存货是否过多或短缺的指标。存货周转率越高,说明存货周转速度越快,营运资本投于存货上的金额越小,企业控制存货的能力越强;反之,则表明存货过多,不仅使资金积压,影响资产的流动性,还增加了仓储费用与产品损耗。

（2）固定资产周转率公式为：

$$固定资产周转率 = \frac{销售收入总额}{平均固定资产净值} \times 100\%$$

固定资产周转率反映了单位固定资产能够提供的销售收入，表明了企业资产的利用程度。固定资产周转率越高，表明固定资产的周转速度越快，闲置的固定资产越少。当然，这一比率也并非越高越好，过高则表明固定资产投资过度，会缩短固定资产的使用寿命。

（3）销售费用率公式为：

$$销售费用率 = \frac{销售费用}{销售收入} \times 100\%$$

销售费用率表明单位销售费用能够实现的销售收入，在一定程度上反映了企业营销活动的效率。由于销售费用包括了人员推销、广告宣传、销售管理费用等组成部分，因此还可以进行更加具体的分析。例如，预测单位广告费用能够实现的销售收入，或者单位推销费用能够增加的销售收入等。

反映企业财务状况和经营状况的比率通常需要进行横向（不同企业之间）或纵向的（同一企业不同时期之间）比较，这样才有意义。

二、经营审计

经营审计是指对被审计单位经营活动的合理性、经济性和有效性的审查，检查和证明被审计单位经营责任的履行情况，以促进其改善经营、提高经济效益。根据审查主体和内容的不同，可将经营审计划分为三种主要类型：一是由外部审计机构的审计人员实施的外部审计；二是由内部专职人员对企业财务控制系统进行全面评估的内部审计；三是由外部或内部的审计人员对管理政策及其绩效进行评估的管理审计。

1. 外部审计

外部审计是由外部机构（如会计师事务所）选派的审计人员对企业财务报表及其反映的财务状况实施的独立评估。为了检查财务报表及其反映的资产和负债的账面情况与企业的真实情况是否相符，外部审计人员需要抽查企业的基本财务记录，以验证其真实性和准确性，并分析这些记录是否符合公认的会计准则和记账程序。

外部审计实际上是对企业内部虚假、欺骗行为的一个重要而系统的检查，起着鼓励诚实的作用。由于知道外部审计必然要进行，因此企业会努力避免做那些在审计时可能会被发现的不光彩事项。

外部审计的优点是审计人员与管理当局不存在行政上的依附关系，无须看企业高层管理者的眼色行事，只需对国家、社会和法律负责，因此可以保证审计的独立性和公正性。但是，由于外来的审计人员不了解企业内部组织结构、生产流程的经营特点，在审计具体业务的过程中可能存在困难。此外，处于被审计地位的内部组织成员可能产生抵触情绪，不愿积极配合，从而增大审计工作的难度。

2. 内部审计

内部审计提供了检查现有控制程序和方法能否有效地保证达成既定目标及执行既定政策的手段。例如，制造质量上乘、性能完善的产品是企业孜孜以求的目标，这不但要求利用先进的生产工艺、工人提供高质量的工作,而且对构成产品的基础(原材料)提出了相应的质量要求。这样,内部审计人员在检查物资采购时,就不局限于分析采购部门的账目是否齐全、准确,更试图测定物料质量是否达到要求。

根据对现有控制系统有效性的检查,内部审计人员可以提供有关改进公司政策、工作程序和方法的对策建议,以促使企业政策符合实际、工作程序更加合理、作业方法得以正确掌握,从而更有效地实现组织目标。

内部审计不但评价了企业财务记录是否健全、正确,而且为检查和改进现有控制系统的效能提供了一种重要手段,有利于促进分权化管理的发展。表面上,内部审计作为一种从财务角度评价各部门工作是否符合既定规则和程序的方法,加强了管理者对下属的控制,似乎更倾向于集权化管理;但实际上,企业的控制系统越完善、控制手段越合理,越有利于分权化管理。因为主管人员知道,许多重要的权力授予下属后,自己可以很方便地利用有效的控制系统和手段检查下属对权力的运用状况,从而能够及时发现下属工作中的问题,并采取相应措施。

内部审计虽然为经营控制提供了大量有用的信息,但仍存在一定的局限性,主要表现在以下几方面:

一是内部审计的成本高,尤其是一些深入、详细的内部审计耗费甚多。

二是内部审计不仅要搜集事实,还要解释事实,并指出事实与计划的偏差所在。要想很好地完成这项工作又不引起被审计部门的不满,就要对审计人员进行充分的技能训练。

许多员工认为审计是一种"密探"工作,从而在心理上产生抵触。如果在审计过程中不能进行有效的信息和思想沟通,那么即使审计人员具备必要的技能,也可能给组织活动带来负激励效应。

3. 管理审计

外部审计主要核对企业财务记录的可靠性和真实性,内部审计在此基础上对企业政策、工作程序与计划的遵循程度进行检测,并提出必要的改进企业控制系统的对策建议。管理审计的对象和范围更广,它是一种对企业所有管理工作及其绩效进行全面、系统的评价和鉴定的方法。管理审计虽然可以组织内部的有关部门进行,但为了保证某些敏感领域得到客观的评价,企业通常聘请外部专家。

管理审计的方法是利用公开记录的信息,从反映企业管理绩效及其影响因素的若干方面入手,将企业与同行业的其他企业或其他行业的著名企业进行比较,判断企业经营与管理的健康程度。

管理审计着重关注以下几个方面:

(1) 经济功能。检查企业产品或服务对公众的价值、对国民经济的贡献。

(2) 企业组织结构。分析企业组织结构能否有效地促成企业经营目标的实现。

(3) 收入合理性。根据盈利的数量和质量(指盈利在一定时期内的持续性和稳定性)判断企业盈利状况。

(4) 研究与开发。评价企业研究与开发部门的工作能否为企业的未来发展进行必要的新技术和新产品的准备,管理当局对这项工作的态度如何。

(5) 财务政策。评价企业的财务结构是否健全合理,企业是否有效地运用财务政策和控制来达到短期与长期目标。

(6) 生产效率。保证在适当的时候提供符合质量要求的必要数量的产品,这对于维持企业的竞争能力是相当重要的。因此,企业应对生产制造系统在数量和质量的保证程度及资源利用的有效性等方面进行评估。

(7) 销售能力。销售能力影响企业产品在市场上的顺利变现。这方面的评估包括企业商业信誉、代销网点、服务系统以及销售人员的工作技能和工作态度。

(8) 对管理当局的评估。对企业主要管理人员的知识、能力、勤奋、正直、诚实等素质进行分析和评价。

管理审计不是对一两个容易测量的活动领域进行比较,而是对整个组织的管理绩效进行评价,因此可以为企业改进管理系统的结构、工作程序和结果提供有用的参考。

管理审计在实践中遭到许多批评,其中比较重要的意见认为,这种审计过多地评价组织过去努力的结果,而不致力于预测和指导未来的工作,以至于有些企业在获得了较好的管理审计评价后不久就遇到了严重的财务困难。

4. 管理审计与财务审计的区别与联系

管理审计不同于组织开展的内部、外部财务审计。管理审计是在财务审计的基础上发展起来的新型审计,因此两者存在必然的联系,根源在于受托管理责任和受托财务责任的联系。许多受托管理责任如战略计划、管理计划与控制、业务控制等,最终会通过财务指标反映出来。由此可见,管理审计是财务审计的前导。

与那种以审查、测试财务报表的真实性和公允性为重点的财务审计不同的是,管理审计侧重于度量、评价经营管理活动的经济性、效率和效益性,因而比财务审计的难度更大。为了做好管理审计,除了要应用核对法、盘点法、调节法、查询法等传统的财务审计方法,还要运用经济活动分析方法、现代管理方法和数理统计及数学方法,这是评价组织经营活动经济性、效率和效益性的主要方法。表 16-2 比较了两者在审计目的、审计范围、审计方法、计量标准等方面的主要区别。①

表 16-2 管理审计与财务审计的区别

特征	管理审计	财务审计
审计目的	帮助管理当局改善企业经营	对财务报表是否真实、准确发表意见
审计范围	某项业务或某一职能	财务记录
时间导向	企业现在及未来的业务活动	回顾性观点
审计频率	有周期性,但时间安排并不确定	定期的,至少一年一次
审计方法	管理技术	审计准则及程序
计量标准	评估管理业绩的标准为管理原则	会计原则
必要性	任意的,管理当局有权决定	法律要求
报告接受人	管理当局	股东

---

① 〔美〕罗伯特·安东尼,维杰伊·戈文达拉扬.管理控制系统(第 12 版)[M].刘霄仑,朱晓辉译.北京:人民邮电出版社,2010.

❏ 重要概念

ABC 分类法　　　　管理审计　　　　　经营预算　　　　　投资预算
财务比率　　　　　经济采购批量　　　内部审计　　　　　外部审计
财务预算　　　　　经营比率　　　　　全面质量管理　　　准时制库存系统

❏ 本章概要

　　有效地运用控制方法是成功实施控制的重要保障。控制的方法多种多样，不同学者有不同的分类和侧重，本章重点介绍预算控制、生产控制、财务控制。

　　预算控制就是组织为了保证在完成既定目标、实现利润的过程中对经营资源的合理利用，根据预算规定的收入与支出标准监控实际执行情况，并在必要时做出调整的组织活动。常见的预算包括经营预算、投资预算和财务预算。经营预算是企业日常发生的各项基本经营活动的预算。投资预算是对企业固定资产的购置、扩建、改造、更新等在可行性研究基础上编制的预算。财务预算是反映企业在计划期内有关预计现金收支、经营成果和财务状况的预算。

　　生产控制是在企业生产计划的执行过程中，对作业活动、产品数量和生产速度进行的控制，其中较为重要的控制工作包括成本控制、质量控制和库存控制。成本控制是指使用成本核算方法，确定成本总水平指标值、可比产品成本降低率及相关责任等，实现对成本的有效控制。质量控制是指监控作业系统运行全的过程，确保产品质量满足预先确定的标准。库存控制是对生产、经营全过程的各种物品、产成品及其他资源进行管理和控制，使其储备保持在经济合理的水平上。

　　财务控制是指按照一定的程序与方法，确保企业及其内部机构和人员全面落实与实现财务预算的过程，通常分为比率分析和经营审计。比率分析就是将企业资产负债表和利润表上的相关项目进行对比，形成比率，从中分析与评价企业的经营成果和财务状况。常用的比率分析对象包括财务比率和经营比率。经营审计是指对被审计单位经营活动的合理性、经济性和有效性的审查，检查和证明被审计单位经营责任的履行情况，以促进其改善经营、提高经济效益。根据审查主体和内容的不同，可将经营审计划分为三种主要类型：一是由外部审计机构的审计人员实施外部审计；二是由内部专职人员对企业财务控制系统进行全面评估的内部审计；三是由外部或内部的审计人员对管理政策及其绩效进行评估的管理审计。

❏ 思考题

　　1. 预算有什么作用？在进行预算控制时应防止哪些危险倾向？

　　2. 一家企业采用非常严格的预算控制，另一家企业的预算控制则相对灵活。分析这两种控制系统的优势与劣势各是什么。

3. 比较固定预算与弹性预算、增量预算与零基预算、定期预算与滚动预算的差异。
4. 质量控制所经历的三个发展阶段各有什么特点？
5. 库存物料的经济采购批量是如何确定的？
6. 准时制库存系统的实施条件是什么？信息技术的发展对我国本土企业有效实施准时制库存控制方法有何意义？
7. 在计算速动比率时，为什么从流动资产中扣除存货部分？
8. 资产负债比率是否越小越好？
9. 管理审计和财务审计的区别与联系是什么？
10. 根据所学的控制方法理论，分析我国食品安全问题难以得到根治的原因。

❑ 实训题

你的预算控制有效吗？

一个人在读书期间，至少应该管理好自己的财务状况。因此，你对个人预算的管理能力或许预示着今后对企业的管理能力。

1. 给每位同学发一张测评表，以检测学生的预算控制能力。测评表的主要问题如下：

(1) 钱一到手，我就花光了。
(2) 每周(月、学期)初，我都要列出全部的固定支出。
(3) 每周(月)末，我好像从来就没有节余下什么钱。
(4) 我能支付所有的花销，但好像总是没钱用于娱乐。
(5) 我用信用卡进行透支。
(6) 我全部用现金支付。
(7) 当朋友需要时，我就会借钱给他们。
(8) 我从不向朋友借钱。
(9) 我入不敷出。
(10) 我每个月存点钱，以备真正需要时使用。

2. 要求学生根据测评表判断自己的预算控制类型。如果对问题(1)(3)(5)(7)(9)的回答为是，说明你的预算习惯非常糟糕；如果对问题(2)(4)(6)(8)(10)的回答为是，说明你有着训练有素的预算习惯。

3. 问题讨论：

如果你有训练有素的预算习惯，请问你在预算中采用了哪些预算方法？
如果你的预算习惯非常糟糕，请问是什么原因导致了你的习惯？

❑ 案例分析

普特公司的库存控制[①]

普特公司是美国空调设备行业的主要厂家之一。公司的大部分产品是标准件,但还有相当数量的产品(包括销售量很大的产品)是为办公大楼和工厂而专门设计的。因其卓越的产品质量和杰出的顾客服务部门,普特公司享有良好的声誉。

公司发展迅速,不得不高度关注现金的需求量,特别是应收账款和库存量。多年来,普特公司通过严格的控制,把库存量保持在月销售量1.8倍的水平上,每年周转7次左右。但是,几乎在没有任何先兆的情况下,公司的库存量突然猛增至月销售量的3倍,库存量超出正常水平达1200万美元。以库存费用为库存金额的30%计(包括利息、仓储管理费和产品老化费等),可以估计出这一多余的库存量每年要花费360万美元。此外,这还迫使公司向银行申请更多的贷款。

普特公司总经理理查德·汤普森注意到此事后有些恼火。他被告知的是:库存量上升的主要原因是估计原材料会短缺,所以预购了很多;而且新的计算机程序不能像预期的那样发挥作用,结果使生产人员和采购人员不能得到近几个月来所产生的库存量的完整信息。

汤普森先生的态度是:没有一家公司会在没有预先通知的情况下允许这种超额库存量的发生,而且也不应期望主管依据历史资料控制公司。他指示财务副总经理提出一个计划方案,以便今后能更好地控制库存量。

讨论题

1. 普特公司的库存控制系统存在什么问题?
2. 前馈控制系统会有所帮助吗?你怎样在普特公司应用这一系统?
3. 针对普特公司的问题,你能否提出其他有效的控制方法?

[①] 〔美〕约瑟夫·M.普蒂,海因茨·韦里克,哈罗德·孔茨著. 管理学精要:亚洲篇[M]. 丁慧平等译. 北京:机械工业出版社,1999.

参考文献

[1] 〔美〕保罗·M.马金斯基.心理学与工作(第10版)[M].姚翔主译.北京:机械工业出版社,2014.
[2] 〔美〕贝特曼等.管理学:新竞争格局[M].王雪莉译.北京:北京大学出版社,2007.
[3] 〔美〕彼得·德鲁克.创新与企业家精神[M].蔡文燕译.北京:机械工业出版社,2007.
[4] 〔美〕彼得·德鲁克.管理实践[M].北京:工人出版社,1989.
[5] 〔美〕彼得·德鲁克.21世纪的管理挑战[M].朱雁斌译.北京:机械工业出版社,2006.
[6] 〔美〕汤姆·彼得斯.解放型管理(上)[M].鲁乐中译.北京:中信出版社,2015.
[7] 〔美〕汤姆·彼得斯.解放型管理(下)[M].鲁乐中译.北京:中信出版社,2015.
[8] 〔美〕查尔斯·E.贝克.管理沟通——理论与实践的交融[M].康青等译.北京:北京大学出版社,2003.
[9] 〔美〕查尔斯·W.L.希尔,〔澳〕史蒂文·L.麦克沙恩.管理学[M].李维安,周建译.北京:机械工业出版社,2009.
[10] 陈传明,周小虎.管理学原理[M].北京:机械工业出版社,2010.
[11] 陈晓坤,蔡成喜.企业管理学[M].北京:清华大学出版社、北京交通大学出版社,2007.
[12] 〔美〕理查德·达夫特.领导学:原理与实践[M].杨斌译.北京:机械工业出版社,2005.
[13] 〔美〕丹尼尔·A.雷恩.管理思想的演变[M].赵睿等译.北京:中国社会科学出版社,2004.
[14] 〔法〕亨利·法约尔.工业管理与一般管理[M].迟力耕等译.北京:中国科学出版社,2007.
[15] 冯光明.管理学[M].北京:北京邮电大学出版社,2013.
[16] 葛红光,刘晓鹰.管理学[M].长春:东北师范大学出版社,2011.
[17] 郭咸纲.西方管理思想史[M].北京:经济管理出版社,2005.
[18] 〔美〕哈罗德·科兹纳.项目管理:计划、进度和控制的系统方法(第10版)[M].杨爱华等译.北京:电子工业出版社,2010.
[19] 〔美〕哈罗德·孔茨,海因茨·韦里克.管理学[M].马春光译.北京:中国社会科学出版社,2006.
[20] 〔美〕哈罗德·孔茨,海因茨·韦里克.管理学(第9版)[M].郝国华等译.北京:经济科学出版社,1993.
[21] 〔美〕哈罗德·孔茨,西里尔·奥唐奈.管理学[M].中国人民大学工业经济系译.贵阳:贵州人民出版社,1982.
[22] 〔美〕海因茨·韦里克等.管理学(第12版)[M].马春光译.北京:经济科学出版社,2008.
[23] 黄维德.人力资源管理实务教程[M].北京:北京大学出版社,2009.
[24] 〔美〕基蒂·O.洛克.商务与管理沟通(第10版)[M].张华等译.北京:机械工业出版社,2013.
[25] 康清.管理沟通[M].北京:北京大学出版社,2012.

[26]〔美〕兰杰·古拉蒂,安东尼·J.梅奥,尼汀·诺里亚.管理学[M].杨斌等译.北京:机械工业出版社,2014.
[27]黎红雷.儒家管理哲学[M].广州:广东教育出版社,1997.
[28]李方华等.管理思想史[M].沈阳:东北大学出版社,2006.
[29]〔美〕理查德·L.达夫特,多萝西·马西克.管理学原理(第5版)[M].高增安等译.北京:机械工业出版社,2009.
[30]〔美〕利·汤普森.创建团队[M].方海萍等译.北京:中国人民大学出版社,2007.
[31]刘爱华.如何有效沟通[M].北京:北京大学出版社,2004.
[32]刘汴生.管理学:理论与实务[M].北京:北京大学出版社,2012.
[33]〔美〕刘易斯·科塞.社会冲突的功能[M].孙立平等译.北京:华夏出版社,1989.
[34]〔美〕罗宾斯·贾奇.组织行为学(第14版)[M].健敏主译.北京:中国人民大学出版社,2012.
[35]〔美〕罗伯特·安东尼,维杰伊·戈文达拉扬.管理控制系统(第12版)[M].刘霄仑,朱晓辉译.北京:人民邮电出版社,2010.
[36]罗珉.管理学原理(第2版)[M].北京:科学出版社,2016.
[37]〔美〕迈克尔·哈默,詹姆斯·钱皮.企业再造:企业革命的宣言书(第1版)[M].胡毓源等译.上海:上海译文出版社,1998.
[38]孟汉青,郭小龙.团队建设操作实务[M].郑州:河南人民出版社,2002.
[39]那国毅.百年德鲁克:解读德鲁克[M].北京:机械工业出版社,2010.
[40]潘承烈.中国古代管理思想之今用[M].北京:中国人民大学出版社,2001.
[41]芮明杰.管理学:现代的观点[M].上海:上海人民出版社,1999.
[42]〔美〕斯蒂芬·P.罗宾斯等.管理学:原理与实践(第7版)[M].毛蕴诗译.北京:机械工业出版社,2010.
[43]〔美〕斯蒂芬·P.罗宾斯,玛丽·库尔特.管理学(第11版)[M].李原等译.北京:中国人民大学出版社,2012.
[44]〔美〕斯蒂芬·P.罗宾斯.组织行为学(第7版)[M].孙健敏等译.北京:中国人民大学出版社,2004.
[45]孙耀君.西方管理学名著提要[M].南昌:江西人民出版社,2005.
[46]王德敏.成本费用控制精细化管理全案[M].北京:人民邮电出版社,2009.
[47]王凤彬,李东.管理学[M].北京:中国人民大学出版社,2003.
[48]王晓君.管理学[M].北京:中国人民大学出版社,2004.
[49]魏江,严进.管理沟通[M].北京:机械工业出版社,2014.
[50]徐碧琳,陈颉.管理学原理(第2版)[M].北京:机械工业出版社,2015.
[51]许国才.企业内部控制流程手册[M].北京:人民邮电出版社,2010.
[52]杨明刚.实用管理学:知识、技能、案例与实训[M].上海:华东理工大学出版社,2001.
[53]杨文士等.管理学(第3版)[M].北京:中国人民大学出版社,2009.
[54]姚裕群,许晓青,景立人.团队建设与管理[M].北京:首都经济贸易大学出版社,2006.
[55]叶世昌.中国古代经济管理思想[M].上海:复旦大学出版社,1990.
[56]尤建新等.高级管理学[M].上海:同济大学出版社,2003.
[57]〔荷〕约翰·C.奥瑞克等.企业基因重组[M].高远洋等译.北京:电子工业出版社,2003.
[58]〔美〕约瑟夫·M.普蒂,海因茨·韦里克,哈罗德·孔茨.管理学精要:亚洲篇[M].丁慧平等译.北京:机械工业出版社,1999.
[59]〔美〕约瑟夫·熊彼特.经济发展理论[M].何畏等译.北京:商务印书馆,1990.

[60]〔美〕詹姆斯·R.埃文斯,威廉·M.林赛.质量管理与质量控制(第7版)[M].焦叔斌主译.北京:中国人民大学出版社,2010.

[61]〔美〕詹姆斯·S.奥罗克.管理沟通——以案例分析为视角(第4版)[M].康青译.北京:中国人民大学出版社,2011.

[62]张德.组织行为学[M].北京:高等教育出版社,2002.

[63]张玉利.管理学[M].天津:南开大学出版社,2003.

[64]章显中.企业预算控制[M].北京:中国人民大学出版社,2009.

[65]周建军.管理学[M].成都:西南交通大学出版社,2015.

[66]周三多,陈传明.管理学(第3版)[M].北京:高等教育出版社,2010.

[67]周三多,陈传明,贾良定.管理学:原理与方法(第6版)[M].上海:复旦大学出版社,2014.

[68] Becker, B. & Gerhart, B. The impact of human resource management on organizational performance: Progress and prospects [J]. Academy of Management Journal. 1996, 39(4): 779—801.

[69] Belbin, R. Meredith. Management Teams: Why They Succeed or Fail [M]. 1996.

[70] Scott, G. Change matters: making a difference in education and training[J]. St Allen & Unwin Leonards Nsw, 1999.

[71] Chadwick, G. & Cappelli, P. Investments or contracts? The performance effects of human resource systems under contingencies. Working Paper, Wharton School, University of Pennsylvania, Philadelphia. 1998.

[72] Delery, J. E. Issues of fit in strategic human resource management: Implications for research [J]. Human Resource Management Review, 1998, 8(3): 289—309.

[73] Drucker, Peter F. The Practice of Management [M]. New York: Harper Press, 1954.

[74] Fombrun, C. J., Tichy, N. M. & Devanna, M. A. Strategic Human Resource Management [M]. New York: Wiley, 1984.

[75] Huselid, M. A. The impact of human resource management practices on turnover, productivity, and corporate financial performance [J]. Academy of Management Journal. 1995, 38(3): 635—672.

[76] Jehn, K. A. A Multimethod examination of the benefits and detriments of intragroup conflict [J]. Administrative Science Quarterly. 1995, 40(2): 256—282.

[77] Jehn, K. A. Enhancing effectiveness: an investigation of advantages and disadvantages of value-based intragroup conflict [J]. International Journal of Conflict Management. 1994, (5): 223—238.

[78] Odiorne, Grorge S. The Human Side of Management: Management by Integration and Self-control [M]. Lexington, Massachusetts Heath, 1984.

[79] Osterman, P. Choice of employment systems in internal labor markets [J]. Industrial Relations: A Journal of Economy and Society, 1987, 26(1): 46—67.

[80] Porter, M. E. Competitive Strategy [M]. New York: Free Press, 1980.

[81] Wright, P. M., Dunford, B. B. & Snell, S. A. Human resources and the resource based view of the firm [J]. Journal of Management. 2001, 27(6): 701—721.

[82] Wright, P. M. & Snell, S. A. Toward an integrative view of strategic human resource management [J]. Human Resource Management Review. 1991, 1(3): 203—225.

教师反馈及教辅申请表

北京大学出版社本着"教材优先、学术为本"的出版宗旨,竭诚为广大高等院校师生服务。为更有针对性地提供服务,请您认真填写以下表格并经系主任签字盖章后寄回,我们将按照您填写的联系方式免费向您提供相应教辅资料,以及在本书内容更新后及时与您联系邮寄样书等事宜。

书名		书号	978-7-301-	作者	
您的姓名				职称职务	
校/院/系					
您所讲授的课程名称					
每学期学生人数		_____人_____年级		学时	
您准备何时用此书授课					
您的联系地址					
邮政编码		联系电话(必填)			
E-mail(必填)		QQ			
您对本书的建议:				系主任签字 盖章	

我们的联系方式:

北京大学出版社经济与管理图书事业部
北京市海淀区成府路 205 号,100871
联 系 人:徐冰
电   话:010-62767312 / 62757146
传   真:010-62556201
电子邮件:em_pup@126.com   em@pup.cn
Q   Q:5520 63295
新浪微博:@北京大学出版社经管图书
网   址:http://www.pup.cn